U0583650

本书根据康奈尔大学出版社 2000 年版译出

国际安全研究译丛

“十三五”国家重点图书出版规划项目

大战的起源

〔美〕戴尔·科普兰 / 著

Dale C. Copeland

黄福武　张立改 / 译

THE ORIGINS OF MAJOR WAR

社会科学文献出版社
SOCIAL SCIENCES ACADEMIC PRESS (CHINA)

目　录

鸣　谢

本书的写作经历了漫长的过程，我非常感谢诸多师长、同事和学术机构的帮助。在此，我尤其要感谢芝加哥大学的三位学者：Stephen Walt，John Mearsheimer，Charles Lipson。他们时常提出深刻的见解，从而使我能够专心致志地完成书稿。他们的无私帮助和鼓励让我永远铭记心头。康奈尔安全事务研究所的 Robert Art 是一位不可多得的审校者和学术编辑，他的全面评审意见对最后文本的形成起到了重要作用。我还要感谢康奈尔大学出版社的两位审读，他们对书稿提出了详细而有益的建议。其中，Stephen van Evera 还针对未来的研究项目提出了许多重要思路。我还要感谢霍普金斯大学的 Charles Doran 和 George Liska，他们曾激励我对大战起源的动态现实主义方法进行研究。

在本书的成书过程中，我的诸位同事在许多重要问题上提出了大量的建设性意见，他们是：Michael Barnett，Eric Budd，Michael Desch，John Duffield，Matthew，Evangelista，James Fearon，Ben Frankel，Charles Glaser，Hein Goemans，Gary Herrigel，Ted Hopf，Alastair Iain Johnston，Chaim Kaufmann，Andrew Kydd，David Laitin，Melvyn Leffler，

Jeffrey, Legro, Jack Levy, Allen Lynch, Sean Lynn-Johns, Benjamin Miller, Andrew Moravcsik, Sharon Morris, Ido Oren, John Owen, Scott Sagan, Len Schoppa, Herman Schwartz, Randall Schweller, Jack Snyder, Michael Spirtas, Jennifer Sterling-Folker, Ashley Tellis, Marc Trachtenberg, Daniel Verdier, David Waldner, Alexander Wendt。我还要感谢弗吉尼亚大学的研究生 Spencer Bakich, Eric Cox, Kelly Erickson, Mark Haas, Dennis Smith，他们的建议帮助我形成了最后的论点。Mario Feit 和 Scott Woodart 则协助我翻译了部分德语文件。

来自不同学术机构的资助对完成这一研究项目起到了重要作用。哈佛大学科学与国际事务研究中心提供的博士后基金为研究更多的案例营造了一个必要的环境。我还要感谢哈佛国际事务研究中心奥林战略研究所的 Samuel Huntington 和 Stephen Rosen，他们使我有机会作为助理研究员参与该研究所的工作。本书原稿的写作还得到了下述机构的大力协助：the John D. and Catherine T. MacArthur Foundation; the Andrew W. Mellon Foundation; the Phoenix and Century Fellowships at the University of Chicago; the Social Sciences and Humanities Research Council of Canada; and the Sesquicentennial Fellowship at the University of Virginia.

本书第一章和第八章的部分内容引自《安全研究》“现实主义”专辑中的《新现实主义与两极稳定性之谜：关于大战的一种新的动态现实主义理论》[Neorealism and the Myth of Bipolar Stability: Toward a New Dynamic Realist Theory of Major War in a special issue on realism of *Security Studies* 5, no. 3 (spring 1996)]。感谢 Frank Cass Publishers 允许我引用其中的资料。我还要感谢康奈尔大学出版社的 Roger Haydon 的长期支持和在编辑过程中提出的宝贵建议。

最后，我要衷心感谢三位对本书出版帮助最大的人。娜塔莎·科普兰使我在漫长的写作过程中始终保持充分的信心，并以其真知灼见使我在写作的同时一直关注着整个世界。我要把这部著作献给我的父母巴巴拉·科普兰和克莱尔·科普兰，他们激发了少年时代的我对政治学的兴趣，并鼓励我追求自己的梦想。对他们来说，任何感谢的语言都是多余的。

戴尔·科普兰

于弗吉尼亚夏洛茨维尔

原始文献缩略语

第一次世界大战

BD（英国关于战争起源的文件汇编）：*British Documents on the Origins of War*, 11 vols. London: His Majesty's Stationary Office, 1926 - 1938.

CDD（关于欧洲战争爆发的外交文件选编）：*Collected Diplomatic Documents Relating to the Outbreak of the European War*. London: Fischer Unwin, 1915.

DD9（德国关于战争爆发的文件汇编）：*Die Deutschen Dokumente zum Kriegsausbruch*, collected by Karl Kautsky, Max Montegalas, and Walther Schucking, eds. *The Outbreak of the World War*, trans. Carnegie Endowment for International Peace. New York: Oxford University Press, 1924.

DDF（法国外交文件汇编：1871～1914年）：*Documents Diplomatiques Français* (1871 - 1914), Third Series, 11 vols. Paris: Imprimerie Nationale, 1929 - 1936.

GP（欧洲各国政府主要政策汇编）：*Die Grosse Politik der europäischen Kabinette, 1871 - 1914*, 39 vols. Berlin: Deutsche Verlagsgesellschaft für Politik und Geschichte, 1922 - 1927.

ÖA（奥匈帝国1908年波斯尼亚危机至1914年战争爆发期间的对外政策）：*Österreich-Ungarns Aussenpolitik von der Bosnischen Krise*

1908 dis zum Kriegsausbruch 1914, 8 vols. Vienna: Österreichischer Bundesverlag, 1930.

第二次世界大战

DGFP（德国对外政策文件汇编：1918～1945年）：*Documents on German Foreign Policy, 1918－1945*, Series C and D. Washington, D. C.: U. S. Department of State, 1933－1937, 1937－1945.

KTB（霍德尔上将：战争日记）：*Generaloberst Halder: Kriegstegebuch*, 3 vols., ed. Hans-Adolf Jacobsen. Stuttgart: Kohlhammer, 1962－1964.

IMT（国际军事法庭主要战犯审判录）：*Trial of the Major War Criminals before the International Military Tribunal*, 42 vols. Nuremberg, 1947－1949.

NCA（纳粹阴谋与侵略行径）：为, 8 vols., supplementals A and B. Washington, D. C.: U. S. GPO, 1946.

NDR（1919～1945年的纳粹主义：记录选集）：*Nazism, 1919－1945: A Documentary Reader*, ed. J. Noakes and G. Pridham, 3 vols. Exeter: University of Exeter, 1983－1988.

OKW KTB（国防军最高司令部战争日志）：*Kriegstegebuch des Oberkommandos der Wehrmacht*, ed. Hans-Adolf Jacobsen. Frankfurt: Bernard und Graefe, 1965.

冷战时期

APWASU（美国对苏联的战争计划：1945～1950年）：*America's Plans for War against the Soviet Union, 1945－1950*, 15 vols. New York: Garland, 1989.

CIA (*CC*) (中央情报局关于古巴导弹危机的文件): *CIA Documents on the Cuban Missile Crisis*. Washington, D. C.: CIA, 1992.

CWIHP (国际史工程项目: 冷战时期): Cold War in International History Project. Washington, D. C.

CWIHPB (国际史工程项目报告: 冷战时期): *Cold War in International History Project Bulletin*, Issues 1 – 11. Washington, D. C., 1992 – 1998.

DAPS (遏制: 美国政策与策略文件汇编): *Containment: Documents on American Policy and Strategy*, ed. Thomas Etzold and John Lewis Gaddis. New York: Columbia University Press, 1978.

FRUS (美国对外关系): *Foreign Relations of the United States*. Washington, D. C.: U. S. GPO, various years.

ISR (核外交与危机处理:《国际安全》选集): *Nuclear Diplomacy and Crisis Management: An "International Security" Reader*, ed. Sean M. Lynn-Jones, Steven E. Miller, and Stephen van Evera. Cambridge: MIT Press, 1990.

JFKL (约翰·肯尼迪图书馆): John F. Kennedy Library.

JFKL NSF (约翰·肯尼迪图书馆: 国家安全文件): John F. Kennedy Library, National Security Files.

KR (赫鲁晓夫没有忘记): *Khrushchev Remembers*, trans. and ed. Strobe Talbott. New York: Little, Brown, 1971.

KR: GT (赫鲁晓夫没有忘记: 解密的录音带): *Khrushchev Remembers, The Glasnost Tapes*, trans. and ed. Jerrold Schecter with Vyacheslav Luchkov. New York: Little, Brown, 1990.

KR: LT (赫鲁晓夫没有忘记: 最后的自白): *Khrushchev Remembers, The Last Testament*, trans. and ed. Strobe Talbott. Boston: Little, Brown, 1971.

KT (肯尼迪录音带: 古巴导弹危机期间的白宫内幕): *The Kennedy*

Tapes: *Inside the White House during the Cuban Missile Crisis*, ed. Ernest R. May and Philip D. Zelikow. Cambridge: Harvard University Press, 1997.

LC（国会图书馆）: Library of Congress.

NA（美国国家档案）: United States National Archives.

NSA（*BC*）（国家安全档案：1958～1962 年柏林危机）: National Security Archive, *The Berlin Crisis*, *1958–1962*. Alexandria: Chadwyck-Healey, 1991, microfiche.

NSA（*CC*）（国家安全档案：1962 年古巴导弹危机）: National Security Archive, *The Cuban Missile Crisis*, *1962*. Alexandria: Chadwyck-Healey, 1990, microfiche.

NSA（CMCR）（国家安全档案：公布古巴导弹危机）: National Security Archive, Cuban Missile Crisis Releases (documents stored at National Security Archive, Washington, D. C., collected after 1990).

NSA（DOS CMCR）（国家安全档案：国务院公布古巴导弹危机）: National Security Archive, Department of State, Cuban Missile Crisis Releases (documents stored at National Security Archive, Washington, D. C., collected after 1990).

NSA（*DR*）（1962 年古巴导弹危机：国家安全档案文件选集）: National Security Archive, *The Cuban Missile Crisis*, *1962*: *A National Security Archive Documents Reader*, ed. Lawrence Chang and Peter Kornbluh. New York: New Press, 1992.

NSA（*SE*）（国家安全档案：美国对苏联的评估报告：1947～1991 年）: National Security Archive, *The Soviet Estimate*: *U. S. Analysis of the Soviet Union*, *1947–1991*. Alexandria Chadwyck-Healey, 1995, microfiche.

导　论

历次大战为何发生？国际体系为何总是从相对平静走向这样一个转折点——各国不得不展开体系规模的战争或采取甘冒这种战争之风险的行动呢？自修昔底德（Thucydides）[①] 以来，大战之谜就一直是国际关系研究中最为重要但却最难解答的问题之一。历史学家倾向于认为，历次大战的发生各有其不同的原因：汉尼拔（Hannibal）的复仇心理驱使他于公元前 218 年攻占了罗马；新教与天主教国家之间的宗教差异引发了“三十年战争”（1618 ~ 1648 年）；拿破仑（Napoleon）在欧洲恣意横行折射出他的极端利己主义和权力欲望；那些卷入 1914 年世界大战的国家是出于对竞争对手先发制人的担心；而纳粹

---

① 修昔底德（约公元前 460 ~ 前 400/396 年），古希腊历史学家、文学家和雅典十将军之一，所著《伯罗奔尼撒战争史》被认为是第一部全面记录战争过程和分析大战起源的著作。该书记述了发生于公元前 5 世纪前期至公元前 411 年的斯巴达—雅典战争，因其严格、标准的证据收集工作和客观的因果关系分析，他在西方被称为“历史科学”之父，又因其提出国家之间的政治行为与产生的后果建立在恐惧情感与利益基础之上，他又被称为“政治现实主义”之父。他在该书中关于大战起源的重要结论即所谓“修昔底德陷阱”：使得（斯巴达 - 雅典）战争不可避免的原因是雅典日益壮大的力量，以及这种力量在斯巴达造成的恐惧。这几乎已被视为国际关系的“铁律”：一个新崛起的大国必然要挑战现存的大国，而现存的大国也必然会回应这种威胁，因而战争的发生是必然的。——译者注

的思想意识和希特勒（Hitler）的个性则直接导致了第二次世界大战。

本书并不否认这类复杂例证的独特性质，然而，它也提出了这样一个问题：数千年来发生的历次大战是否有一个共同的原因？与历史学家一样，许多国际关系方面的学者坚持认为，必须把各个不同历史时期的这些例证看成本质上是独特的。文化与观念随着时间在发生变化，而政治的技术与社会基础也在改变。因此，我们不应期望第一次世界大战或第二次世界大战的原因与古希腊、古罗马体系或现代欧洲早期发生的战争的原因之间有任何必然的联系。就多数情况而言，或许这些例证之间唯一的共同之处就是“不良思维”：领导人总是按照对事物本来具有或应该具有的方式形成的无知、误导或邪恶的观念行事。①

现实主义的传统却是从一种不同的起点看待大战这一问题的。对于现实主义者而言，主导所有战争的因素只有一个，即实力。在历史上，所有的强国（除了几个世界性的帝国）无一不是在为其相对于他
[1] 国的实力地位而担忧。这一简单的事实使得现实主义者能够超越时空，构建起关于大战起源的一般理论。在以往的论争中，较为盛行的现实主义理论主要有三种。对古典现实主义而言，由于力量的平衡可以抑制侵略行为，因而只有当其中一个国家拥有压倒性优势时，大战才有可能发生。尽管新现实主义也承认这一点，但却强调两极体系似乎要比多极体系更为稳定，这主要是因为这种两极性迫使各国更加自觉地维持力量的平衡。霸权稳定理论则否定了古典现实主义的假设，认为各国之间的平等是危险的，因为那些正在崛起而力量大体相当的国家会采取攻势，以获得为原有秩序所不容的地位和利益。因此，只有当一个超级大国在致力于维持和平时，整个体系才是稳定的。

就这三种理论而言，每一种都面临着某些重要的经验异常情况。古典现实主义无法解释在核子时代之前爆发的三次两极战争，即公元

① 这一观点最接近于自由派和建构派的观点。

前 431 年的斯巴达 – 雅典战争、公元前 218 年的迦太基 – 罗马战争和 1521 年的法国 – 哈布斯堡王朝战争。在每一个案例中，对立的两强之间的力量大体相当，任何一方都不占明显的优势。对古典现实主义者来说，1914 年的战争也是一个难解之谜，因为两大同盟之间的力量基本上是均衡的。新现实主义不仅难以解释两极状态下的战争，并且也无法为多极状态下发生的战争提供充分的证据。我们在下文中将会发现，第一次世界大战并不像许多新现实主义者所声称的那样，仅仅是由于误算造成的。恰恰相反，德国需要战争，并且确实把整个体系拖入了战争。新现实主义同样也难以为诸如第二次世界大战和拿破仑战争一类的冲突提供最基本的、具有说服力的证据，因而往往更强调某些关键领袖人物的个性和思想动机。

霸权稳定理论是以上三大理论中最难以自圆其说的一种。与其论断恰恰相反，在 1600 年至 1945 年发生的六次多极性条件下的大战中，有五次是由某个拥有明显军事优势的国家发起的。不仅如此，在本书所涵盖的 10 个历史时期发生的 13 次主要战争或主要危机中，几乎每一次冲突都是由某个担心失去往日辉煌的国家引发的。那些正在崛起的国家正是典型的冲突始作俑者，这一观点对霸权稳定性的论断造成了强大的冲击。

在本书中，我试图把三种主要理论的优势综合为一种可行的、动态的现实主义大战理论，以克服它们的诸多不足。现有的理论不能说没有吸引力，却尚欠完整。古典现实主义和新现实主义恰当地强调了力量差异与极性的重要性，这两种理论的某些版本也考虑到相对力量的动态变化趋势，尤其是陷入衰退的列强及其发动预防性战争的动机问题，然而两极相对于多极体系中的力量消长所造成的影响差异却尚未得到充分的研究。不仅如此，古典现实主义与新现实主义的某些更动态化的版本并未能充分地说明衰退会将国家引向战争、和平或两者之间的某种状态的条件。霸权稳定理论把握住了力量变化趋势的重要 [2]

性，但是，由于过分关注那些正在崛起的国家，这一理论却忽视了一个基本的逻辑：尽管处于上升时期的国家正在强盛起来，但它们却希望尽量避免战争，因为只要等待下去，它们在未来就能有更多的力量投入战争。

本书所提出的理论——我称之为动态差异理论——将力量差异、极性和力量衰退趋势融为一体，形成一个严密的逻辑体系。这一理论表明，大战主要是由那些处于优势地位的军事列强发动的。当然，正如我随之将在下文中论述的那样，极性对这一法则起着重要的限制作用。这一理论还解释了国家为何要采取战争之外的手段，例如引发危机或采取强硬的遏制政策，从而大大增加无意间造成事态升级而引发大战的危险。大多数理论认为，国家可以进行二分选择：或者发动大战，或者不发动大战。这种方法限制了以上理论对花费巨大的现代战事的适用性。特别是当战争双方拥有核武器时，各国并不希望发动精心策划的大战，因为它们自己的社会也很有可能在战争过程中遭遇灭顶之灾。然而，各国领导人都十分清楚，为了能在一场危机中先发制人或为了维护自己的声誉，他们仍然可能会陷入战争。为了使得一种关于大战的理论能够适用于核子时代以及前核子时代，我们必须弄清楚国家为什么宁愿舍弃和平而追求一种不稳定的冷战竞赛，或从这样一种竞赛进一步迈向危机（如古巴导弹危机中潜藏的那种危险）的深渊。这本书讲述的就是这样一种理论。

问题的重要性

大战具有三个典型的特征：一个体系中的所有列强都被卷入其中；战事是以最高强度进行的全面冲突（即全面的军事动员）；战争的结果极有可能是一个或多个作为主权国家的参战列强被消灭。问题的核心所在是显而易见的：大战是一场浩劫，并伴随着体系的重组。

在今天的核武器时代，列强之间的任何一次大战都可能意味着世界末日。尽管许多学者满怀信心地认为“大战”的概念属于过去，但发出这种乐观言论还为时尚早。第一次世界大战结束后，曾经有一股类似的乐观主义迷雾弥漫了十多年。1945 年以后，许多人也曾为第二次世界大战的恐怖未能阻止超级大国陷入危险的冷战而惊奇不已。新世纪刚刚开始，中国在反对美国世界霸权的同时迅速崛起，正酝酿着新一轮冷战的危险。这样一种冷战无疑会导致危机，其强烈程度可能 [3]
不亚于 1961 年的柏林危机或 1962 年 10 月的古巴导弹危机。这些危机中孕育的超级大国之间战争的巨大危险启示我们，可以把避免另一次冷战作为一个至关重要的政策问题进行研究。因此，在本书中构造理论和历史研究的基础性工作是一件极具现实意义的任务。通过了解那些将国家推向可能导致大战的竞赛和危机的条件，我们就可以为消解这些条件采取某些措施。

对于国际关系这一学术领域而言，对大战的研究还有一系列额外的好处。避免大战一直是世界列强的一个难以摆脱的梦魇，是对其对外政策的几乎每一个方面都会产生影响的一个难题。如果一种理论能对大战问题进行恰当的阐述，就可以做出论断：各国为什么要参与军备竞赛或致力于达成军备控制协议，它们为什么要对结成同盟，它们面对竞争为什么选择采取威慑或安抚策略。因此，在一般国际政治理论不断发展的过程中，探究大战的起源无疑是一个重要的出发点。①

论证方法

本书的论证仍以引自有关预防性战争文献的基本观点作为起点：

① 在这一方面深入论证超出了本书的范围，但关于这个问题的提出，可参见 Dale C. Copeland, “From Structural Realism to Dynamic Realism,” paper delivered at the International Studies Association annual meeting, Toronto, March 1997.

正在衰退的国家为自己的未来而担忧。它们担忧的是，如果听任一个正在崛起的国家羽翼丰满起来，它或者会很快以优势力量攻击它们，或者迫使它们为了保证自身的安全而做出让步。即使它们自信地认为正在崛起的国家当前是爱好和平的，但它们也一时无法弄清其未来的意图。总而言之，心态在变化，领导人在更替，国家也会发生革命，这一切都在改变着它们的核心价值和目标。因此，即使仅仅从深谋远虑的角度来看，那些正在走下坡路的国家也会谋划战争，从而作为一种确保自己未来安全的手段。

尽管衰退在国际关系中是一种不可避免的现象，然而，大战或可能引发大战的危机却并不多见。仅有衰退的事实显然是不够的，必须加上其他一些体系条件才能解释这些冲突。第一个也是最明显的一个条件，就是力量上的差异。由于力量有限，正在走下坡路的国家不会去冒大战的风险。对俾斯麦（Bismarck）而言，发动这样一场战争无异于因害怕被杀而去自杀。所以，我们只能认为，只有那些处于力量鼎盛时期的国家才会谋划可能引发大战的行动。

然而，极性以及力量的差异程度也起着重要作用。在多极体系中，只有当某个国家在军事力量上占有绝对优势以至于敢同整个体系较量时，一旦出现衰退才有可能导致大战的发生。在多极体系中，正在衰退的国家不可能凭自己的力量对那些日渐强盛的国家发动战争，
[4] 因为其他列强很可能携起手来对付这个衰退国家的攻击，因为它们担心自己会成为下一个牺牲品。即使不存在形成对立同盟的条件，但若是一个正在衰退的国家在军事力量上与其他国家不相上下，它也肯定害怕被拖入漫长而代价昂贵的双边战争。这样的战争，即使获得了胜利，也会大大削弱进攻方相对于那些袖手旁观的国家的力量，从而使发动战争成为一种毫无理性之举。但是，在两极体系中，正在衰退的一方只需要击败另外一个国家即可。不仅如此，它不必担心第三国仅凭袖手旁观就能崛起而成为体系的霸主。所以，它即使在相对军事力

量上与正在崛起的国家基本相当，也可能考虑发动一场大战。因此，与两极体系相比，多极体系中爆发大战的条件要苛刻一些：在多极体系中，发动大战的国家在军事力量上必须占绝对优势；而在两极体系中，只要正在衰退的国家在军事力量上略占优势或实力相当（事实上，有时可能还稍处劣势），就可能引发战争。

尽管综合考虑了衰退趋势、极性和力量差异等因素，但尚不足以解释战争史上的所有案例。一个正在衰退的国家，即使在军事上占有优势，也不会在刚刚衰退时就一步迈向先发制人的预防性战争。大战毕竟是极具风险的事，在一个原本稳定的状态下，衰退只不过是一个小小的“标志信号”。对一个正在衰退的国家来说，所谓衰退主要表现在两个方面：衰退的程度，即离衰退的最低点还有多远；衰退的必然性，即如果某个国家坚持现行的政策，它发生衰退的必然程度。

衰退的程度和必然性问题迫使领导人不得不仔细研究衰退的三种一般形式。对第一种形式，许多学者已经做过分析，即相对于其他国家而言，某个国家因经济、技术和社会基础全面恶化而引起的衰退。对于这种衰退，许多原因早已经被澄清。一度支撑着国家优势地位的技术和工具可能正在向外扩散；民众可能变得越来越自我满足，更热衷于消费而不是对未来生产进行投资；政府可能正面临成本增长超出了某一尺度（“S”形增长曲线）的问题，等等。[①] 我把这种带有普遍性的衰退形式称为“非逆转性相对停滞”。面临这种停滞的国家当然会采取一系列的国内改革措施，尽力克服这种局面。然而，要想逆转是很困难的。面临的任务越艰巨，领导人就会越期望发生严重而彻底

① 这方面的文献甚多，主要参见 Robert Gilpin, *War and Change in World Politics* (Cambridge: Cambridge University Press, 1981); Paul Kennedy, *The Rise and Fall of Great Powers* (New York: Random House, 1987); Geir Lundestad, ed., *The Fall of Great Powers* (Oxford: Oxford University Press, 1994); Joseph S. Nye, *Bound to Lead* (New York: Basic Books, 1991); and Michael Mann, ed., *The Rise and Decline of the Nation State* (Oxford: Basil Blackwell, 1990).

的衰退，他们因而也就越有可能考虑发动预防性战争或采取冒险的危机政策。例如，在1618～1619年，长达20年的经济停滞迫使西班牙采取行动，使德国发生的局部冲突升级为一场“三十年战争”的浩劫。

对于衰退的第二种形式的研究并不多，但这方面的问题却不少。当某个国家在相对军事力量上非常强大但在其他两种力量——经济能力和潜在力量上却处于劣势时，就会出现这种衰退。简单而言，经济能力是指一个国家的总的相对经济活动（一般可用国民生产总值衡
[5] 量）。潜在力量却包括所有能够转化为可度量的经济输出但却由于某些原因尚未转化的资本和资源，其中包括物力和人力两个方面。所以，潜在力量包括诸如人口规模、原材料储备、技术水平、教育程度和未利用的肥沃土地等。一个正在衰退的国家，如果在军事力量上占有优势，却在其他两种能力上处于劣势，就会对未来忧心忡忡。简而言之，那些正在崛起的国家拥有巨大的长期优势：一般具有更坚实的发展军事力量的基础，并且很容易形成压倒性优势，它们所要做的只不过是坐等而已。对于那些衰退国家而言，靠增加军费开支并不能解决这一问题。那些正在崛起的国家有更大的耐心和能力进行长期的军备竞赛；事实上，如果陷入衰退的国家试图进行这种军备竞赛，那只会使本国的经济进一步恶化。那么，在这样的情况下，陷入衰退的国家就更愿意相信，衰退将会不断加剧，并且是不可避免的，从而把预防性战争视为其唯一的希望。正如我们将看到的那样，这正是德国在20世纪两次对俄国发动战争的原因。

第三种衰退形式同样也没有得到学术界的重视。这就是力量的波动问题，即其他国家的军备竞赛和结盟政策获得的短期的相对成功引起本国在军事和地缘政治方面发生衰退。一场竞争中的列强双方必然会做出最大的努力追赶对方，但是在短期内，一方的政策可能会更成功一些，或至少期望如此。这就有可能在相对力量上产生一种预期损

失，如果不及时进行检查，很可能把正在衰退的国家暂时置于一种易受攻击的境地。[①] 为了避免这种情况，衰退国家往往急于采取容易引发大战的强硬措施。正如我们将看到的那样，这种力量波动在冷战早期制造了许多麻烦，引发了柏林和古巴危机。

如前所述，要构建一种同时适用于核子时代的大战理论，我们不仅要能够解释一个国家在什么时候会精心策划一场战争，而且还能解释它在什么时候一步一步地采取行动，通过各种看似漫不经心的手段大大加速这种战争的危险。为了解决这个问题，本书建立了一个决策模型，假定领导人非常清楚采取强硬路线和温和路线的优劣得失。尤其是，领导人要明白三大风险：在本国发动的战争中遭到失败的风险，因选择和解政策而带来的持续衰退的风险，为了克服衰退采取战争之外的强硬手段因而导致事态升级为大战的风险。由于存在第一种风险，正在衰退的国家就会把预防性战争作为最后的一种选择。如果转而采取诸如增加军费开支之类的强硬政策，通过引发危机而缓解衰退趋势，那么这样的政策就会受到普遍的青睐。不过，在采取这种政 [6]
策时，领导人必须在阻止衰退的长期利益与引发战争的近期危险之间进行权衡。一切事物都有其正反两面，所以，如果不太强硬的政策就能够维持本国在整个体系中的力量地位，他们必然会尽力避免采取更强硬的政策。

这一逻辑（将在第二章中详述）使得我们能够预测那些正在衰退的国家将在什么时候采取一种可能引发大战的强硬路线。当原先奉行的政策（温和路线）不足以阻止衰退，而手中的牌又足以做出稳定力量发展趋势的承诺时，它们就会这样做。例如，在 1945 年，华盛顿的工作重心转向遏制苏联，以便限制苏联的战后增长。之所以这

---

① 正在衰退的国家也会预见到，自身这种在遭受短期损失之后扭转力量变化趋势的能力有可能迫使其他国家发动预防性战争。请注意，这种力量波动比之前文提到的微小力量“起伏”要严重得多。

样做，哈里·杜鲁门（Harry Truman）十分清楚，他很可能引发一场危险的冷战，但倘若不采取行动，则必然会损害美国的长期的力量和地位。1962 年 10 月，约翰·肯尼迪（John F. Kennedy）引发了古巴导弹危机，迫使尼基塔·赫鲁晓夫（Nikita Khrushchev）把苏联导弹撤出这个岛国。这种无心之失引起战争的危险是显而易见的，但肯尼迪却认为，如果他不采取行动，美国的安全就会受到直接的威胁。

这一论据的基础就是古典现实主义和新现实主义不可或缺的势力均衡思想——国家采取行动以维持自己在战略势力均衡中的现有地位。通过如下的论述，我本人对这一思想有所发展。正如第二章所讨论的那样，现实主义理论学家也存在分歧：某些人强调维持势力均衡和避免衰退的重要性，而另一些人则更关注安全的两难选择和过分的敌对行动进一步加剧造成的危险。[①] 我的论据则将衰退的危险和冲突的无心加剧综合为一个模型。因此，这一模型可以说明当国家必须决定其对外政策的强硬程度时所做的理性选择。简而言之，本书并没有引入新的因果关系变量，而是把现实主义的各种现有的研究方法综合为一个更为严密的现实主义论据，以阐明大战什么时候可能发生，国家在什么情况下会采取冒险发动这样的战争。

史实证据

本书涵盖了历史上的 10 个时期，在这些时期，或发生大战，或发生具有巨大战争危险的冷战和危机。鉴于历史文件证据的可用性，经验分析的主要内容集中在 20 世纪的三个时期，其中两个属于多极

---

① 最近，这种长期的分歧已经在主张进攻的现实主义派和主张防御的现实主义派之间的争论中充分表现出来。关于这一点，可参见 Eric J. Labs，“Beyond Victory：Offensive Realism and the Expansion of War Aims，” *Security Studies* 6（summer 1997）：1 – 47；and Benjamin Frankel，“Restating the Realist Case，” *Security Studies* 5（spring 1996）：xiv – xviii.

性（第一和第二次世界大战之前），一个是两极性（冷战早期至古巴导弹危机）。通过对原始文件的深入分析，我尽量提供一种与以往对事件的规范论述完全不同的简略解释。尽管第一次世界大战和第二次世界大战具有某些明显的差异（下文将述及），但两次冲突的原因则是完全相同的：德国担心俄国（苏联）这个人口 3 倍于己、领土 40 倍于己的大国的崛起。在潜在力量上的这种显著劣势使德国的文职和军事领导人得出一个结论：除非采取强烈行动，一个工业化的俄国将不可避免地压倒整个欧洲，而首当其冲的德国将成为它的第一个牺牲品。因此，在二三十年中，德国领导人两次悍然决定先发制人，并在其军事优势达到顶点时发动了战争。 [7]

1944 年后的美国思维同样是缘于地缘政治方面的忧虑——苏联的崛起。我认为，正是美国而不是苏联，应该对发动冷战负有主要责任，因为美国是对德战争之后第一个转而采取强硬政策的国家。早在 1945 年年中，哈里·杜鲁门就建议采取一种强硬的遏制政策，尽管他当时十分清楚，这一政策很可能加剧不稳定的敌对局势。他之所以采取这一行动，并不是因为他视斯大林为天生的敌人——事实上，杜鲁门当时还比较喜欢斯大林。相反，杜鲁门认识到，如果美国不采取行动，苏联就必然会迅速壮大起来，而后继的苏联领导人可能不会如此温和。当然，这并不意味着美国决策层会无视苏联独裁统治的残酷本性。然而，促使华盛顿对大战可能性的估计迈出重要一步的根本动因正是对未来趋势的肯定性和采取防范的需要，而不是出于对当时苏联意图的担忧。美国并没有像德国先后两次针对俄国采取行动那样发动预防性战争，这一事实所反映的并不完全是体制形式或道德原则方面的差异，更多地是美国在经济和潜在力量方面的优势。由于拥有这种优势，军备竞赛是更为合理的第一选择。

冷战早期发生的三大危机是进一步导致大战的可能性与日俱增的

主要原因，即 1948 年、1961 年的两次柏林危机和 1962 年的古巴导弹危机。可以认为，这三次危机都基本上是由某个超级大国对另一方的政策相对成功的预期所引起的反向力量波动造成的结果。由于在其集团内部缺乏一种可行的行动手段来缓和这种波动，陷入衰退的超级大国便通过引发危机的方式来克服预期中的下降趋势。1948 年，斯大林在柏林制造了一场危机，以迫使华盛顿修改原先制定的统一西德并将其纳入西方集团的计划。1961 年，赫鲁晓夫在柏林发起了另一场危机，以挽救东欧地区出现的恶化局面。1962 年，当仅仅靠更大规模的军备竞赛无法与部署在古巴的导弹相抗衡时，肯尼迪甘冒引发危机之险，以迫使赫鲁晓夫把导弹撤走。

[8] 为表明这一论证也适用于 20 世纪之前的战争，最后在经验篇章中简要地介绍了 1900 年之前发生的七次最著名的大战。两极战争的三个案例——斯巴达－雅典战争（公元前 431～前 404 年）、迦太基－罗马战争（公元前 218～前 202 年）和法国－哈布堡斯堡王朝战争（1521～1556 年），均支持这一论证。斯巴达、迦太基和法国仅仅因为陷入长期的衰退而分别发动了大战，尽管它们当时在军事力量上与刚刚崛起的雅典、罗马和哈布斯堡王朝大体相当。不仅如此，每一个案例特别是迦太基－罗马和法国－哈布斯堡王朝的案例中，由于正在崛起国家在潜在力量方面的优势，引起另一方衰退不断加深并且已经不可避免。在 1900 年之前的四个多极案例中，其中有三个——“三十年战争”（1618～1648 年）、路易十四战争（1688～1713 年）和拿破仑战争（1803～1815 年）也支持这一理论。战争都是由一个拥有明显军事力量优势的国家（分别是西班牙、法国和法国）发起的，并且这个国家主要是因为陷入了“非逆转性相对停滞”，并且某些领域的潜在力量处于劣势而正面临着长期的衰退。只有“七年战争”（1756～1763 年）属于例外情况。尽管在奥地利挑动普鲁士发动先发制人的战争时，衰退是一个至关重要的因素，并且交战的双方在

军事力量上大体相当，但战争还是在这个多极体系中爆发了。在第八章中，我探讨了出现这种偏离本书中一般论证的原因。

本书的结构

开头两章是本书的理论精华。第一章批判了目前流行的现实主义理论（非现实主义理论放在后面的经验篇章中做简单讨论）①，并提出了在力量被行为体视为外在因素（即视为一种行为体必须作为给定条件考虑的外部因素）的情况下关于动态差异理论的基本逻辑。用这种方式缩小讨论焦点问题的范围不仅沿用了大多数现实主义理论家的方法，而且揭示了衰退的根本问题，而这些问题正是各国在两极和多极体系中将要面对的，特别是衰退被视为正在加剧且不可避免时更是如此。在第一章的末尾，我简要地讨论了方法论问题。对本书的整体目的即建构一种更为系统的现实主义大战理论而言，关于方法论的讨论是非常重要的。一种系统的理论能够做什么或不能做什么，如何证明它是毫无根据的，甚至如何对它进行检验，对这些问题的看法一直是相当混乱的。我所做的论述就是为了澄清这种混乱，同时也提出一种方法，使得系统理论能够同关于国内和个体层面（以下统称“单元层面”）的理论结合起来，以解释各种国际现象。②

第二章通过放宽对力量在严格的意义上是外在因素这一假定的要求，从而为第一章的骨架结构填补一些血肉。我建立了一个决策模

① 关于各种非现实主义理论的简述，可参见 Jack S. Levy，“The Causes of War: A Review of Theories,” in Philip E. Tetlock et al. , eds. , *Behavior Society and Nuclear War*, vol. 1（New York: Oxford University Press, 1989）; Stephen van Evera，“Causes of War”（Ph. D. diss. , University of California, Berkeley, 1984）, pt. 2, chaps. 7 - 10, and his forthcoming *Causes of War*, vol. 2（manuscript, Massachusetts Institute of Technology）。

② 本书沿用肯尼斯·沃尔兹的“单元层面”一词指国家内部的因素，如体制形式、社会群体和政府部门的斗争、国内动乱、个体心理因素，等等。参见 *Theory of International Politics*（New York: Random House, 1979）, chaps. 2 -4。

型，使得领导人能够通过采取诸如加强军备竞赛和引发危机等更为强
[9] 硬的政策来抑制衰退，但只有当他们意识到无意间造成的事态升级往往会引发战争的情况下才能奏效。因此，这一模型有利于预测大战可能性的变化趋势，甚至在核子时代领导人并不愿意卷入大战的情况下也是适用的。

根据历史经验，第三章至第八章对本书所做的论证进行了检验。
[10] 第九章详细论述了论证的理论与实践意义，并做出了结论。①

① 针对“民主和平”理论和中国作为新世纪超级大国崛起的问题，我专门分析了力量衰退的重要性。

第一章
对现实主义大战理论的反思

正如前文所述，关于列强之间发生的大战，三种最著名的解读方式就是所谓的古典现实主义、结构新现实主义和霸权稳定理论。① 古典现实主义认为，当某个国家拥有压倒性优势时，就可能发生大战；当列强之间的力量大体相当时，则不大可能发生大战。力量的平衡维持着和平，并且让那些潜在的侵略者明白，战争不仅花费巨大，而且成功的可能性极小。打破平衡是发生大战的关键条件，因为占有优势的国家更愿意扩张，并坚信战争可以带来好处。② 说到占有优势的国家的这种动机，古典现实主义派无疑会同意汉斯·摩根索（Hans Morgenthau）的说法：占有压倒性优势的国家发动战争是出于“单元

---

① 由于篇幅所限，本书并没有就大战和危机方面的大量文献提供一个完整的参考清单。关于理论和经验材料方面更详细的参考文献，可登录本人在弗吉尼亚大学政务与外交事务系的网站：www. people. virginia. edu/ ~ dcc3a.

② 参见 Hans J. Morgenthau, *Politics among Nations*, 5th rev. ed. (New York: Alfred A. Knopf, 1978); Edward V. Gulick, *Europe's Classical Balance of Power* (New York: W. W. Norton, 1962); Raymond Aron, *Peace and War* (New York: Praeger, 1966); Martin Wight, "The Balance of Power," in Herbert Butterfield and Martin Wight, eds., *Diplomatic Investigations* (Cambridge: Harvard University Press, 1966); and Michael Sheehan, *The Balance of Power* (London: Routledge, 1996)。

层面”的原因——贪婪、荣誉，也就是摩根索在“民族主义的普遍性”理论中提到的“权力欲”。①

由于预先假定了占有优势的国家具有进攻倾向，古典现实主义者认为，相对两极体系而言，多极体系应该更为稳定。由于很难始终保持精确的平等，多极体系中的同盟重构（外部平衡机制）可以在集团之间形成必需的势力均衡，即使个别国家并不处于平等的地位。只要能保持一定的灵活性，各列强就能轻而易举地改变其同盟关系以应对某个势力巨头的威胁，从而阻止那些占有压倒性优势的国家实施侵略行为。与此相反，两极体系却易于产生不稳定因素，这是因为，一旦两个强大国家之间出现了不平等，并没有实力雄厚的同盟伙伴去制造一种有效的势力均衡。②

古典现实主义的优势就在于对力量差异的重视，从而提供了一种精细的相对权重概念作为势力均衡的尺度。③ 同时，它着重分析了那些主张两极体系更为稳定的理论的缺陷：在多极体系中，除了当大体
[11] 上的平等无法维持时可以通过军备竞赛阻止某些侵略行为之外，国家之间还有另一种选择机制——结盟；而在两极体系中，当仅仅靠军备竞赛不足以奏效时，双方都不可能有结盟这种可以依靠的选择。

---

① 主要参见 Morgenthau, *Politics among Nations*, chaps. 3 – 5, 16, and Morgenthau, *Scientific Man versus Power Politics* (Chicago: University of Chicago Press, 1946)。阿诺德·沃尔夫斯（Arnold Wolfers）在人性问题上也追随这种悲观主义观点，他一直重复着阿克顿勋爵（Lord Acton）[1]的名言：“权力即腐败，绝对权力即绝对腐败。”（*Discord and Collaboration*, Baltimore: John Hopkins University Press, 1962, 121）关于“新古典”现实主义在这方面的最新论点，可参见 Randall L. Schweller, *Deadly Imbalances* (New York: Columbia University Press, 1998), and Fareed Zakaria, *From Wealth to Power* (Princeton: Princeton University Press, 1998)。

1 阿克顿（1834 ~ 1902），亦称“第一男爵阿克顿”，英国历史学家，代表作有晚年主编的《剑桥近代史》等。——译者注

② 参见 Morgenthau, *Politics among Nations*, chaps. 11 – 14; Gulick, *Europe's Classical Balance of Power*, chpt, 1; Aron, *Peace and War*, chp 5; Karl W. Deutsch and J. David Singer, “Multipolar Power Systems and International Stability,” *World Politics* 16 (April 1964): 390 – 406。

③ 关于差异方法的最新应用，可参见 Emerson M. S. Niou, Peter C. Ordeshook, and Gregory Rose, *The Balance of Power* (New York: Cambridge University Press, 1989)。

然而，古典现实主义面临着经验方面的两大难题。首先，它无法解释结成牢固同盟反对潜在霸主的多极体系（例如1914年之前的多极体系）为什么仍然会陷入大战。在这种情况下，集团之间的整体势力均衡已经无法维持和平。[①] 其次，历史上重要的两极体系案例——斯巴达－雅典、迦太基－罗马和法国－哈布斯堡王朝，都是在列强双方的军事力量大体相当时发生了战争。这些案例说明，列强个体之间的势力均衡并不能阻止战争。这种历史经验方面的异常现象背后的理论问题，恰恰符合古典现实主义偏于静态的性质。这一理论主要根据国际体系的静态"画面"进行预测，其结果就像是一幅幅照片，而列强就是其中的一些大小不等的台球。[②] 这样的分析不足以阐明力量差异呈现动态趋势的重要性。某些古典现实主义者（如摩根索）想当然地认为，先发制人的预防性战争（即因担心衰退而发动的战争）是历史上的一个重要问题。然而，关于诱发预防性战争动机的条件，在理论上却依然没有取得任何进展。[③]

第二种研究方法即新现实主义则主要强调国际体系的两个陈年已久的结构性特征：无秩序和极性。无秩序状态——缺少保护列强的轴心——造成了数千年来在国际政治中看到的那种重复出现的冲突模式。[④] 新现实主义者宣称，在无秩序状态下，两极体系比之多极体系更不容易发生大战。主要有三个方面的原因：在两极体系中，列强总是避免

---

① 为了证实他们的论点，古典现实主义者更倾向于依赖20世纪30年代的例证，当时针对潜在霸主的同盟尚未真正形成。参见 Michael Joseph Smith, *Realist Thought from Weber to Kissinger* (Baton Rouge: Louisiana State University Press, 1986)。

② 参见 Morgenthau, *Politics among Nations*, chaps. 11－14。

③ 参见 Morgenthau, *Politics among Nations*, 216－217。但是，摩根索似乎非常清楚，动态变化趋势问题可能会引起对势力均衡作为一种稳定力量这一整体概念的质疑。

④ 参见 Kenneth N. Waltz, *Theory of International Politics* (New York: Random House, 1979), 65－69, 117－128; Waltz, "The Origins of War in Neorealist Theory," in Robert I. Rotberg and Theodore K. Rabb, eds., *The Origins and Prevention of Major Wars* (Cambridge: Cambridge University Press, 1989); Barry Buzan, Charles Jones, and Richard Little, *The Logic of Anarchy* (New York: Columbia University Press, 1993)。

依靠给小国制造危机的方式被拖入大战之中；但是，它们却不会让步，以避免外围的损失，从而加强威慑力；最后，列强并不太倾向于减少国内的军费开支，因为这样就可能使占有优势的军事强国进一步崛起。①

新现实主义的优势就在于对无秩序状态和极性造成的结构性影响分别进行研究。这就在国际关系领域为我们提出了一个深奥的悲剧性观点：即使当国家只是为了寻求安全时，也仍然有可能陷入那种威胁其生存的破坏性战争。② 但是，根据沃尔兹（Waltz）的理论，像古典现实主义一样，新现实主义受到同一个缺陷的困扰：缺少足够的动态性。由于以极性作为关键的结构变量，那么无论是在两极还是多极体系中，就没有其他变量来解释任何体系从和平走向战争的原因。沃尔兹曾经指出："在一个体系中，[体系] 理论解释的是循环和重复，而不是变化。"③ 如果国家行为的变化"在一个体系允许的情况下发

---

① 参见 Waltz, *Theory of International Politics*, chap. 8; Waltz, "The Stability of a Bipolar World," *Daedelus* 93 (summer 1964): 881 – 909; John J. Mearsheimer, "Back to the Future: Instability in Europe after the Cold War," *International Security* 15 (summer 1990): 5 – 56; Thomas J. Christensen and Jack Snyder, "Chain Gangs and Passed Bucks: Predicting Alliance Patterns in Multipolarity," *International Organization* 44 (spring 1990): 137 – 168; Barry R. Posen, *The Sources Military Doctrine* (Ithaca: Cornell University Press, 1984); Stephen van Evera, "Primed for Peace: Europe after the Cold War," *International Security* 15 (winter 1990/1991): 7 – 57; and Benjamin Miller, *When Opponents Cooperate* (Ann Arbor: University of Michigan Press, 1955)。关于进一步的评论，可参见 Dale Copeland, "Neorealism and the Myth of Bipolar Stability: Toward a New Dynamic Realist Theory of Major War," *Security Studies* 5 (spring 1996): 29 – 89。

② 关于国际关系的悲剧性这个问题，可参见 Robert Jervis, *Perception and Misperception in International Politics* (Princeton: Princeton University Press, 1976), chap. 3; and Michael Spirtas, "A House Divided: Tragedy and Evil in Realist Theory," *Security Studies* 5 (spring 1996): 385 – 423。

③ 在其主要研究课题中，沃尔兹并不认为一个体系中的力量差异属于结构原因，而是假定国家之间是"大体相当的"（*Theory*, chaps. 5 and 8, esp. 167 – 168）。正如波森（Posen）所言，这一假定可以用来避免引入差异概念后出现复杂的结构变化（*Sources of Military Doctrine*, 64; van Evera, "Primed for Peace," 36）。在后来的研究中，沃尔兹的确认为力量差异对未来和平具有重要意义。参见 Waltz, "The Emerging Structure of International Politics," *International Security* 18 (fall 1993): 44 – 79。

生，那么就可以在‘单元层面’上找到其原因”。[①] 对于一种系统理论的解释能力而言，这其实是一种不必要的狭隘观点。正如我在下文中所要阐述的那样，国家之间相对力量的差异和变化趋势是一个体系变量，其重要性远远超过列强的数目，在未对“单元层面”上的变化做必要考虑的情况下会对行为产生显著的影响。 [12]

其他一些新现实主义者比沃尔兹走得更远，他们甚至采纳了古典现实主义关于力量不平衡会增加大战可能性的论点。[②] 还有一些新现实主义者则强调认为，各国在安全方面都面临着一种两难选择，一个国家采取加强其安全的行动最终会影响到其敌对国的安全。所以，国家有时会形成一种预防性动机，在敌对国变得过于强大之前先清除这个心腹之患。[③] 我把这些附加的因素也融入综合性的论证之中。虽然我也通过两极与多极体系的比较阐述了力量变化趋势的影响，但是关于两种体系的战争条件，我却得出了与新现实主义完全不同的结论。不

---

① 参见 Waltz, *Theory*, 69, 71。因此，他的理论“并不能解释为什么会发生特殊的战争”，而只能解释“数千年里讨厌的战争为什么一再发生”（Waltz, “Origins of War,” 44）。

② 主要参见 Mearsheimer, “Back to the Future.”

③ 参见 Barry R. Posen, “The Security Dilemma and Ethnic Conflict,” in Michael E. Brown, ed., *Ethnic Conflict and International Security* (Princeton: Princeton University Press, 1993); James D. Morrow, “A Twist of Truth: A Reexamination of the Effects of Arms Races on the Occurrence of War,” *Journal of Conflict Resolution* 33 (September 1989): 500 - 529; and Robert Jervis, “Arms Control, Stability, and Causes of War,” in Emanuel Adler, ed., *The International Practice of Arms Control* (Baltimore: John Hopkins University Press, 1992), 187。关于预防性战争，主要参见 Jack Levy, “Declining Power and the Preventive Motivation for War,” *World Politics* 40 (October 1987): 82 - 107; Emerson M. S. Niou and Peter C. Ordeshook, “Preventive War and the Balance of Power,” *Journal of Conflict Resolution* 31 (September 1987): 387 - 419; Alfred Vagts, *Defense and Diplomacy* (New York: King's Crown, 1956), chap. 8; Stephen van Evera, “Causes of War” (Ph. D. diss., University of California, Berkeley, 1984) chap. 2; Randall L. Schweller, “Domestic Politics and Preventive War: Are Democracies more Pacific?” *World Politics* 44 (January 1922): 235 - 269; Woosang Kim and James D. Morrow, “When Do Power Shifts Lead to War?” *American Journal of Political Science* 36 (November 1992): 896 - 922; and Richard Ned Lebow, “Windows of Vulnerability: Do States Jump through Them?” *International Security* 9 (summer 1984)。预防性战争理论亦称“窗口理论”，关于这方面的最新评论，可参见 Stephen van Evera, *Causes of War: Power and the Roots of Conflict* (Ithaca: Cornell University Press, 1999), chap. 5。

仅如此，第二章在论述领导人决策逻辑时，把衰退的危险与无意间加剧大战的危险结合起来进行讨论，超出了现有的论证结构。最后，通过分析各种不同形式的衰退（包括力量波动和经济及潜在力量方面的劣势造成的衰退），我提供了限制合理应对衰退的各种附加条件。

第三种关于大战的现实主义观点乃是霸权稳定安全理论的变种[①]，最著名的代表人物就是奥根斯基（A. F. K. Organski）和罗伯特·吉尔平（Robert Gilpin）。他们把古典现实主义颠倒过来，并且认为，只有一个强大行为体的霸权体系才是稳定的，因为霸主在维持政治-军事秩序时可以获得利益。但是，当一个次等级的国家不断崛起而接近原霸主的实力时，这个处于上升期的国家就很可能发动战争，以获得原有体系所不曾给予的地位和回报。[②] 所以，与古典现实

① 这一论点的其他叫法还有“力量主宰理论”和“力量过渡理论”。霸权稳定理论属于国际政治经济理论之一，参见 David Lake，“Leadership, Hegemony, and the International Economy: Naked Emperor or Tattered Monarch with Potential?” *International Studies Quarterly* 37（December 1993）：459 - 489。

② 奥根斯基非常清楚，正在崛起的国家会发动战争。参见 *World Politics*, 2nd ed.（New York: Knopf, 1968），367 - 371；Organski and Jack Kugler, *The War Ledger*（Chicago: University of Chicago Press, 1980），27 - 28；and Kugler and Organski，“The Power Transition,” in Manus I. Midlarsky, ed.，*Handbook of War Studies*（Boston: Unwin Hyman, 1989），171 - 194。吉尔平（Gilpin）肯定把大部分责任推给了正在崛起的国家（*War and Change in World Politics*, Cambridge: Cambridge University Press, 1981, chaps. 1 - 2, esp. 33, 94 - 95, and 186 - 187），但他同时也认为，正在衰退的国家有时也会出于防范心理发动战争（*War and Change in World Politics*, Cambridge: Cambridge University Press, 1981, 191）。他后来曾提出，谁对战争负责并非问题的真正所在（“The Theory of Hegemonic War,” in Rotberg and Rabb, eds.，*Origins and Prevention of Major War*, 26）。这种含糊其词的论证削弱了这一理论推理的严密性，从而降低了其说服力。所以，我主要针对的是吉尔平在《战争与变化》一书中强调的正在崛起的国家渴望通过战争改变体系的论点。关于引自奥根斯基论点的全面分析，可参见 Robert Powell, *In the Shadow of Power*（Princeton: Princeton University Press, 1999），chaps. 4 - 5。关于其他动态方法的讨论，包括乔治·莫代尔斯基（George Modelski）和威廉·汤普逊（William Thompson）的“长循环理论”和查里斯·杜兰（Charles Doran）的“力量循环理论”，可进一步参见 Copeland，“Neorealism and the Myth of Bipolar Stability,” 36；Copeland，“Realism and the Origins of Major War”（Ph. D. diss.，University of Chicago, 1993），chaps. 1 - 2。关于近期对动态稳定理论更广泛的分析研究，可参见 Jonathan M. DiCicco and Jack S. Levy，“Power Shifts and Program Shifts: The Evolution of the Power Transition Research Program,” *Journal of Conflict Resolution* 43（December 1999）：675 - 704。

主义者关于势力均衡有助于维持和平的观点相反，在一个体系中，最强大的两个国家之间势均力敌的结果就是战争。

这一研究方法的优势就在于具有动态的性质。因此，与古典现实主义和新现实主义相比，霸权稳定理论提供了一种更宽泛的对力量变化对列强行为产生的影响进行分析的方法。但是，有两个主要问题还尚待研究。第一，霸权稳定理论缺少关于大战起源的演绎一致性理论。对于一个国家为什么会在上升期发动攻击，显然缺乏逻辑上的动因，因为这个国家只要坐等，就完全能够轻而易举地实现自己的目标，并且代价更低。[①] 即使正在崛起的国家还有安全以外的目标，像霸权稳定理论所假定的地位和声望之类的要求，这一论证也是成立的。等到这个国家实现了力量的最大化，就可以确保其战争投入获得最大的回报。总而言之，当一个国家拥有以极低的代价快速获胜的最佳机会时，靠发动战争甚至可以获得更高的地位和更多的利益。[②] 因此，霸权稳定理论并不能解释在两次世界大战中，为何直到看到德国 [13]
发生衰退时德国领导人才发动战争。不仅如此，它也不能解释如下的事实，即在1900年之前发生的其他七次大战中，正是那些正在衰退的列强在挥舞着战争的大棒。在冷战早期发生的每一次重大危机中，也可以看到类似的情形：正是那些预见到衰退的国家引发了一场场带有火药味的危机。

霸权稳定理论的第二个局限性就是其大战理论的逻辑核心仅适用于体系中两个最强大的国家，即原有的霸主和正在崛起的挑战者。因

---

① 关于这一点，可参见 Levy，"Declining Power and the Preventive Motivation for War，" 84。

② 可能有人会认为，正在崛起的国家会失去耐心，仅仅根据现状推断未来的利益得失。但是，引入这样一个心理学变量却不符合霸权稳定逻辑，因为按照这种逻辑，正在崛起的国家深知需要投入更多的力量实现自己的目标，所以在崛起过程中应该是一个耐心的、理性的行为体。因此，没有理由预先就假定，这样的国家仅仅因为与正在衰退的国家在力量上接近就突然会失去耐心。如果它能一直保持耐心，就会继续等到力量对比发生转折之后。奥根斯基和库格勒自己的证据也表明，正在崛起的国家正是这样做的（*War Ledger*，58－61）。

此，这一理论在估计这两个国家行为的同时，却忽视了那些第三、第四、第五等级列强的重要性。[①] 如前文所述，这可能在分析两极体系时还有一点用处，但要解释1556年以来欧洲历史上多极体系的案例就无能为力了。例如，从历史经验上讲，这种理论就很难解释下面的现象：为什么一个国家（即德国）在20世纪发生的两次大战中能够与第二、第三、第四等级列强结成同盟、进行漫长的战事并且几乎赢得胜利，如果德国仅仅是在军事力量上与原来的体系霸主相当的话。[②]

有趣的是，霸权稳定理论所提供的证据表明，当德国对整个体系采取行动时，它事实上已经占有绝对优势。于是，奥根斯基和雅西克·库格勒（Jacek Kugler）得出结论：到1913年，“德国显然［已经］超过了英国”这个原来的体系霸主，而到了1939年，德国拥有了对英国的“明显优势”。[③] 为了解释德国为什么能差一点就赢得了两次大战，库格勒和威廉·多姆克（William Domke）指出，在1914年和1939～1940年间，德国在实际军事力量方面已经占有显著的优势。在1914年，德国的军事力量几乎等于英国、俄国和法国的总和。在1939～1940年，德国的军事力量几乎达到英国和法国总和的两倍；而在1941～1942年间，它甚至能够在西线开战的同时，在东线继续与苏联抗衡。[④]

---

① 例如，当吉尔平主张修昔底德的精辟论述可以适用于任何体系时，他并未对两极体系和多极体系进行区分（“Theory of Hegemonic War,” 19－28）。

② 在1600～1900年间发生的四次大战中，至少有三次战争发起国的军事优势显然也是非常明显的。

③ 参见 Organski and Kugler, *The War Ledger*, 58－59。

④ 参见 Jacek Kugler and William Domke, “Comparing the Strength of Nations,” *Comparative Political Studies* 19 (April 1986): tables 5－6, and discussion 60－65。我把他们的研究结果列于本书的附表1中（同时参见附表2和附表3）。兰道尔·施韦勒（Randall Schweller）对1938～1939年军事力量对比的计算表明，德国的实力比英法两国的总和还要强大，并且超过苏联40%（*Deadly Imbalances*, table A－8）。“战争相关数据库”显示，德国在1941年的国防支出和国防人数均超过了英俄两国的总和（参见本书附表3）。

为了解释这些事实，霸权稳定理论家又调整了自己的理论。他们声称，尽管列强个体之间的势力均衡可能与大战没有关联，但它们所属的同盟集团之间的相对平衡却并非如此。奥根斯基和库格勒得出结论："显而易见，[世界大战] 发生在两个国家单独作战的'交叉点'之后（与所谓力量转化模型给我们的启示恰恰相反），但是又在挑战者同盟取代原霸主同盟之前。"[①] 在对奥根斯基的论证所做的一次重要的重新统计中，金宇相（Woosang Kim）指出，只有当军事力量适于接纳同盟伙伴时，大战才会在基本平衡点上发生。[②] 这种重新表述使得霸权稳定理论家仍然可以向古典现实主义挑战：如前所述，古典现实主义理论无法解释在两个牢固的同盟之间处于相对平衡时，像第一次世界大战这样的战例为什么会发生。但是，总而言之，霸权稳定 [14]
理论所制造的这一根本麻烦已经烟消云散了。如今，古典现实主义者和霸权稳定理论家已经基本取得了一致，即在1914年和1939年，即使德国（加上一些弱小的合作伙伴）受到一个具有同等力量的同盟的抵抗，但德国这一个国家已经取得了对其他任何一个单独国家的显著优势。正如我在第三章至第五章中所阐述的那样，军事史家也会同意这一点。[③]

古典现实主义者与主张霸权稳定的现实主义者在20世纪的德国拥有军事优势问题上达成了共识，这就使我们所面临的任务大大地简化了。然而，我们仍然缺少一种理论，能够不必特别借助像"权力

① 参见 Organski and Kugler, *The War Ledger*, 60。请注意，他们明确拒绝把结盟因素纳入其力量转化逻辑之中（25－26）。

② 参见 Woosang Kim, "Power Transitions and Great Power War," *World Politics* 45 (October 1992): 153－173; and Kim and Morrow, "Do Power Shifts Lead to Wars?"。关于他们针对这一事实调整自己理论的情况，可参见 Kugler and Organski, "Power Transition," 184。

③ 约瑟夫·尼耶（Joseph S. Nye）和保罗·肯尼迪（Paul Kennedy）的统计数据戳穿了另一个与此相关的谬论——英国在19世纪中叶的"霸主地位"造成了这一时期的相对和平局势。英国只是在海军和工业经济领域处于领先地位，其国民生产总值从来也不是欧洲最大的国家，并且与其他国家相比在整体军事能力上处于劣势。关于这方面的统计数据，可参见 Nye, *Bound to Lead* (New York: Basic Books, 1991), chaps. 1－2; Kennedy, *The Rise and Fall of the Great Powers* (New York: Random House, 1987), chaps. 4－5；以及本书附表2。

欲”和“不满于现状”等“单元层面”的因素，就可以解释多极体系中拥有绝对优势的国家为什么在面临令人惊愕的危险和代价时仍然会攻击整个体系这个问题。不仅如此，发动大战的压力如何在多极和两极体系之间变化的问题也尚未阐述清楚。所以，提供一种全面、系统的大战理论，一种能够综合现有的各种现实主义研究方法长处的理论，正是本章其余内容的目标。

动态差异理论

论证中的核心因果关系或独立变量就是动态差异：列强之间的相对军事力量差异的同时相互作用以及这些差异的预期趋势，分清和比较两极体系和多极体系中力量变化所造成的影响。① 此外，我还把力量的概念分为三种类型——军事的、经济的和潜在的，以便说明后两种形式的衰退是如何对那些在军事力量上占有优势的国家的行为产生影响的。

这一理论形成三个主要的论断。第一，在任何一个体系中，假定每一个国家都是理性的寻求安全的行为体，并不清楚他国的未来意图。② 正是那些处于霸主地位却正在衰退的列强最有可能发起大战。第二，在两极体系和多极体系中，对霸权国家的遏制程度是不同的。在多极体系中，只有当正在衰退的国家拥有明显的军事优势时，大战才有可能发生；而在两极体系中，当正在衰退的国家在力量上大体相当时，有时甚至不过是二级列强，它也有可能发动攻击。第三，当认

---

① 尽管这一变量包括两部分——差异程度和变化趋势，但只有在同时考虑这种程度和趋势的情况下才能对国家行为做出准确的预测。也就是说，除非知道国家之间相对力量上的差距是在变大、变小或不变，否则这种差距就没有多少意义；而如果不知道各国的相对力量地位，所谓变化趋势也是毫无意义的。

② 关于这些假定以及其他重要假定的作用（在其他条件相同的情况下用作因果逻辑的约束条件），将在方法论部分进行阐述。

为衰退正在加剧且不可避免时，大战的可能性就会增加。因此，从整体上考虑经济能力和潜在力量是非常必要的，因为这两种力量的水平和趋势对于确定军事衰退的程度和必然性是至关重要的。

相对而言，第一个命题比较简单：因为大战的代价是非常昂贵的，并且关系到国家的存亡，所以大战的发动者大多都是那些拥有霸 [15]
权地位的军事强国，而相对弱小的军事列强缺少足够的能力“向整个体系叫板”。不仅如此，对于任何列强来说，在上升期内发动一场大战显然是非理性的，这是因为，如前所述，等待机会再下手可以提高成功的可能性和减少代价。如果行为体能够以理性行事，那么所有的大战必定都是预防性战争。①

第二个命题需要更为详细地加以分析，所以我们可以用略为不同的方式进行论述。在多极体系中，甚至当某些国家正在衰退时，只要诸列强个体之间力量大体相当，也很可能是稳定的；但是在两极体系中，当列强中的一方特别是拥有霸权地位的一方感到自己正在衰退时，这种力量上的大体相当也可能是极不稳定的。因此，与两极体系相比，多极体系中发生大战的条件要更高一些，这就意味着，在给定的力量差异和发展趋势相同的情况下，多极体系发生战争的可能性更小一些。②

下面让我们看一看这一论断背后的逻辑。在多极体系中，如果所有的国家在军事力量上都相对平衡，那么出于如下四个主要原因，任何一个国家都不会为了取得霸权地位而向整个体系叫板。

第一，即使一个国家期望其他各国尚处于分离状态，也就是说，它不希望形成一个敌对同盟来对付自己，那么与其竞争对手的势力均衡就很可能意味着漫长而代价昂贵的双边战争，只能逐步蚕食掉国家继续作

---

① 我主要论述的是仅仅出于对安全的担心而发动的预防性战争，对于具有“单元层面”侵略动机的国家而言，在力量出现衰退时发动攻击也是合乎情理的。

② 关于两极体系不稳定性的全面论述，参见 Copeland，“Neorealism and the Myth of Bipolar Stability.”。

战的能力，直到建立起新的霸权为止。如果没有建立起完全的霸权体系，那些袖手旁观的国家就会渔翁得利，占据比战争发起国更为有利的地位。所以，从根本上说，倾尽全力发动战争是一种非理性的选择。[①]

第二，如果确实形成了一个与战争发动者抗衡的同盟，发动者在战争之后就更不可能占据更强大、更安全的地位。在多极体系中，由于结成同盟的国家都拥有“强大的力量”，所以随着其联合程度的不断加强，同盟将变成一种可怕的作战力量。[②]

第三个原因是以上两个原因的必然推论。在多极体系中，一个正在衰退但在力量上未处下风的强国完全有理由认为，只要一个正在崛起的国家还没有壮大到占有绝对优势的程度，仅仅是存在着如此众多的列强这一点就可以限制其野心的膨胀。所以，一场纯粹为了安全的预防性战争并不是非打不可的。

第四，如果那些在力量上未处下风但正在衰退的列强能够形成同盟去对付一个正在崛起的国家，它们也没有必要担心自己会被取代。这正是对古典现实主义理念的重新表述：与两极体系相比，多极体系中的国家除了内部平衡的手段之外，还可以借助另外的手段即通过结盟实现外部平衡来确保自己的安全。因为可能存在集体采取行动方面的问题，所以我关于一个在力量上未处下风但正在衰退的国家不会在多极体系中发动战争的演绎逻辑并不取决于这个国家为了自身安全而形成牢固同盟的能力（尽管这样的同盟肯定能够加强论证的效果）。恰
[16] 恰相反，这里的论证是围绕着每个国家都明白的一个道理进行的，即如果它发起一场大战，那么即使没有形成同盟与它抗衡，它也没有足

① 这种相对于袖手旁观者的力量损失被称作“胜利者的继承性难题”。参见 Richard Rosecrance, *Rise of the Trading State* (New York: Basic Books, 1986), 34; and Geoffrey Blainey, *The Causes of War*, 3rd ed. (New York: Free Press, 1988), chap. 4。这两位作者都没有考虑到这种相对损失在两极和多极体系的稳定性方面造成的复杂情况。

② 参见 van Evera, “Primed for Peace,” 36 - 37。

够的力量在与所有其他国家对抗时赢得胜利；而如果这个国家选择“自甘衰退下去”一途，那么即使没有与它形成同盟，多个行为体的存在也会有助于阻止正在崛起的国家在未来发动攻击。因此，在多极体系中，只有当某个国家在军事力量上取得对其他任何一个单独国家的明显优势时，它才会考虑发起一场谋求霸权的战争。

但是，在两极体系中，这些论证应该反向进行，所以，当两国在力量上大体相当时，预防性战争才有可能发生。首先，一个正在衰退但在力量上未处下风的国家当然明白，它所面对的只有一个而不是许多列强，所以，即使战争是漫长的和艰难的，但在双边战争取得胜利之后就不用再和另外的敌对国开战了。因此，谋求霸权的目标比较容易实现。不仅如此，即使正在衰退的国家害怕与正在崛起的国家陷入一场僵持不下、毫无结果的战争，它也不必担心在为避免战争投入而袖手旁观的第三国方面有什么相对损失。由于这样的第三国往往相对弱小，不大可能获得足够的利益而爬上体系的霸主位置。

其次，那些正在衰退的国家都明白，即使形成了一个可以应付攻击的同盟，那些加入正在崛起的列强同盟的小国也不可能对预期的战果造成多大的影响。与多极体系相比，参与结盟的单个国家在抗击战争发动者的过程中并没有多大分量。① 再次，因为正在衰退的国家意识到，当它处于微弱优势时这两个因素对自己是有利的，它因此认为，正在崛起的国家在赢得优势之后不会受到强烈的遏制。最后，那些正

① 在两极体系中，小国作为整体的作用不可小视，因此，任何一个大国都不愿意听任对方一个一个地吞并那些小国。但是，要让那些小国自愿地“一起”（en masse）改换门庭也是非常困难的，因为它们原来的大国“主子”拥有足够强大的力量确保其忠诚（冷战时期的苏联和东欧地区就是最好的例证）。因此在两极体系中，正在崛起和正在衰退的大国都要经历一个艰难的时期，以便通过外交手段把更多的新生力量拉向自己一边，从而迅速改变本集团的相对力量地位。然而，由于这些大国完全能够有能力确保其势力范围内各个小国的忠诚，所以它们在决定是否发动预防性战争时，往往把自己势力范围内的小国视为其整体力量的一部分。

在衰退的国家很清楚，在体系内部，即使有一些国家可能希望结成同盟以抗击处于上升期的国家，但大多数却没有强大到足以保障自身安全的程度。所以，在取代发生之前，进行预防性战争是合理的。

请注意，由于缺少重要的第三国，所以在两极体系中，甚至第二级国家在衰退突然加剧时也可能发动大战。这里的核心逻辑是：它仅仅需要击败另一个列强，并且几乎不必担心会发生僵持不下的战争而让袖手旁观者爬上霸主位置。① 当然，第二等级列强的劣势越明显，它就越没有信心采取强硬政策。

以上所做的论证可以形象地总结于图 1 和图 2 中。这些启发性的图例展示了在多极或两极体系中经常遇到的主要体系状态。② 请注意，在时间 t_1，t_4 和 t_5 处，大战的可能性对两类体系都比较低，因为军事势力均衡的趋势是稳定的；由于没有国家陷入衰退，也就没有必要出于安全的原因而寻求战争。③ 但是，在时间 t_2 处，两极体系中处于霸权地位的国家正面临日益逼近的衰退（图 2），意味着大战的可能性极高；而在多极体系中，由于受到其他力量相当的列强的约
[17] 束，大战的可能性却较低。④ 在时间 t_6 和 t_7 处，两极体系和多极体系中都出现了明显的不平衡，日益逼近的衰退使得在两类体系中极有可

---

① 与多极体系相比，这就加剧了两极体系的内在不稳定性。参见 Copeland，"Neorealism and the Myth of Bipolar Stability."。

② 大战的可能性这个非独立变量反映了进行预测的分析家的观点，在这个问题上，国家被假定为只有战争和非战争这种二分选择。第二章做了进一步细分，即允许国家选择明显增加无意间引发大战可能性的各种强硬政策。

③ 这一结论背后的更详细的逻辑推论如下：在不存在任何动态变化的情况下，一个国家会期望其相对力量以及（一旦发生战争）获胜的概率在未来始终保持不变。如果这个国家当前发动战争，其"期望生存概率"（EPS）就简单地等于这个获胜的概率。但是，如果要避免战争，它就应该知道其他国家在未来不会发动攻击。在其他国家未来不愿意选择战争的可能性甚小的情况下，当前避免战争的"期望生存概率"也远远大于发动战争的"期望生存概率"（假定无进攻优势）。

④ 在两极体系中的第二等级列强陷入衰退的情况下（如时间 t_3），我们可以预言，大战的可能性将会增加，增加的程度取决于这个国家的相对军事力量和衰退的严重程度。

能发生大战。但是，在时间 t_8 处，尽管大战的可能性在两极情况下再一次增高，但在多极情况下，却由于第三、第四、第五级列强的存在，在一定程度上缓和了这种不稳定性（虽然这些次级列强比在时间 t_2 处还要弱小，但发生大战的可能性仍然属于“中度”）。①

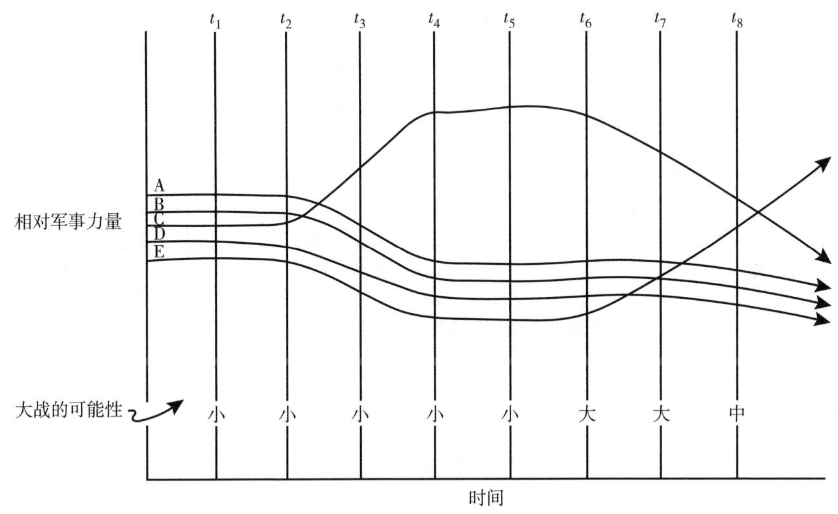

图 1　相对军事力量曲线与大战的可能性（多极体系） [18]

在多极和两极体系中，正是那些正在衰退的国家会发动战争。至于什么时候发动战争，在很大程度上取决于它对自身衰退的程度和必然性的估计：对衰退的必然性和深度的预期越高，国家就越容易仅仅出于安全的原因而发动预防性战争。如果衰退是由相对于正在崛起的

① 请注意，这基本上属于一种混合式体系，即处于两极体系和多极体系之间。但是，正是其中的“两极”成分使其比时间 t_2 更不稳定：与偏于多极的体系相比，其中较低等级的列强并没有足够的能力阻止衰退国家对整个体系发动攻击。这种情况充分表明，完全可以运用力量差异这类连续的独立变量来解释大战的可能性这类连续的非独立变量。如果读者没有忘记，正是力量的优劣程度起着决定作用，那么就没有必要随意规定截然划分单极、两极和多极体系的标准，也就是说，混合式体系也是允许的。与那些一味强调理想极性模式的狭隘结构理论不同的是，利用这些力量差异就有可能对现实世界中任何特定体系的稳定性做出更为精确的预测。

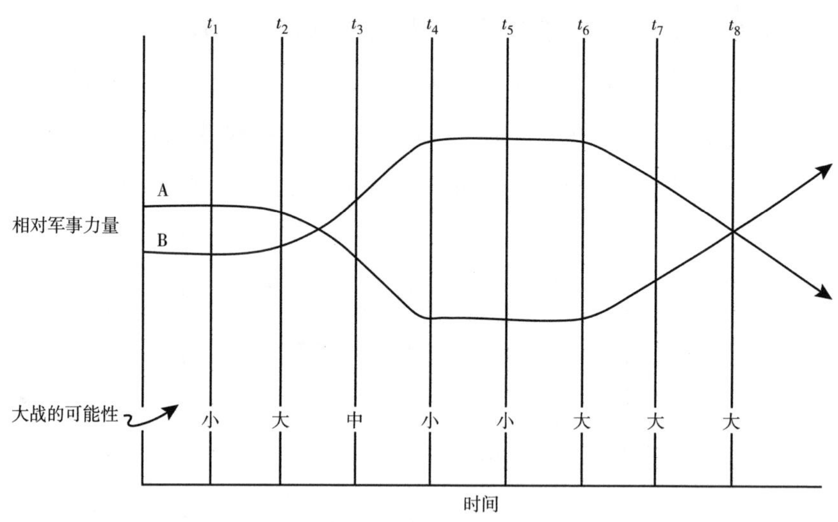

[19] **图 2　相对军事力量曲线与大战的可能性（两极体系）**

国家的所谓“非逆转性停滞”所造成的，这肯定会引起焦虑。国内可用的克服停滞的措施越少，国家就会认为衰退越严重、越不可避免。就正在衰退的国家所做的估计而言，更有意义的是其经济能力和整体潜在力量相对于其军事能力的水平。① 无论属于两极还是多极体系，只要一个国家在军事力量上占有优势但却正在衰退，而在其他两种能力上占有优势且正在增长，它就很容易为衰退感到担忧。总而言之，如果一个国家的经济和潜在力量非常强大并处于上升期，它应该仅仅通过加大军费的投入就能够抑制军事力量的下滑趋势。

但是，一个在军事力量上拥有优势而在经济尤其潜在力量方面处于劣势的国家更有可能相信，一旦其军事力量出现衰退，继续衰退就是不可避免的，并且还会进一步加剧。在相对经济和潜在力量同时出现下滑时，情形尤其如此。国家往往认为，试图通过军备竞赛遏止其

① 在此再次重申，潜在力量包括能够最终转化为经济成果却尚未发生转化的所有资本和资源，如人口规模、原材料储备、技术水平以及未开发的肥沃土地等。关于其他学者的潜在力量概念，可参见 Copeland, “Neorealism and the Myth of Bipolar Stability,” 54, n. 76。

军事力量的日渐衰退，几乎是没有什么用处的。所以，它只能从早已摇摇欲坠的经济基础中分出更大的一部分，以便与一个拥有足够的资源发展军事力量且正处于上升期的国家相抗衡。不仅如此，经济重构也不可能有什么帮助，因为作为经济能力基础的潜在力量也同样处于劣势并不断衰退。在这样的情况下，处于霸权地位的军事列强往往会对未来感到悲观，因而更有可能发动大战，从而作为维护自身安全的一次“机不可失”的尝试。①

论证的意义

如前所述，本书的目的是为了综合现有的各种现实主义方法的优势，从而构建一种具有更强的解释和预见能力的理论。这一理论的最
[20] 终成果具有两方面的创新意义：首先，这一理论为相对力量的变化如何在两极和多极体系中产生不同的影响提供了一种演绎一致性论证方法。古典现实主义和新现实主义都强调极性的重要性，只是偶尔考虑到动态趋势问题，但是，它们并没有对力量变化趋势的影响进行跨体系类型的分析。霸权稳定理论及其有关预防性战争的论证基本上是动态的，但是又没有把极性作为一种重要的约束条件。

其次，本书出于理论建构的需要，把能力分为三类，即军事能力、经济能力和潜在力量。通过考察如上能力的差异和变化趋势，我们就可能确定正在衰退的军事列强什么时候会直接发动战争，什么时

① 不应忘记，在计算相对力量时，各国领导人不会仅仅比较各自领土范围内能够动员的资源，其势力范围内各个小国的军事、经济和潜在力量也必然考虑在内。对于经济和潜在力量而言，这一点尤为重要，因为那些小国往往可以为大国所需要的军事安全提供重要的资源和领土保障。因此，在分析经验案例时，我们应该看到，整个势力范围内的力量差异和变化趋势都会随着时间的推移对大战可能性的变化产生重大影响。由于俄国和英国的传统帝国政策，德国 1913 年和 1938 ~ 1939 年在整体潜在力量上的劣势仍然非常明显。1945 年中期，对美国在欧亚地区的地位日渐衰退的担心迫使杜鲁门开始采取导致冷战的政策；而苏联的地位在东欧地区的衰退则两次迫使莫斯科在柏林引发了严重的危机。

候采用战争之外的其他手段。[①] 甚至强调相对衰退问题的理论，例如有关预防性战争的论证，在解释某些衰退情形为什么比其他情况更不稳定时也会遇到麻烦。当然，正如曾经强调的那样，极性在其中起着非常重要的作用。在两极体系中，衰退更有可能引发大战，因为正在衰退的国家不一定拥有显著的军事优势，甚至还可能在一定程度上处于劣势。然而，正在衰退的国家的军事力量与其经济特别是潜在力量的比较也同样重要。一个处于霸权地位的军事强国，尽管在经济和潜在力量方面处于劣势，但也极有可能期望衰退变得更加严重和不可避免，从而将其作为采取冒险行动的借口。后两种力量形式的反向趋势则只会使事态进一步恶化。

因此，这一理论有助于回答两个长期争论的问题：各大国之间势力均衡还是不均衡时更可能发生大战？仅仅为了寻求安全的国家之间是否能发生大战，亦即是否存在着天生具有侵略动机的行为体？

第一个问题的答案是显而易见的：这取决于体系的极性。在多极体系中，发生大战需要有一个占绝对优势的军事强国，但是在多极体系中，无论列强双方的势力均衡还是不均衡，都能发生大战。[②] 这就可以解释 1945 年之前发生的三个两极体系案例（斯巴达 - 雅典、迦太基 - 罗马和法国 - 哈布斯堡王朝），尽管国家之间的军事力量大体相当，但正是那些正在衰退却曾经拥有霸权地位的国家发动了针对正

---

① 经验研究往往利用“战争相关数据库”，其中提供了各种各样的军事、经济和人口数据。参见 J. David Singer, Stuart Bremer, and John Stuckey, “Capability Distribution, Uncertainty, and Major Power War, 1820 - 1965,” in Singer et al., eds., *Explaining War* (Beverly Hills: Sage, 1979)。如果在运用数据库时这三类参数几乎是不变的，则可以用一个整体实力指数表示。参见 William B. Moul, “Measuring the ‘Balances of Power’,” *Review of International Studies* 15 (April 1989): 101 - 121。我在本书附表 2 - 4 中引用“战争相关数据库”的数据时，尽量避免出现这种情况。

② 虽然对第一个问题进行了大量的数量研究，但由于这些研究涵盖了所有的战争类型，而不仅限于大战，所以在这里并没有多少相关性。但值得指出的是，这类数量研究的结果却必然是混乱的。参见 James Fearon, “War, Relative Power, and Private Information,” typescript, University of Chicago, 1992.

在崛起的敌对国的大战。在冷战早期，虽然美国一直保持着军事优势，但每当某个超级大国担心出现严重衰退时，总会把局势搞得极不稳定。另外，在1914年和1939年之前，只有当一个国家（德国）对其他每一单个国家均取得明显的军事优势时，多极体系才会变得不稳定。在1900年之前发生的四次大战中，有三次冲突（“三十年战争”、路易十四战争和拿破仑战争）是由拥有明显军事优势的列强发起的。只有“七年战争”发生时，正在衰退的国家与敌对国的力量是大体相当的，第八章将讨论这种异常情况。

第二个问题的答案同样是一目了然的：尽管天生的侵略者可能会 [21]
增加战争的可能性，但对于这样的战争而言，他们却既非必要亦非充分条件。“单元层面”的侵略动机并不是一个充分条件，因为除非力量条件使霸权要求变得可行，否则，即使是具有最大敌意的领导人也不敢轻易发动大战。在过去的500年里，我们可以找出许许多多的欧洲国家领导人，他们之所以谋求霸权，仅仅是出于名誉或贪婪方面的原因。然而，在这一时段，明确界定为大战的战例只有七个。[①] 发生的大战如此之少，只能用一个事实来解释：没有几个国家能够一直拥有向整个体系叫板所需要的军事优势。[②]（正如我在有关的经验篇章中所指出的，这些战争主要是由于担心发生衰退引起的，甚至当“单元层面”的因素存在时也是如此。）

侵略动机同样也不是发生大战的一个必要条件。一个纯粹寻求安全的国家可能会在两极或多极体系中发动战争，但这只是因为它担心发生不可避免的和严重的衰退。当然，如果一个正在崛起的国家表现

---

① 这些案例是（下文分别论述）：法国－哈布斯堡王朝两极冲突（1521～1556年）、三十年战争（1618～1648年）、路易十四针对欧洲“大同盟”的战争（其中包括1688～1697年的奥格斯堡同盟战争和1701～1713年的西班牙王位继承战争）、七年战争（1756～1763年）、拿破仑战争（1799～1815年）、第一次世界大战和第二次世界大战。

② 参见 Kennedy, *Rise and Fall*, chaps. 4－5。

出敌意的迹象，就会使得这个陷入衰退的国家更有可能发动攻击。[①] 但是，发起国的攻击仍然是安全动机在起作用，而不是出于“单元层面”的侵略构想。在这方面，或许最确切的例证就是斯巴达发动的针对雅典的战争。斯巴达人担心的是，如果士兵倾巢而出参加大规模的战争，国内会发生叛乱。然而，尽管这些国内因素有助于维持和平，但对雅典崛起的忧虑还是迫使斯巴达人选择了战争。正如我们将要看到的那样，1914 年的德国面临着极为相似的局面。虽然德国主要领导人认为，战争只能进一步恶化国内的不稳定局势，但它还是不得不做出了防止俄国崛起和威胁的选择。

更具说服力的是，即使体系内包括正在崛起的国家在内的所有其他国家也都属于寻求安全的国家，因陷入衰退而寻求安全的国家也可能发动大战。在无秩序的状态下，尽管其他各国在尽力表明自己的和平诚意，正在衰退的国家也可能怀疑其真正的意图。[②] 事实上，正在崛起的国家会尽量做出一种和平的姿态，以减少受到预防性攻击的可能性。所以，正在衰退的国家很难分清哪些国家是真心维护和平，哪些国家是假意做出姿态。[③] 例如，甚至在近代，当时谁也不清楚沙皇尼古拉二世（Nicholas II）是否在私下觊觎霸权而静等俄国一天天地壮大起来。因此，尽管尼古拉竭力表现出一种温和的意图，德国领导人仍然认为必须发动一场战争。在 1939 ~ 1941 年间，俄国面临着同样的问题，

---

① 在第二章和第九章中，我用正在崛起的国家“单元层面”未来预期的体制特点这个参数表示这种可能性。

参见本书第八章，另参见 Thucydides, *The Peloponnesian War*, trans. Rex Warner (Harmondsworth: Penguin, 1954), 1. 101 – 102, 1. 118, 4. 41。

② 这一点直接源于安全两难选择的悲剧性。主要参见 Robert Jervis, “Cooperation under the Security Dilemma,” *World Politics* 30 (January 1978): 167 – 214; and Charles L. Glaser, “the Security Dilemma Revisited,” *World Politics* 50 (October 1997): 171 – 201。

③ 不仅如此，正如费隆（Fearon）所言，由于秩序混乱，正在崛起的国家将经历一个艰难时期，必须做出在未来维持和平的承诺。参见“Rationalist Explanations for War,” *International Organization* 49 (summer 1995): 401 – 409。

即使做出了最大的努力，但斯大林不可能相信希特勒的所谓善意。

最后一点，即使正在衰退的国家能够肯定其他国家的和平诚意，也仍然会出于安全的原因发动战争。这是一个深层次的问题：当一个国家拥有绝对优势的地位后，或许由于政府或领导层的更替，或许仅 [22]
仅是因为其强势地位，其意图都有可能随之发生变化。[①] 由于这种国内变化存在着变数，预防性战争或预防性措施有可能通过无意的方式显著地增加大战的可能性，使之在针对一个显然具有和平诚意的敌对国时变得十分合理。即使杜鲁门明明知道斯大林是一个理性之人，他还是在 1945 年中期采取了遏制苏联的行动，因而在无意间增加了战争的风险。杜鲁门担心的并不是斯大林的意图本身，而是他死后那些接替他的领导人的意图。1962 年，肯尼迪在古巴引发了导弹危机，这并不是因为他认为赫鲁晓夫要发动核大战，而是他不能肯定在苏联人在获得明显的核优势后会采取什么样的态度。[②]

关于本书理论的逻辑问题

现在，我要论述一下本章论证中涉及的三个逻辑方面的问题。第一，在多极体系中，拥有绝对优势的国家（图 1 中 C 国）是否需要在军事力量上超过其他所有列强之和，才能使发动战争成为一种理性的选择？[③] 答案是：不必要。在多极体系中，一个国家只需要不到整个体系军事力量的 50%，就可以利用其他国家结盟时在协调其军事

① 关于未来意图的变化问题，可参见 Robert Jervis，“Cooperation under the Security Dilemma，” 168；Robert J. Art and Robert Jervis，“The Meaning of Anarchy，” in Art and Jervis，eds.，*International Politics*（Boston：Little，Brown，1985），3；and Mearsheimer，“Back to the Future.”。

② 在第九章中，我阐述了这一逻辑对于新世界秩序的意义，其中包括正在崛起和正在衰退的国家具有民主意向时发生冲突的条件。

③ 除非一个国家（或一个进攻性同盟）占有整个体系资源的 50% 以上，否则多极体系将保持稳定。关于这一论点，可参见 Niou，Ordeshook，and Rose，*Balance of Power*，chap. 3。

行动过程中所面临的困难，在谋求霸权方面获得成功。简而言之，有充分的理由认为，结盟的力量要小于各国力量的总和。[①]

那些正在考虑是否结成同盟与一个拥有绝对优势的国家进行对抗的国家面临着两种截然不同的选择。一方面，凡是比拥有绝对优势的国家弱小的列强，都不会眼看着这个国家击败其他列强而无动于衷，因为它非常清楚，下一个就会轮到自己。[②] 因此，相对弱小的列强只能被迫结成同盟，以防止自己的同盟国被消灭。另一方面，由于无秩序状态和出于力量消长方面的担心，多极体系中的列强面临着如何采取集体行动的问题。对抗战争发起国的同盟中的每一个国家都希望能袖手旁观或有所保留，以便在战争结束后取得最佳的相对地位。[③] 所以，结盟的牢固程度很可能会在齐心协力（当潜在的霸主似乎特别强大时）与最终解体（当体系面临的威胁似乎很小时）两个极端之

① 下述内容只是对同盟中集体行动问题的一种粗略描述，而不是对同盟政治的一种深入分析。关于这方面的分析文献（以及关于同盟的文献），可参见 Stephen M. Walt, *The Origins of alliances*（Ithaca：Cornell University Press，1987）；and Glenn H. Snyder, *Alliance Politics*（Ithaca：Cornell University Press，1997）。关于多极体系中的推卸责任和合伙行恶问题，参见 Copeland，"Neorealism and the Myth of Bipolar Stability，" 38 –47。

② 关于担心"被抛弃"这个问题，可参见 Glenn H. Snyder，"The Security Dilemma in Alliance Politics，" *World Politics* 36（July 1984）：461 –495。

③ 参较 Mearsheimer，"Back to the Future，" 16。我的论点引自但不同于标准的新现实主义在"推卸责任"问题上的各种论点（Waltz，*Theory*，164 – 165；Posen，*Sources of Military Doctrine*，63 –64；Snyder，*Alliance Politics*；Snyder，"Security Dilemma"），而这些论点乃是基于曼库尔·奥尔森（Mancur Olson）在集体行动问题上所做的开创性工作（*The Logic of Collective Action*，Cambridge：Harvard University Press，1965；and Olson and Richard Zechhauser，"An Economic Theory of Alliances"，*Review of Economics and Statistics* 68，August 1966，266 –279）。奥尔森认为，行为体追求的是绝对利益的最大化。当这个集体非常庞大时，这类行为体往往因为各国贡献的边际成本超出边际效益而无本获利。就新现实主义而言，大多数有关推卸责任的论点一般都假定国家注重于绝对成本。所以，各国不仅不愿意结盟，而且也不会忽略内部的军费支出（Posen，*Sources*，64）。正如我在其他文献中所指出的，在一个秩序混乱的世界上，所谓自助就意味着各国不愿意忽略其军费支出（Copeland，"Neorealism and the Myth of Bipolar Stability，" 44 –47）。但是，对战争带来的相对损失的担心往往会削弱完全依附于一个同盟的积极性。

间变化。[①] 战争发起国可以充分利用这种不一致，从而以各个击破的方式分而歼之。这一论证有助于解释在多极体系中，为什么当某个国家比任何一个单独列强强大但又比其他所有列强联合起来弱小时会提出霸权要求。 [23]

尽管如此，由于“齐心协力或是各自为战”的动机，敢于向整个体系叫板的战争发起国不能完全依赖于同盟的解体。所以，结盟的程度和战斗力有可能介于非常强大和几乎不存在之间。我们的推论是，拥有绝对优势的国家相对于其他任何一个列强的军事优势越明显，则其他国家联合起来对付这种威胁的动机就越强烈；反之，霸权国家的优势越小，其他国家就越有可能采取袖手旁观的态度。一方面，由于集体行动方面的问题导致其他国家各自为战，正在衰退但拥有绝对优势的国家可能会提出霸权要求；另一方面，由于担心会引起结盟或仅仅认为可能形成同盟，多极体系中正在衰退而实力几乎相当的国家会竭力避免战争。这样的论证似乎是相互矛盾的，其实并不矛盾。在这两种情况下，霸权国家都会看到，其他国家势必在两种截然相反的动机之间摇摆：害怕失败而联合起来，或袖手旁观以保存实力。因此，任何一个敢于向整个体系叫板的国家将很可能不得不与某些结盟行为抗衡，而同时又期待着某种程度的各自为战局面的出现。其中的主要差异在于，即使不存在针对本国的同盟，一个实力相当的国家也不可能逐个击败其他每一个对手，仅仅代价昂贵的双边战争就会耗尽其实力；但是，即使存在一个针对本国的同盟，尤其是在同盟解体的可能性相当大的情况下，一个拥有绝对优势的国家也有机会击败整个体系。取得双边战争的胜利一般是比较快的，代价则相对较

① 这一论点对路易十四战争和拿破仑战争期间同盟的不稳定性提供了一种恰如其分的解释。参见 Paul W. Schroeder, *The Transformation of European Politics, 1763 – 1848* (Oxford: Oxford University Press, 1994); and Schroeder, "History Reality vs. Neorealist Theory," *International Security* 19 (summer 1994): 108 – 148。

小，因而对本国未来发动攻击的实力消耗并不大。

以上的讨论有助于解决第二个重要问题：在多极体系中，即使一个正在崛起的霸权国家（图 1 中 C 国从时间 t_2到 t_4）造成了显而易见且日益加剧的威胁，它为什么不必担心其他国家组成的进攻性同盟发动预防性攻击呢？这种攻击的可能性之所以很小，完全是因为复杂的集体行动方面的问题造成的。即使能形成同盟，每一个参加国必然会担心，其盟友会故意对自己的所有承诺有所保留，以便把预防性战争的代价转嫁给其他参加国。当国家属于纯粹的防御性同盟时，集体行动问题就会由于结盟不一定就意味着战争这一事实而得到缓解，因而参加国就会认为，结盟仅仅是为了阻止正在崛起的国家发动战争。协调进攻性同盟的行动尤其困难：攻击一个正在崛起的霸权国家必然引起战争，因而使得每一个国家对本国首当其冲地受到霸权国家打击的担忧与日俱增。一种“你先上”的心理必然使得任何一个进攻性同盟迅速解体。① 因此，在多极体系中，正在崛起的国家很可能在不受干涉的情况下壮大起来，因为那些正在衰退的国家或者认为这个新兴国家不可能拥有足够的实力向整个体系叫板，或者希望自己的内部和外部措施能够阻止它这样做。②

---

① 这一论点乃是基于格林·斯奈德（Glenn Snyder）的观点，即在多极体系中，各同盟往往担心在对其他同盟做出承诺时落入“圈套”。当然，他在这里仅仅指的是防御性同盟（“Security Dilemma”）。对于上述准则，我所发现的唯一反例就是奥地利在 1755 ~ 1756 年间曾试图与俄国结成一个进攻性同盟，以消灭正在崛起的普鲁士。正如第八章所述，这一行动导致普鲁士于 1756 年 8 月发动了先发制人的攻击。因为普鲁士在奥地利与俄国的进攻性同盟得以巩固之前就发动了攻击，所以我们不可能知道这两个国家是否真的已经具备主动出击发动预防性战争的能力。

② 在两极体系中，情形多少有些不同。正在衰退的超级大国可能会尽可能地将其势力范围内的小国联合在一起，以同盟的名义针对正在崛起的国家发动预防性战争。考虑到这个正在衰退的超级大国在迫使其保护国加入同盟方面的能力，这里显然并不能对强烈的集体行动问题本身做出说明。所以在两极情况下，正在衰退的超级大国以同盟的名义发动预防性战争是完全有可能的，因为背叛同盟的行为无疑会大大减少。正因为如此，斯巴达和迦太基才能各自利用其背后的牢固同盟发动大战。显而易见，如果在冷战期间美国和苏联之间真的发生传统的大战，几乎可以肯定所有的北约国家和华沙条约国家都将卷入其中。

第三个问题最为错综复杂。尽管有前面的讨论，仍然有人会产生这样的疑问：这一理论是否最终还是要归结到“单元层面”的战争动因（如贪婪、追求名誉，或意识形态的对立）才是可行的？简单 [24]
的回答是“是的”。[1] 对于这一理论的因果关系论证而言，未来产生这种动因的可能性是一个必要条件。也就是说，人类具有出于非安全目的而使用暴力的能力，这一事实使得预防性战争完全合理化了。设想在一个行星上，那里的存在物由于本性使然，除非马上受到攻击，否则绝不主动发动攻击，也就是说，在这个星球上，行为体在体质上不具有出于非安全目的（如贪婪和名誉）使用暴力的能力。那么，安全两难选择的基础（至少在一段时间内）就不复存在了。领导人应该明白，即使他们允许正在崛起的国家壮大起来，这些国家也绝不会出于“单元层面”的侵略性原因在未来的鼎盛期发动攻击。这类国家也同样不会出于本身的预防性原因在未来发动攻击，因为它们同样也明白，对正在崛起的国家没有什么可担心的。用罗素的话说就是，所有列强就像是荒原上的一群“猎鹿者”，喜欢合作与和平甚于其他的所有结果。只有企图先发制人才会引发“大战”，但是，由于没有理由去威胁别人，所以也就没有必要认为别人时时刻刻都在准备发动突然袭击——“猎鹿者”之间抢先动手的必要条件。

尽管如此，这一论证并不意味着，只要地球上发生战争，就必然有随时怀有侵略意图、具有非安全动机的行为体。如前所述，仅仅出于安全方面的考虑，一个正在衰退的国家也可能攻击一个同样寻求安

---

① 后面的内容引自杰维斯（Jervis）的论点（“Cooperation under the Security Dilemma”），只是做了更为深入的讨论。

根据卢梭（Rousseau）著名的猎鹿类比，每一个猎手都愿意以合作的方式捕鹿（CC），却往往担心其他猎手会私自去抓兔子，最后他自己反而什么也得不到（CD）。由于互相之间越来越不信任，会有更多的行为体仅仅出于抢先动机而背叛集体，合作将变得非常困难。

全的正在崛起的国家，这只不过因为它弄不清其他国家是暂时寻求安全还是在其鼎盛期依然能够如此。然而，正在衰退的国家所面临的两难选择并没有到此为止。即使它能肯定其他国家在未来仍然仅仅寻求安全，它也有理由在眼下发动预防性战争。它非常清楚，一旦正在崛起的国家在力量上达到顶峰，也同样会面临本国眼下正面临的意图不确定的问题。所以，如果正在崛起的国家由于担心衰退，因此可能在未来用更强大的力量发动一场预防性防御战争的话，那么目前正在衰退的国家率先发动预防性战争就讲得通了。

图 3 表示两极情形下的这种两难选择。[①] 在时间 t_0处，A 国认为，在时间 t_1后，B 国会仅仅出于安全原因而考虑发动预防性战争，因为 B 国弄不清 A 国在时间 t_2时的意图。其因果关系是显而易见的，却是悲剧性的：因为 A 国可能在时间 t_2时转化为一个内在地具有侵略性的国家，所以 B 国具有在时间 t_1时发动预防性战争的动机，但正因为 B 国有这个动机，所以 A 国也就具有在时间 t_0时发动预防性战争的动机。当然，即使 A 国认为自己在时间 t_2时仍然在寻求安全——并认为可以说服 B 国相信这一事实，B 国在时间 t_1时仍然具有发动预防性战争的动机，因为 B 国不能肯定 A 国是否会出于对 B 国在时间 t_3时动机的担心而在时间 t_2时发动一场预防性战争。[②] 这一论证尽管在逻辑上能自圆其说，但似乎过于复杂曲折，难以在实践中应用。然而，正
[25] 如我们将看到的，在冷战时期，美国领导人曾担心苏联人总有一天会获得暂时的优势，他们完全可以仅仅出于自身未来安全的需要而发动预防性攻击。

对于两极和多极体系中按照这种方式推理的国家来说，最终必然会有一个国家出于非安全的侵略目的而发动攻击。然而，我们可以看

① 在多极情况下也有类似的逻辑。

② 关于波动问题，可参见 van Evera, “Causes of War,” chap. 2; and Morrow, “Twist of Truth,” 506 - 507。在第二章中，我对这个问题做了详细论述。

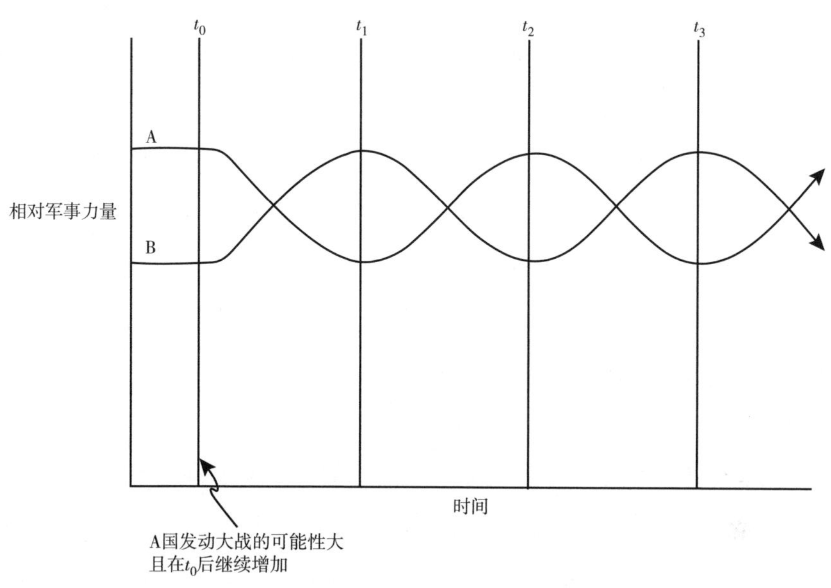

图 3　两极情形下发动大战的安全动机 [26]

到，甚至在侵略行为体根本不存在的情况下，或者说在这类行为体刚刚有可能出现的情况下，大战也仍然会发生。最具悲剧意义的是，那些正在衰退的国家可能很明白这些事实，但仍然急于发动预防性战争。

方法论：大战的定义

正如在本书导论中所指出的，大战是所有列强被卷入的战争，是以最高强度进行的战争，并且在大战中，某些列强作为主权国家极有可能被彻底消灭。作为一种理想的形式，做出这样的定义是为了对分析研究设定约束条件。由于历史上战争的多样性，构建关于战争的一般理论的努力似乎陷入了混乱。例如，历次国内战争，像越南战争、19 世纪的欧洲帝国主义战争等局部冲突，以及像第一次和第二次世界大战这样的全球性大战，不可能具有相同的原因。[①] 以最高层次的冲突——对体系中最强大的国家造成威胁的全面战争——作为起点，我将努力达到一种在理论上更易于驾驭的目标。然而，由于这样的战争（或者说避免这样的战争）能够决定列强的行为，所以一种关于战争的强大理论往往对历史上发生小型冲突的原因做大量的论述。

我有意不按其长度和死亡人数来定义大战。[②] 这样就预先假定战争的类型是基于其结果而不是其性质。所以，根据我的定义，虽然在 1940 年 6 月击败法国之后，德国似乎有可能很快就会拿下法国、英国和苏联，但第二次世界大战仍然是一场大战，因为正是德国努力摧毁其他列强的企图使之成为一场大战。不以长度和死亡人数来定义大战有一个明显的好处——可以以最客观的方式即通过审视战争本身如何在战场上进行来衡量列强之间的军事势力均衡。所有的军事分析家都承认，作为一个国家作战和赢得战争的相对能力，整体军事实力反映了所有数量和质量因素的共同影响。因此，只有在实际战争中，我们才能看到每一个国家真正的军事实力（在对天气之类的偶然因素进行调整之后）。[③] 但是，如果用这种方法来衡量军事实力而根据长度和死亡人数对大战进行定义，就会引起一种严重的
[27] 偏差：对非独立变量（大战可能性）的衡量同时也就成了影响衡量独立变量（相对力量）的因素。因此，我的定义仅仅要求国家以最

---

① 关于这一点，可参见 Manus I. Midlarsky, "Systemic and Dyadic Wars: No Single Theory," *International Interactions* 16 (December 1990): 171 - 181。关于这方面的评论，可参见 Bruce Bueno de Mesquita, "Big Wars, Little Wars: Avoiding Selection Bias," *International Interactions* 16 (December 1990): 159 - 169。

② 这通常是出于其他学者的定义，尽管只是一种含蓄的说法。参见 Jack S. Levy, "Theories of General Wars," *World Politics* 37 (April 1985): 344 - 374。

③ 主要参见 Martin van Creveld, *Fighting Power* (Westport, Conn.: Greenwood, 1982); Trevor N. Dupey, *Numbers, Predictions, and Wars*, rev. ed. (Fairfax, Va.: Hero, 1985); Allan R. Millett, and Williamson Murray, eds., *Military Effectiveness*, 3 vols. (Boston: Allan and Unwin, 1988); and Charles A. Kupchan, "Setting Conventional Force Requirements," *World Politics* 41 (July 1989): 536 - 578。

高的强度作战，即全面动员。所以，像 1940 年的法国，由于是在全面动员的情况下被轻易击败的，故仍然属于大战的参与国。当然，在双方之间建立客观的军事势力均衡时，战争的细节也是非常有用的。

这一定义只是构建了一个大战的理想模型，因为任何实际战争都不可能完全符合这些准则。虽然这些准则为区分各种类型完全不同的战争提供了一个标准，但在应用时也不应过于严谨。第一次世界大战是否直到 1916 年美国参战之后才算一场大战，这样的争论并没有多少意义：这场战争几乎完全符合大战的理想模型，与美国参战与否关系不大。当然，还是有必要划出一定的界限。为了能够专注于研究体系规模的战争，我把多极体系内部的双边战争排除在研究范围之外。因此，尽管奥根斯基和库格勒把 1904 ~ 1905 年俄国和日本之间的冲突归入大战之列，但这样一场战争仍然不属于我的研究范围，因为它只牵涉到七八个主要列强中的两个，几乎不存在升级为体系冲突的可能性，并且其目标也不是为了消灭对方，而仅仅是为了控制朝鲜。

实际研究方法

作为本书提出的这一理论的研究基础，需要弄清的主要有六个问题：这一理论是否适用于演绎推理？这一理论在什么条件下为假？所提出的证据应该主要根据统计检验进行数量评估，还是主要根据深入细致的外交 - 历史案例研究进行质量评估？衡量独立变量和非独立变量即相对力量和大战可能性的最佳方式是什么？主导案例选择的标准是什么？如何消除包括选择偏差和省略变量问题在内的某些共同的方法论障碍？

动态差异理论是一种模仿微观经济理论的演绎性、系统化论证。微观经济学的前提是假定外部因素决定消费者和公司的偏好（以固有的差异曲线表示），并认为理性的、注重自己利益的行为体会寻求获得结果的最佳手段（效用和利益的最大化）。在这个微观基础上，引入像价格和输入成本之类的变量，用演绎的方式预测行为如何随着这些外部因素的变化而变化。① 与之类似，我也预先假定行为体只有一个目标——安全的最大化（而不是效用或利益），并精心设计获得这一结果的合理步骤。那么，如果把“单元层面”因素看成是不变的，就可以预测行为如何随着关键的系统变量——力量差异的程度和这些差异的发展趋势——的变化而变化。

[28]

图 4 列出了这一理论所做的各种假定。每一个假定就是一个变量，出于理论构建的需要，它在某一特定点是固定的。之所以对限制条件做出这种特别的规定，是为了进行一种受控的智力实验，从而把独立变量的变化对非独立变量造成的预期因果影响分离出来。② 在本书中，某些假定具有特别重要的意义。例如，假定每一个国家都不能肯定其他国家的未来意图。③ 所以，正在崛起的国家或许有理由担心其未来安全，但对于它以后是否会发动攻击这个问题，一个正在衰退的国家是不可能知道的。④ 国家由于对战争投入和风险的忍受能力会保持“中立”，这一假定可以使我们做出如下推断：如果战争是获得安全的最佳手段，行为体会毫不犹豫地发动战争（当然也不会

① 主要参见 Gary Becker, *The Economic Approach to Human Behavior* (Chicago: University of Chicago Press, 1976), chap. 1; and Mark Blaug, *The Methodology of Economics* (Cambridge: Cambridge University Press, 1980), chap. 6。

② 这就相当于物理上假定一种理想真空以预测下落物体的行为，或经济学上假定某些货物的固定价格以预测一种产品价格的变化对需求的影响。参见 Blaug, *The Methodology of Economics*, chap. 3; and John Neville Keynes, "The Scope and Method of Political Economy," in David M. Hausman, ed., *The Philosophy of Economics* (Cambridge: Cambridge University Press, 1984), 85 - 93。在第二章中，我对某些附加参数作了专门论述。

③ 按照游戏理论的说法，他们关于其他国家未来体制形式的信息基本上是不完整的。参见 James Morrow, *Game Theory for Political Scientists* (Princeton: Princeton University Press, 1994)。

④ 请注意，这并不意味着正在衰退的国家想当然地认为会出现“糟糕的情形”（即对方将发动攻击），而是意味着在其他条件相同的情况下，对方可能发动攻击，也可能不发动攻击（五五开），或者对方发动攻击的可能性取决于其崛起的程度，而不是政府的内在特点。

把战争作为唯一的手段)。这些假定有助于强化那些极具理性的行为体的形象，因为它们往往做出使其长期安全得到最大保障的选择。

以这样的方式建立一种演绎结构具有明显的优点。这样一来，即使承认领导人有时会受到国内和个人因素的影响，也可以就整个体系对行为体施加的压力构建一种更强大的理论。这类“单元层面”因素或体系因素（如进攻－防御平衡或地理位置）的变化只是作为“干扰因素”发生作用，可以促使行为体从仅仅靠观察到的力量差异及其变化趋势而可能产生的预期实现行为上转移。[①] 从理论上讲，仅仅通过放宽假定的条件就可以预期并防止对一种理论所做的片面预测的偏离。也就是说，可以假定偏离了某一固定点，从而以演绎的方式确定对预期行为的影响。因此，当理论应用于现实世界时，由于事实很难与假定完全相符，所以对于行为和结果就不能只是预测，还要解释。例如，我假定国家之间的距离都是相同的。如果放宽这一假定条件，就意味着同样是正在崛起的国家，相隔遥远时造成的威胁就比近在咫尺时要小得多（在其他条件给定的情况下）。因此，用这一理论的逻辑就可以解释为什么英国在 1895 年后更担心德国的崛起而不太担心日本或美国的壮大。在第九章中，我放宽了关于正在衰退的国家无法确定其他国家未来意图这一假定条件，从而使这一理论可以预测体制形式（例如正在崛起的民主国家或正在崛起的独裁国家）对正在衰退的国家的行为可能造成的影响。

这样的讨论有利于限制对这一理论的误用。只要简单地指出那些“单元层面”的因素左右行为体行为的案例，这样一种演绎性、系统化的理论就不会被误用。这样的案例只能是那些“单元层面”因素（作为干扰因素）非常强大以至于超过了这一理论中提出的系

① 关于“干扰因素”的成因，可参见 J. S. Mill, “On the Definition and Method of Political Economy,” in Hausman, *The Philosophy of Economics*; and Blaug, *The Methodology of Economics*, chap. 3。

[29] 统变量影响的案例。不仅如此，如前所述，一种好的理论应该能够在放宽主要假定条件的情况下预见到对原有基本预测的偏离。所以，真正的误用标准应该是，就体系因素的影响而言，行为体并没有按照理论假设的原因，而是根据另一种系统逻辑采取行动。[①] 因此，本书中的理论并不是直接与“单元层面”理论相对立，而只是反对其他强调力量因素的现实主义理论。尤其明显的是，如果我们发现那些认为自己的国家正在崛起的领导人会发起战争和危机，那么我的系统理论就不能自圆其说，而霸权稳定理论的逻辑就讲得通了。同理，如果我们看到多极体系中的国家尽管在军事力量上大体相当却敢于向整个体系叫板，那么这一理论同样也是错的，而霸权稳定理论则是对的。[②]

“单元层面”因素不可能颠覆一种体系理论，而体系因素也不可能推翻“单元层面”理论。但是，这里有一个孰优孰劣的问题。如果“单元层面”变量在历史案例中一直起着主导作用，那么我们就完全有理由怀疑体系理论中因果关系的重要性。因此，在相关的经验篇章中，我不仅对照其他体系层面的论证，而且对照国内和个人层面理论对这一理论做了检验。如果这一理论能够证明力量差异和变化趋势时常超过“单元层面”因素的影响，那么这一理论就具有可信性。最佳的检验方式是这样的例证，即“单元层面”因素有助于实现和平，而行为体却由于体系造成的压力而选择了冲突。然而，如果行为体以预期的方式对力量进行评估却出于纯粹的“单元层面”原因结束行动，那么这一理论就没有什么优势可言了（即使在逻辑上无懈

① 参见 Blaug, *The Methodology of Economics*, 79 - 80。

② 当然，在社会科学中，任何单一的非确定例证都不能真正证明一种理论是假的，所有的理论都具有或然性。但是，本书坚持一种比微观经济学更高的标准。微观经济学利用总体来验证猜想，我们并不期望所有的人在价格上涨时都减少消费，只是大多数人会减少消费。参见 Fritz Machlup, "On Indirect Verification," in Hausman, *The Philosophy of Economics*, 204。我所举的例证却有所不同，其中充分考虑到具体行为体的行为。

关于单元层面的各种假定

1. 合理性：行为体根据可用信息估算达到理想目标的最佳手段

2. 目标：行为体寻求安全高一切

3. 目标指向：仅对自身而言

4. 行为体性质：集权

5. 风险忍受能力：中度

6. 投入忍受能力：中度

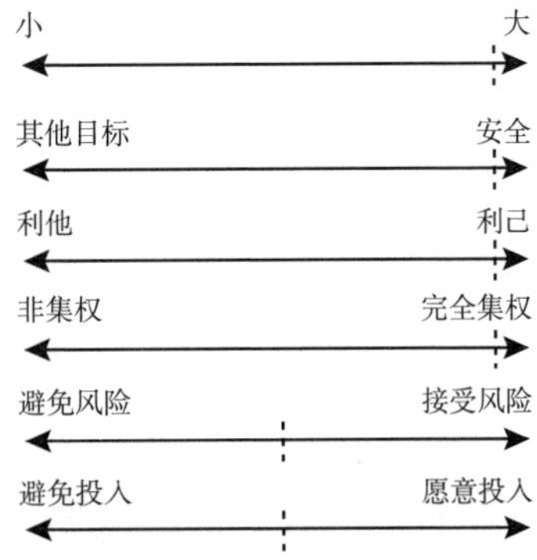

关于体系层面的假定

1. 其他国家目前意图的确定程度：非常不确定

2. 其他国家未来意图的确定程度：完全不确定

3. 其他国家过去与目前实力水平的确定程度：非常确定

4. 攻防平衡：中度

5. 国家地理位置：等距离

6. 战争技术成本：中度

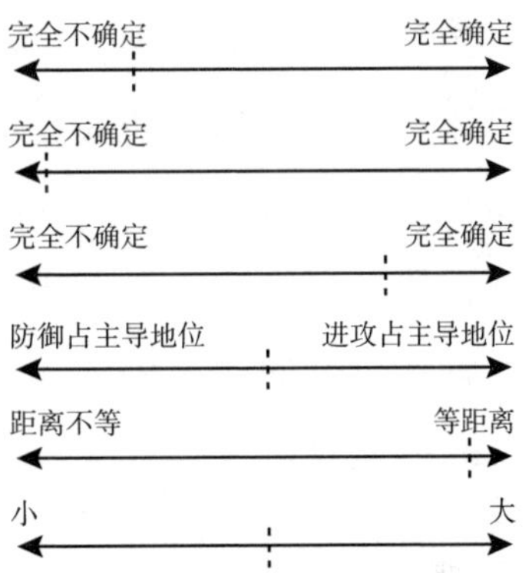

图 4　理论所做的各种假定 [30]

可击）。

无论是为了颠覆还是证实其他各种不同的理论，最理想的证据还是来自各种内部文件。为了确定因果关系，仅有客观因素和行为体所作所为之间的相关性是不够的。我们必须最终审查行为体是如何想的，也就是说，我们必须看一看他们是否根据这一理论的逻辑采取了行动。许多学者错误地假定，体系理论必须尽量避免去审查行为体的感觉，因为这样做似乎降到了“单元层面”。所以，许多体系理论仅仅依赖于衡量客观因素，如坦克或军队的数量。然而，社会科学是关于人类行为的科学，而人类只是根据自己对现象的理解采取行动。① 事实上，无论检验何种理论，一个学者在战争结束 50 年后大谈所谓战斗中坦克数量的客观平衡并没有多少相关性，这是因为，如果决策者当时没有或不能观察到如此简单的事实，他们就根本不可能采取行动。任何人都不可能在事实发生之后仅仅通过分析是否真的有过一场大火就发展出一种关于纵火行为的理论，真正能够解释这一行为的是行为体是否相信大火正在蔓延及其感受到的严重性。与之类似，为了
[31] 建立因果关系而不仅仅是相关性，所有的国际关系理论必须针对当时行为体的信念进行检验。②

所以，为了对任何一种社会科学理论进行检验，必须提出两个问题：行为体是否按照理论所假设的原因采取了行动？如果他们采取了行动，那么根据现有的信息，支撑其行动的信念是否合乎理性？对第一个问题，如果回答“是”，就建立了论证的因果关系。如果仅仅因为领导人感到自己的国家陷入了严重的衰退，而不是出于其他原因，就把自己的国家投入大战或极具风险的危机之中，那么本书的理论就可以解释他们为什么会以自己的方式采取行动。如果他们根据另一套逻辑采取行动，那么这一理论就无能为力了。如果他们是因为受非力量变量的巨大影响而采取行动，那么这种理论也就没有什么优势可言了。

第二个问题是检验合理性假定的“现实性”。如果根据现有的信息，领导人应该能够理性地发现自己的国家正在崛起而不是衰退，那么，恐怕就不得不引入社会和心理病理学来解释领导人为什么会选择发动预防性战争了。但是请注意，即使在这种情况下，也只有动态差异理论而不

---

① 参见 Jeffrey C. Alexander, ed., *The Micro-Macro Link* (Berkeley: University of California Press, 1987)。

② 关于类似的推理，可参见 William Curti Wohlforth, *The Elusive Balance* (Ithaca: Cornell University Press, 1993)。

是霸权稳定理论，才能够解释行为体为什么做出已经发生的行为。因此，其中的因果逻辑关系成立，而霸权稳定理论则不能自圆其说。

一个研究者能够收集到的“客观”证据还有另一个重要作用，即通过揭示行为体的信念是合理的还是不合理的，可以帮助人们回答第二个问题。但即使如此，为了表明其不合理性，还必须能够说明，行为体曾经获得过这些信息却选择了放弃，或者他们虽然获得了这些信息，却由于心理方面的障碍未能进行充分的信息研究。在我所做的案例研究中，的确参考引用了有关各国军事、经济和潜在力量水平的客观证据。如前所述，对相对军事力量最客观的衡量还是战场上发生的事实，以及数量和质量因素作为一个整体的事实。然而，就检验因果关系而言，行为体对势力均衡的感觉方面所形成的文件证据仍然是非常关键的。[①]

总而言之，对感觉进行研究并不一定就意味着一个理论家降到了“单元层面”。如果感觉到的是国家外部的现象，而又能对这些现象进行合理的评估，那么，行为的根本原因就属于体系层次。[②] 只有当感觉产生的行为属于国内层面的现象时，如内部不稳定或官僚主义作风之类，因果关系才发生在“单元层面”。请注意，对感觉进行研究也并不意味着研究者必然是一个“建构主义者”。建构派主要强调国家之间的相互作用如何重新塑造个性和兴趣的问题[③]，而我的研究重点则仅限于那些关注其他国家物质力量的领导人。这样的领导人不会改变其核心价值和兴趣，改变的只是他们关于外部现实的信念（事实上，我的演绎逻辑假定行为体的结果是一成不变的）。此外，所谓 [32]

---

① 在关于行为体信念和感觉的内部文件记录不多（或不可靠的）的情况下，客观证据作为衡量变量的一种应急手段也是非常有价值的。因此可以认为，由于我们并不知道行为体的真实想法，我们可以假定他们非常清楚这些客观证据。例如，在第八章中分析前现代案例时，我采用的就是这种方法。但必须重申，这只不过是一种次优方法。

② 参见 Waltz, *Theory*, 99 - 101。

③ 参见 Peter J. Katzenstein, ed. , *The Culture of National Security* (New York: Columbia University Press, 1996), chaps. 1 - 2。

国家之间的相互作用也是没有多大意义的，因为各国都可以用间谍、卫星、发表的文件等手段收集信息。[①]

这就引起了这样一个问题，即本书为什么采用定性案例研究的方法而不是某些现实主义者采用的定量研究方法。[②] 如前所述，最重要的一点就是：当有内部文件可用时，定量研究只是建立因果关系的第二最佳方法（尽管我为了论证关于领导人的感觉绝大多数具有合理性时，确实运用了统计数字）。不仅如此，定量研究缺少一种可行的方式来衡量本书中的非独立变量：大战的可能性。或许正是由于这一点，他们几乎无一例外地研究所谓二分非独立变量：战争或非战争。我是根据国家准备大战的程度的变化、对这种冲突的可能性进行内部评估的变化以及国家之间总体敌对程度的消长来估计大战可能性的变化趋势的，像古巴导弹危机这样的重大危机可以非常清楚地说明这一点。或许这种研究方法尚不能尽如人意，却真正抓住了我们的直觉概念，即当未发生大战时，某些情形相对于其他情形更为稳定。

无论是用于理论构建还是理论检验，使非独立变量具有连续性可以带来一系列的好处。这样可以迫使任何一种理论不限于解释历史上实际爆发的大战，也就是说，危机和冲突（如古巴导弹危机）也可以纳入这一理论的研究范围（参见第二章）。正因为如此，我们大大扩充了数据组的容量（“观察”的数目）。[③] 由于不仅仅限于研究20世纪的两个数据点（1914年和1939年），随后再与许多年的和平期对照，因而分析家能够对较长时期内大战可能性的变化情况进行深入研究。相对平静的

---

① 由于建构派试图把所有的信念都作为其准则，因而变得十分冗赘。既然人类的所有行为都取决于信念，那么根据这一事实，这样一种建构主义理论就可以描述和解释所有的行为，任何东西都无法证明论点是假的。

② 例如奥根斯基和库格勒（*The War Ledger*）以及大多数持有自己论点的理论家，参见DiCicco and Levy, “Power Shifts”。

③ 参见Gary King, Robert O. Keohane, and Sidney Verba, *Designing Social Inquiry* (Princeton: Princeton University Press, 1994), 217 - 223 (cited herein as KKV)。

时期（如20世纪20年代）可以与20世纪30年代对照，而对于30年代，则可以对紧张局势与危机的逐年转化情况进行研究。在冷战时期，危机程度的消长也可以纳入这一理论的研究范围。

我所进行的经验研究重点集中在三个主要时期：第一次世界大战之前的酝酿阶段，两次大战之间的间歇期直至第二次世界大战，冷战早期即1945～1962年。在第八章中，我简要介绍了西方历史上发生的另外七次重要的大战。除了其纯粹的重要历史意义，20世纪的案例完全符合建立因果关系所需要的最重要的标准：数量巨大的解密文件。不仅如此，由于德国在两次大战中战败，德语文件提供了一个相对完整和客观的内部决策梗概。[①] 美国解密系统的开放性也为分析冷战时期的逻辑提供了同样性质的资料。时间之所以截取到1962年，只有一个主要的原因：由于美国解密规定的“三十年原则”，这个时间以后公开的文件数量较少，且更具政治嫌疑。[②]

虽然集中在这三个时期，但由于研究的是时空变化中的国家行为，“观察”的数目远远多于三个。增加已发生的“案例”可以避免 [33]

---

① 1941年爆发的远东战争并未列入其中，因为这是子体系中发生的一场大规模战争，而不是我们所定义的那种大战。不仅如此，这次战争的爆发是由核心体系的战争引起的：有文件表明，如果法国、英国和苏联这三个盘踞在亚洲的重要列强没有被希特勒牵制或击溃的话，日本就不可能发动进攻。但是，日本的行动却为我的因果逻辑提供了强有力的证据。由于美国的经济制裁，日本在1940～1941年间发生了急剧衰退。这一子体系由于欧洲战争而更加两极化，日本对美国的微弱军事优势使其看到了获胜的希望，而严重的衰退现实使得战争成为必然。关于“美国－日本”案例的研究，可参见 Copeland，“Modeling Economic Interdependence and War,” paper delivered at the American Political Science Association annual meeting, Chicago, 1995; and the documents in Nobutake Ike, ed., *Japan's Decision for War* (Stanford: Stanford University Press, 1967)。

② 1965年之后，随着“注定相互毁灭”局面的不可逆转，双方对于发动大战越来越谨慎。另外，力量的动态变化也起着重要作用。20世纪80年代初，缓和局势的终结和“第二轮冷战”的来临充分反映了这样一种信念：除非华盛顿迅速采取行动，否则苏联很可能在第一次打击能力方面超过美国。所谓“里根集结计划”，实际上是在卡特这位倾向于和平的人士主持下开始实施的，这一事实充分说明了体系压力的巨大作用。关于冷战结束时期的简要讨论，可参见本书第二章以及 Copeland，“Neorealism,” 71－72, n. 125。关于后冷战时代，参见第9章。

由于选择非独立变量（即仅仅考察大战爆发的那些年份）而造成的偏差。[①] 对战争和危机酝酿期的分析则可以为我们提供独立和非独立变量两方面的变化情况。[②] 另外，对1900年之前发生的其他七次大战的考察可以作为一种参照，以便与20世纪发生的冲突更符合我的论证这种可能性进行对照。通过这种方法，可以检验这种论证跨越时空的普遍适用性。[③]

还应指出的是，对于这一理论而言，引用20世纪的案例并不是水到渠成的。对二战起源所做的每一项研究几乎都在强调战争的“单元层面”原因，其中最为明显的就是纳粹政府及其领导人的个性特点。如果能够表明我的论证在这一案例上的优势，那么就会有更大的理由增强对这一理论的信心。[④] 对1945～1962年间冷战和危机起源的论证也倾向于强调超级大国冲突的意识形态根源或对其他国家的意图发生错觉的作用。尽管在这一案例中，关于力量转化产生的影响的论证比第二次世界大战中的案例更具普遍意义，但依然面临着“单元层面”理论的强烈挑战。[⑤] 表面上看，第一次世界大战的酝酿期似乎最符合我的论证，因为许多学者提供的文件表明，德国人对俄国的崛起非常担心。然而从另一个角度看，这一案例仍然是该理论的一个难点。实际上，第一次世界大战似乎能够在体系和“单元”两个层面

---

① 参见KKV，129－137。

② 但是，由于篇幅所限，此处不可能对历史上每一个强国的行为逐一进行全面的经验分析。

③ 本书尽量对大战的“全图”（至少是西方史上的大战）做一番概览。在第八章的注释中，对一些著名的战争为何没有归入大战这个问题做了简短的讨论，还应注意的是，正文中并未对某些非西方大战的重要意义做深入讨论。

④ 关于更严格的检验，可参见Harry Eckstein，“Case Study and Theory in Political Science，” in Fred I. Greenstein and Nelson W. Polsby，eds.，*Handbook of Political Science*（Reading，Mass.：Addison-Wesley，1975）；KKV，209－212；and Waltz，*Theory of International Politics*，chap. 1 and pp. 124－125。

⑤ 对于像官僚政治模型这样的理论而言，冷战的确可以作为其最好的案例。说明这类理论即使在这种“最可能”的情况下也没有多少说服力，正是检验其价值的一种重要手段。参见Eckstein，“Case Study and Theory in Political Science，” and KKV，209－212。

上支持所有的大战理论。所以，要真正表明只有动态差异理论才能对战争做出全面的解释是一项艰巨的任务，我将努力做到这一点。

对许多理论研究而言，还有一个忽略变量的问题，即存在这样一些变量，虽然在经验检验中被忽略了，但与那些非独立和独立变量之间存在强烈的因果关系。① 我采用了一种简捷的方式来处理这个问题。对于20世纪的每一个案例，我对全部的基本原始因果关系进行了论证，以解释行为体的所作所为。然后，我又利用文件证据与本书的理论进行对照，以检验这些论证的解释能力。通过这种方法，我们就可以确定是否还存在引起结果的隐藏变量。不仅如此，这种方法也有助于解决判定过度的问题。如果文件记录不仅支持动态差异理论，并且能够引起对各种不同假设的质疑，那么就可以有更大的信心认为，正是力量差异的转化而不是其他变量在左右着观察到的行为和结果。因此，在像第一次世界大战这样的案例中，我并不是简单地在许多现有假设的基础上再加上另一个假设，而是在证明我所做的解释具有可行性的同时，尽量指出其他各种论证的局限性。② [34]

① 参见 KKV，168－182。

② 最后一个潜在问题是所谓内源性问题，即国家行为的变化影响着力量水平，而不是相反（KKV，185－196）。第二章的分析表明，完全可以把这个问题作为建立更强大的体系大战理论的一个契机。

第二章 对外政策选择与大战的可能性

为建立基本的因果关系逻辑，第一章中把相对力量看作一种外部因素。对于这种外部因素，国家是作为一种给定条件来考虑的，并且不得不做出反应。但是，领导人都明白，力量往往并不仅仅来自外部，本国的政策也会产生影响。一个明显的例证就是国家在大炮和黄油之间所做的选择，即把资源用于加强军事力量还是消费和经济增长。同时，领导人还面临着一种研究相对较少却潜在地更容易引起麻烦的两难选择。他们都知道，通过采取强硬行动，有可能避免衰退。然而他们清楚，这样的行动也可能伴随着巨大的风险：由于无意之失而引发大战。例如，1962 年 10 月，肯尼迪就认为，他们必须封锁甚至有可能攻击古巴，以防止势力均衡发生显著的变化。但是他同时也清楚，采取这样的行动，无论因为随着危机不断升级而先发制人，还是由于过分看重名誉而迫使双方都不甘示弱，都可能会大大增加超级大国之间发生战争的危险。更普遍的情况是，在和平发展时期，领导人往往都知道采取遏制其他国家增长的强硬政策会引发冷战，进而由于先发制人或为了满足虚荣心进一步增加战争的可能性。

本章所提出的问题非常简单：既然领导人知道危机和冷战可能会

在无意之间引起战争，为什么还要有意地采取强硬政策呢？或者换一种表述方式：如何解释行为体无视强硬政策会增加大战的可能性这一事实而在强硬与温和之间倾向于采取相对强硬的政策呢？本章提出的动态现实主义模型就是为了回答这个问题。

核心论证的过程简单而明了。如果一个国家正面临着衰退，全面 [35]
的预防性战争不一定就是保证安全最大化的最合理的手段。如果国家通过不太强硬的选择（如强有力的威慑手段或引发一场危机）就能缓和或防止衰退，一般都会首先做这样的选择。这样的选择毕竟在不把国家拖入极不确定的大战的危险情况下就克服了衰退问题。但是，采取强硬策略和引发危机也具有风险：可能导致“作用 - 反作用”冲突加剧而在无意间引发大战。因此，寻求安全的理性国家必须始终坚持一种“数害相权取其轻”的选择策略。特别是，它必须在坚持强硬政策以缓和衰退和坚持这种政策无意间增加战争的危险之间进行平衡。通过了解那些有助于这种互相兼顾的因素，我们就可以确定衰退中的行为体分别在什么条件下接受和解、采取更具挑衅性的政策（如遏制或引发危机）或简单地做出最后选择——发动预防性战争。通过这种方法，我们就可以建立一个模型，不仅能解释战争与和平这两个极端，而且能阐明历史上大战可能性随着时间的变化情况。因此，严重危机或不稳定的冷战都属于这一理论的研究范围。

提出这一论点的灵感来源于三方面的文献：关于引发危机的理论、关于安全两难问题的论点和第一章关于大战的理论。我的目标是把这些文献中的精华综合为一个可信的论点，以解释国家政策严厉程度（或“强硬性”）的变化情况，所以也就解释了跨越时空的大战的可能性。

就其表述方式而言，这些分析仍然是离散的。危机专家观察到一个至关重要的事实：当一个国家为了缓解一轮可能由外部因素引起的力量衰退而发动危机时，往往采取无意间引发战争的危险行动。[①] 那些安全困境问题专家，无论是自由主义者还是现实主义者，都强调强硬政策具有明显不利的一面，也就是说可能造成事态升级。在安全困境问题上，一个国家出于安全原因而采取的行动往往会破坏另一个国家的安全，很容易引发冲突。如果“作用－反作用”冲突不断加剧，由于双方互相担心和猜疑，无疑会增强领导人出于先发制人或提前防范的原因而发动战争的决心。[②]

这些精到的见解尚未恰当地融入现有的大战理论中。古典现实主义坚决主张，只要国家之间维持势力均衡并真诚地进行沟通，就可能出现和平。这种行为也有不利的一面——平衡政策会无意间引起事态升级而导致战争，却被低估或忽视了。新现实主义者特别是那些主张防御的新现实主义者则过分强调安全两难问题的悲剧性一面，而其结构逻辑强烈地影响着我的研究方法。[③] 再说，决定力量变化何时和如何影响国家政策严厉程度的各种参数和因果关系从来就不是十分确定

[36] 和完整的。不仅如此，在两种最为成熟的新现实主义大战理论家——肯尼斯·沃尔兹（Kenneth Waltz）和约翰·米尔斯海默（John Mearsheimer）——的理论与总体上主张防御的新现实主义理论之间仍然存在分歧，并且无论是沃尔兹还是米尔斯海默，都没有把安全两

① 主要参见 Glenn H. Snyder, and Paul Diesing, *Conflict among Nations* (Princeton: Princeton University Press, 1977), 11－12, 342－347, 363－368; Richard Ned Lebow, *Between Peace and War* (Baltimore: Johns Hopkins University Press, 1981), 61－62; and Zeev Maoz, *Paths to Conflict* (Boulder, Colo.: Westview, 1982), 2－3, 89－90。另参见 Stephen van Evera, *Causes of War* (Ithaca: Cornell University Press, 1999), 79－80。

② 参见 Robert Jervis, "Cooperation under the Security Dilemma," *World Politics* 30 (January 1978): 167－214; and references in Charles L. Glaser, "The Security Dilemma Revisited," *World Politics* 50 (October 1997): 171－201。

③ 主要参见 Jervis, "Cooperation under the Security Dilemma"; Glaser, "The Security Dilemma Revisited"; Glaser, "Realists as Optimists," *International Security* 19 (winter 1994－1995): 50－90; Barry R. Posen, "The Security Dilemma and Ethnic Conflict," in Michael E. Brown, ed., *Ethnic Conflict and International Security* (Princeton: Princeton University Press, 1993); and van Evera, *Causes of War*, chaps. 3－4。

难问题中无意间加剧冲突的一面纳入其演绎逻辑。[①] 在本章中，我将努力填补这一空白。

或许，本章的论证对霸权稳定理论提出了最强有力的挑战。由于非常关注那些正在崛起的国家，霸权稳定理论对安全两难问题没有多少兴趣。正在崛起的国家之所以发动大战，并不是因为在日渐加剧的军备竞赛中担心本国的安全，而仅仅是为了获得一度被原有体系所拒绝的地位和回报。然而，对于一个正在崛起的国家而言，几乎没有理由去发动一场大战或者一轮显然会引起大战的危机，因为只要坐等就可以轻而易举地达到自己的目的。[②] 简而言之，霸权稳定理论的论证在逻辑上存在缺陷。因此，我们认为，只有那些预感到衰退来临的国家才会采取引发危机的危险行动（经验研究也证实了这一点）。

在简要介绍了这一模型的一般逻辑之后，就可以确定其中包含的两种主要的危险政策类型：在现有竞争对手的国内引发危机；选择自温和政策转向强硬政策从而展开一场冷战对峙。

模型概述

我首先建立一个模型，以解释国家在温和与强硬之间所采取政策的严厉程度。解释政策的严厉程度随着时间的变化情况有助于我们解释大战可能性的变化，因为不同的政策意味着这种大战的可能性也就不同。显而易见，如果一个国家选择了向整个体系发动大战，那么大

---

① 因此，对于沃尔兹和米尔斯海默而言，采取强硬政策并没有真正的底线，只有当各国之间不足以维持平衡时（例如，由于多极体系中的集体行动问题），体系稳定才会遭到破坏。沃尔兹主张多极体系中的误算，但这只反映在兵力的数量上，并不能反映安全两难的不断加剧。参见 Waltz, *Theory of International Politics* (New York: Random House, 1979), chap. 8; Mearsheimer, "Back to the Future," *International Security* 15 (summer 1990): 15 - 19。

② 当然，这并不意味着正在崛起的国家也像所有的国家一样，不会在风险较小的情况下随时抓住机会进行扩张。但是，大战的风险一旦增大，正在崛起的国家往往要比正在衰退的国家更加谨慎。

战的可能性就基本上是100%，因为我们可以假定，体系中的列强一旦受到攻击，必然会为保护自己而应战。但是，如果一个国家选择了不太极端的政策，这也并不意味着大战的可能性就是零。正如有关危机和安全困境问题的文献所强调的那样，诸如引发危机或全面遏制战略之类的强硬政策会由于无意间加剧冲突而增加大战的可能性。下面，我将把无意间加剧冲突的危险纳入一个更宽泛的动态现实主义逻辑框架中，以强调衰退的危险性。

这一模型的基础是一个决策理论框架。正在衰退的国家之所以采取行动，是基于其对各种外部条件的估计。我们假定，正在崛起的国家当前的偏好和外交行动在很大程度上与其决策无关（尽管这类国家的未来意图是十分重要的）。这一假定不仅使得分析工作相对容易，并且在合理性上也比较接近实际情况。一个衰退中的国家当然知道，无论正在崛起的国家是怀有侵略意图还是仅仅具有寻求
[37] 安全的动机，都会发出和解的信号，以便为本国的不断壮大争取时间。所以，正在衰退的国家往往认为这样的信号偏离了自己的关注点（本国的实力越来越不济和未来发生冲突的可能性）而不予理睬。①

图5勾画了其中的因果关系逻辑。其中需要解释的非独立变量，就是两种体系内（两极体系和多极体系）大战的可能性随着时间的变化情况。② 决定这种可能性的因素是正在衰退的国家的政策选择。为简明起见，我在温和与强硬路线之间考察了五种主要的政策选择：消除疑虑（调停/和解）、不行动、威慑/遏制（军备竞赛、建立同

① 在第九章中，我提出了正在崛起的国家因体制形式不同而影响国家决策的问题。但是，关键的安全问题仍然是处于上升期的国家的未来意图（倘若任其增长），而不是眼下的意图。因此，正在衰退的国家对其他国家目前体制形式的了解并不重要，重要的是对这种体制形式长期稳定性的估计（这种估计一般并不受外交手段的影响）。

② 由于第一章论述了动态变化对于两极和多极体系的意义，因此为简略起见，此处的模型重点分析两种行为体，即造成主要威胁的正在衰退和正在崛起的国家。

盟、措辞严厉的声明等等）、引发危机和直接发动大战。①

六大因果关系因素共同作用，从而决定了哪一种选择最有可能使国家的安全最大化。三个独立变量反映出动态差异概念，即相对军事力量的初始差异、未采取强烈行动时的衰退程度以及未采取行动时衰退的必然性。在第一章中，对于这些变量如何影响着在发动预防性战争和维持和平之间做出更趋于二分的选择这个问题已经有所论述。

现在必须引入三个参数，以便预测一个国家所采取的政策的精确严厉程度，并据此预测大战的可能性（作为一个连续变量）。第一个参数是为了克服国家的衰退而采取的强硬政策（如引发危机或进行遏制）的严厉程度。这样的政策越有希望缓解甚至阻止衰退，则它们相对于更极端的预防性战争步骤来说就越有吸引力。第二个参数是这类强硬行动无意间增加大战可能性的程度（这里所谓“无意间引起的战争”可以简单地定义为：即使在采取这类行动之前任何一个国家都不希望战争而更愿意维持和平，却［由于这类行动］依然发生了战争）。② 强硬政策无意间造成事态升级而引发战争的可能性越大，则这类政策相对于其他选择（包括不行动或调解）的吸引力就越小（关于和解策略如何对衰退和无意间引起战争的可能性产生影响的问题，将在后文中讨论）。

第三个参数是如果听任其他国家坐大而导致本国在未来受到攻击的可能性。③ 这一参数表征了外交和国内进程两方面的努力影响其他国家对威胁和兴趣的感觉，并影响本国对正在衰退的国家发动攻击的倾向产生的影响。为了构建现实主义的体系逻辑，我们可以首先假定

---

① 此处把这些选择视为离散的，但不应忘记每一种选择都有一个程度问题（即具有连续性）。例如，一个选择遏制政策的国家必须精确地确定实施这种政策的强硬程度。

② 此处可比较亚历山大·乔治（Alexander L. George）的定义，参见 George, ed., *Avoiding War: Problems of Crisis Management* (Boulder, Colo.: Westview, 1991), ix, 545.

③ 若要做详尽的阐述，就必须对这种可能性与对方未来发动攻击的可能性（如果强硬政策不利于其增长）进行比较，并考虑到这类政策对其不信任程度的影响。

正在衰退的国家对于其他国家的未来体制形式一无所知。也就是说，其他国家在达到鼎盛之后，发动和不发动攻击的可能性是相等的（五五开），即作为其他国家崛起程度的函数。[①] 在第九章中，我放宽了这一假定，以便把自由派和建构派提出的各种变量融入一个动态现
[38] 实主义的基本框架中。

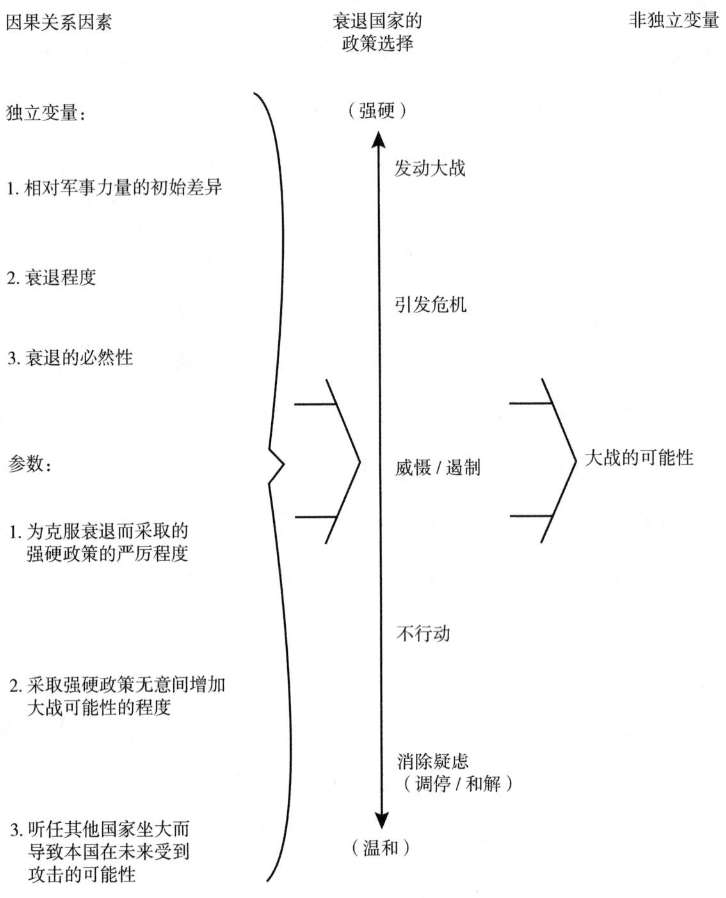

图 5　该模型的因果关系逻辑

① 例如，一个正在崛起的国家的相对力量差异达到 70 比 30，它发动攻击的可能性就可能是 70%。

在五种基本的政策类型中做出选择时，一个寻求安全的理性国家可能会根据一个简单的原则采取行动：使国家的安全最大化，亦即在考虑到所有因素的情况下，在可以预见的未来具有最高的预期生存概率（EPS）。[①] 如果对其核心含义进行仔细分析的话，对于每一次特定的选择而言，预期生存概率应该是两个主要因素的函数：引发大战的可能性和大战真正发生后赢得胜利的可能性。在所有的条件均相同的 [39]
情况下，由于政策选择而引发大战的可能性越小，或者国家赢得战争的可能性越大，则这一选择的预期生存概率就越大。[②] 但是，国家显然面临着一种两难选择：就这两个因素而言，所采取的具体政策往往是相互矛盾的。虽然选择和解可以减少由于无意间造成事态升级而引发大战的可能性，但是，由于这一过程是以牺牲相对力量作为代价，所以也就减少了一个国家在战争真正发生后赢得胜利的可能性。反过来说，一种更强硬的政策虽然可以维持自己的军事实力并因而增加赢得战争的可能性，却可能由于无意间造成事态升级而引起战争，从而付出增加大战可能性的代价。

在这种固有矛盾的情况下，一个国家如何在不同的政策之间做出选择呢？既然可以得出用以表示六个变量、参数之间相互作用的公式[③]，那

---

① 经济学中的情况与之类似，在其他条件完全相同的情况下，公司会选择能够获得最大期望净利润的方式。

② 规范的表述是：假定获胜意味着生存（1.0），失败相当于作为一个国家被消灭（0），则任何一种选择的期望生存概率就等于 $1 - p_w + p_w p_v$，其中 p_w 为战争概率，p_v 为获胜概率（在这里，直接获胜和仅仅维持国家生存状态的战争僵局均代表“获胜”）。这一公式源于两个逻辑步骤：首先，战争是否发生；其次，战争一旦发生，国家获胜的可能性如何。战争成本并未包括在内，因为我认为，各国为了生存愿意付出这类成本。但是，战争成本仍然起着两方面的作用：在常规战争情况下，这类成本代表了相对于第三国的 p_v；在核战争情况下，这类成本则大大降低了真正意义上获胜（即国内社会得以生存的战争）的概率。关于我形成这一思路的原因，可参见（虽略有不同）Andrew Kydd，“Sheep in Sheep's Clothing：Why Security Seekers Do Not Fight Each Other，” *Security Studies* 7（autumn 1997）：121 - 122.

③ 参见 Dale C. Copeland，“A Formal Model of Preventive War，” typescript，University of Virginia，May 1999.

么其中的直觉逻辑就可以直接地表达出来。每一种决策选择都对应着一种特定的预期生存概率。在确定“发动战争”这一选择的预期生存概率时，相对军事力量的初始差异是最为关键的。因为直接发动大战就意味着战争的可能性是100%，所以这一选择的价值完全由另一个因素来决定，即国家赢得战争的可能性。[①] 因此，我们可以认为，在其他条件相同的情况下，现有的军事优势越明显，国家赢得战争胜利的可能性就越大，发动战争的选择因此就越有吸引力。[②]

在估计调停或不行动这类选择的预期生存概率时，关键的变量有两个：未采取强烈行动情况下衰退的严重程度和必然性。一个国家预期中的衰退越严重，正在崛起的敌对国家达到鼎盛期后而发生战争时本国所拥有的力量就越少；这个国家的衰退越趋向于不可避免，就会越明显地感到自己只能以较小的实力去面对其他国家的挑战。综合而论，这些变量可以使一个国家能够在未来其他国家达到鼎盛而发生大战时，对本国获胜的可能性做出估计。所以，在未采取强烈行动的情况下，一个国家面临的衰退越严重和越不可避免，就越有可能拒绝采取温和路线或不行动政策，而热衷于选择更为强硬的政策。

如果选择战争之外的两种强硬政策——威慑/遏制和引发危机，其预期生存概率将主要由图5中的前两个参数决定。一个国家越期望通过强硬政策（第一个参数）阻止衰退，则这类政策就越具有吸引力。遏制战略（如贸易制裁、军备竞赛和建立同盟）可以有效地限制其他国家的潜在力量增长，从而有助于缓和本国的衰退。像引发危机这类更为强硬的政策，其运作机制则稍有不同：其目的是为了强迫敌对国家在领土和军事方面做出让步，从而更直接地缓和本国的衰退

---

① 在上述公式中，如果 $p_w = 1.0$，则期望生存概率为 p_v。

② 因此第一章中得出结论，无论是在两极还是多极体系中，处于霸主地位的军事强国发动大战的可能性更大。在一个核世界中，如果处于战略平衡，相对力量本身远没有辉煌的第一次打击重要。

趋势。①

强硬路线的选择不可能在真空中进行。在评估强硬路线对国家的预期生存概率的影响时，领导人必须考虑到其可能造成的不利一面，即造成事态升级无意间引发战争的可能性。简而言之，一旦承认了主张“危机－安全”两难的理论家所强调的那种事态升级效应，一种关于大战逻辑的理论就不能无视领导人面临的困境：虽然强硬政策可以增加一个国家在战争发生时获胜的机会（并抑制另一方精心策划侵略战争的意图），但是，由于更加互相猜忌和更加关注力量发展趋势，这样的政策会在无意间增加战争的可能性。这就使得国家只能“两害相权取其轻”：不行动或接受调停，而甘冒其他国家实力壮大之后发动战争的风险；或采取强硬路线，从而在短期内造成事态升级而走向战争。② [40]

如果把无意间造成事态升级和相对衰退这两个问题结合起来考虑，我们就能看到各国是如何艰难地做出各种选择的。无论什么时候，无论气氛如何紧张，领导人都不可能心甘情愿地一味求助于强硬政策。只有当现行的政策无法阻止衰退时，他们才会出此下策。杜鲁门很清楚，采取遏制政策可能会引发一场破坏稳定的冷战。他之所以这样做，只是因为他认为，不采取行动就意味着听任莫斯科巩固其势力范围，从而形成长期的威胁。一旦冷战开始，即使冲突明显升级，双方也不愿意引发危机。只有当长期的军备竞赛和结盟手段显然不足以克服衰退时，才有可能生出引发危机的念头。

---

① 要达到目的，引发危机必须有可能解决衰退的具体根源。因此，虽然赫鲁晓夫在 1961 年认为柏林危机能够阻止东欧地区的经济恶化是合理的，但苏联人在 20 世纪 80 年代中期却不能指望引发危机能够解决当时的主要问题——与西方技术差距的日益扩大（下文详述）。

② 我所做的分析并没有采纳所谓的“期待理论”，即面临潜在损失的行为体在心理上更倾向于冒险。关于这一点，可参见 Barbara Farnham, ed., *Avoiding Losses/Taking Risks* (Ann Arbor: University of Michigan Press, 1994)。这类行为体仍然属于中度冒险者，往往理性地在不采取行动与采取强硬政策之间进行权衡。

根据如上分析，可以提出一个指导经验案例研究的论断。在其他条件相同的情况下，在未采取强烈行动时，一个国家衰退越严重，其行动就可能越强硬，也就是说，越有可能甘冒无意间造成事态升级的风险。如果走到极端，当衰退既严重又不可避免，并且就连强硬的危机或威慑/遏制政策也不可能奏效时，领导人才会把预防性战争作为唯一的选择。正如第一章中所述，当一个国家在军事力量上拥有绝对优势而在经济和潜在力量上处于劣势并陷入衰退时，最有可能出现这种情形。这也正是德国在两次世界大战之前所面临的问题。

但是，当一种强硬策略有助于缓和或阻止衰退时，它很可能作为自觉攻击决策之前的第一个合理步骤而得到采纳。由于引发危机比之纯粹的威慑/遏制更容易在无意间造成事态升级，所以只有当后者不能阻止衰退时，前者才是合理的。因此，在大国政治中，与武装集结和同盟重组之类的威慑手段相比，危机事件的发生相对较少。然而，
[41] 由于如下三方面的原因，仅有这种威慑手段还是远远不够的。第一个就是刚刚提到的问题，这个国家在经济和潜在力量方面处于劣势并陷入衰退。在这种情况下，在军事遏制方面加大投入很可能得不偿失，因为时间一长，另一方用于这种长期竞赛的资源优势就会显示出来。第二个是相对于其他国家的“非逆转性停滞”问题，这一点在导论部分已经有所论述。正如下文所述，第三个问题就是所谓地缘军事计划方面的成功差异率。尽管付出了巨大的努力，有些国家可能仍然无法与其对手抗衡，因为另一方的策略相对而言更为成功。在这样的情况下，引发危机就成为一种颇有吸引力的选择。正如下文所述，这正是苏联在1948年和1961年、美国在1962年所面临的问题。

危机的引发与和解

为什么一旦陷入了一场旷日持久的竞赛，那些正在衰退的国家会

选择引发极具风险的危机而不是简单地选择战争呢？下面，我们将对这个问题做更深入的探讨。在考察形形色色的通向大战之路时，我特别强调了战争之外的防范行动与无意间造成的事态升级（包括升级为先发制人的战争）之间的重要联系。此外，我还分析了避免冲突，即选择和解政策而不是一味实施强硬遏制的条件。

通向大战之路

图 6 表示的是通向战争的五条不同的路径。第一条是简单地出于防范动机直接发动大战。攻击可能是一次出其不意的奇袭，也可能只是一场危机所致。但是，其中的要害在于，始作俑者之所以利用危机，只是为了向国内大众或国外舆论证明自己发动的战争是正义的。[①] 危机本身在引起大战方面起不了多少独立的作用，因为行为体的用意就是制造一个真正的“僵局”，也就是说，发起国宁愿发动大战而不愿意维持现状。[②] 如我在第三至第五章中所述，正是由于预见到俄国（苏联）崛起的必然性，德国领导人分别于 1914 年和 1939 年选择了全面战争，而不是继续维持现状（尽管他们更愿意一个一个地把对手除掉）。[③]

第二条路径与第一条相同，始作俑者也是直接发动大战或仅仅是利用危机来证明自己发动攻击的正义性。但是，在这种情况下，攻击是出于“单元层面”的侵略性动机，而不是为了国家安全。[④] 这一类

---

① 关于危机的正当性，可参见 Lebow, *Between Peace and War*, chap. 2。

② 规范的表述是，僵局倾向的顺序为 DC > DD > CC > CD。其中 DC 代表某个国家无所顾忌地发动攻击（或简单地指这类国家在第一次打击中的所得）；DD 指全面战争，双方基本上同时开战；CC 指维持原有的和平局面；CD 则指允许对方采取第一次行动，或直接发动攻击，或针对第三国开战。在图 6 中，从“防范动机”到“大战”的直线表明，危机并不具有独立的因果动力。

③ 第八章的论述表明，在迦太基与罗马之间的第二次布匿战争、1521 年的法国与哈布斯堡王朝战争、三十年战争、路易十四战争和拿破仑战争中，第一条路径也起着主导作用。

④ 关于第一条路径，从“侵略动机”到“战争”的直线表明，危机并不会产生独立的作用。

的动机包括：贪婪（物质利益）、国内凝聚力（转移注意力的需要）、名誉和权力欲、传播某种意识形态，等等。成吉思汗（Genghis Khan）在13世纪对整个体系的攻击似乎是这一类侵略战争的典型案
[42] 例——尽管蒙古军队的确有某种理由对自己的邻国感到担忧，但其行动主要还是贪婪和虚荣心所致。希特勒在1939年打得如意算盘中，名誉和意识形态的作用也是非常明显的。本书中的论证并不是要解释这类“单元层面”因素的根源，也不是要解释这些因素在引发大战方面所起的重要的和独立的作用。但是，相对于本书理论中更具体系意义的因素，后面的各经验篇章关注的是历史特点。

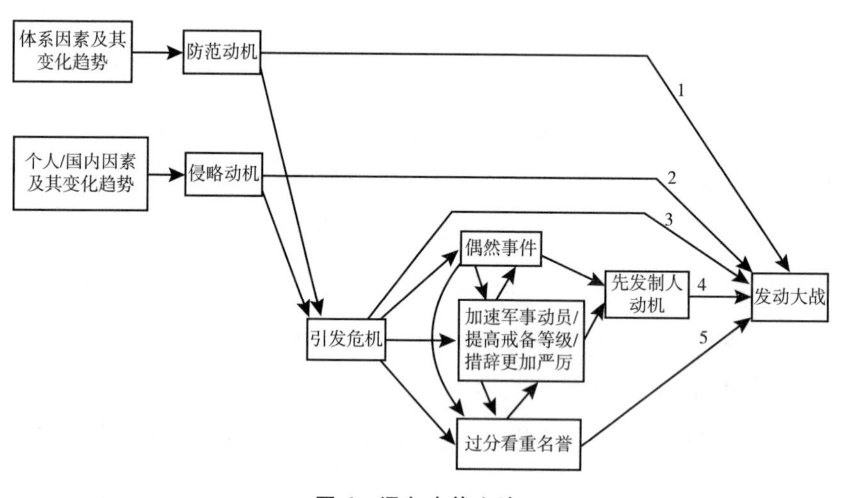

[43] **图6　通向大战之路**

第三至第五条路径与如下情形相对应：一个国家虽然引发了危机，但不一定想发动大战，也就是说，危机不一定就是大战的理由，而是为了达到其他目的。在这三种情形下，根本动机可能是预防性的（安全动机），也可能是侵略性的（“单元层面”因素）。我所关注的是第三条路径，因为在这种情形下，由于急剧衰退已经使得始作俑者不再满足于维持现状，因而更倾向于在危机发生之前制造僵局。尽管如此，如果引发危机，也不过是希望能够迫使其敌对国做出足够的让

步，从而抑制本国的衰退趋势，不必再求助于发动大战的下策。如果敌对国不能做出足够的让步，由于这个国家已经具有制造僵局的动机，其必然会通过第一条路径发动大战。例如，在伯罗奔尼撒战争之前，斯巴达人出于国内原因并不想发动大战，而只是试图迫使雅典放弃其帝国之梦。如果对方所做的让步可以阻止自己面临的衰退，斯巴达人也许就不会选择战争。所以，当雅典拒绝做出让步时，斯巴达人只有发动攻击。

第四和第五条路径为无意间引发战争提供了两种主要的手段。如前所述，所谓无意间引起的战争，是指这样一种战争：虽然各国在进入危机阶段之前都想维持和平而不愿意打仗，但战争还是发生了。[①]所以，在一个国家不顾其危机之前的选择倾向而发动大战的情况下，危机过程本身起着十分重要的作用。因为到头来还是选择了战争，并且是一种自觉的行为。尽管文献中往往强调战争的偶然性[②]，认为任何一方都不愿意选择战争，但实际上大战太重要了，不可能“偶然发生”。因此，图 6 在一个相对紧凑的框架内对危机文献中有关这种无意之失的各种因素做了重新描述。

第四条路径是出于先发制人的动机而发动战争。体系中的各国（至少是始作俑者）的心态就像“猎鹿者”一样，一开始都更希望和

---

① 关于无意间引发的战争，主要参见 George, *Avoiding War*; Richard Ned Lebow, *Nuclear Crisis Management* (Ithaca: Cornell University Press, 1987), chaps. 2 - 4; Daniel Frei, *Risks of Unintentional Nuclear War* (New York: UN Institute for Disarmament Research, 1983); Robert Powell, *Nuclear Deterrence Theory* (Cambridge: Cambridge University Press, 1990), chaps., 5 - 6; Barry R. Posen, *Inadvertent Escalation* (Ithaca: Cornell University Press, 1991); and Robert Jervis, *Meaning of the Nuclear Revolution* (Ithaca: Cornell University Press, 1989), 144 - 147。

② 参见 Geoffrey Blainey, *The Causes of War*, 3rd ed. (New York: Free Press, 1988), chap. 9; Scott D. Sagan, *The Limits of Safety* (Princeton: Princeton University Press, 1993); Bruce G. Blair, *The Logic of Accidental Nuclear War* (Washington, D. C.: Brookings, 1993); Paul Bracken, "Accidental Nuclear War," in Graham T. Allison, Albert Carnesale, and Joseph S. Nye, eds., *Hawks, Doves, and Owls* (New York: W. W. Norton, 1985); Bracken, *The Command and Control of Nuclear Forces* (New Heaven: Yale University Press, 1983)。

平与合作。但是，由于有“先下手为强”（进攻主导性体系）的古训，率先实施打击总要强过大体上同时发动攻击或必然被动挨打这两种结果。[①] 在这样的情况下，由于和平比其他所有的战争结果更受欢迎，所以只有当一个国家认为另一方正在准备实施打击时才有可能发动战争。[②] 因此，尽管先发制人和预防性动机往往不容易分清，但两者之间还是有很大区别的。在预防性战争中，始作俑者之所以具有故意制造僵局的倾向（喜欢战争而不是和平），并不是因为它害怕本国
[44] 的领土随时会受到攻击，而是因为本国的衰退状况使得正在崛起的国家能够在未来以更强大的力量发动攻击（无论是否有“先下手为强”的念头）。而在先发制人的战争中，始作俑者的初衷仍然是和平而不是战争。但是，由于他们认为另一方正在准备发动攻击，加上同处于一个进攻主导性体系中，故根本不可能静观其变或坐以待毙。[③]

因此，危机阶段对先发制人的大战动机具有重要的影响。尤为重要的是，典型的危机往往意味着双方军事力量的动员程度不断加剧并使之处于警戒状态，同时发出措辞严厉的信号（要求与威胁）。这些措施不仅可以确保一个国家在战争来临时不至于猝不及防，而且可以表明一个国家的坚定信念。然而这样一来，彼此之间也会产生一种对突然袭击的恐惧，因为任何一方都弄不清另一方动员军事力量的真正目的。如图 6 所示，危机中的偶然事件会大大增加这种恐惧感。例

---

① 规范的表述是，“猎鹿者”的倾向顺序为 CC > DC > DD > CD（试比较 64 页注释②中的僵局倾向排序）。

② 参见 van Evera, Causes of War, chap. 3; Powell, *Nuclear Deterrence Theory*, 111 – 112; Thomas Schelling, The Strategy of Conflict (Cambridge: Harvard University Press, 1960), 209 – 229; Richard Betts, "Surprise Attack and Preemption," in Allison, Carnesale, and Nye, eds., *Hawks, Doves, and Owls*, 57 – 58; Lebow, *Nuclear Crisis Management*, chap. 2; and Steven J. Brams and D. Marc Kilgour, "Threat Escalation and Crisis Stability," *American Political Science Review* 81 (September 1987): 833 – 850。

③ 所以，先发制人的战争依赖于技术和地理优势，并且必须掌握体系的进攻主动权。预防性战争则取决于一个不同的独立变量，即变化的力量差异。

如，在古巴导弹危机中，由于双方都处于高度戒备状态，每一方都在担心，像在古巴击落 U_2 飞机之类的偶然事件是否会强化另一方正在准备发动攻击这样的感觉。[①]

一般而言，历史上先发制人的战争（尤其是先发制人的大战）毕竟是不多见的。[②]“七年战争”乃是普鲁士对奥地利和俄国日益逼近的预防性攻击采取先发制人的行动引起的，但是，这是我所知道的唯一一个以先发制人动机发动大战的例证。关于先发制人动机与第一次世界大战的联系，还有一个颇为动听的故事（这的确是一个标准版本）。但是，正如第三章和第四章所述，只有俄国人的行为具有先发制人的动机，而德国领导人只不过利用了俄国人这种恐惧心理，从而按照自己的需要发动了一场预防性大战。假如领导人明白事态失控的危险性，那么先发制人的大战在现实中并不多见这一点也就不奇怪了。[③] 所以，先发制人的风险是无法避免的，事实上，任何低估这种风险的行为只能增加战争的可能性。不仅如此，“七年战争”以及先发制人的战争的确以较小规模发生的事实（最明显的例证莫过于1950 年的中美朝鲜战争和 1967 年的阿拉伯 - 以色列战争[④]）表明，现实中一直存在着发生大规模先发制人战争的可能性。事实上，在现代，核武器从根本上改变了战争成本，从而使得先发制人成为为数不多的但仍然被认为是“合理”的战争手段之一。[⑤] 所以，任何一种关于大战的理论，若想用于分析 1945 年后这一时期，就必须解释各国为

---

① 参见 Sagan, *The Limits of Safety*, chap. 2 – 3。

② 参见 Dan Reiter, "Exploding the Power Keg Myth: Preemptive Wars Almost Never Happen," *International Security* 20 (fall 1995): 5 – 34。

③ 参见 Snyder and Diesing, *Conflict among Nations*, 242 – 243。

④ 参见 Reiter, "Exploding the Power Keg Myth," 16 – 25; Allen S. Whiting, "The U. S. -China War in Korea," in George, ed. , *Avoiding War*; Janice Gross Stein, "The Arab-Israeli War of 1967: Inadvertent War through Miscalculated Escalation," in George, ed. , *Avoiding War*。

⑤ 分析家们几乎一致认为，先发制人很可能意味着核战争。参见 Jervis, *Meaning of the Nuclear Revolution*。

什么总是引发各种危机，从而大大增加先发制人的全面战争的危险。

如果说第四条路径表明了一场危机如何重构信念的话，那么第五条路径则说明了危机对倾向性造成的影响。危机迫使国家不再顾及自己的名誉。针对第三国进行危机动员、措辞强硬的声明以及军事力量调动，此类行动往往具有极高的“形象”成本：如果一个国家采取
[45] 了这样的行动然后又不了了之，国内和国际舆论就会认为这是一种虚弱胆怯的表现。① 对各种策略的不完全资料进行的分析表明，具有较高“形象”成本的行动会发出暴露一个国家真正决心的“昂贵信号”。由于怯弱的行为体不大可能采取此类行动，挑战方就可以针对防御方的强硬程度重新确立自己的信念，并因此在事态发展到不可收拾之前有所退让。② 尽管如此，这样做也有其不利的一面：具有极高“形象”成本的行动使得各个国家在一场危机中更不愿意做出让步，反而进一步缩小了通过谈判讨价还价的空间，使得双方都宁愿选择战争。简而言之，双方可能都过分看重自己的名誉。这样一来，危机就把那些胆小怕事或在危机之前具有“猎鹿者”心态的行为体转化为僵局制造者，他们不仅不再满足于旧的格局，并且也不会满足于在危机期间进行任何谈判交易，而宁愿发动战争。③

---

① 参见 Lebow, *Nuclear Crisis Management*, chap. 4; Thomas Schelling, *Arms and Influence* (New Heaven: Yale University Press, 1966), 44, 93; Richard Smoke, *War: Controlling Escalation* (Cambridge: Harvard University Press, 1977), chaps. 9 – 10; Patrick M. Morgan, "Saving Face for the Sake of Deterrence," in Robert Jervis, Richard Ned Lebow, and Janice Gross Stein, *Psychology and Deterrence* (Baltimore: Johns Hopkins University Press, 1985); and references in Dale C. Copeland, "Do Reputations Matter?" *Security Studies* 7 (fall 1997): 33 – 71。

② 参见 James D. Fearon, "Threats to Use Force" (Ph. D. diss., University of California, Berkeley, 1992), chaps. 2 – 4; Fearon, "Rationalist Explanations for War," *International Organization* 49 (summer 1995): 379 – 414; Powell, *Nuclear Deterrence Theory*; and D. Marc Kilgour and Frank C. Zagare, "Credibility, Uncertainty, and Deterrence," *American Journal of Political Science* 35 (May 1991): 305 – 334。

③ 胆怯倾向的顺序为 DC > CC > CD > DD（试比较 64 页注释②和 66 页注释③中的“猎鹿者”和“僵局”倾向排序）。

对名誉的态度有助于解释俄国在 1914 年的行为和英国、法国在 1939 年的做法。在“7 月危机”期间，俄国领导人并不想打仗，因此一直在寻求通过谈判解决争端的途径。然而，随着危机的不断加剧，放弃塞尔维亚所带来的名誉损失使得俄国人选择了冲突对抗一途。与之类似，1939 年八九月间，因放弃保护波兰的承诺而造成的名誉损失使得英国和法国宁愿选择战争而不愿意接受任何谈判交易。两次世界大战都不是无意间造成的，因为正如第三章至第五章所述，德国都是在明知敌对国必然会进行反击的情况下发动战争的。不仅如此，如上例证充分说明，对名誉的过分看重的确会把国家拖入战争。尽管过分看重名誉是大战的唯一原因的情形并不多见，但这条路径显然充满了战争的风险，尤其在核子时代更是如此。例如，在古巴导弹危机中，美国领导人明知对古巴采取行动会迫使莫斯科为了名誉而攻击柏林或美国在土耳其的导弹基地，然而，正如罗伯特·麦克纳马拉（Robert McNamara）在 10 月 27 日所指出的，这样就可能引起美国对苏联的黑海舰队实施报复。正是这种一轮又一轮的针锋相对，使双方主动退出全面战争变得越来越困难。

引发危机与调停/和解

如上对“通向大战之路”的讨论进一步阐明了决策模型的逻辑。为了寻求安全最大化，如果引发危机能够阻止衰退，正在衰退的国家不会直接发动预防性战争。另外，领导人都明白，无论是出于先发制人的动机还是虚荣心作祟，危机都有可能使双方踏上危险的大战之路。毋庸置疑，恰恰是事态失去控制的这种风险往往使得领导人认为，只有迫使对方做出让步才能缓和本国的衰退。[①]

领导人不会不知道无意间引发战争的危险。在格林·斯奈德

① 参较 Schelling, *Arms and Influence*, chaps. 2－3。

(Glenn Snyder) 和保罗·迪辛 (Paul Diesing) 研究的16次危机中，
[46] 有13次决策者担心危机会失去控制。[①] 这一结果并不令人感到奇怪，因为直觉告诉我们：像古巴导弹危机这种列强之间发生的危机孕育着更大的全面战争风险。[②] 事实上，危机之所以在历史上并不多见，只是因为各国都害怕激怒自己的敌对国，深知无意间就可能造成事态升级而引发战争。[③]

要解释一个国家为什么会选择引发危机而不采取相对温和的手段，最关键的是要了解造成这个国家衰退的具体原因：衰退源于何处？按危机的尺度衡量又达到何种程度？假定引发危机是合理的，却存在升级的危险，那么领导人就必然期望，一场危机能够促使自己获得解决衰退根源问题的某种地缘政治方面的让步。

如果衰退是一个国家在经济能力和潜在力量方面的劣势造成的，那么就出现一个问题：通常情况下，以引发危机的方式迫使对方在诸如国民生产总值和人口/领土方面做出巨大的让步是很困难的。这在一定程度上正是德国在1914年和1939年之前所面临的困境。当时，俄国（苏联）领导人几乎不可能为一场危机所迫就让出大量领土和人口，或放弃国内的工业化进程。然而，为了避免这种让步，俄国决心长期对德国进行压制。于是，德国就利用暂时的军事优势，发动了两次惨绝人寰的战争。即使某个国家在领土、人口和原材料方面分布比较均衡，仍然会出现所谓“非逆转性相对停滞”。引发危机到底能不能克服这种停滞，这要取决于造成停滞的原因。例如，1600年之

---

① 参见 Snyder and Diesing, *Conflict among Nations*, 242 – 243。

② 对大多数分析家来说，根据定义，危机意味着行为体之间发生战争的可能性比较大。参见 James L. Richardson, *Crisis Diplomacy* (Cambridge: Cambridge University Press, 1994), 10 – 12; Michael Brecher and Jonathan Wilckenfeld, *A Study of Crisis* (Ann Arbor: University of Michigan Press, 1997), 3 – 4; and Brecher and Wilckenfeld, “Crisis in World Politics,” *World Politics* 34 (April 1982): 382 – 383。

③ 参见 Schelling, *Arms and Influence*, chaps. 3。

后西班牙发生的急剧衰退就是由西班牙经济的深层结构问题引起的。针对法国这个主要敌对国制造危机并不能解决此类问题，通过发动预防性战争为改革赢得喘息时间似乎是唯一的途径（见第八章）。正如后文所述，苏联在20世纪80年代陷入停滞的情况也与之类似，危机不可能解决苏联对现代技术的需求问题。幸运的是，运用调停手段就可以增加获得这类技术的可能性，而选择预防性战争并无多少益处。

当经济与潜在力量上的劣势和“非逆转性停滞”都不是主要问题时，情形就比较可怕了，各国在这样的情况下都不愿意冒引发危机的风险。但是，如果出现了第三种衰退即力量波动，某些国家也可能选择冒险。在一场持续的竞赛中，人们通常更愿意采取军备竞赛或结成同盟这样的威慑、遏制手段，而不是引发危机。威慑行动无疑更具挑衅性，然而，由于这类行动在很大程度上发生于某个集团内部，所以与危机相比，无意间造成事态升级的风险相对要小一些。危机之所以更容易造成事态升级，是因为危机直接针对“政治－领土”的现有格局，因而对其他国家的地位和名誉造成威胁。但是，仅有威慑政策往往是不够的。有时，尽管一个国家做出了最大的努力，也无法在短期内赶超另一个国家。

相对地缘战略力量优势是一个国家武装力量和结盟计划获得相对 [47]
成功的体现。双方都在竭尽全力地与另一方的行动相抗衡，但是很可能某一方在建立实际“军事－地缘政治”力量优势方面更成功一些（至少在某一时段是如此）。对于那些难以在短期内抗衡的国家而言，就会面临着一种两难选择。一方面，这样的国家会担心对方的不断壮大使之具有在未来出于非安全原因实施攻击的信心；另一方面，正在衰退的国家奉行的有效威慑、遏制计划一旦拖延下去，其驾驭未来趋势的能力就会被削弱，从而给对方一个出于安全考虑发动战争的大好机会。简而言之，这样的国家不会不知道，自己在短期内扭转力量变化趋势——从相对落后变为力量相当——的努力（及其能力）会迫使另一方发动预防性战争。因此，由威慑政策成功率方面的差异而引起的相对地缘政治平衡的波动往往会迫使某些国家做出更为极端的选择。[①] 就短期而言，在未采取更强烈行动的情况下，衰退可以被视为一种外在因素。所以，如果军备竞赛和结成同盟等手段已经无能为力，则更具危险性的政策（如引发危机）对于缓和衰退就是必要的。

正如我们在第七章中所看到的那样，力量波动是在冷战早期的三次重大危机之后才出现的。1948 年，斯大林在柏林步步紧逼，以迫使华盛顿改变其统一西德三个部分并将之纳入西方集团的计划。1961 年，赫鲁晓夫在柏林引发了另一场危机，以迫使对方签署一项旨在稳定东德经济形势的协定。1962 年，肯尼迪在古巴发动了一场导弹危机，以防止势力均衡在短期内出现明显波动。在每一种情况下，都具备了引发危机的两大条件：第一，仅仅靠更大规模的军备竞赛和结盟行动已经无法阻止短期内的反向力量波动；第二，有关的领导人都想当然地认为，引发一场危机可以迫使对方做出让步，以解决本国出现的危机，就算使得无意间引发战争的风险大大增加也在所不惜。

在某些情况下，引发危机和强硬威慑政策都无法阻止衰退的发生。如果一个国家不具备顺利发动战争所必需的军事力量，那么，同那些正在崛起的国家和解无疑是一种合理的选择。[②] 但是，只有在某些讲求战略的情况下，这种选择才可能是有效的。在多极体系中，如果一个国家相对于两个以上的国家出现衰退，那么，诸如地理和技术之类的约束条件在决定与哪个国家和解、与哪个国家敌对这个问题上将发挥重要作用。1890 年之后，英国决定与当时正在崛起的美国和日本结成同盟而不是率先针对其中某一个国家发动一场预防性战争，

① 参较 Stephen van Evera, "Causes of War," (Ph. D. diss., University of California, Berkeley, 1984), chap. 2; and James Morrow, "A Twist of Truth: A Reexamination of the Effects of Arms Races on the Occurrence of War," *Journal of Conflict Resolution* 33 (September 1989): 500 - 529。

② 不应忘记，对于正在崛起的国家而言，无论其动机如何，和解都不失为一种极为理性的策略。还应注意，当力量变化趋势基本上平稳时（不存在处于上升或衰退的国家），采取消除疑虑的政策无疑是明智的，因为这样可以避免事态升级。

这一点并不令人奇怪。对英国的生存而言，美国与日本在地理上所造成的威胁远比正在崛起的德国要低得多。当时的技术水平也决定了这样的态势是一时无法改变的。随着飞机的出现，英国一直引以为豪的 [48] 孤立政策变得越来越过时。然而，由于美国和日本的飞机还飞不到英国的海岸，因此这两个国家暂时难以在空中形成威胁。①

在更趋于两极化的情况下，和解应该是一种上策，但也只有在这种策略能够制造出扭转衰退良机的情况下才是可行的。出于稳固战略的原因，我们并不希望看到众多正在衰退的国家选择和解仅仅是为了换取某个正在崛起国家的善意，也就是说，仅仅为了获得一种承诺——当它在未来拥有绝对优势时不会发动攻击。② 正如詹姆斯·费隆（James Fearon）所指出的那样，这是一个无秩序状态下的信任问题。这个正在崛起的国家可能当时会真诚地承诺在未来不发动攻击，但是这样的承诺并不具有强制性，根本无法阻止它在赢得绝对优势之后改变自己的初衷，当做出承诺的领导人已经下台，则更是如此。③ 如果因和解做出的让步只不过引起国家的衰退进一步加剧，那么就更不可能仅仅为了一个安全承诺而选择和解。

在两极体系中，一个国家选择和解也有可能缓和本国的衰退，但这种情况并不多见。例如，在 20 世纪 80 年代中期，戈尔巴乔夫

---

① 美国是一个民主国家这一事实可能使结盟变得更加容易，但需要指出的是，美国与英国之间的关系在 19 世纪根本算不上友好。这两个国家不仅一直在争夺北美洲的领土，并且在 1896 年还差一点在委内瑞拉问题上大动干戈。1900 年之后，英国甚至把其与日本独裁政府（更不用说俄国）的种种问题搁置起来，这一事实充分表明，决定事态进程的是地缘战略因素而不是体制形式。参较 Randall L. Schweller, "Domestic Politics and Preventive War," *World Politics* 44 (January 1992): 235 - 269。

② 这样一种和解对力量转化做了如下假定：正在崛起的国家最有可能发动攻击。关于这种和解的进一步分析，可参见 Robert Powell, "Uncertainty, Shifting Power, and Appeasement," *American Political Science Review* 81 (December 1996): 749 - 764。

③ 参见 Fearon, "Rationalist Explanations for War"。关于未来意图问题，可参见 Jervis, "Cooperation under the Security Dilemma"; and Robert J. Art and Robert Jervis, "The Meaning of Anarchy," in Art and Jervis, eds., *International Politics* (Boston: Little, Brown, 1985)。

(Gorbachev) 及其政治局曾主动放弃强硬政策，因为这种政策只会使苏联出现的“非逆转性经济停滞”不断加剧。通过转向缓和政策，苏联的目的非常明确：保证在贸易和技术上做出让步，以便重新激活苏联的经济。[①] 如果不做这样的让步，苏联的经济和潜在力量就会继续衰退下去而远远落后于西方。这种和解策略是不是一种合理的选择，还取决于一系列的条件。在双方都拥有上万枚战略核弹头的情况下，预防性核战争几乎不可能进一步确保苏联的安全。引发一场危机（例如在柏林采取另一项行动）是毫无用处的，无助于解决这样一个根本问题：世界进入信息时代后苏联面临的技术劣势。当苏联人在东欧做出让步（欧洲导弹之类对于确保美国在贸易和技术方面做出承诺是必需的）时，躺在自己巨大的战略武器库上睡觉还可以放心一些。在大多数的两极情况下，和解不大可能有什么效果。在斯巴达 - 雅典、迦太基 - 罗马和法国 - 哈布斯堡王朝的案例中，正在衰退的国家当时并没有强大的二次核打击能力可资依赖，于是预防性战争便成为一种合理的选择。

以上的讨论进一步说明，了解一个国家衰退的根源问题以及一种特定政策可以在何种程度上解决该问题的重要性。无论是在两极还是多极体系中，其中一个因素就是潜在力量的具体基础。在核子时代，技术和教育无疑是潜在力量的关键元素。这两种元素不仅是经济增长的基础，而且对于核武器及其支持系统和通信结构的不断现代化也是至关重要的。所以，在 20 世纪 80 年代，苏联有足够的理由为日渐扩
[49] 大的技术差距而忧心忡忡。特别像“战略防御计划”（星球大战计划）这样的创新部署很可能大大削弱苏联的二次打击能力。因此，就戈尔巴乔夫摆出讨价还价的姿态而言，除了放松贸易限制之外，其主要目的还是遏制星球大战计划的研究与部署，这一点并不令人感到奇怪。

---

① 我曾对这方面的证据进行了总结。参见 Copeland, “Trade Expectations and Outbreak of Peace: Détente 1970 - 1974 and the End of the Cold War 1985 - 1991,” *Security Studies* 9 (autumn 1999/winter 2000): 15 - 58。

尽管如此，在1945年之前，领土和人口规模一直是潜在力量的关键组成元素。拥有大量土地就意味着经济增长所需要的原材料和食品生产的多样性，而这种多样性则可以确保大量的人口作为有效战斗力量的后盾，而有限的土地资源显然无法做到这一点。如前所述，德国在20世纪的核心问题恰恰是在领土和人口方面相对于俄国的巨大劣势。在1945年之前发生的两极对抗中，情况也是如此。斯巴达试图要求雅典在其霸权地位即雅典的潜在力量方面做出让步，但是，斯巴达显然对自己的如意算盘并不抱多大希望。公元前220年，迦太基所面对的罗马正控制着意大利半岛、西西里岛、撒丁岛以及法国南部沿海地区。由于罗马人为赢得这些领土付出了巨大的战争代价，所以不可能仅仅为了安抚迦太基人对衰退的担忧而轻易放弃自己的战利品。法国的情况也是如此，到1520年，哈布斯堡王朝在欧洲控制的领土已经是法国的两倍之多，并且刚刚征服了拉丁美洲的大片土地。在如上各个案例中，面对一个日渐强大的“庞然大物”，在其积蓄起力量之前对其发动预防性战争似乎是唯一一种合理的选择。

在战争、危机、威慑与和解之间做出选择是非常困难的。由于预防性战争具有极高的风险，所以只能作为最后一招。引发危机也是一种颇具风险的选择，通常只有在挑衅性不强的强硬政策（如军备竞赛和结成同盟）不足以维持势力均衡的情况下才会采用，但危机必须有望获得能够解决本国衰退根源的某种让步。所以，当衰退源于技术变化和某种形式的经济停滞，并且预防性战争也无法解决时，与正在崛起的国家实现和解应该是唯一可行的选择。当和解是保证激活一个国家“经济—技术”基础所必需的唯一交易途径时，就更是如此。

冷战竞赛的初始阶段

我们已经看到，在一场正在进行的竞赛中，一个国家为什么会从长期坚持的威慑政策转向引发危机这种更具风险的策略。但是，为什么一些国家会在和平共处时期打破冷静对峙而采取一种强硬的威慑/
[50] 遏制政策呢？其中的矛盾是显而易见的。采取强硬政策以遏制另一方很可能降低各相关列强之间的信任度，然而，这却是阻止另一方稳定崛起的唯一途径。

从这种意义上说，冷战（或称“持续性竞赛”）并不是无缘无故发生的[1]，其发动方式与危机完全相同。像危机一样，冷战被认为是一类使得无意间引发大战的可能性增加的事件（因此我们大家在1989～1991年才松了一口气）。[2] 冷战或许并不像慕尼黑危机或古巴导弹危机那样，具有直接突发性的特点。但是，随着互相猜忌不断加深，军备竞赛日益加剧，各国的军事力量处于高度警戒状态，冷战不仅使得这样的危机更有可能发生，而且会增加一方以发动预防性战争和先发制人为乐的危险。

在本节中，我将仔细阐述这一模型应用于冷战初始阶段的逻辑，并与其他各种理论进行比较。这一论证充分利用了对冷战升级危险性的升级模型推理和对维持力量重要性的威慑模型推理，因此，我尽量把两个模型综合起来，并纳入一个共同的因果关系框架中。[3]

在和平共处的情况下，一个正在崛起的强国在决策方面并没有什么困难：只要冷静对峙下去有利于本国的发展，就没有理由打破现有

---

① 关于持续性竞赛问题，可参见 Paul F. Diehl, ed., *The Dynamics of Enduring Rivalries* (Urbana: University of Illinois Press, 1998)。

② 加利·格尔茨（Gary Goertz）和保罗·迪埃尔（Paul Diehl）的统计分析表明，与非持续性竞赛相比，持续性竞赛更有可能使国家之间卷入战争。参见“Empirical Importance of Enduring Rivalries,” *International Interactions* 18 (1992): 158－159。

③ 关于升级与威慑模型，主要参见 Robert Jervis, *Perception and Misperception in International Politics* (Princeton: Princeton University Press, 1976), chap. 3; Charles Glaser, “Political Consequences of Military Strategy: Expanding and Refining the Spiral and Deterrence Models,” *World Politics* 44 (July 1992): 497－538; and Andrew Kydd, “Game Theory and the Spiral Model,” *World Politics* 49 (April 1997): 371－400。

的格局。[①] 而正在衰退的国家却面临比较麻烦的局面：必须就是否发动一场危机做出决定。在维持和平、温和的姿态与转而采取强硬的威慑政策之间做出选择时，一个国家的行为将取决于图 5 中所列的六个变量和参数。在未采取更强烈手段的情况下，长期衰退的程度越严重、越不可逆转，就越想用这样的手段缓解或扭转这种衰退，国家也就越有可能转而采取更为强硬的政策。然而，在这样的情况下，国家必须充分考虑到采取强硬政策会因无意间造成事态升级而引发大战的可能性。正如升级模型所强调的那样，强硬威慑政策不可能在真空中实施。由于安全两难选择的存在，这样的政策很容易被误解成在为未来扩张做准备。[②] 所以，此类行为很可能引发一轮不稳定的“作用－反作用”循环。[③]

所以，在做出一项合理决策时，一个寻求安全最大化的国家必须充分认识到温和姿态与强硬威慑两方面的利弊得失。我们因此可以预言，当衰退程度不太严重或不是完全不可避免时，各国一般会选择冷静对峙而不是强硬遏制。例如，在 20 世纪 90 年代，美国选择了与中国对峙的策略，并且正如第九章所述，这是一种符合逻辑、颇有远见的策略。然而，如果一个国家虽然没有转向遏制政策但已经预见到严重衰退，那么这样一种转向就很可能发生。在 1945 年中期，即使杜 [51]
鲁门一度认为斯大林持有相对温和的态度，但他还是转而采取了遏制

① 因此，自从 1990 年以来，中国一直维持着一种相对温和的政策，以免刺激美国实施贸易制裁和采取防范手段。当然，一个正在崛起的国家即使只是为了避免力量损失和确保其对攻击行动的威慑力，也可能对其他国家的敌对行动做出反应。

② 按照我的假定，甚至在整个体系既非采取攻势亦非采取守势的情况下，这一点也是成立的。当然，进攻倾向越强烈，所采取的威慑行动对其他国家的安全威胁就越大。参见 Jervis, “Cooperation under the Security Dilemma”。

③ 参见 Jervis, *Perception and Misperception*, chap. 3; Jervis, “Cooperation under the Security Dilemma”; Glaser, “Political Consequences”; Russell J. Leng, “Reciprocating Influence Strategies in Interstate Crisis Bargaining,” *Journal of Conflict Resolution* 37 (march 1993): 3－41; and Jonathan Bendor, “In Good Times and Bad: Reciprocity in an Uncertain World,” *American Journal of Political Science* 31 (August 1987): 531－558。

政策，这就充分说明这种动态力量变化趋势的深刻影响。

就一个国家对长期衰退前景的判断而言，经济能力特别是潜在力量的初始差异与变化趋势是至关重要的。一般而言，我们可以预期，一个国家的经济和潜在力量越强大，对自己的未来就越乐观，因而也就越不愿意去冒一场冷战竞争中固有的那种无意间造成事态升级的风险。例如，20 世纪 90 年代，美国在技术、原材料和教育方面对中国拥有明显的优势。因此，尽管中国的经济不断增长，却没有直接的理由认为中国会在整体力量上取代美国。这种情形与 1945 年美国与苏联的关系是全然不同的。当然，美国所面临的局面并不像 20 世纪初的德国那般可怕（当时，德国的人口只有俄国的大约 1/3，领土的 1/40）。但是，在 1945 年，苏联已经拥有强大的教育和技术基础，并且工业化程度甚高。所以，有充分的理由认为，如果在限制其增长方面无所作为的话，这个国家很可能会取代美国的地位。简而言之，一个国家在经济和潜在力量方面的优劣很大程度上决定其是否甘愿冒因采取强硬政策带来的风险。

这一分析是基于对威慑模型和升级模型的解读。但需要指出的是，当形形色色的现实主义者（包括自由派）争论这些模型的长处和弱点时，他们更倾向于强调行为体的军事政策，而不是经济和潜在力量的差异及其变化趋势。对于那些主张防御的现实主义者和自由派（他们更强调升级模型的价值）而言，安全困境基本上是双方军备政策和结盟政策共同造成的；正是一个国家努力通过这类军事途径改善其安全的行为，才使得另一方如此惴惴不安。① 由于本书的论证考虑到国家如何面对这样一些行为体，即他们在当前并未发展进行攻击

① 主要参见 Glaser, "Political Consequences"; Glaser, "Security Dilemma Revisited"; Jervis, *Perception and Misperception*, chap. 3; Lebow, *Beyond Peace and War*; Richard Ned Lebow and Janice Gross Stein, *We All Lost the Cold War* (Princeton: Princeton University Press, 1994); and Posen, "Security Dilemma and Ethnic Conflict"。

所必需的军事力量，但如果听任其经济和潜在力量不断增长，他们就能够在未来建立起这种力量，所以这一论证是对如上观点的补充。按照主张升级模型的传统的安全两难理论，如果 B 国没有建立起自己的军事力量，A 国就会相对乐观一些。在我的模型中，即使是这样一种局面，但如果经济和潜在力量的变化趋势对自己不利的话，A 国也会转而采取遏制政策。在 1945 年，尽管都知道苏联具有强烈的非军事化倾向，美国仍然转而采取了遏制政策，正是出于对苏联经济和潜在力量增长的担忧，才不得不采取这种强硬路线。

如上的简明论证说明，升级模型与威慑模型的构建者其实大可不必互相争执不休。[1] 我相信，双方都会接受本章所列的一系列变量、 [52]
参数以及它们之间相互联系的基本因果逻辑。例如，双方都会同意如下观点：如果一个国家正在急剧衰退，无论是强硬还是温和政策都已无能为力，并且几乎可以肯定在未来会受到攻击，那么即使预防性战争并非情愿之举，却仍然不失为使国家期望生存概率最大化的一种最佳选择；如果衰退并非完全不可避免，另一方在未来发动攻击的意图也不明显，而强硬政策又具有相当大的无意间引发战争的风险，那么温和对峙就应该是最佳选择。就选择而论，如果在未采取更强烈行动的情况下，衰退严重且不可避免，但仍然可以通过强硬政策予以扭转，则只要无意间引发战争的风险并不是高得反常，并且若听任另一方崛起很可能在未来发动攻击，这样一种政策就很可能受到青睐。衰退越严重，选择相对温和政策的机会越少，一个国家就越有可能去冒

---

① 这一论点乃是基于杰维斯（Jervis）的观点，即这两个模型不一定不相容，因为两者对于对方意图的假定是完全不同的。当对方具有侵略性时，可适用威慑模型；而当对方试图维持安全现状时，则适用升级模型。参见 Jervis, *Perception and Misperception*, chap. 3。我的论点用变量和参数而不是对方的意图把这两个模型联系起来。不仅如此，对于第三个参数，我更强调正在崛起的国家的未来意图而不是其当前意图。

无意间造成事态升级的巨大风险。

所以，威慑模型与升级模型构建者（对应于现实世界中的鹰派与鸽派）之间理论上的分歧主要不是在因果关系逻辑方面，而是各变量和参数的精确数值。[①] 下面以新世纪之交美国针对中国的政策为例做一讨论。鹰派和鸽派都会同意，如果能够确定中国会在20年内取得明显优势并且到时候具有侵略性，那么眼下实施预防性遏制政策就是明智的，即使有可能引发新一轮冷战也在所不惜。然而，鸽派却否定了这两项前提。他们因此得出结论：至少在中国的长期增长和未来的侵略性有可能成为必然之前，最好还是采取冷静对峙的策略。

总而言之，威慑模型和升级模型都有其令人困惑之处。也就是说，这两个模型仍然是分离的和不完整的。威慑模型指出强硬政策可以阻止衰退这一点是正确的，但忽视了升级模型的观点，即这样的政策往往会增加因无意间造成事态升级而引发战争的可能性。升级模型虽然把握住了这种风险，却使得温和政策的潜在效果降至最低，即有可能允许外部因素引起的衰退持续下去，从而使得国家在未来没有能力保护自己。由于将无意间造成的危险升级纳入一个基本上由力量驱动的模型之中，本书更为明确地阐述了国家在什么条件下采取冷静对峙的策略和在什么条件下实施长期冷战的方针等问题。

本章一直在试图表明，充分利用针对危机和安全两难文献的精辟分析，有助于建立一种更具说服力的关于大战的现实主义动态研究方法。各国领导人不会不知道事态升级的后果。最明显不过的是，他们非常清楚，如果他们敢于向另一生死攸关的利益方挑战而引发一场危

---

① 参较 Jervis, "Hypotheses on Misperception," in G. John Ikenberry, ed., *American Foreign Policy*, 2nd ed.（New York：HarperCollins，1996），516。

机，局面可能会变得一发不可收拾。所以，只有当不太冒险的选择难以实现国家目标时，危机才有可能发生。领导人同样也明白，如果他们在相对平静的时期采取强硬政策，另一方很可能会把这类行为理解为一种敌意，从而使行为体卷入一场冷战竞赛中。正如杜鲁门在1945 年的表现一样，今天的美国领导人当然知道试图遏制中国所带来的风险。 [53]

动态差异理论有助于回答如下问题：既然各国领导人都清楚采取强硬政策的风险，为什么还总是做出这样的选择，而不是采取更温和一些的策略呢？所以，读者大可不必求助于国内层面的力量或领导人的错误感觉去解释国家为什么有时会进行这种赌博。理性的寻求安全者追求的是能够使国家预期生存概率最大化的选择。当一个国家并未出现衰退或事实上正在上升时，冷静对峙策略通常是最佳的选择。不过，正在衰退的国家有时会面临各种不同的约束条件，因此就会诱发不同的倾向。一个国家的地位恶化程度越严重，它在同等条件下为防止进一步衰退而采取高风险的强硬政策的可能性就越大。因此，如上分析使我们能够借助一种力量驱动的体系逻辑去预测大战可能性的变化情况。

各种理论假定的比较

在以下 6 章中，我将以动态差异理论与现行的现实主义理论以及文献中的其他解释相对照的方式检验关于大战的各种假定。一种理论为假（伪）或失去特点的情况在后面的括号中做了具体说明。①

---

① 关于证伪与证实的区别，可参见第一章的“方法论”部分。在这里，应慎重使用“证伪”一词，因为该词的意思是指证据在某种特定情况下不符合理论上的因果逻辑（未证实）。因为我们讨论的是概率问题，个别的经验案例未经证实并不能说明一种理论是无用的。根据拉卡托（Lakatos）的说法，各种理论应该互相印证，以评价其相对解释能力，即对能够证实与无法证实一种理论逻辑的证据数量进行比照。

动态差异理论

1. 感到自己的国家正在衰退的领导人往往是大战或增加无意间引发大战风险的危机或冷战的始作俑者。在未采取强烈行动的情况下，一个国家的衰退越严重，其采取此类行动的可能性就越大。所以，一般而言，正在衰退的国家在经济和潜在力量上的劣势越明显，就越有可能采取高风险的政策。[如果正在崛起的国家成为大战和危机或冷战的发起者，则为假。如果一个国家越强大，就越愿意冒这种风险，则为假。如果严重衰退的国家拥有必要的军事力量（下文第 2 点和第 3 点），甚至这样的政策可以防止衰退，也不发动战争和危机或冷战，则为假。如果出于“单元层面”的原因而发动大战和危机或冷战，则失去特点。]

2. 在多极体系中，当正在衰退的国家分别对体系中每一个单独
[54] 国家取得明显的军事优势时，更有可能发动大战或增加无意间引发大战风险的危机或冷战。这个国家的军事优势越明显，就越有可能采取此类行动。(如果国家在军事力量大体相当或处于劣势时发动战争或采取高风险的政策，则为假。)

3. 在两极体系中，当正在衰退的国家在军事力量方面拥有优势或大体相当时，更有可能发动大战或增加无意间引发大战风险的危机或冷战。正在衰退的第二等级列强也有可能采取此类政策，但其劣势越明显，采取此类行动的可能性就越小。(第二等级列强虽然处于明显劣势而衰退并不十分严重，但仍然发动攻击，则为假。)

古典现实主义

1. 当一个国家拥有明显的军事力量优势时，最有可能发生大战和增加无意间引发大战风险的危机或冷战。当各个国家之间或同盟集团之间维持着势力均衡时，此类事件一般不会发生。(如果当各列强

之间处于相对平衡或同盟集团之间处于相对平衡时发生此类事件，则为假。）

2. 大战和危机或冷战是由具有“单元层面”侵略性扩张动机的国家发起的。（如果始作俑者仅仅或主要是为了寻求安全，则失去特点。）

结构新现实主义

1. 与两极体系相比，大战和增加无意间引发大战风险的危机或冷战更有可能在多极体系中发生。（如果此类事件在两极体系中同样普遍或更为普遍，则为假。）①

霸权稳定理论

1. 当体系中两个最强大的国家在军事力量上大体相当并且一个国家正在取代另一个国家的地位时，最有可能发生大战或增加无意间引发大战风险的危机或冷战。②（如果当其中一个国家拥有明显优势时发生此类事件，则为假。）

2. 大战和严重危机或冷战的始作俑者往往是正在崛起的国家。只有当这类国家由于“单元层面”因素而对现状和体系给予的回报感到不满时，才会引发此类事件。（如果此类事件是由正在衰退的国家引起的，则为假。如果始作俑者仅仅或主要是为了寻求安全，则失去特点。） [55]

---

① 关于对这一命题的更为广泛的检验，参见 Dale Copeland，“Neorealism and the Myth of Bipolar Stability，” *Security Studies* 5（spring 1996）：29－89。由于新现实主义者在一定程度上含蓄地接受了各国为了避免衰退甘冒无意间引发战争风险这一观点，所以他们应该同意动态差异理论的第一个假设。

② 在后来应用于同盟集团之前，这一点基本上基于奥根斯基和吉尔平的原始论证（参见第一章）。

第三章
德国安全与第一次世界大战的准备

在国际关系研究中，第一次世界大战可能是最受关注、争论最多的案例。由于其复杂性，实际上任何一种理论——无论在个体、国内还是体系层面——似乎都能在其中找到一些经验证据。为了避免仅仅在这个似乎已经用得过滥的案例上罗列另一种阐释，我首先仔细研究了现行理论中尚未做出解释的各种经验难题。然后，我又对动态差异理论如何解释这些异常情况做了说明。这样做的目的不过是为了表明，只有这样的论证才能为形形色色的历史证据提供一种前后一致的解释。

本章从两个主要方面对 1914 年“7 月危机”的酝酿阶段进行了论述：第一，德国对预防性战争必要性的意识日趋强烈；第二，德国的政策在 1912～1913 年的四次巴尔干危机期间和 1914 年 7 月有着明显的差异。此外，我还讨论了国内层面的战争依据问题。正如下文所见，我专门就德国的决策机制做了重点讨论。其中的原因在下一章对 7 月危机进行深入分析时就变得更为明确：由于只有德国被认为要对谋求和发动大战负责，所以它对渴求战争的态度变化就具有极大的重要性。

可以预言，在多极体系中，只有当一个国家在军事力量上拥有明显优势时，大战才有可能发生。不仅如此，只有当这个国家认为本国的衰退正在日益加深并且无法挽回时，它才会发动战争。还可以预言，当这个国家的相对军事力量达到巅峰状态时，它就更有可能甘冒引发危机之险，以缓和预期中的衰退。为了支持这一论证，需要说明的是，到 1914 年 7 月，德国的预防性战争思维已经恶性膨胀到极点，并且出于长期安全考虑，德国精心策划了“7 月危机”，以便在自己认为的最佳时机发动全面战争。我们还应看到，随着德国领导人对自己 [56]
的优势越来越有信心但对自己的长期地位越来越担心，在战争爆发之前已经发生一系列危机。与此同时，德国领导人也在争论中等待德国军事力量真正达到巅峰的时刻，在无意间造成事态升级的风险与引发危机带来的利益之间进行权衡。如果风险大而利益小，这些领导人很可能会尽量使这样的危机平息下来。这就意味着，只有当德国的军事力量相对于自己的对手达到最大化时，大战才会爆发。

现有的文件证明这些预言是正确的。从 1904 年开始，德国领导人就认为德国在整个体系中已经拥有绝对的军事优势。然而，对俄国这个拥有巨大潜在力量优势（领土和人口）和经济迅速工业化的国家正在日益增加的担忧情绪一直挥之不去。因此便引发或促成一系列危机，以巩固德国的地位。不过，在 1912 年，由于文职和军事领导人都一致认为，德国仅靠引发危机的外交努力并不能阻止衰退，因此决定必须发动大战。所以，他们便努力使德国的军事优势达到最大化，而同时又尽量避免过早地挑起全面战争。他们非常清楚，只要奥匈帝国对塞尔维亚发动攻击，就会迫使俄国做出反应，于是每当发现俄国似乎要插手时，他们就尽量抑制维也纳军方在巴尔干地区的战争热情。[①] 不过，到 1914 年 7 月，由于德国的相对军事力量已经达到巅峰状态，于是其领导人便改变策略：面对刚刚发生的巴尔干事件，他

① 为论述方便起见，以下所指“奥匈帝国”均简写为“奥地利”。

们纵容奥地利入侵塞尔维亚。这样做的目的就是迫使俄国有所动作，以便为德国谴责俄国并挑起自己需要的大战制造借口。

这一观点源于历史学家提供的如下证据：直到1914年8月，德国官员越来越对俄国日益逼近的威胁感到担忧。[①] 正如下文所见，我的论证与其他历史学家的论证有两点不同。第一，像弗朗茨·菲舍尔(Fritz Fischer) 这样的学者都主张，军事优势地位的衰退只是为柏林发动一场实际上为国内目标所驱动的战争提供了一个机会。我要说明的是，安全才是促使这些领导人做出重要决策的唯一关键目标，事实上，国内因素只能使他们更倾向于和平。[②] 第二，我不能接受埃格蒙特·策希林（Egmont Zechlin）和卡尔·迪特里希·艾德曼（Karl Dietrich Erdmann）等历史学家的观点。他们主张，由于德国领导人是出于安全动机，他们的主要目标并不是欧洲大陆战争甚至世界大战，而是一场巴尔干地区的局部冲突，目的在于支持其陷入困境的奥地利盟友。[③] 由于这种“计算风险”的论点不会不符合第二章中所做

① 主要参见 Fritz Fischer, *The War of Illusions* (New York: Norton, 1975); Fischer, *Germany's Aims in the First World War* (New York: Norton, 1967); Fischer, *From Kaiserreich to Third Reich* (London: Unwin Hyman, 1986); Luigi Albertini, *The Origins of the War of 1914*, 3 vols. (Oxford: Oxford University Press, 1952); John C. G. Röhl, *The Kaiser and His Court* (Cambridge: Cambridge University Press, 1994); V. R. Berghahn, *Germany and the Approach of War in 1914* (London: St. Martin's, 1973); and Imanuel Geiss, *German Foreign Policy, 1871 – 1914* (London: Routledge, 1976)。

② 与这一观点最接近的学者是弗里茨·斯特恩（Fritz Stern）和大卫·凯瑟尔（David E. Kaiser）。参见 Fritz Stern, "Bethmann Hollweg and the War," in Stern, *The Failure of Illiberalism* (New York: Columbia University Press, 1992); and David E. Kaiser, "Germany and the Origins of the First World War," *Journal of Modern History* 55 (September 1983): 442 – 476。不过，这两位学者都没有把安全视为德国政策的唯一驱动因素。

③ 参见 Karl Dietrich Erdmann, "War Guilt 1914 Reconsidered," in H. W. Koch, ed., *The Origins of the First World War*, 2nd ed. (London: Macmillan, 1984); Egmont Zechlin, "Cabinet versus Economic War in Germany," and "July 1914: A Reply to a Polemic," both in H. W. Koch, ed., *The Origins of the First World War*, 2nd ed. (London: Macmillan, 1984); Andreas Hillgruber, *Germany and the Two World Wars* (Cambridge: Harvard University Press, 1981); and John W. Langdon, *July 1914* (New York: Berg, 1991), 109 – 129。

的论证，即对衰退的担忧正在迫使柏林去冒无意间引发战争的风险，因而这一论点就历史事实而言是不正确的。德国总理及其僚属宁愿选择大战而不是一场局部战争或一种和谈方案，因为他们有着浓厚的 [57]
“僵局”情结。因此，他们是在利用危机操纵包括奥地利在内的其他国家走向战争。

总的来说，我的观点对另外三种关于第一次世界大战的解释提出了挑战。第一种解释来源于升级模型，把战争看成是无意间引发的：任何国家都不希望进行大战，然而 1914 年之前的军备竞赛却把各大国推到了战争边缘。所以，当 1914 年 7 月巴尔干地区发生危机时，所有的国家都开始军事动员，并为了先发制人而行动起来。[①]

分析上的错觉、对进攻的迷恋和军事行动时间表进一步强化了这种关于升级的基本观点。尼德·勒博（Ned Lebow）论证指出，病态的决策机制使柏林希望其他国家会做出让步，德国人无须进行战争就可以达到自己的目标。到 7 月末，当包括英国在内的所有国家显然都在反对德国时，德国领导人由于对这一新的变化毫无准备而手足无措，但灾难已经无法避免了。[②] 斯蒂芬·范埃弗拉（Stephen van Evera）指出，当时欧洲领导人中间弥漫着一种进攻占主导地位的情绪，使得各国为了防范自己的对手率先进行打击而急于先发制人地发动战争。[③] 这一观点为如下论据所证实，即当时各国的军事领导人

---

① 主要参见 Robert Jervis, *Perception and Misperception in International Politics* (Princeton: Princeton University Press, 1976), chap. 3。这一观点出自 20 世纪 20 年代后期的修正派历史学家，参见 Langdon, *July 1914*, chap. 2。

② 参见 Richard Ned Lebow, *Between Peace and War* (Baltimore: Johns Hopkins University Press, 1981), chap. 5。

③ 参见 Stephen van Evera, “The Cult of the Offensive and the Origins of the First World War,” *International Security* 9 (summer 1984): 64, 71 – 78; Jack Snyder, “Civil-Military Relations and the Cult of the Offensive, 1914 and 1984,” *International Security* 9 (summer 1984); Snyder, *The Ideology of the Offensive* (Ithaca: Cornell University Press, 1984)。范弗拉埃（van Evera）还认为，崇尚进攻使扩张更具诱惑力，从而增加了预防性战争的风险。

(尤其是在德国)已经大权在握，启动了军事动员程序，因而使先发制人的战争变得不可避免。[①]

第二种解释否定了任何国家都不希望战争这一观点。某些国家(尤其是德国)的确具有侵略性，但并不是出于错觉和对安全的担心，而是由于国内反常状况造成的。其中一个论据就是，由于贪得无厌的心理作怪，极端的民族主义迫使国家领导人采取了一种侵略、扩张的姿态。[②] 另有学者认为，由于德国在 1890 年后为赢得“在太阳下的位置”而一意孤行地采取一种好战政策，所以只能在欧洲舞台上扮演一个侵略者的角色。[③] 基于艾卡特·科尔(Eckart Kehr)的理论，杰克·斯奈德(Jack Snyder)则主张，德国过分扩张的倾向反映出同盟化政治体系影响下产生的战略思想：利益集团之间的权力分配关系导致一国通过国内的政治游戏而进行扩张。[④]

在国内层面上，最具影响力的解释就是费舍尔的论证，即德国领导人之所以发动战争，是为了解决自己的内部危机。为了强调“国内政策的决定性作用”，费舍尔坚持认为，柏林试图“用一项成功的

---

① 主要参见 Albertini, *The Origins of the War of 1914*, vol. 2; van Evera, “The Cult of the Offensive and the Origins of the First World War”; Snyder, “Civil-Military Relations and the Cult of the Offensive, 1914 and 1984”; and Joachim Remak, “1914 – The Third Balkan War,” in Koch, ed., *The Origins of the First World War*, 93 – 95。关于这方面的评论，可参见 Marc Trachtenberg, “The Meaning of Mobilization in 1914,” *International Security* 15 (winter 1990/1991): 120 – 150。

② 参见 Paul Kennedy, *The Rise of Anglo-German Antagonism, 1860 – 1914* (London: George Allen and Unwin, 1980), chap. 14。

③ 主要参见 Woodruff D. Smith, *The Ideological Origins of Nazi Imperialism* (Oxford: Oxford University Press, 1986), chaps. 4 and 8; and Otto Hammann, *The World Policy of Germany, 1890 – 1912* (London: Allen and Unwin, 1927)。

④ 参见 Snyder, *Myths of Empire* (Ithaca: Cornell University Press, 1991), 31 – 49, chap. 3; Eckart Kehr, *Economic Interest, Militarism, and Foreign Policy* (Berkeley: University of California Press, 1970); and Charles A. Kupchan, *The Vulnerability of Empire* (Ithaca: Cornell University Press, 1994), chap. 6。

帝国主义对外政策巩固其统治阶级的地位”①。德国军事力量的日渐衰退只能影响德国采取行动的时间表，而其核心目标仍然是社会帝国主义。②

第三种解释是针对体系层面而言的。新现实主义者认为，战争是因体系的多极性而造成的一种误算。由于各国不可能抛弃对自己的安全不构成威胁的盟国，所以一旦俄国开始支持塞尔维亚，德国就不得不保护奥地利，法国也就不得不保护俄国。因此，一场小小的巴尔干危机就把所有的列强拖入大战。③ 像吉尔平和奥根 [58]
斯基这样主张霸权稳定的理论家则认为，德国崛起后与英国抗衡乃是战争的根源，并且由正在崛起的德国发动了战争。④ 总而言之，如前所述，许多学者都一直在强调：出于对衰退的担忧，德国领导人只能在1914年7月根据精确计算采取冒险行动，即实际上寻求一场大战。

---

① 参见 Fischer, *The War of Illusions*, viii。关于国内政治的重要作用，可参见 Wolfgang J. Mommsen, “Domestic Factors in German Foreign Policy before 1914,” in Mommsen, *Imperial Germany, 1867 – 1918* (London: Arnold, 1995), chap. 9; Hartmut Pogge von Strandmann, *The Coming of the First World War* (Oxford: Clarendon, 1988); Michael Gordon, “Domestic Conflict and the Origins of the First World War,” *Journal of Modern History* 46 (June 1974): 191 – 226; and Arno J. Mayer, “Internal Causes and Purposes of War in Europe, 1870 – 1956,” *Journal of Modern History* 41 (September 1969): 291 – 303。

② 参见 Fischer, *The War of Illusions*, 470。关于奥地利的侵略倾向和对衰退的担忧而把其他国家拖入战争的论证，可参见 Samuel R. Williamson, *Austria-Hungary and the Origins of the First World War* (New York: St. Martin's, 1991); and Paul W. Schroeder, “World War I as Galloping Gertie,” *Journal of Modern History* 44 (1972): 319 – 345。

③ 参见 Kenneth Waltz, *Theory of International Politics* (New York: Random House: 1979), 167; Thomas J. Christensen and Jack Snyder, “Chain Gangs and Passed Bucks: Predicting Alliance Patterns in Multipolarity,” *International Organization* 44 (spring 1990): 137 – 168。像第一种解释一样，这种解释也是把战争视为无意间引起的。然而，国家之所以被拖入战争，并不一定是出于非理性的信念，而更多的是一种对体系规则的理性反应。参见 Scott D. Sagan, “1914 Revisited: Allies, Offense, and Instability,” *International Security* 11 (fall 1986): 151 – 175。

④ 参见第二章。吉尔平和奥根斯基也认为，德国发动战争是为了获得曾经被原有体系拒绝的名誉和利益。

现行理论无法解释的经验难题

如上的所有理论都面临着某些明显的经验难题。由于升级模型认为战争是由先发制人的动机引起的，所以它必须能够说明，德国领导人已经意识到俄国的动员就意味着彼得堡可能具有战争意图。然而，德国领导人当时却深知，仅仅因为俄国尚未完成重新装备这一点，沙皇及其阁僚也会竭力避免在 1914 年用兵。[①] 柏林仅仅认为进攻有利就会做出先发制人实施打击的反应，这样的论证也是值得怀疑的。果真如此的话，为什么德国在 1912～1913 年的冬季俄国针对奥地利进行了更为广泛的动员之后无所表示，反而在当年 7 月 29 日做出反应对俄国进行战争威胁，从而促使俄国针对奥地利进行战争准备呢？从更广泛的意义上说，这种关于先发制人的论证必须能够解释此前 1912～1913 年间巴尔干四次危机事态升级却并未爆发战争的原因，尤其是必须解释德国为什么在此前的历次危机中只是对奥地利进行限制而 1914 年 7 月却转而采取压制策略。

此外，为什么德国领导人在明知俄国不可能在几个月内达到力量顶峰的情况下，却对俄国的军事动员甚至全面动员如此害怕呢？你当然可以认为，因为施利芬计划要求首先摧毁法国，德国必须采取行动。不过，这只能引出另一个问题：为什么施利芬计划即所谓的进攻计划在 1913 年 4 月仅仅把俄国排除在外呢？不仅如此，为什么当德国领导人明知巴黎方面已经把部队从边界后撤了 10 公里，目的是避免引起对法国可能实施打击意图的怀疑，反而在 1914 年 8 月初这个关键时刻对来自法国的攻击如此担忧呢？

---

① 不应忘记，先发制人的战争是因抱有其他国家随时会发动攻击这一想法所致，而预防性战争则取决于衰退的程度以及对其他国家在积蓄了更大力量之后可能在未来发动攻击的预测。

对于先发制人这个问题，还有另一重要方面，即无论是由于军界已经大权在握还是因为后勤保障安排上产生了某种技术决定论倾向，德国的战争机器一旦发动起来，是否还能真正中途停车。然而，果真如此的话，为什么总理西奥波德·冯·贝特曼·霍尔维格（Theobald von Bethmann Hellweg）还会告诉德皇，他之所以推迟向法国宣战和发动攻击的时间，“只是希望法国能先攻击我们”，一旦法国不怀好意就立即进行战争呢？[①] 如果军界已经控制了局势，那么为什么总理在7月29日提出关于德国应推迟全面动员的意见时还能获得支持呢？为什么就俄国宣战这一重大决定（7月31日做出，8月1日开始实施）还会对除总参谋长赫尔穆特·冯·毛奇（Helmuth von Moltke）之外的其他所有军事领导人保密呢？更概括地说，为什么军界从6月28日到 [59]
战争爆发当天对德国的外交活动失去了控制呢？

许多学者提出，战争是由于柏林错误地认为英国将保持中立而引起的[②]，这种观点同样也是令人怀疑的。有证据表明，包括贝特曼在内的所有德国领导人都清楚，至少从1911年开始，由于英国奉行传统的势力均衡政策，英国保持中立的可能性微乎其微。不仅如此，如果他们寄希望于英国人袖手旁观，那么他们为什么没有在1912年12月发动一场大战而宁愿准备打一场以英国为敌的战争呢？

费舍尔关于德国发动战争是为了解决其国内危机的论点同样也是站不住脚的。显而易见，贝特曼以及其他重要官员都认为，无论是在7月危机之前还是其间，大战只会在德国国内增加社会革命的可能

① *DD*: doc. 629. 除非需要纠正，我所翻译的 *DD* 文件均沿用 Max Montegalas and Walther Schücking, eds. , *The Outbreak of the World War*: *German Documents*, collected by Karl Kautsky (New York: Oxford University Press, 1924)。

② 主要参见 Lebow, *Between Peace and War*; Fischer, *The War of Illusions*; and Fischer, *Germany's Aims*。包括贝特曼在内的德国领导人都不指望英国会保持中立。关于这一点，可参见 Erdmann, "War Guilt 1914 Reconsidered," 363 - 364; Mommsen, "Domestic Factors in German Foreign Policy before 1914"; and Hillgruber, *Germany and the Two World Wars*, 26。

性。如果将军们要维持传统的阶级结构，他们为什么会在1911年后大规模地扩充军备呢？要知道，这样一种行动不仅会破坏贵族在军队中的核心作用，而且还会把更多的武器交到工人阶级手中。正如第一章所述，德国在1914年的确已经拥有绝对的军事优势，所以瓦尔茨及其霸权稳定理论关于战前欧洲各国军事力量大体相当的论证显然是无法成立的。这就解释了德国为什么几乎能够单枪匹马地（奥地利和土耳其仅提供了很小的帮助）与法国、英国、俄国以及后来与美国作战长达四年，并且差一点儿就取得了胜利。不仅如此，霸权稳定理论关于正在崛起的国家发动战争的论点与德国领导人认为自己的国家相对于俄国陷入了必然且严重的衰退的事实是矛盾的。

德国为什么在8月1日对俄国宣战呢？这或许是所有现行理论所面临的最大难题，也是至今实际上尚未引起注意的一个问题。这次宣战根本不是出于外交或国内目的（当然，这确实削弱了德国谴责俄国挑起战争的努力），也不是出于军事目的，因为这样做只会使俄国和法国加速进行军事动员。如果德国的文职领导人是在真正寻求出路，他们就应该清楚，唯一的选择就是冷战或和谈（甚至包括满足奥地利的一切要求），那么他们为什么又拒绝所有最后谈判的可能机会而走上战争这条不归路呢？不仅如此，他们为什么要让彼得堡和自己的军界对时刻准备宣战一事一无所知呢？这一点是至关重要的，因为包括费舍尔在内的几乎每一种论点最终都认为，事态在危机的最后几天失去了控制（否则，为什么柏林没有在战争之外选择一种更有利的和谈方案呢?）。

[60] 在本章和下一章中，我所建立的动态差异逻辑将为这些悬而未决的难题提供一种简明而完整的解释。到1914年，德国领导人已经如此坚信预防性战争的必要性，以至于他们一旦通过谴责俄国发动战争而赢得了德国公众和奥地利的支持，他们便不再考虑实现和平的任何可能性了。

德国预防性战争情绪日益强烈

1900 年以后，德国国内越来越流行这样一种逻辑：预防性战争对于长期安全是必需的。不仅军界领导人一致认可这一观点，同时，随着德国在相对力量上达到顶峰的证据日益明显，文职领导层也开始接受需要一场全面战争的观点。俄国一旦完成了其工业化进程，就会在实力上压倒德国。不仅如此，随着俄国军事力量的迅速集结和铁路系统的急剧扩大，德国在 1917 年后将不再拥有赢得一场全面战争所需要的军事优势。德国领导人认为，国家要想生存，必须要进行战争，并且早打比晚打好，而这场战争应由德国率先打响。

这种预防性战争的逻辑并不仅仅是 1890 年后威廉二世（Wilhelm II）加强德国在全球地位之企图所形成的侵略性政治文化的产物。[①] 在俾斯麦当政时期，就至少有两次（1875 年和 1877 年）积极论证过进行预防性战争的问题。[②] 尽管大战并未发生，但这并不能完全证明俾斯麦就是热爱和平的，因为他毕竟选择在 1864 ~ 1870 年的最佳时机发动了三次有限规模的战争，从而建立起强大的德意志帝国。由于德国当时正在实施一项大规模的工业化计划，他的行为受到一定程度的制约。[③] 不仅如此，法国、俄国和英国显然已经发出信号，它们要共同抵制德国在欧洲大陆进行的任何扩张企图。[④] 简而言之，俾斯麦意识到德国尚不具备向整个体系叫板的军事优势，并且由于德国仍然

---

① 主要参见 Kennedy, *The Rise of Anglo-German Antagonism, 1860 - 1914*; and Smith, *The Ideological Origins of Nazi Imperialism*。

② 参见 William L. Langer, *European Alliances and Alignments, 1871 - 1890*, 2nd ed. (New York: Knopf, 1962), 38 - 48, 109。

③ 参见 Paul Kennedy, *The Rise and Fall of the Great Powers* (New York: Random House, 1987), chap. 4。

④ 参见 Langer, *European Alliances and Alignments, 1871 - 1890*, 2nd ed. (New York: Knopf, 1962), 38 - 39, 48 - 49。

在发展经济，没有必要过早露出锋芒。[1]

然而，对于俄国的长期威胁这一事实，德国早就已经有所认识。在1887年预防性战争这一话题再次被提上议事日程时，后来出任总理的伯纳德·冯·比洛（Bernard von Bülow）以及德国驻彼得堡大使都曾指出："如果我们要同俄国人作战，我们就必须保证他们至少在一代人的时间内无力对我们发动攻击之后才进行和谈。"[2] 1890年，弗里德里希·冯·伯恩哈迪（Friedrich von Bernhardi）将军曾认为，德国必须首先建立起自己的力量，然后"按照计划［针对俄国］发动战争，而不要等到我们的实力再次被超过时才下手"[3]。

施利芬计划的逻辑是由阿尔弗雷德·冯·施里芬（Alfred von Schlieffen）将军于1892年首先提出的[4]，其主要目标是首先消灭法
[61] 国，然后德国就可以集中全部兵力对付俄国。1905年初，当俄国陷入与日本的一场灾难性战争时，曾一度对这一计划做过修正。施里芬认为，可以将摩洛哥危机作为借口，即使不能连俄国一起消灭，但至少可以摧毁法国。1905年夏，他又分析指出，德国"被一个庞大的

---

① 1815年之后，其他列强均未对整个体系采取行动，这一事实很容易得到解释。正如第一章所述，任何一个国家都未曾达到追求霸主地位所需要的那种明显的军事优势，只有俄国在兵力数量上接近这一要求，但其军队质量却一直处于劣势。参见本书附表2统计数据，另参见 Joseph S. Nye, Bound to Lead (New York: Basic Books, 1991), chaps. 1 - 2; and Kennedy, *The Rise and Fall of the Great Powers* (New York: Random House, 1987), chap. 4 - 5。因此，尽管出现了许多国内变故，包括品行不良的领导人纷纷上台，但19世纪却避免了大战的发生。力量上的相对均衡无疑起到了一种重要的约束作用。因此，各国领导人在欧洲南部将其野心升华为帝国主义，并通过局部战争（如克里米亚战争）维持在欧洲的地位。

② 引自 Fischer, *The War of Illusions*, 45。比洛（Bülow）进而认为，只有当俄国失去了"奥涅加湾 - 瓦尔代斯卡雅高地 - 第聂伯河沿线以西"的广大地区之后，才会真正一蹶不振（Fischer, *The War of Illusions*, 45）。这片领土占据了东俄罗斯的大部，实际上就是德国在1918年根据"布列斯特 - 立托夫斯克和约"得到的土地。

③ 引自 Fischer, *The War of Illusions*, 38。

④ 参见 Gerhard A. Ritter, *The Schlieffen Plan* (New York, 1958); and Fischer, *The War of Illusions*, 54。

同盟所包围……［但是目前］我们完全能够逃出这个罗网”[①]。到9月间，德国军界仍然认为对法国和英国开战具有现实可能性。但是，伦敦方面对法国的支持使当时的德国海军大臣阿尔弗雷德·冯·提尔皮茨（Alfred von Tirpitz）上将大为烦恼，因为他很清楚，德国海军尚未准备好同英国开战。正是因为这一点，再加上文职领导人认为当时的国内和军事状况尚未达到最佳，德国才没有立即发动战争。[②] 然而，随着为防止进一步衰退而进行预防性战争这一军事逻辑的不断确立，德国发动大战的可能性变得日益明显起来。

在另一场危机即1908～1909年奥地利吞并波斯尼亚的黑塞哥维那地区而引发的紧张局势下，关于预防性战争的话题再次被提起，这一次声音仍主要来自军界。1909年1月，在奥地利与俄国之间的战争随时可能发生的情况下，柏林和维也纳的政治领导人要求他们的军事指挥员协调针对法国和俄国的战争计划。总参谋长毛奇将军和弗朗茨·康拉德·冯·霍森道夫（Franz Conrad von Hötzendorf）将军之间开始通信，并一直持续到1914年8月。[③] 1909年3月，在俄国停止对抗之后，毛奇向康拉德表达了自己的失望之情，认为他们已经失去了最佳的战争机会，而这样的战争“在如此有利的条件下本来完全有可能再次发生”。不过，两个国家还是应该“充满信心地面对未来”。只要奥地利和德国并肩作战，“我们将变得非常强大，足以粉碎任何一个同盟集团”。[④] 尽管柏林已经意识到奥地利的军事力量在

---

① 引自 Fischer, *The War of Illusions*, 55。

② 参见 L. C. F. Turner, “The Significance of the Schlieffen Plan,” in Paul Kennedy, ed., *The War Plans of the Great Powers, 1880 - 1914* (Boston: Allen and Unwin, 1979), 207 - 210; Fischer, *The War of Illusions*, 55 - 60; and Holger Herwig, “Imperial Germany,” in Ernest R. May, ed., *Knowing One's Enemies* (Princeton: Princeton University Press, 1986), 77。

③ 参见 Graydon A. Tunstall, *Planning for War against Russia and Serbia* (Boulder, Colo.: Social Science Monographs, 1993), chap. 4; and Albertini, *The Origins of the War of 1914*, vol. 1, 436 - 437。

④ 引自 Fischer, *The War of Illusions*, 61。

1914年之前日趋衰弱的现实[①]，毛奇在言辞之间仍然充满了信心：作为一个强大的盟友，德国至少有相当的把握战胜任何敢于向自己挑战的同盟。全国各地发出同一种战争腔调的事实表明，这种信念在德国已经深入人心。1909年，前俄国驻柏林大使写道，德国军界“越来越坚定不移地认为，目前军队的优势可以确保获得最辉煌的胜利”。由于俄国在日俄战争之后需要重建，而法国则被国内冲突搞得晕头转向，德国完全有可能禁不住诱惑，“一举”摧毁这两个国家。[②]

在波斯尼亚危机中所受的羞辱迫使俄国展开一轮大规模的军事力量重组行动。1910年末，俄国国防部长苏霍姆利诺夫（V. A. Sukhomlinov）制定了一个新的防御计划，大大提高了军事储备的数量和有效性。大卫·赫尔曼（David Hermann）指出，“外国观察家都认为，这些变化将大大提高俄国军队的战斗力”，尽管所造成的全部影响只有在若干年之后才能显示出来。[③] 普鲁士总参谋部在1910年
[62] 末的估计表明，俄国的军事重组意味着“应对能力的明显提高”，因而形成了一种“更严重的威胁”。英国武官在1911年的报告中指出，到1912年末，俄国将拥有一支高效率的、装备精良的前线部队。这就进一步证明了1909年以来的预测，即鉴于俄国拥有“几乎取之不尽的”资源，随着其军事力量的复苏，“其攻击能力将变得非常可怕”。[④]

大战时间推迟：德国的战争计划（1911～1913年）

1911年7月1日，当德国军舰“黑豹”号无视1906年关于将摩

① 参见 David C. Hermann, *The Arming of Europe and the Making of the First World War* (Princeton: Princeton University Press, 1996); and Tunstall, *Planning for War against Russia and Serbia*。

② 引自 Fischer, *The War of Illusions*, 62。

③ 参见 Hermann, *The Arming of Europe and the Making of the First World War*, 135。

④ 引自 Hermann, *The Arming of Europe and the Making of the First World War*, 135 - 136。

洛哥完全置于法国控制之下的协定而开进摩洛哥的阿加迪尔港时，又一场危机爆发了。柏林方面希望这一动作会使协约国产生分裂，或者至少在非洲迫使对方做出让步。不过，正如第一次摩洛哥危机一样，英国仍然坚定地支持法国。8 月 17 日，德皇及其政治和军事顾问决定暂不开战，其中提尔皮茨的意见再一次起到关键作用。提尔皮茨认为，海军尚未具备对英国开战的能力，但是随着时间的推移，“我们将处于更加有利的地位”。他的观点得到了德国海军大臣乔治·亚历山大·冯·穆勒（George Alexander von Müller）上将的支持，他建议贝特曼和威廉“把这场就长远意义而言可能已经不可避免的战争推迟到［基尔］运河通航之后”。此外，德国领导人也明白，奥地利不会把介入摩洛哥争端视为必须履行同盟条约规定条款的义务。①

在 1911 年，英国的决断和奥地利的谨慎促成了后来发生的一系列事件。英国在任何欧洲大陆战争中都不可能保持中立，这一点已经越来越明显；而到 1914 年，贝特曼开始感到这种希望更加渺茫。尽管奥地利军事力量有限，但柏林方面需要用它的军队来增加其实现霸权企图的把握；奥地利的军事力量必须在战争的第一阶段对俄国人进行牵制，以便使德国能够在六个星期内摧毁法国。因此，柏林方面必须制造一种局面，能够迫使奥地利采取行动，从而使德国的战争看起来是在帮助奥地利，而不是出于其他目的。贝特曼在 1910 年 9 月对德皇说过一番话：“让我们看吧！如果发生战争，也是奥地利而不是我们先受到攻击，这样一来，它就需要我们的帮助，所以也就由不得奥地利决定是否对我们的同盟效忠了。”②

整个 1912 年，对俄国崛起的担忧情绪一直弥漫在德国文职领导层之间。在 1912 年 7 月出访俄国之后，贝特曼变得更加清醒。与沙

---

① 引自 Fischer, *The War of Illusions*, 84 - 86。

② 引自 Fischer, *The War of Illusions*, 86。

皇尼古拉的会见进一步坚定其的想法，即俄国人并不渴望战争，至少在他们正在重建的情况下是如此："俄国需要和平以巩固自己的力量。出于这一原因……它目前的统治者希望［与德国］保持友好关
[63] 系。"不过，他也对俄国"丰富的矿产资源和雄厚的人力储备"深为忧虑，认为"俄国正在崛起的工业力量将变得具有压倒性优势"。[①]随着时间的推移，他的这种悲观情绪与日俱增：在战争爆发前夕，他甚至俯视着自己的住宅对儿子说，不用再栽树了，因为"过不了几年，俄国人就会住进来了"。[②]

正是由于这种全面战争宁早勿晚的意识越来越强烈，才促使贝特曼批准了军界关于大大提高战争戒备等级的要求。总理对1912年和1913年的军事法表示支持，使得常备地面部队的人数增加了25%。正如赫尔曼所说，新政策的制定者当然明白，这种举动会引发德国与邻国之间的竞赛。国防部的确一直在告诫贝特曼的工作班子，如果认为战争已经不可避免，那么就只能采取显著增加德国地面力量的办法。[③] 到1911年末，国防部提出，这个时刻已经到来。11月19日，普鲁士国防部长约西亚·冯·希灵根（Josias von Heeringen）将军在写给贝特曼的信中指出，尽管近来屡屡受挫，但他和毛奇深信，德国军队仍然可以在近期内与其对手的整体兵力相抗衡。然而，由于对手日益壮大的力量使得威慑政策越来越难以奏效，所以"一旦发生特别的挑衅性事件"，德国必须"对战争做出估计……"[④]

10天之后即11月29日，负责起草新的军队法案的弗朗茨·冯·旺戴尔（Franz von Wandel）将军炮制了一个备忘录，更为详细地

---

① 引自 Fischer, *The War of Illusions*, 139。

② 引自 Berghahn, *Germany and the Approach of War in 1914*, 186。

③ 参见 Hermann, *The Arming of Europe and the Making of the First World War*, 161, 165。

④ 引自参见 Hermann, *The Arming of Europe and the Making of the First World War*, 166; and David Stevenson, *Armaments and the Coming of War: Europe, 1904 - 1914* (Oxford: Clarendon, 1996), 201 - 202。

阐述了他的军事逻辑。当时，形势并不是太有利。意大利不会帮助德国，而英国则会“于任何情况下”在地面和海军力量方面全力支持法国。不仅如此，“俄国正在把巨大的财力用于其军队的重建”，并且已经解决了与日本的争端，现在完全可以插手欧洲战场。当然，德国在军事上非常强大，而其对手却尚未完成各自的重整军备计划。[①]

在 12 月 2 日给贝特曼的一份报告中，毛奇对这些论点做了反复论证。他还指出，俄国在资源储备和铁路系统、火炮以及前线部队人数各方面已经取得实质性的进展，并且把军事动员的时间长度缩短为五年前的一半。总而言之，施里芬计划仍然可以实施，但是时间不等人：“用不了几年，势力均衡就会在实质上发生转向，只会对我们的君主制同盟越来越不利。”[②]

随着全面战争的日益迫近，总理要求与英国国防大臣理查德·霍尔丹（Richard Haldane）举行会谈，以试探英国是否会在未来保持中立。霍尔丹于 1912 年 2 月到达后，柏林方面让英国承诺无条件保持中立的企图很快就昭然若揭：即使德国成为侵略者，英国也必须同意不插手欧洲大陆的冲突。不消说，如果柏林方面无意发动大战的话，英国就无须坚持无条件中立的立场，英国人当然很快就意识到这一 [64]
点。伦敦方面的反应是，英国同意决不参与针对德国的攻击，但遭到拒绝。考虑到柏林方面未能在 1905 年和 1911 年使英国和法国发生分裂，这次霍尔丹出使未果就进一步说明，德国正在准备一场包括英国在内的世界大战。[③] 1912 年 12 月 3 日，当柏林收到德国驻伦敦大使卡尔·马科斯·冯·里奇诺夫斯基（Karl Max von Lichnowsky）亲王

① 引自 Hermann, *The Arming of Europe and the Making of the First World War*, 166 - 167。

② 引自 Hermann, *The Arming of Europe and the Making of the First World War*, 169; and Stevenson, *Armaments and the Coming of War: Europe, 1904 - 1914*, 202 - 203。

③ 参见 Fischer, *The War of Illusions*, 124 - 125。另参见 Geiss, *German Foreign Policy*, 137 - 138; and documents in B. de Siebert, ed., *Entente Diplomacy and the World* (New York: Knickerbocker, 1921), chap. 7。

的电报，获得来自霍尔丹的信息时，这一结论便得到证明。在谈到10月间发生的巴尔干危机时，霍尔丹告诉里奇诺夫斯基，如果奥地利入侵塞尔维亚，英国不会袖手旁观。根据霍尔丹的说法，英国的政策是基于必须维持势力均衡的理念。英国不会允许出现这样的局面，使自己在其中要面对“一个由单一强国领导的大陆联合集团”[①]。

12月8日，德皇召集其军界阁僚开了一个秘密会议，讨论德国在几乎可以肯定英国将插手欧洲大陆战争情况下面临的两难选择。这次臭名昭著的“战前会议”（这是贝特曼的叫法）及其随后发生的事件有着极为重要的意义，充分表明德国的军事和文职领导人都已经开始积极备战，以便在一两年内发动一场预防性战争。[②]

穆勒上将出席了这次会议，并在日记中记下会议的一些细节。德皇一开始就指出，奥地利要想生存，就必须全力应付塞尔维亚问题。然而，“如果俄国支持塞尔维亚人（它显然正在这样做）……那么对我们来说，战争就是不可避免的”。就霍尔丹的措辞来看，战争显然不可能局限于欧洲大陆。所以，“舰队必须时刻准备对英国人开战”。1901年以来一直鼓动预防性战争的毛奇立即表示赞成，并指出：“我认为，一场战争是不可避免的，并且越早越好。”[③] 障碍仍然来自海军方面。像1909年和1911年一样，提尔皮茨依然认为海军的备战工作尚未成熟，所以“更倾向于把这场大战推迟一年半”，到那时，基尔运河和用于停靠潜水艇的赫利戈兰港即告完工。毛奇反驳说：“海军即使到那时也不可能准备妥当，但陆军却会陷入更加不利的境地。”[④] 由于当

---

① *GP*, vol. 39: doc. 15612.

② 参见 Fischer, *The War of Illusions*, chap. 9; John C. G. Röhl, “V. Admiral von Müller and the Approach of War, 1911 - 1914,” *Historical Journal* 12 (1969): 651 - 673; Röhl, *Kaiser*, chap. 7; and Geiss, *German Foreign Policy*, 142 - 145。

③ 见海军上将穆勒（Müller）的日记，引自 Röhl, *Kaiser*, 162。

④ 引自 Röhl, *Kaiser*, 162 - 163, 177。穆勒的日记为驻萨克森和巴伐利亚武官的报告以及提尔皮茨一位亲信的会议记录所证实。参见 Röhl, *Kaiser*, 165; Fischer, *The War of Illusions*, 161 - 163; Röhl, “V. Admiral von Müller and the Approach of War, 1911 - 1914,” 663。

时一致认为英国必然会插手，所以提尔皮茨推迟战争的论点占了上风。

这次会议暴露了三个重要问题。第一，任何人都不会不同意，毛奇的论证虽然尖锐却是合理的，即为了获得霸权地位，必须要尽早地打一场预防性战争。不过，仅仅因为提尔皮茨坚持认为德国舰队尚未做好准备，战争的决定就推迟了。也许是巧合，提尔皮茨所强调的那种海军备战的确是过了 18 个月即到 1914 年 7 月才完成的。普鲁士国防部长希灵根关于德国的地面部队仍然需要更多的时间进行准备的论点从另外一个角度促成了推迟战争的决定。当德皇要求在 1912 年军 [65]
队法案的基础上为 1913 年再制定一个新的军队法案时，希灵根提出必须推迟到秋季实施，因为军方“根本无法承受如此大的增长幅度，所有的军事训练场地都已经人满为患，并且军工企业也难以保持同步”①。德皇同意再等一段时间。“战前会议”过了两天之后，他就满怀信心地告知瑞士大使，“斯拉夫人对日耳曼人的……种族战争”可以推迟，但不能避免，并且“很可能在一两年内发生”。②

第二，所有与会者都清楚，英国肯定不会坐视德国进攻法国。就连通常对英国保持中立最有信心的总理本人③，也不会对此抱有多大希望。1912 年 12 月 20 日，总理在给一位同僚的私人信件中就德皇对英国的担忧一事写道：“霍尔丹对里奇诺夫斯基透露的信息并不算多么严重，只不过告诉了我们早已心知肚明的事：英国将继续坚持势力均衡的政策，所以，如果法国在一场战争中面临被我们摧毁的危险，英国将会支持法国。”④ 贝特曼所持的观点并不意味着他会放弃

---

① 引自 Röhl, “V. Admiral von Müller and the Approach of War, 1911 - 1914,” 663。

② 引自 Röhl, *Kaiser*, 175 - 176。

③ 菲舍尔是这一观点最坚定的支持者，尽管他自己提出的证据表明，贝特曼认为英国保持中立的可能性微乎其微。参见 Fischer, *The War of Illusions*, chap. 9。

④ 参见 Fischer, *The War of Illusions*, 166 (see also 69)。

争取英国保持中立的所有努力，甚至在后来的7月危机中，他还在努力促成此事。然而，1912年12月以后的事实表明，当他在1914年7月迫切发动战争时，并未寄望于英国会保持中立。这不过是一种额外的期望，即使英国参战，也必须选择发动一场全面战争。

第三，每一位重要领导人似乎都赞成动员德国民众针对俄国发动一场战争是十分必要的。毛奇曾经在会议上指出："我们应该更多地通过媒体动员民众，准备打一场针对俄国的战争。"穆勒在日记中也曾提到，要刺激德国的敌人卷入战争，这正是在1914年7月使用的有效伎俩："帝国总参谋部部长说：战争越早越好，但是他并没有得出逻辑上的结论，即向俄国或法国或两个国家同时发出最后通牒，从而表明我们是出于正义而发动战争。"[①] 当天下午，穆勒就向贝特曼通报了这次会议上所讨论的"军事－政治形势"的情况。如果战争在奥地利－塞尔维亚冲突中爆发，政府现在必须让人民了解德国的兴趣所在："不应该让人民对一场欧洲大战的爆发一味瞎猜，而根本不知道德国为什么有兴趣进行这场战争。与此相反，应该［让他们］预先就习惯于这样一场战争的思维模式。"[②]

这一事实就使人不得不对如下观点提出质疑，即第一次世界大战的战火是在公众压力下燃起的，而把战争作为一项光荣事业这种畸形思维则起着火上浇油的作用。但事实上的因果关系却恰恰相反：只是在就必须发动一场全面战争达成共识之后，德国政府才开始煽动战争
[66] 情绪。根本不是领导人在迎合公众的侵略热情，而是他们故意制造出这样一种热情，以便更有效地进行战争。

"战前会议"之后，总理"对当时皇帝本人准备一场大战的迫切

---

① 引自 Röhl, *Kaiser*, 162 – 163。

② 引自 Fischer, *The War of Illusions*, 164; Röhl, "V. Admiral von Müller and the Approach of War, 1911 – 1914," 664。

心情留下了深刻的印象”[①]。在 12 月 4 日即离开会还有四天时，他曾要求制定一项新的军队法案。德皇于 1 月 1 日批准了这项法案，以便提交国会。同时，在最佳时间发动战争的外交背景也必须布置妥当。正如我所提到的，必须迫使奥地利不会在巴尔干地区采取任何行动，以免在德国陆军和海军做好充分准备之前与俄国发生意外的战事。与此同时，德国另一个不太可靠的盟友——意大利——也必须做好战争准备。[②]

到 1913 年，德国军界一直有两套逐年修正的军事计划：一套是攻击法国和俄国（即施里芬计划），另一套是只攻击俄国。1913 年 4 月，由于军事领导人已经意识到，如果不把法国拖进来就无法对俄国下手，于是只在东线发动攻击的计划暂时搁浅。[③] 面对俄国的军事集结尤其是由法国资助的战略铁路不断延伸，德国的战争策划者越来越感到担忧。到 1912 年春，他们估计这条铁路将在 1916 ~ 1917 年建成，而到那时，俄国军队的整体作战能力将增加 40%。[④] 德国在人口数量方面显然无法与俄国的人口储备抗衡，但是，其军队却在短期内对法国和俄国形成了明显的质量优势，这就为成功地进行一场全面战争提供了一个并不太大却转瞬即逝的机会。

赫尔曼对欧洲大陆的相对军事力量做了最透彻的分析，得出如下结论：德国在战争爆发之前的几年中“拥有明显的军事优势”。德国军团拥有更多的常规火炮，其现代重型地面火炮显然具有更强的威力。总的来说，德国军队装备精良，而严格的训练措施可以确保其具有强大的作战能力。[⑤] 这种质量优势就解释了德国能够在四年的时间

---

① 参见 Fischer, *The War of Illusions*, 164。

② 关于意大利方面的情况，参见 Fischer, *The War of Illusions*, 170。

③ 参见 Fischer, *The War of Illusions*, 169。

④ 参见 Fischer, *The War of Illusions*, 173。

⑤ 参见 Hermann, *The Arming of Europe and the Making of the First World War*, 221 - 225。

里很大程度上单独与三个以及后来的四个大国作战并且差一点就取得胜利的原因。[①]

德国领导人当然深知这一优势的短暂和如何加以利用。弗里德里希·冯·伯恩哈迪在其颇具影响力的著作《德国与下一场战争》(*Germany and the Next War*)中写道，面对英国和俄国这样的庞大帝国，德国不仅要进行殖民扩张，而且要在欧洲大陆进行扩张。虽然德国在人口方面劣势明显，但在军事方面拥有另一种特别的优势：装备精良、训练严格、指挥得力。因此，尽管获胜并非易事，但德国领导
[67] 人仍然有一种道德上的义务，“在成功的前景和政治形势还算有利的情况下进行抗争”。[②]

德国人非常清楚，在国内局势日益恶化的意大利和奥地利不可能投入多少力量的情况下，他们需要靠自己建立起明显的整体优势。1912 年 11 月，毛奇办公室起草的一项备忘录分析认为，军队必须得到进一步加强，因为“虽然我们要与自己的盟友共同作战，但在很大程度上还是要依靠我们自己的力量”。在 12 月间发给希灵根的一项照会中，毛奇表明了自己的立场。目前，德国尚能满怀信心地面对战争，但是在两三年内，当俄国壮大起来而法国也解决了外交麻烦之后，情形就完全不同了。到那时，“德国必须要强大到能够依靠自己的力量”。所以，德国必须尽快使自己的军事力量达到最大化。[③] 当希灵根于 1913 年 4 月间私下会晤德国国会领导人时，曾详细阐述了毛奇的逻辑。俄国正在以惊人的速度发展，并且投入了巨大的资金用于改进装备和扩建新的军团。就目前而言，优秀的军队尚能支撑德国

---

① 关于这方面的数据，可参见本书附表 1 和附表 2。

② 参见 General Friedrich von Bernhardi, *Germany and the Next War* (London: Edward Arnold, 1914), 20, 53, and chaps. 5 and 9。

③ 引自 Hermann, *The Arming of Europe and the Making of the First World War*, 181 – 185。这些论点曾转述给贝特曼，参见 Hermann, *The Arming of Europe and the Making of the First World War*, 182。

的局面，但在不久的将来，在质量和数量上的不断壮大的俄国军事力量必然会把德国踩在脚下。[①]

简而言之，在1912～1913年，毛奇和希灵根都深信，德国已经拥有足够的短期优势，完全能够在没有任何盟友提供实质性帮助的情况下对整个体系采取行动。当时，并不是只有德国人抱有这种信念。诺曼·斯通（Norman Stone）所做的研究表明，在整个欧洲，“人们普遍认为，德国拥有欧洲最强大的军队，几乎已经变成一架无法征服的战争机器”[②]。在战争爆发前不久，俄国驻柏林大使写道：“由于对当前军队的暂时优势可以为德国提供获胜的最佳机会深信不疑，整个［德国］军界的士气空前高昂。”[③] 不仅如此，正如威廉·福勒（William Fuller）所言，尽管俄国人一直在嘲笑奥地利的实力，但是当他们谈到德国时，却往往有一种明显的自卑感：“他们看到了日耳曼式训练、日耳曼式技术和日耳曼式动员的巨大优势。”[④] 同时，对体系稳定的影响也是非常明显的。1913年2月，俄国国防部长萨赫林诺夫提醒法国人，德国“正面临一次重大的选择。它几乎已经被敌对力量所包围：西面是法国，东面是俄国——它当然会感到害怕”。不仅如此，英国也在与它作对，而奥地利的军队却已经不堪一击。“所以对德国而言，可以说现在已经到了唱独角戏的时候了。”[⑤]

直到战争爆发之前，德国军界一直对自己拥有的短期质量优势深信不疑。1914年7月31日，巴伐利亚部长会议主席派驻柏林的公使莱兴菲尔德（G. H. Lerchenfeld）报告指出，整个军界信心十足。“［毛奇］甚至在几个月前就已经声称，从军事角度看，与其在如此

① 参见 Hermann, *The Arming of Europe and the Making of the First World War*, 183。

② 参见 Norman Stone, *The Eastern Front, 1914－1917* (New York: Scribner's 1975), 37。

③ 引自 Fischer, *From Kaiserreich to Third Reich*, 47。

④ 参见 William C. Fuller, “The Russian Empire,” in May, ed., *Knowing One's Enemies*, 113。

⑤ 引自 Hermann, *The Arming of Europe and the Making of the First World War*, 191－192。

[68] 漫长的时间里坐等下去，还不如抓住眼前的时机更为有利”。毛奇就自己的观点提出了三条理由：德国在火炮方面的优势、德国在步兵武器方面的优势和法国军队未受过充分训练。[①]

如上事实表明，对于德国发动预防性战争的决策而言，最重要的是要有信心（后来发生的战争说明这种定位是相当准确的），即德国确实拥有足够的军事力量对整个体系采取行动。[②] 然而，由于俄国的巨大潜在力量正在迅速转化为真正的经济和军事能力，德国要想保证自己的长期安全，就不得不尽快采取行动。

最后的接触：德国准备全面战争（1913 ~1914年）

对于德国人民特别是社会民主党内的广大工人及其领导人来说，1913 ~ 1914 年是在积极备战、等待战争的忙碌中度过的。当时的主要问题仍然是担心平民对打一场全面战争的意志不够坚定，正如下一章所述，这种担心一直持续到 1914 年 7 月末。于是，为了凝聚各阶级的力量，一场宣传运动轰轰烈烈地开展起来。[③] 12 月 8 日召开“战前会议”之后，报纸迅速做出反应，开始危言耸听地鼓吹德国地缘政治陷入困境这种全新的观点。1913 年 1 月 1 日，政府资助的《新德国邮报》（*Jungdeutschland Post*）在一篇题为“年末岁初——命运的转折点”的文章中声称，如果要打仗，“那么德国人民将表明，像过去一样，他们今天仍然敢于面对任何敌人”[④]。在随后的 18 个月

---

① *DD*, Appendix IV: doc. 27.

② 德国人感觉上的精确性为雅西克·库格勒和威廉·多姆克的数据所证实。他们提供的数据表明，德国在 1914 年的实际军事力量几乎等于英国、法国和俄国的总和（参见本书附表 1）。“战争相关数据库”（参见附表 2）显示，尽管德国的兵力并不具有数量优势，但在德国战争机器急需的钢铁产量方面（尤其是相对于法国和俄国）却拥有巨大的优势。

③ 与社会帝国主义的论点恰恰相反，社会凝聚力被认为是为了国家安全而成功发动战争的手段，而不是战争胜利后的结果。因此，在战争爆发之前形成这种凝聚力是非常重要的。

④ 引自 Fischer, *The War of Illusions*, 192 - 193。

中，形势日渐明朗：即将到来的战争就是针对正在崛起的俄国这个庞然大物。由于德国领导人深知，俄国至少在做好充分准备之前是不希望战争的，于是宣传机器把这次争斗描绘成正义的日耳曼民族与天生具有侵略性的斯拉夫人之间的一场种族冲突。[①]

德国在经济上也必须做好准备：制定财政计划，对战争成本进行估算；增加黄金、白银和国库券等形式的战争储备；研究和解决长期食品供应问题。[②] 此外，1912 年 12 月底成立了一个动员事务常设委员会，由所有关键部门和军界的代表组成。正如费舍尔所说，从成立之初直到 1914 年 5 月，该委员会“一直定期开会，虽然它主要研究食品供应问题，但有时也处理劳动力市场、工业煤炭以及其他原材料的供应、战时物资运输线的维护等问题”[③]。到后来，虽然该委员会已经不再讨论积极参与激活经济以进行战争准备方面的问题，但这并不能说明德国领导人之所以发动战争，只是因为他们认为战争很快就会结束并且代价不会太大。[④] 恰恰相反，该委员会和各负责部门一致
认为，德国已经在经济上做好了战争准备，几乎不需要再做更多的努 [69]
力。1912 年 12 月 28 日，内政部部长克莱门茨·冯·德尔布吕克（Clemens von Delbrück）曾告诉贝特曼，该委员会的审议结果“已经表明，和平时期为了战争而在构筑德国经济方面采取重大措施是不太可能的。但鉴于随时都可能进行战争，所有的可用手段都应受到严格审查”[⑤]。

尽管德国领导人希望打一场闪电战，但他们还是意识到长期作战的可能性。或许，能够说明这一点的最具决定意义的事实就是，1905

---

① 关于菲舍尔更多的证据，参见 Fischer, *The War of Illusions*, 190 - 199。

② 尽管一般按短期战争进行估计，但有时也会考虑长期战争的情况，并积极为此准备资金。参见 Fischer, *The War of Illusions*, 200。

③ 参见 Fischer, *The War of Illusions*, 203。

④ 主要参见 L. L. Farrar, *The Short War Illusion* (Santa Barbara, Calif.: ABC-Clio, 1973)。

⑤ 引自 Fischer, *The War of Illusions*, 203。

年制定的施里芬计划中有关入侵荷兰领土的内容被写进计划的最后文本。德国领导人承认，这会在某种程度上限制该计划的有效性。不过，他们又一致认为，一旦德国被英国海军封锁而不得不长期作战，就需要利用荷兰希望保持中立的善意开辟一条供应食品和原材料的生命线。[①] 德军统帅毛奇十分清楚，战争的性质已经发生变化。他在进行战前评估时曾悲观地认为，德国现在必须把所有民族都武装起来，这将是"一场人民之间的战争"，"一次漫长的、艰苦的争斗……即使我们是胜利的一方，也会把我们的人民推向万劫不复的深渊"。[②]

在 1913 ~ 1914 年间，必然衰退的意识越来越强烈。1913 年春，总理曾提醒德国国会注意俄国正在不断壮大的事实，正如他的私人秘书库尔特·雷兹勒（Kurt Riezler）所说："[俄国掀起了] 一场巨大、持续、稳定的增长浪潮。俄国人民的民族主义情绪一旦觉醒，世人将会看到一场最伟大的群众运动，其规模和强度都是史无前例的。"[③] 到 1914 年，关于俄国正在把巨大的潜在力量转化为可怕的经济和军事力量的意识逐渐演变为一种真正的恐惧。1913 年末，沙皇批准了

---

① 参见 Turner, "The Significance of the Schlieffen Plan," 211 – 212; Otto Friedrich, *Blood and Iron* (New York: Harper Collins, 1995), 235; and Snyder, *Ideology of the Offensive*, 111, 153 – 154。伯恩哈迪意识到德国会受到英国、法国和俄国的抵抗，于是在 1912 年曾建议："所以，我们不应老想着速战速决，而是要准备打一场持久战。"（*Germany and the Next War*, 154）

② 引自 Friedrich, *Blood and Iron*, 229; and Snyder, *Ideology of the Offensive*, 153 – 155。重要的是应该注意到，德国军界非常清楚，从战术上讲，（战场上的）防御才能维持优势。正是出于这一原因，才强调在北部实施军事力量的战略集结，以便利用绝对数量优势攻克法国的防线。参见 Snyder, *Ideology of the Offensive*, chap. 5, esp. 138 – 139。所以，既然斯奈德（Snyder）以及其他学者把德国在面临公认的防御优势时仍然坚持施里芬计划视为一种非理性的偏见产物，那么就可以提出这样一种更简单、更可行的解释：政治动机（即必须消灭正在崛起的俄国）需要这样一个进攻计划，以获得俄国的领土。由于法国已经与俄国结盟，所以施里芬计划是唯一能够在面临防御优势的情况下确保实现如上政治目标的计划。

③ 引自 Fischer, *The War of Illusions*, 262。关于担心俄国实行财政改革的问题，可参见 Fischer, *The War of Illusions*, 371。

所谓“大计划”，即到 1917 年，俄国军队将增加 47 万人（大约 40%）。[①] 1914 年初，德国驻彼得堡大使馆武官提交了一份关于俄国增长情况的报告。毛奇于 1914 年 3 月送给外交部的一个重要备忘录就是根据这份报告写成的，其中强调俄国自 1905 年被日本击败之后一直在积极备战。[②] 1914 年 2 月 24 日，《邮报》（*Post*）——与军界联系密切的一家报纸——在头版头条公开鼓动进行预防性战争。其质问道，如果德国坐视其对手做好了战争准备，“我们还能找到这样的大好时机去做决定吗？”如果一场利益冲突在所难免，德国必须下定决心“冒一次险。战争一旦打响，我们就要坚决地进攻……借口并不重要，还要什么借口，德国的全部未来在此一举”。文章在结尾部分写道：“这就提出了这样一个问题，对手在数量上的优势是否会使我们看不到胜利的希望？我们的回答是：不会的！”[③]

这并不仅仅是一种宣传手段。内部文件毫无疑义地表明，这样的措辞折射出德国领导人的思维定势。正如俄国驻柏林大使在 3 月间写给外交部部长萨佐诺夫（S. D. Sazonov）的信中所说：“根据（我从 [70]
不同渠道获得的）秘密情报，俄国的力量增长在柏林造成了巨大的恐惧。本地政府各部门的一致看法是，我们的攻城加农炮到 1916 年将准备就绪，而到那时，俄国将变得非常可怕，德国显然无法与之抗衡。”这位大使还指出：“德国既缺乏手段也没有能力完善自己的军事备战。”[④] 也就是说，各国都知道德国正在努力使自己的军事力量

---

① 参见 William C. Fuller, *Strategy and Power in Russia, 1600 - 1914* (New York: Free Press, 1992), 437。关于俄国战前的工业和军事力量迅速增长的问题，可参见 Peter Gatrell, *Government, Industry, and Rearmament in Russia, 1900 - 1914* (Cambridge: Cambridge University Press, 1994), chaps. 3 - 7。

② 参见 Fischer, *The War of Illusions*, 371。

③ 引自 Fischer, *The War of Illusions*, 372 - 373。关于其他有关俄国威胁日渐增长的报刊文章，可参见 Fischer, *The War of Illusions*, 374 - 377。

④ 引自 Fischer, *The War of Illusions*, 381。另参见 Berghahn, *Germany and the Approach of War in 1914*, 180。

在短期内达到最大化，以应付日益逼近的预防性战争。[①]

在1914年上半年，德国进一步强化了与奥地利的结盟条款，使之能够在即将到来的冲突中扮演一个合适的角色。然而，柏林方面也明白，其他国家都不需要战争。毛奇在3月13日给康拉德的信中指出，来自俄国的消息“表明，其目前还没有采取侵略姿态的意图”。他认为，由于处于更为不利的军事地位，法国好像更不希望战争。[②]

是年春末，很显然，德国政界和军界领导人已经在预防性战争的必要性问题上达成共识。5月29日，在与毛奇进行私下磋商之后，外交秘书戈特里布·冯·雅戈（Gottlieb von Jagow）写道：

> 国家的未来命运犹如千斤重担压在他的肩头。在两三年内，俄国的军事装备即告完成。那时，我们的敌人在军事力量上将会非常强大，这会使他感到难以应付。当然，目前我们尚能支撑这一局面。按照他的观点，我们没有别的选择，只能进行一场预防性战争，以便在我们比较有把握的情况下击败敌人。所以，总参谋长提醒我，我们的政策应该更加强硬，以便尽快发动一场战争。[③]

这番话简明地道出了德国领导人在过去一年中形成的主要理念。毛奇对获胜机会的分析也进一步表明了军界对德国相对军事力量的评价。众所周知，毛奇对奥地利的军事实力并没有多少信心。不仅如此，1912年12月以来，他就一直认为，这场战争的敌人是法国、俄国，还有英国。所以，尽管如上引文中的“我们”和“我们的”指

---

① 参见 Fischer, *The War of Illusions*, 388。

② 引自 Fischer, *The War of Illusions*, 397。

③ 引自 Fischer, *The War of Illusions*, 402。另参见 William C. Wohlforth, “The Perception of Power: Russia in the Pre-1914 Balance,” *World Politics* 39 (April 1987): 362。

的是德国和（可能性不大的）奥地利，但这意味着，毛奇始终认为，德国相对于其他任何一个单独国家的优势非常明显，靠自己的力量足以对付所有第二、第三和第四等级列强。他在获胜机会问题上也是非常现实的：他并没有说德国肯定获胜，而只是说我们比较有把握。

这位军队统帅所做的提醒（即德国的政策应该更加强硬，以便尽快发动一场战争）同样具有重要意义。这并不是危言耸听，而是 [71]
为了积极地营造外交环境，从而使德国在战场上师出有名。正如下文所述，到 1914 年 7 月，毛奇非常赞成总理采取的妙招：谴责俄国挑起战争。正如他在 1913 年对康拉德所说，如果德国要为随意发动战争找一个“有效广告词”的话，那就是“俄国必须以一个侵略者的面目出现”。①

1912 ~1913年巴尔干危机：避免预防性战争

一种有效的战争理论应该不仅可以解释为什么在 1914 年 8 月爆发战争，而且还能解释为什么在此前明显相似的情况下并没有爆发战争。本节要说明的是，德国领导人深知，奥地利对塞尔维亚的任何挑衅都会意味着因事关名誉造成事态升级而引发战争的巨大风险。由于对其塞尔维亚盟友所做的承诺和此前曾遭到过羞辱，俄国必然做出反应以维护自己在同盟中的形象。然而，如果俄国和奥地利的军队直接发生冲突，那么一旦德国支持奥地利，法国就会被迫采取行动，从而把所有国家拖进战争。根据故事中经常提到的 1914 年 7 月这一情节，当时确实具备了无意间造成事态升级的条件。但是，重要的是柏林方面已经意识到这种危险。因此，在 1912 ~ 1913 年发生的四次巴尔干

① 引自 Albertini, *The Origins of the War of 1914*, vol. 1, 437。雅戈赞成毛奇的观点。他认为，主要问题还在德皇身上，因为德皇反对这样一场战争，所以必须设法将其诱入彀中。参见 Fischer, *The War of Illusions*, 402。

危机中，每当事态的发展要把俄国拖进来时，德国总是故意限制维也纳方面采取进一步的行动。然而，到 1914 年 7 月，德国的政策却戏剧性地一反常态，怂恿奥地利尽快进攻塞尔维亚。

1914 年之前，德国领导人之所以在巴尔干地区采取姑息政策，一个直接的原因是：他们认为预防性战争的时机尚未成熟。这样一来，由于他们并不想通过维持奥地利的地区地位来缓解其衰退趋势，所以只要认定俄国不会插手，就允许维也纳方面采取侵略行动。在德国于军事方面取得明显优势的情况下，奥地利就可以在巴尔干采取更具冒险性的步骤——这就解释了 1912 ~ 1913 年间奥地利与俄国之间频繁发生危机的原因。当然，这种风险又必须限制在可以控制的范围内。但是，到 1914 年 7 月，德国的相对军事优势已经达到最大化，之后必然出现衰退。于是，柏林的巴尔干政策迅速变得强硬起来，以迫使俄国进行军事动员，从而把发动大战的责任推给俄国人。

第一次巴尔干战争始于 1912 年 10 月，其源头就是此前希腊、黑山、塞尔维亚和保加利亚为对付土耳其而建立的一个进攻性同盟。在整个 1912 年，奥地利一直担心俄国和塞尔维亚会利用土耳其的衰退地位来增加自己的实力。8 月中旬，奥地利外交部部长利奥波德·冯·伯奇托德（Leopold von Berchtold）伯爵鼓动巴尔干各国至少在短
[72] 期内不要与土耳其作战。[①] 当时，俄国和法国也反对战争。然而，黑山却于 10 月 8 日对土耳其宣战，而保加利亚、塞尔维亚和希腊随之响应。到 12 月初，土耳其已经差不多被赶出了欧洲。在一些大国的斡旋下，双方于 12 月 3 日签署了一项旨在使各国维持其现有地位的停战协定，并于 12 月 16 日在伦敦召开了一次和平会议。不过，在此后的六个月里，和谈与战斗一直时断时续，直到 1913 年 5 月 30 日才签署了一个和约。然而，这个和约很快就被 6 月间打响的第二次巴尔干战争撕得粉碎。

---

① 参见 Albertini, *The Origins of the War of 1914*, vol. 1, 375。

第一次巴尔干战争中出现过三个明显的紧张阶段，都差一点在大国之间引起战争：从 1912 年 10 月到 12 月召开和会；从 1913 年 1 月到 3 月，当时奥地利和俄国已经针锋相对地进行局部军事动员；从 1913 年 4 月到 5 月，当时奥地利拒绝了黑山对阿尔巴尼亚小城斯库台（Scutari）的领土要求。

在每一次危机中，德国都采取支持奥地利的政策，但把握了这样一个分寸：奥地利的行动不能把俄国拖进来而引发全面战争。贝特曼和伯奇托德于 9 月 7～8 日举行会谈，讨论巴尔干地区日益紧张的局势。德国外交部部长阿尔弗雷德・冯・基德林—瓦切特（Alfred von Kiderlen-Wächter）对维也纳在未与柏林方面通气的情况下试图进行外交努力一事大为光火，于是便让贝特曼出面奉劝伯奇托德，必须把自己的意图通知柏林，不要一味地以“既成事实”（*fait accompli*）为由进行搪塞。“假如奥匈帝国不能做出承诺支持德国反对法国的话”，德国就没有义务“在近东计划上支持奥匈帝国，更不会冒险”。[1] 不过，到 11 月，德国巴尔干政策的两块基石——让阿尔巴尼亚独立以牵制塞尔维亚和封锁塞尔维亚的出海口——由于“巴尔干同盟”的形成而受到极大的威胁。奥地利开始军事动员，而支持塞尔维亚的俄国迅速做出反应，沿加利西亚边界部署了 22 万军队。11 月末，奥地利驻扎在加利西亚一线的兵力增加了 50%，征召了更多的储备兵源，并通知舰队准备全面动员。[2] 巴尔干各国与土耳其于 12 月 3 日达成的停战协定并没能缓和奥地利与俄国之间的紧张局势。事实上，奥地利担心的是，既然塞尔维亚已经不再与土耳其作战，很可能回过头来对付奥地利。12 月 5 日，奥地利又在南方增派了 27000 人的兵力。

由于已经意识到事态升级的危险，德国领导人十分谨慎。12 月 8

---

① 引自 Albertini, *The Origins of the War of 1914*, vol. 1, 381。

② 参见 Williamson, *Austria-Hungary and the Origins of the First World War*, 128。

日在柏林召开“战前会议”决定推迟大战后的第三天，伯奇托德就曾谒见王位继承人弗朗茨·斐迪南（Franz Ferdinand），力劝他出面反对战争。诚如塞缪尔·威廉姆森（Samuel Williamson）所言，伯奇托德的核心观点“就是他有充分理由认为，柏林决不允许维也纳单方面采取行动”。当天晚些时候，民事各部的部长也向奥皇弗朗茨·约瑟夫表达了同样的意见。[①] 奥皇表示同意，所以直到12月底，这
[73] 种脆弱的和平局面一直没有被打破。

尽管如此，从1913年1月到3月，奥地利和俄国仍然在各自的边界上维持着一种局部动员的状态。这一事实本身引发了第一次巴尔干战争中大国之间的第二次危机。奥地利虽然已经决定暂时不攻击塞尔维亚，但俄国并不知道这一点。所以直到3月，双方一直维持着一种高度军事戒备状态。然而，这种几乎失控的局面同样未能升级为战争。为什么德国没有像1914年那样，面对俄国的动员而将自己的军事机器动员起来呢？[②]

答案非常明确：根据“战前会议”的决定，德国仍然需要更多的时间使自己的军事优势达到最大化。1月间，伯奇托德曾秘密派遣弗里德里希·冯·萨帕里（Friedrich von Szápáry）伯爵赴柏林打探德国人的真正意图。萨帕里得到的信息是，德国人无意发动战争。[③] 但是，只是为了确定维也纳已经得到这一信息，贝特曼和毛奇曾分别给奥地外交部部长和军事统帅写过信。这位德国总理在2月10日的信中提醒伯奇托德，“鉴于同巴尔干各国的传统关系，面对奥匈帝国针对塞尔维亚采取的军事行动，俄国几乎不可能仅仅充当一个无关的看

① 参见 Williamson, *Austria-Hungary and the Origins of the First World War*, 130。

② 不可否认的是，俄国在1912～1913年只是进行了部分动员，所以柏林方面不应看成是一种威胁。正如下文所见，德国在1914年为了应对俄国的部分动员，用全面动员的方式对俄国进行威胁，以便作为赢得同盟对奥地利做出承诺的借口。

③ 参见 Williamson, *Austria-Hungary and the Origins of the First World War*, 133。

客而不顾忌自己巨大的名誉损失”。不仅如此，在任何战争中，德国“必然会首当其冲地面对法国和英国的进攻”。所以，“在实质上对我们更为有利的条件下解决争端的一种前景（尽管还十分遥远）已经展现在面前，至于用强迫的手段寻求答案——即使是奥匈帝国的根本利益使然——我本人也认为是一个无法估量的错误。”[①] 和总理的信一样，毛奇在2月10日写给康拉德的信中并没有劝说奥地利人放弃战争的念头，而只是在时间上暂时推迟，以便在更为有利的条件下发动战争。显而易见，毛奇关心的主要问题是俄国要因发动战争而受到谴责，从而找到一个“有效的口号”在德国赢得宣传机构的支持。“一场欧洲战争早晚会到来，并且最终将演变为日耳曼人与斯拉夫人之间的一场大争斗。”他在给康拉德的信中写道：“但这次侵略行动必须由斯拉夫人发起。”[②]

因此，就动员程度而言，这场与1914年7月最为相似的危机到1913年3月中旬结束时并没有引发战争。4～5月间，由于在对位于阿尔巴尼亚境内的小城斯库台属于阿尔巴尼亚还是黑山问题上发生争端，第三次危机爆发了。塞尔维亚支持黑山的领土要求，而奥地利则准备对黑山人采取行动。此时，柏林方面表示支持奥地利的行动。但是，柏林之所以支持奥地利，只是因为俄国显然不会采取行动。彼得堡方面已经说服塞尔维亚人从斯库台撤退。不仅如此，萨佐诺夫在斯库台危机刚刚发生时就声称，“如果奥地利的行动仅限于斯库台而不对塞尔维亚造成威胁的话，他不会反对奥地利单独采取行动”。由于 [74]
黑山在5月间同意把斯库台归还阿尔巴尼亚以换取大国的经济援助，这次危机最终平息下来。[③]

第四次危机起因于第二次巴尔干战争，是当年6月底因保加利亚

① 引自 Albertini, *The Origins of the War of 1914*, vol. 1, 436。

② 引自 Albertini, *The Origins of the War of 1914*, vol. 1, 437。

③ 参见 Albertini, *The Origins of the War of 1914*, vol. 1, 440 - 447。

对塞尔维亚和希腊的军队发动攻击而引起的。伯奇托德认为，奥地利应该攻击塞尔维亚以支持保加利亚，并且于7月初把自己的意图通知了柏林。[①] 对柏林而言，这种局面要比此前的斯库台危机危险得多。咄咄逼人的奥地利发动这次攻势的目标所指并不是小小的黑山这个俄国早就承诺不予支持的国家，而是真正属于俄国势力范围的塞尔维亚本身。德国官员迅速做出反应，直接通知奥地利大使拉迪斯拉斯·冯·索吉埃尼（Ladislas von Szögyény），他们“认为奥匈帝国没有理由放弃目前一直坚持的静观态度”。同时，德国外交部副部长阿尔弗雷德·齐默尔曼（Alfred Zimmermann）也建议德皇，应该劝说维也纳方面“不要仓促行事”，“不要不听德国的良言相劝而自行做出决定”。[②] 对此，德皇表示同意。

危机头几天不在城内的贝特曼于7月5日返回柏林，并很快获悉奥地利采取强硬行动的信息。他显然对此十分关注，于是便告诉索吉埃尼，奥地利南方的两个斯拉夫邻国正在战争中互相残杀，维也纳方面应该对这一点感到满足才是。不过，如果奥地利试图使用武力，那么“就意味着一场欧洲战争。这无疑会严重影响到德国的重要利益，所以我必须郑重相告，伯奇托德伯爵在做出任何此类决定之前，必须提前通知我方”[③]。在这里，我们所听到的与1912～1913年巴尔干危机中的腔调如出一辙。在俄国几乎不可能插手的情况下，柏林方面就会允许奥地利采取武力行动；而一旦俄国有可能为了自己的名誉出面反对奥地利的行动时，柏林方面就会坚定地支持并劝说维也纳维持其“静观态度”。在1914年7月之前，这一政策一直没有改变。

---

① 参见 Albertini, *The Origins of the War of 1914*, vol. 1, 454。

② 第一句引语是阿尔伯蒂尼（Albertini）的措辞，而第二句则是引自原始文件。参见 Albertini, *The Origins of the War of 1914*, vol. 1, 455。

③ 引自 Albertini, *The Origins of the War of 1914*, vol. 1, 456。在7月7日及其后的8日，雅戈曾一再表示不插手奥地利的事务。

德国国内冲突与第一次世界大战

在讨论了第一次世界大战并非无意间引起这个问题之后，下面将通过论证表明，关于其起源的另一种最容易接受的解释——德国领导人利用战争克服国内危机——也是站不住脚的。这种社会帝国主义论是由艾卡特·科尔首先提出的，后由费舍尔、汉斯-乌尔里希·韦勒（Hans-Ulrich Wehler）和福克尔·伯格汉（Volker Berghahn）等著名历史学家做了进一步完善。[①] 尽管存在某些分歧，但这些学者在一些主要问题上的观点是一致的。1850 年后，德国走上了一条“特别道路”（Sonderweg）：既未经历革命，也未进行限制传统贵族地主而有利于资产阶级的所谓改革。随着德国的工业化，资产阶级与地主精英 [75]
联合起来，压制他们的共同敌人即工人阶级的兴起。为了维护其统治地位，这两个统治阶级对外采取了一种侵略政策，以转移民众在国内变革问题上的注意力。

19 世纪 90 年代的世界政治（Weltpolitik）格局被认为是这种追求的第一种表现形式：为了建立一个殖民帝国和一支强大的海军，统治阶级都希望民众聚集在自己的旗帜下，接受已经建立起来的秩序。但是，随着时间的推移，他们开始把欧洲战争看成平息工人阶级不满情绪的唯一可行途径。胜利的荣耀可以使民众意识到传统阶级结构的合法性，从而放弃革命的念头。因此，国家的内乱引发了一种“积

---

① 除了 91 页注释①中所列文献，另可参见 Hans-Ulrich Wehler, *The German Empire, 1871 – 1918* (Leamington Spa, U. K. : Berg, 1985); Hans Mommsen, “The Topos of Inevitable War in Germany in the Decade before 1914,” in Volker R. Berghahn and Martin Kitchen, eds. , *Germany in the Age of Total War* (London: Croom Helm, 1981); Willibald Gutsche, “The Foreign Policy of Imperial Germany and the Outbreak of the War, in the Historiography of the GDR,” in George Schöllgen, ed. , *Escape into War?* (Oxford: Berg, 1990); and Schöllgen, “Introduction,” in George Schöllgen, ed. , *Escape into War?* 5 – 12。

极逃避”的思想，即精英们试图以反动的形式发动战争，以补救其国内优势地位的损失。[①]

这一论证在根本上是有缺陷的。当然，这种对世界政治的阐释也有一定的优点：尽管在 1895 年后，殖民地和海上力量的扩张具有相当大的安全成分[②]，但事实表明，19 世纪 90 年代的德国领导人也希望世界政治格局能够阻止国内的冲突。[③] 然而，社会帝国主义论的倡导者并没有认识到，这种帝国主义征服弱小的前工业社会的逻辑与发动全面战争的动机并没有必然的联系。领导人固然希望，针对小国的军事行动可以用较小的代价获得胜利，从而加强民族的凝聚力（美国 1983 年在格林纳达和 1989 年在巴拿马的胜利可资证明），但是不可否认，针对其他大国的全面战争只会导致相反的结果：由于这类战争在人力和财力上需要付出巨大代价，所以即使是获胜的一方，也只会破坏而不是稳定国内秩序。

有证据表明，德国领导人不是不知道这些利害关系。正如第四章所述，贝特曼·霍尔维格尤其明白，全面战争只会增加社会革命的危险。然而，他又不得不在俄国进一步崛起之前发动战争。当然，他并不是唯一持有这种观点的人。社会帝国主义论的倡导者不仅没有在证明德国领导人刻意发动全面战争是为了解决国内危机方面提出任何证据，并且他们的所谓证据恰恰表明，1905 年之后的所有重要领导人都被一场战争胜利可能引起的国内后果吓坏了。

俄国国内在 1904～1905 年日俄战争之后发生的事件为德国精英提供了第一个深刻的教训：大国之间的战争必然引发国内革命。对于德皇而言，这样的战争意味着军队不可能留在国内维持和平。他在 1905 年曾写道，作为社会主义者，即使把一个人送到国外，“也会对

① 主要参见 Wehler, *The German Empire*; and Schöllgen, “Introduction,” 6–8。

② 参见 Smith, *Ideological Origins of Nazi Imperialism*, chap. 4。

③ 主要参见 Wehler, *The German Empire*; and Fischer, *The War of Illusions*。

全体公民的生命财产造成极大的危险”①。贝特曼总理的前任伯恩哈德·冯·比洛亲王在 1907 年曾认为，即使军事集结有助于缓解国内冲突，战争本身“也会在政治、经济和社会方面造成最令人沮丧的 [76] 后果”②。一年之后，他又告诉王储，历史已经证明，即使获胜，“每一场大战之后也必然会出现一个自由主义阶段，因为人民会要求对战争造成的牺牲和艰苦进行补偿”。如果战败，则“势必引起王朝的覆亡”。③ 在 1911 年摩洛哥危机期间，德国外交部部长基德林同样认为：任何巨大的胜利都要靠人民的努力，所以他们必须得到补偿……［希望］下一场胜利将给我们带来一个议会制政体。”④

德国军界领导人对所谓“用战争转移公众注意力”的手法并没有兴趣。1905 年 2 月，海军参谋部的报告认为，与英国的战争一旦爆发，必然会造成封锁，因而就会“引发不可估量的财政和社会危机”。1905 ~ 1906 年冬季，提尔皮茨决心对社会中的“激进派”进行反击，因为他们鼓动对英国开战或实施军事制裁，以维持国内秩序。他担心，这样的政策只会在国内引起混乱。⑤ 即使总参谋长毛奇力主发动全面战争，但直到 1914 年 7 月 29 日，他仍然认为战争“将在未来数十年中摧毁几乎整个欧洲文化”⑥。

尽管如上引文大部分出自那些坚持社会帝国主义论的学者，但这些作者并没有提供能够说明重要领导人认为大战会改善国内状况的原文。恰恰相反，这里收集的证据都是间接的：对德国国内大战之前紧张局势的分析，再加上一些实际上并无权力的极右领导人关于战争有利于民族团结之类的言论。由于缺乏直接证据，那些坚持社会帝国主

① 引自 Berghahn, *Germany and the Approach of War in 1914*, 56。

② 引自 Berghahn, *Germany and the Approach of War in 1914*, 82。

③ 引自 Kaiser, “Germany and the Origins of the First World War,” 456。

④ 引自 Berghahn, *Germany and the Approach of War in 1914*, 97 - 98。

⑤ 参见 Berghahn, *Germany and the Approach of War in 1914*, 65。

⑥ 引自 Arno J. Mayer, *The Persistence of the Old Regime* (New York: Pantheon, 1981), 319。

义论的学者便转而寻求一条更为曲折的战争路线，借此证明那些胁从官员是在政府之外的巨大利益诱惑下才参与战争的。这一论证也存在明显的缺陷。

首先，即使我们接受统治阶级具有影响力的观点，但就地主精英势力和现代派与反动派之间的斗争而言，德国也没有特殊性。阿诺·梅耶（Arno Mayer）认为，地主贵族的势力不仅在俄国非常强大，在英国和法国也是如此。[①] 大卫·布莱克伯恩（David Blackbourn）和杰弗里·艾利（Geoffrey Eley）也对德国政治结构的特殊性提出了质疑：英国并不是一个没有内乱的模范资产阶级民主国家，而德国的资产阶级也并没有形成一个特定的阶级。[②] 然而，如果德国的国内结构和阶级冲突的层次并非与欧洲其他各国完全不同，那么就很难解释为什么德国具有侵略性而其他各国却主张和平这个问题。

其次，我们有理由怀疑，德国的统治阶级是否在大战决策问题上真有如此大的影响力。社会帝国主义论的倡导者并没有提供证据，说明政府领导人是为了迎合极右势力的要求而被迫发动战争。贝特曼及
[77] 其同僚当然非常清楚极右势力的论调，但他们却认为与俄国的崛起这个实际问题相比，这些论调离题太远，只不过是在鼓动盲目蛮干。[③] 不仅如此，社会帝国主义论还认为，德国的地主精英和资产阶级已经紧密地联合起来，足以在迫使政府采取一种侵略性外交政策这个问题上进行合作。这一假定对“世界政治”初始阶段（1897～1907 年）是适用的。但是，过了这个阶段，“钢铁与绅士联姻”的参与方先是“分居”，然后就“离婚”了。正如伯格汉本人所说，两大集团无法

---

① 参见 Mayer, *The Persistence of the Old Regime*, passim。

② 参见 David Blackbourn and Geoff Eley, *The Peculiarities of German History* (Oxford: Oxford University Press, 1984); Eley, *Reshaping the German Right* (Ann Arbor: University of Michigan Press, 1991), xiii－xxvi, 1－16。

③ 参见本书第四章。

在如何对待社会民主党（是改革还是更加保守）这个问题上达成一致，因此“一种广泛意义上的联合（Sammlung）根本没有成功的可能”。的确，集团内部也发生了分裂。代表资产阶级的国家自由党分裂为更具帝国主义倾向的右翼（并不全力支持地主精英）和更温和的改革派。[①] 由地主组成的各党虽然还维持着一定程度的凝聚力，但逐渐遭到贝特曼政府的排斥。贝特曼早就开始实行一种两不得罪的“对角线政策”，即在不放弃精英力量的情况下，鼓励国内改革以赢得低层民众的支持。对于极右党派对威胁其地位的变革（尤其是他对土地财产征税）一概反对的做法，他变得更加宽容。1912～1914年间，在进行改革和增加税收用于军事集结方面，较之右翼党派，贝特曼从中立党派和更温和的左翼党派那里赢得了更多支持。[②]

如上证据对社会帝国主义论提出了挑战，因为这一理论既不能说明德国政府或军界领导人相信“用战争转移公众注意力”这一手法的必要性，也不能证明他们认为应该从外部解决精英的压力。[③] 不仅如此，即使统治阶级迫切希望但也无力施加具有决定性的压力，因为他们正在忙着应付精英内部的斗争。

---

① 参见 Berghahn, *Germany and the Approach of War in 1914*, 152 - 153。另参见 Wehler, *The German Empire*, 97 - 99。韦勒（Wehler）同意精英之间的“联合”（Sammlung）在1910年后已经基本解体。

② 参见 Konrad H. Jarausch, *The Enigmatic Chancellor* (New Haven: Yale University Press, 1973); Berghahn, *Germany and the Approach of War in 1914*, chaps. 7 - 8; and Tames Retallack, “The Road to Philippi: The Conservative Party and Bethmann Hollweg's ‘Politics of the Diagonal’, 1909 - 1914,” in Larry Eugene Jones, and Retallack, eds., *Between Reform and Resistance* (Oxford: Berg, 1993)。

③ 斯奈德关于已经联合起来的德国精英开始将早期的战略问题内部化并因担心被包围而发动战争的论点（*Myths of Empire*, chap. 3）有助于解决证据不足的问题，从而表明德国领导人选择战争是为了解决国内危机。但请注意，这一论点证实了安全问题（而非内部凝聚力）才是发动战争的根本动因。因此，剩下来的问题只不过是德国领导人是否有正当的理由担心其邻国问题。由于德国所面对的俄国是一个人口3倍于己、领土40倍于己的国家，并且无论德国采取何种政策，俄国的工业化计划也不会改变，所以似乎不应认为柏林方面对俄国崛起的担心是脱离现实的。

本章试图为从一种纯体系层面的解释世界大战的努力构建一个平台。大量的证据表明，正是对俄国这个“庞然大物”实力长期增长的担心，才迫使德国领导人下定决心，一旦德国的武装力量准备就绪，就立即发动战争。更为重要的是，之所以根据德国海军的现状至少两次推迟了发动战争的时间，是因为这些领导人已经意识到，德国必须不仅要能够与法国和俄国作战，而且还要与英国作战。本章还对两种最成熟的定论提出质疑，即无意间引发战争的论点和所谓社会帝
[78] 国主义论。为反驳这些解释，下一章将提出进一步的证据。

第四章
“7月危机”与第一次世界大战爆发

本章论述的主要内容是，德国在 1914 年 7 月积极备战的情况，以及到 7 月末，甚至在满足奥地利大部分要求的情况下，德国领导人也宁愿选择世界大战而拒绝和谈。因此，柏林方面动用了一切必要手段阻止任何形式的谈判，而同时又能确保把战争的责任推给俄国人。这一论证在某些方面超越了弗里茨 · 菲舍尔的理论，但我们仍然同意他的观点，即围绕德国宁愿选择战争而不愿维持现状这个问题引发了激烈的争论。[①] 菲舍尔主张，德国总理贝特曼 · 霍尔维格希望英国保持中立，如果他知道英国会插手，就不会迫使奥地利对塞尔维亚采取行动。不仅如此，对于德国为什么更愿意选择一场局部战争让奥地利战胜塞尔维亚而不愿意进行一场欧洲大陆战争这个问题，菲舍尔也没有做出明确的论证。[②]

---

① 参见 Wolfgang J. Mommsen, “The Debate on German War Aims,” *Journal of Contemporary History* 1 (July 1966): 47 – 74; John Moses, *The Politics of Illusion* (London: Harper and Row, 1975); John Langdon, *July 1914* (New York: Berg, 1991), chaps. 4 – 5; Dwight Lee, ed., *The Outbreak of the First World War*, 4th ed. (Lexington, Mass.: Heath, 1975); and H. W. Koch, ed., *The Origins of the First World War*, 2nd ed. (London: Macmillan, 1984)。

② 参见 Jack S. Levy, “Preferences, Constraints, and Choices in July 1914,” *International Security* 15 (winter 1990/1991): 151 – 186。

第三章的论证表明，尽管英国奉行势力均衡的传统政策，包括贝特曼在内的德国领导人仍然认为英国保持中立的可能性甚小。所以，即使他们能够肯定欧洲大陆战争比世界大战更为有利，尽管一场危机中的外交努力可以把英国排除在外——至少在战争的初始阶段能够做到这一点——但柏林的任何一位领导人在采取一种强硬策略时都不会指望英国保持中立。有鉴于此，我要破除围绕着第一次世界大战形成的一个最流行的神话，即正是由于贝特曼及其阁僚意识到英国将与法国并肩作战，才会在7月29日临阵退缩。甚至菲舍尔在7月29日这个问题上也接受这一观点，所以卢吉·阿尔伯蒂尼（Luigi Albertini）之流才又重弹“是日之后局势失控”的论调。但是，如前所述，贝特曼在两天之前就已经知道，英国不插手战争的希望微乎其微。即使知道
[79] 这一消息，他也只能继续走下去。站在世界大战与和平谈判的路口，德国领导人选择了前者，却未对后者的实现做任何努力。

然而，更令人惊奇的是如下事实：在危机的最后几天，当俄国给足了面子，让奥地利有足够的时间赢得对塞尔维亚的局部战争时，德国领导人却突然切断了奥地利与俄国之间的一切谈判途径。然后，他们又出乎意料地于8月1日对俄国宣战，导致战争局势愈发不可逆转。对于这次宣战，并没有任何外交或军事上的借口。并且由于德国原来并不想在几周内就同俄国开战，如果做出努力，仍然有足够的时间找到一种解决办法。我认为，德国之所以用宣战的方式蓄意发动一场世界大战，无非是为了防止俄国在最后时刻屈服于奥地利的要求。由于贝特曼的外交努力已经为在从未有过的有利形势下发动战争奠定了基础，所以德国希望的最后一件事就是达成和平方案，甚至是奥地利所期望的那种和平方案。

力量的反向发展趋势使得这一决策成为必然。在俄国这个“庞然大物”日渐崛起的情况下，德国领导人认为，必须在1914年进行一场欧洲大陆战争或世界大战，因为到1917年，如果俄国的军事改革和战

略铁路计划得以完成，德国就无法再向整个体系发难了。这样一来，俄国的增长就会压倒德国。如上事实促使贝特曼和德国军界迫不及待地为进行大战营造条件，其中有两条是至关重要的：第一条也是最重要的一条，就是德国公众必须支持这场战争。德国领导人特别担心，社会民主党和工人阶级可能会反对任何具有侵略性质的战争。第二条，德国至少在冲突的初级阶段需要奥地利的帮助，才能最大限度地保证施里芬计划获得成功。具备第三个条件当然更好，但并不是必要的，即尽量使英国参战的时间拖后，以便让德国有足够的时间先征服法国。

能够同时制造出这三个条件的策略只有一个，那就是把战争的责任推给俄国。如果能够激怒俄国人先进行军事动员，使大家认为德国只不过是在不得已的情况下进行自卫，就可以在国内掀起支持战争的声浪。这样一来，由于奥地利害怕遭到俄国的攻击，也只能乖乖地参战。最后，由于俄国是侵略者，英国对俄国和法国的支持就会大打折扣。

下面我要说明的是，德国领导人处心积虑地把俄国拖入战争，然后又堵住了俄国人试图屈服于奥地利的要求而逃出这个陷阱的所有出口。柏林迫使维也纳方面提出了极其苛刻的条件，使得正在从危机中寻找一个体面出路的俄国领导人根本无法接受。面对种种引诱、强迫和威胁手段，奥地利只能对塞尔维亚并因此对俄国摆出一种强硬姿 [80]
态，并非出于自身的需要而是按照德国的战略目标进行军事动员并对俄国宣战。①

因此，贝特曼·霍尔维格和德国外交部在 7 月间主要担心两点：一是奥地利采取强硬手段的意志不够坚定；而第二点尤为重要，即俄国最终可能停止军事动员，从而造成一种无法把战争责任推给俄国的局面。这两种担心很可能演化为一个：在危机的最后阶段，奥地利和

① 因此，奥地利并没能得到自己最希望得到的结果（即在俄国的默许下与塞尔维亚进行局部战争），而只是一种较之在没有德国支持的情况下与俄国开战稍好的结果（即在德国的支持下进行世界大战）。

俄国为避免只有德国真正希望的战争而达成一项协议。所以，贝特曼在7月31日要尽了外交伎俩，然后于8月1日立即宣战，以防止奥地利和俄国在最后时刻通过外交途径逃出战争陷阱。

本章对7月危机中发生的事件做了更为详细的描述。鉴于德国战略的复杂性以及7月危机可能是外交史上误解最深的事件这一事实，只有通过这种深入细致的分析，才能揭示德国人的行为背后那种真正的马基雅维利[①]本性。

主要行为体（德国）的选择次序问题

对第一次世界大战发生的（各种）原因所做的每一种解释在很大程度上都取决于作者在行为体对如下四种主要结果的选择次序问题上所持的观点：奥地利与塞尔维亚之间的局部战争；包括英国在内的列强之间的欧洲战争；包括英国在内的世界大战；行为体之间进行和谈从而在某种程度上维持现状。[②] 无意间引发战争的论点必须假定：尽管德国领导人或许曾把局部战争作为第一选择，但他们肯定还是愿意进行和谈而不是打欧洲战争或世界大战。如果行不通，德国才会主动选择大战，而不是本身不愿意打仗却不得已而为之。所谓“菲舍尔论争”，完全是由于菲舍尔声称“柏林更愿意选择欧洲战争而不是恢复原状”引起的；并且菲舍尔还认为，德国需要战争，尽管并不是一场包括英国在内的世界大战。

正如下文所见，这场论争所带来的问题就是过于狭窄地限定了德国领导人所预期的可能结果的性质。如上所列的四种选择还存在一些

---

① 马基雅维利（1469～1527年），意大利政治思想家、历史学家、作家，主张君主专制和意大利的统一，认为为达政治目的可以不择手段，即后来所称的“马基雅维利主义”。——译者注

② 参见 Levy, “Preferences, Constraints, and Choices in July 1914,” 153－163。

微妙的变数，而这些变数对于最终的决策却是至关重要的。就欧洲战争或世界大战的结果而言，又有两种可能性：一是德国公众是否会支持发动战争；二是奥地利是否会在东线为德国提供军事上的援助。[①]如果发生世界大战，那么对于柏林方面而言，就是如何尽量推迟卷入的时间以便腾出足够的时间击败法国的问题，或者英国是否会立即参战的问题。[81] 至于和谈结果，也比通常想象的要微妙得多：在危机的重要关口，就至少尝试过八种不同的外交解决方案，从一个极端——满足奥地利的基本要求即消灭塞尔维亚，直至另一个极端——俄国保证恢复到原来的状态。[②]

我的论证基点是，正如菲舍尔所说，德国领导人把国内和奥地利支持下的欧洲战争视为最佳选择，所以肯定会做出这种选择而不愿意恢复原状。然而，更重要的一点是，他们又认为，在国内和奥地利的

① 当然，实际情况是，德国领导人可根据这两种可能性之间从低到高的支持程度进行判断，但为了简明起见，我们可以认为是一种二分选择。

② 大多数的选择都是围绕德皇于 7 月 28 日提出的“止步于贝尔格莱德”这一建议的各种变数进行的。奥地利与俄国之间的主要分歧是和谈方案会使俄国的盟友塞尔维亚遭到何种程度的破坏：奥地利主张予以重创，而俄国则希望打击尽量轻微。还有另一个重要问题，就是如何对其他国家尤其是俄国的巴尔干和法国盟友解释这一方案。俄国不能被其他国家认为是在出卖土地，尽管俄方最后提出的建议表明，它非常愿意这样做。最后一点，达成解决方案的方式也非常重要。俄国希望召开一次全欧会议，因为这样就可以让其他国家分担责任；而奥地利则希望至多由德国出面调解。但是，双方都比较乐意进行有德国参与的奥俄直接会谈。

对于上述种种因素可能导致的八种结果，最后几天进行了激烈的讨论。从奥地利一方到俄国一方，最希望看到的结果依次是：（1）奥地利与塞尔维亚之间的局部战争；（2）暂时占领塞尔维亚，迫使其满足奥地利的要求（*DD*: docs. 380, 433; 29 and 30 July）；（3）在贝尔格莱德以及“其他地区”止步，迫使塞尔维亚满足奥地利的要求（*DD*: doc. 323; 28 July）；（4）在贝尔格莱德以及“其他地区”止步，并由德国出面调解（*DD*: docs. 395, 396; 30 July）；（5）在贝尔格莱德以及“其他地区”止步，并由所有国家进行监督（*DD*: doc. 460; 30 July）；（6）奥地利采取军事行动，但必须对其要求进行某些修正，并声明这一事件属于欧洲事务（萨佐诺夫“方案”，*DD*: doc. 421; 30 July）；（7）通过四国会议达成和解方案（“四方会谈”）（*DD*: docs. 236, 248; 26 and 27 July）；（8）奥地利让步并维持现状。需要说明的是，柏林正是利用了这些建议，从而使自己装出一副希望和平的面孔，同时又能确保奥地利和俄国之间永远不能达成和平方案。

支持下进行一场世界大战不仅比恢复原状而且比通过和谈让奥地利取得一场几乎与局部战争（即一场实际上消灭塞尔维亚的战争）等同的外交胜利都要强一些。但是，如果不能赢得国内和奥地利的支持，那么柏林方面就只能选择和谈一途。[①] 因此，正如前述，贝特曼在整个7月间的策略就是要赢得进行一场欧洲战争或世界大战所必需的国内和奥地利的支持，而一旦做到这一点，便不再考虑任何通过和谈解决争端的途径了。

7月初：构筑预防性战争平台

6月28日星期日，奥地利皇位继承人斐迪南（Ferdinand）大公遭到暗杀。7月4日，内阁外交部部长亚历山大·霍约斯（Alexander Hoyos）伯爵通知奥地利驻柏林大使索吉埃尼，维也纳准备对塞尔维亚采取行动。次日，索吉埃尼在波茨坦紧急约见了德皇威廉。在第一次会见过程中，直到中午时分，德皇才告诉索吉埃尼，考虑到欧洲出现的严重局面，在他与总理磋商之前不可能给出一个明确的答复。[②] 不过，到了下午，德皇在与贝特曼磋商之后做出承诺，无论奥地利选择采取什么样的强硬手段，德国都将给予全力支持。于是，奥地利获得了德国开出的“空白支票”。

---

① 纯粹的局部战争这一结果在破坏程度上略高于这一和谈方案，但是由于德国领导人非常清楚，这种结果在7月初以后是不大可能实现的，或者说几乎是不可能的，所以不能单独列为一种可能性。即使如此，贝特曼所做的下述声明表明，他们仍然宁愿在国内和奥地利的支持下进行全面战争，也不愿进行局部战争。尽管菲舍尔与其批评者之间的分歧似乎集中在德国希望局部战争还是欧洲大陆战争这个问题（菲舍尔目前认为德国希望欧洲大陆战争，参见 Langdon, *July 1914*, chaps. 4－5）上，但这两大阵营之间的真正分歧却是德国希望和谈还是欧洲大陆战争。批评者计算风险的概念并没有多少意义，除非假定柏林方面宁愿选择和谈而不选择欧洲大陆战争，以局面失控作为代价（欧洲大陆战争或更糟糕的局面）去达成进行局部战争这一最佳目标。

② 参见 Imanuel Geiss, ed. , *July 1914* (New York: Scribner's, 1967), 70。

为什么在此前的巴尔干危机中每当牵涉到塞尔维亚时，德国总是约束其盟友的行为，而此时却又强迫奥地利采取这样一种强硬政策呢？对这个问题，有三种可能的解释：柏林方面错误地假定，俄国将不会介入（与无意间引发战争的论点一致）；柏林方面期待并希望冲突仅限于局部地区，但又不排除进行欧洲战争的可能性（即“计算风险”的观点）；既然德国想发动预防性战争，自然期待并希望俄国会插手，以便把全面战争的责任推给俄国。已有的证据支持第三种解释。

我们可以回想一下，贝特曼在 1913 年 2 月就曾指出，如果奥地利攻击塞尔维亚，俄国不可能甘当一个旁观者。为了支持无意间引发 [82]
战争或计算风险的论点，就必须要证明贝特曼及其僚属仅仅过了一年半就似乎忘记了总理本人的忠告。他们当然没有忘记。外交部副部长在与霍约斯谈话时曾在无意间透露，奥地利对塞尔维亚的攻击“十之八九会引发一场欧洲战争”[①]。

7 月 2 日，萨克森驻柏林公使发回报告说，外交部高层官员认为，一旦奥地利与塞尔维亚之间发生战争，“俄国就会进行军事动员，而一场世界大战势将不可避免”。他进一步指出，尽管德皇会出面阻止，但军界更倾向于“在俄国尚未做好准备的情况下听任事态向战争方向发展”。[②] 次日，萨克森全权公使又报告说，德国总参谋部军需司令吉奥尔格·瓦德西（Georg Waldersee）伯爵认为，一切取决于俄国的反应：“我的感觉是，如果战争立即发生，他们将［在最高司令部内］获得支持。对我们来说，条件和前景不可能比现在更

① 引自 Hartmut Pogge von Strandmann, “Germany,” in R. J. W. Evans and Strandmann, eds., *The Coming of the First World War* (Oxford: Clarendon, 1988), 115。贝特曼还告诉过霍约斯（Hoyos）：“如果［全面］战争是不可避免的，那么目前的时机要比以后更为有利。”引自 Fritz Fellner, “Die ‘Mission Hoyos’,” in Wilhelm Alff, ed., *Deutschlands Sonderung von Europa, 1862 –1945* (Frankfurt: Lang, 1984), 295。另参见 *ÖA*, vol. 8, doc. 10076。

② 参见 Geiss, *July 1914*, doc. 4。

好了。"① 因此，我们可以看到，在所有重要决策者中，只有德皇在为全面战争的前景感到忧虑。总理、外交部和军界无一不把全面战争视为遏止俄国崛起的一种恶劣但必要的手段。

在选择全面战争这个问题上，或许最有说服力的证据还是来源于贝特曼的私人秘书和知己库尔特·雷兹勒（Kurt Riezler）的日记。他的日记中表明，面临让德国衰退下去还是在德国仍然有机会的情况下进行战争这一艰难选择，贝特曼并不愿意把德国推上战争之路。在开出"空白支票"的第二天即6月6日，总理曾经同雷兹勒进行了长时间的交谈。雷兹勒写道，贝特曼的秘密消息"使我感到紧张不安"。英俄海军之间的谈判无疑是这一链条上的最后一环。

> 俄国的军事力量[正在]迅速增长，[俄国的战略铁路]已经延伸到波兰境内。局势变得难以容忍，而奥地利却日渐衰弱、调动无力……
>
> ……针对塞尔维亚的行动会引起一场世界大战（Weltkrieg）。不管结果如何，总理都希望能通过一场战争在各个方面引发一次革命……海德布兰（Heydebrand）说过，一场战争可以使家长制得到进一步加强……总理对这种胡说八道大为光火。可以说，欺骗无处不在，人民笼罩在浓雾之中……未来属于俄国，这一点越来越明显，而我们所面对的只有越来越可怕的噩梦。②

这段话主要说明了三个问题。第一个也是最重要的一个问题，就

---

① 参见 Geiss, *July 1914*, doc. 5。总参谋部7月5日提供的题为《俄国铁路网完工》和《俄国力量日益增长》的两份报告进一步加剧了军界的悲观情绪。参见 Konrad H. Jarausch, *The Enigmatic Chancellor* (New Haven: Yale University Press, 1973), 468, n. 9。

② 参见 Kurt Riezler, *Tagebücher*, *Aufsätze*, *Dokumente*, ed. Karl D. Erdmann (Göttingen: Vandenhoeck und Ruprecht, 1972), 182-183。除了稍作改动，此处的译文均出自 Wayne C. Thompson, *In the Eye of the Storm* (Iowa City: University of Iowa Press, 1980), 74-75。

是明确指出俄国的增长使全面战争成为一种必然选择。第二，贝特曼并不是要把德国推向战争以解决国内危机，恰恰相反，他认为，无论胜败，战争只会增加德国国内社会革命的可能性。第三，贝特曼甚至直到7月6日仍然认为，列强之间发生的任何战争都将是一场世界大战，而不仅仅是一场欧洲大陆战争。也就是说，英国必然会参战。 [83]

以上分析完全符合他在7月之前的思路。贝特曼在6月间给里奇诺夫斯基的信中写道：“不仅是极端分子，甚至连那些头脑冷静的政客也对俄国力量的不断增长感到担忧。”① 7月20日，也就是奥地利向塞尔维亚发出最后通牒之前三天，雷兹勒记下了他与贝特曼另一次谈话的内容，其中认为，由于俄国“拥有庞大的机动力量”，“在几年内将变得无法遏制，在目前的欧洲局势依然如故的情况下更是如此”。② 贝特曼的一众僚属也持有同样的观点。7月25日，当外交部部长雅戈私下告诉《柏林日报》（*Berlin Tageblatt*）编辑西奥多·沃尔夫（Theodore Wolff），如果事态不发生变故，战争必定很快就会发生，“并且俄国在两年之内将变得更加强大”时，他诡秘地笑了。当日晚些时候，沃尔夫在同外交部政治事务主管威廉·冯·斯塔姆（Wilhelm von Stumm）交谈时再一次听到了这种逻辑。③

三年后，贝特曼曾向沃尔夫承认，预防性战争的想法一直萦绕在他的脑际。在俄国外交部部长萨佐诺夫和财政部长科科夫索夫（K. N. Kokovtsov）于1914年1月访问柏林之后，“我就担心战争已经不可避免”。俄国人刚刚“在友好的条件下”从巴黎方面获得了5亿法

---

① 引自 Norman Stone, *The Eastern Front, 1914 - 1917* (New York: Scribner's, 1975), 42。

② 参见 Riezler, *Tagebücher*, *Aufsätze*, *Dokumente*, 187。

③ 参见 Theodore Wolff, *Tagebücher 1914 - 1919*, ed. Bernd Sösemann (Boppard: Harald Boldt, 1984), 64。1915年2月17日，斯塔姆（Stumm）告诉沃尔夫（Wolff），1914年7月，“我们并不是虚张声势”；“我们承认要同俄国开战这一事实”，如果眼下不能如愿，“我们也会在两年之内在更糟糕的条件下打这一仗”。参见 Wolff, *Tagebücher 1914 - 1919*, 166 - 167。

郎，也就是说，这笔钱将用于在波兰建设战略铁路。当然，科科夫索夫“并不需要［战争］”。但是，“我对他的感觉是，他本人也担心这会加速战争的进程”。对沃尔夫关于完全有可能与俄国做出外交安排这一说法，总理一句话就把他顶了回去：“谁敢这样说？但如果未来发生战争，俄国将处于更有利的地位。到那时，我们又该怎么办？”[①]

贝特曼对战争会引起国内革命的忧虑之情通过他在6月间对巴伐利亚驻柏林公使莱兴菲尔德（Lerchenfeld）的一番表白明显地表露出来。他指出，某些人仍然认为战争可以改善内部环境。但是，他却认为“其效果会截然相反，一场战争的后果是无法估计的，可能会大大增加社会民主党的实力（因为他们一直在呼吁和平），并且会推翻各侯国的王室”[②]。由于这段引文出自菲舍尔，再加上雷兹勒的话作为佐证，就无异于对战争起源于国内政治这一论调下了最后的定论。既然贝特曼已经认识到战争只会增加国内革命的可能性这一点，那么德国国内的紧张局势就应该使他更倾向于选择和平。然而，整个体系的发展趋势却迫使他选择了战争。

对雷兹勒而言，贝特曼关于战争将是一场“世界大战”的说法与他在1912年关于英国将维持势力均衡的观点是一致的。他从来也
［84］没有放弃这种观点。1914年6月5日，贝特曼曾告诉国民自由党的领导人，“如果与法国开战，每一个英国人都会站出来反对我们”[③]。一天前，总理也曾对莱兴菲尔德说，在整个历史上，“英国总是与欧洲大陆上最强大的力量为敌”，现在当然会反对德国。[④] 总理本人深

① 参见 Wolff, *Tagebücher 1914 – 1919*, 19 July 1917, 521 – 522。这并非后来重构的事件。在贝特曼刚刚表示他担心战争已经不可避免之后，沃尔夫回答说：“我当然清楚，我曾经跟您说过，您也告诉过我您的担心。”

② 引自 Fritz Fischer, *Germany's Aims in the First World War* (New York: Norton, 1967), 51。

③ 引自 Wolfgang J. Mommsen, *Imperial Germany, 1867 – 1918* (London: Arnold, 1995), 181, n. 67。

④ 引自 Mommsen, *Imperial Germany, 1867 – 1918*, 181, n. 67。

知，如果俄国做出反应，极有可能会引起一场世界大战，而不仅仅是欧洲大陆战争，这一点有着非常重要的意义：这就打破了他在 7 月 29 日编造的避免战争的谎言。

雷兹勒在 7 月 8 日的日记中透露的信息可以进一步证明贝特曼一直试图发动全面战争这一论点：

> 霍约斯给弗朗茨·约瑟夫发来了信息……总理认为，或许这个老家伙（即奥皇弗朗茨·约瑟夫）最终会持反对态度。如果战争在东线爆发，我们打仗就是为了支持奥地利而不是奥地利在帮助我们，那么我们就有获胜的可能。如果由于沙皇不想打仗或由于处于戒备状态的法国力主和平而没有发生战争，那么我们仍然可以通过这一事件把协约国的军事力量分散开来。[①]

这段文字不仅表达了对全面战争比局部战争更有可能发生的期望，并且强烈暗示前者比后者更为有利。如果“战争在东线爆发”，也就是说，如果俄国是战争的发动者，那么奥地利人就很可能参战，也就比较有把握获胜。然而，如果战争得以避免，德国“仍然”有可能使协约国产生分裂。在这里，“仍然”一词至关重要，因为这就表明局部战争可以作为第二种最佳选择（这就正如：如果我们不能得到 A，但我们仍然可以得到 B）。此外还应注意到，全面战争之所以能够避免，并不是因为德国不渴望战争，而是因为俄国可能受到制约而决定不予介入。

以上讨论澄清了如下事实：柏林方面直到 7 月初一直迫不及待地试图发动一场预防性战争，甚至是一场预防性世界大战，以免失去良机。

---

① 参见 Riezler, *Tagebücher*, *Aufsätze*, *Dokumente*, 184。

实施全面战争计划

7月8~23日这段时间，出现了伊曼纽尔·盖斯（Imanuel Geiss）所称的“暴风雨前的平静”①。然而，贝特曼及其阁僚并没有丝毫的放松。尽管他们说服了威廉和军界领导人仍按原定计划继续度假，以便不会引起国外的怀疑，但他们却在幕后积极地为即将来临的战争做着准备：德国公众舆论必须取得一致，谴责俄国是侵略者；奥地利必须向塞尔维亚发出最后通牒，以防止出现任何和谈的机会；无论通过何种手段（包括维也纳在领土问题上做出让步），必须要说服意大利
[85] 站在德国一方；一旦宣布军事动员，立即采取所有可能的手段加速动员的进程。

德国人关心的主要问题是，必须使奥地利与塞尔维亚之间维持战争状态，以便把俄国拖入战争。然而他们又担心，一旦俄国插手，维也纳方面可能会临阵退缩。7月5日，国防部长埃利希·冯·法金汉（Erich von Falkenhayn）在给毛奇的信中写道，贝特曼“像我一样，对［维也纳］是否真正怀有战争热情一事并没有什么信心”，尽管维也纳方面的措辞似乎非常坚决。② 到7月9日，齐默尔曼告诉巴伐利亚驻柏林临时代办冯·肖恩（H. von Schoen），他怀疑维也纳方面是否真的对塞尔维亚有所行动。显而易见，所有的德国领导人都有这样的感觉。③

柏林方面自然有自己的手段去影响维也纳的行为。德国驻维也纳大使海因里希·冯·切尔斯基（Heinrich von Tschirschky）一直与奥地利领导人保持着联系，甚至出席过他们召开的许多最重要的会议。

---

① 参见 Geiss, *July 1914*, 89。

② 参见 Geiss, *July 1914*, docs. 7 and 15。

③ 参见 Geiss, *July 1914*, doc. 33。

更何况，柏林方面还有最后一件秘密武器：暗示以把奥地利出卖给敌人相威胁。7月8日，当切尔斯基用“最肯定的语气”告诉伯奇托德柏林方面希望采取行动之后，后者对匈牙利首相斯蒂芬·冯·蒂萨（Stephan von Tisza）表示，奥地利与塞尔维亚之间的任何交易都会被认为是示弱的表现，“必然对我们在‘三国同盟’中的地位和德国的未来政策走向产生重要影响”。[①]

奥地利于7月23日向塞尔维亚发出的最后通牒是为了防止出现任何外交解决方案，而德国在这个问题上作为同谋是毫无疑问的。7月8日，切尔斯基通知柏林，伯奇托德准备提出一些令对方无法接受的要求。[②] 由于维也纳方面知道这正是柏林希望看到的局面，于是便让切尔斯基把奥地利的立场转告柏林，“照会使用的措辞实际上完全排除了对方接受的可能性”[③]。柏林早在7月12日就已经知道这个最后通牒的要点，而全文则是在发出最后通牒的前一天即7月22日晚间收到的。[④] 如果德国领导人确实想要避免冲突的话，那么他们几乎有一个整天的时间考虑不提出这些强硬的要求。他们并没有这样做，因为出于众所周知的原因，他们希望奥地利采取尽可能强硬的立场。

就这个计划而言，关键是要制造出一种德国与随后发生的事件毫无关系的假象。请看雷兹勒在7月14日写下的日记：

> 昨天和今天，［我们］一直在编织一个老式的谎言之网（Gespinsten）。乡村也是这个网的一部分……如果战争来临，这

① 奥地利首相卡尔·冯·斯图尔克（Karl von Stürgkh）在一天前曾指出，维也纳“是在冒险，犹豫不决和一味示弱的政策会使得自己以后再也无法得到德国的无条件支持”。根据伯奇托德的记述，皇帝弗朗茨·约瑟夫（Franz Joseph）于7月9日批准对塞尔维亚采取强硬政策，并指出，他“担心示弱的行为会使我们相对德国处于不利的地位”。均引自 Fritz Fischer, *The War of Illusions* (New York: Norton, 1975), 480 – 481。

② *DD*: doc. 19.

③ *DD*: doc. 49, 14 July.

④ *DD*: doc. 106. 另参见 Fischer, *Germany's Aims in the First World War*, 58。

> 个面纱（Schleier）就要揭开，整个民族将在需要和冒险动机的驱动下行动起来。胜利就意味着“解放”。总理认为我太年轻，不可能经受住这次未知的、崭新的伟大行动的诱惑。对他来说，这次行动无疑是在黑暗中寻找一线光明，同时也是最严峻的一次考验。基德林（任外交部部长至1912年）一直在叫嚷，我们必
> [86] 须战斗。[①]

雷兹勒继续写道，作为其参战的代价，意大利人要求收回被奥地利占领的特伦蒂诺（Trentino）一带的领土，“不过，不能事先和他们谈这件事，因为这无异于向彼得堡托出全盘计划”。如果战争来临，“英国［将］立即出兵”，但只有当德国胜利在望时，意大利或许才会参战。[②]

显然，总理正在努力却并非情愿地为顺利进行一场全面战争构筑平台。这一点也为在最后通牒发出之前就已经开始采取的秘密军事行动所证实。7月6日，海军方面就已经秘密开始动员。[③] 7月18日，柏林的重要部门纷纷行动起来，为全面军事动员进行必要准备。[④] 第二天早晨，毛奇休假期间代理其职务的瓦德西将军告诉雅戈，他已经“跃跃欲试”，总参谋部也已经“全部准备就绪”。[⑤]

在7月18~20日举行的会议上，贝特曼与内政部官员讨论了如何采取行动以保证公众支持战争决策的问题。总理当时就担心，尽管全面动员在军事上是有利的，但“无法补偿因此而在政治和思想意

---

① 参见 Riezler, *Tagebücher, Aufsätze, Dokumente*, 185。“解放”一词可能出自雷兹勒（Riezler）战前写下的文字，他当时曾认为，德国必须“把自己从［于己不利的］同盟的噩梦中解放出来”。参见 Moses, *T he Politics of Illusion*, 33。

② 参见 Riezler, *Tagebücher, Aufsätze, Dokumente*, 186。

③ 参见 John C. G. Röhl, “V. Admiral von Müller and the Approach of War, 1911 - 1914,” *Historical Journal* 12（1969）: 673, n. 105。

④ 参见 Fischer, *The War of Illusions*, 483。

⑤ DD: doc. 74.

识方面造成的损失”[①]，并且尤其担心工人们的反应。7 月 23 日，雷兹勒在日记中写道，如果战争来临，贝特曼“为增加［获得社会民主党人支持的］保险系数，就会私下与他们谈判”，并保证让军界那些“把他们诬蔑为赤色分子的家伙”闭嘴。谈到备战情况，雷兹勒写道：“运输线全面动员起来，重点是秘密进行战争防御安排。”[②] 两天之后（当时尚未对俄国的军事动作做任何表示），雷兹勒又写道，贝特曼一直与军界保持着电话联系。“商船已经受到警告。哈芬施泰因（Havenstein）正在［准备］进行财政动员。”当然，“目前，这一切都不可能公开进行”。[③]

奥地利的最后通牒于7 月 23 日星期四下午 6 点正式发出，仅仅为塞尔维亚做出答复留出了48 小时的时间。7 月 24 日，俄国人举行最高层会议，对这个最后通牒进行了讨论。鉴于其冗长的动员程序，俄国决定首先进行军事准备，作为部分或全面动员的第一步。[④]

与此同时，为了避免在外交方面出现转机，柏林正在催促奥地利，最后通牒规定的7 月 25 日下午 6 点这个期限一到，就立即对塞尔维亚宣战。不过，维也纳却希望在完成全面动员之后宣战，并于 7 月 24 日把这一想法通知了柏林。由于奥地利人还需要 16 天才能真正完成动员，柏林方面立即拒绝了这个时间表。7 月 25 日，奥地利大使索吉埃尼从柏林发回电报称，德国的态度是：一旦塞尔维亚拒绝了最后通牒中的要求，奥地利就应该立即宣战。战争行动的任何延误“都意味着危险……因为外国势力必然会干预”。[⑤] 然而，德国人所担

---

① 引自 Fischer, *The War of Illusions*, 483。

② 参见 Riezler, *Tagebücher, Aufsätze, Dokumente*, 189 - 190。

③ 参见 Riezler, *Tagebücher, Aufsätze, Dokumente*, 189 - 191。关于其他的秘密准备工作，可参见 Wolff, *Tagebücher 1914 - 1919*, 153。

④ 参见 D. C. B. Lieven, *Russia and the Origins of the First World War* (New York: St. Martin's, 1983), 140 - 145; and Luigi Albertini, *The Origins of the War of 1914*, 3 vols. (Oxford: Oxford University Press, 1952), vol. 2, 290 - 294。

⑤ 参见 Geiss, *July 1914*, docs. 71; *DD*: doc. 138。

[87] 心的并不是像俄国这样的列强在军事上进行干预，因为如前所述，与俄国开战正是德国人梦寐以求的事。恰恰相反，柏林方面所担心的是俄国会迫使塞尔维亚做出让步而避免全面战争。此外，德国领导人还担心，如果不宣战，另一个国家即奥地利可能会在外交上找到出路。如上的双重担心在7月18日肖恩关于与齐默曼会谈的报告中得到证实。他写道，德国领导人希望奥地利采取行动，而雅戈和齐默尔曼却疑虑重重。

> [维也纳] 似乎并不指望这样一种无条件支持……而齐默尔曼的感觉是，对总是胆小怕事和犹豫不决的维也纳当局来说，如果不能被德国人劝服而失去警戒之心和自我克制，倒是显得有点奇怪了……所以，如果 [奥地利人] 对塞尔维亚的行动没有拖延如此之久，而塞尔维亚政府也没有足够的时间为自己的利益给出一个满意的答复，或许还会在俄法两国的压力下采取行动，那么这里的情况可能会更好一些。①

具有讽刺意味的是，正是奥地利军队的军事统帅康拉德这位在过去的五年中最坚决地主张发动预防性战争的激进分子，当时却顶住了德国催促奥地利立即宣战的压力。德国要求把7月28日作为宣战的最后期限，而康拉德却固执地认定8月12日才是合适的日期。7月27日星期一下午，伯奇托德无视康拉德的意见，同意了德国的要求。下午3点20分，切尔斯基通知柏林，“他们已经决定明天或最迟后天宣战，主要是为了防止来自外部的各种干预”②。伯奇托德当日晚间送给弗朗茨·约瑟夫的报告表明，他十分清楚柏林的逻辑：“除非通

---

① *DD*: Appendix 4, doc. 2.

② *DD*: doc. 257. 另参见 Albertini, *The Origins of the War of 1914*, vol. 2, 455。

过宣战使局势明朗化”，否则三国协约“可能还会寻求和平解决冲突的途径”。[1]

分析德国的这些战争伎俩有助于揭开8月1日德国突然对俄国宣战这个巨大谜团。正如下文所述，对于这一行动，唯一站得住脚的解释与7月28日宣战的原因是完全一样的，即柏林方面希望抢在出现任何外交转机之前动手。

下面就让我们来看一看这次危机中最关键的七天，即7月26日星期天至8月1日星期六。关于这七天，大家普遍接受的解释是：德国文职领导人特别是贝特曼·霍尔维格本人在7月29~30日夜间临阵畏怯，试图阻止奥地利把整个体系拖入战争，但未能如愿。这种想法——几乎对这次战争的每一种解释都非常关键[2]——来源于两封重要的电报，分别发于7月30日凌晨2点55分和3点。电报内容似乎表明，由于担心世界大战即将发生，德国总理正在恳求奥地利与俄国达成一个维持和平的协定。[3] [88]

然而，如果把这两封电报与当天夜里、前两天夜里和第二天发生的所有事件综合起来考虑，就会形成一幅完全不同的画面。如前所述，这两封电报只能说明一件事：贝特曼试图让奥地利人缓和自己在

---

① 引自 Albertini, *The Origins of the War of 1914*, vol. 2, 460。

② 无意间引发战争的理论需要这样一种概念，以便说明德国领导人并不希望战争，只不过无法防止事态失控。菲舍尔也需要这一概念，因为他认为，由于贝特曼指望英国保持中立，所以当他发现英国确实在反对德国时便有点惊慌失措。

③ 因此，它们通常被称为“煽风点火”的电报。参见 Marc Trachtenberg, “The Meaning of Mobilization in 1914,” *International Security* 15 (winter 1990/1991): 120 - 151。特拉奇腾伯格(Trachtenberg)和我的观点基本一致，他也认为军界并没有篡夺控制权，并且先发制人的动机也是无关紧要的(Trachtenberg, “The Meaning of Mobilization in 1914,” 147 - 150)。但是，特拉奇腾伯格却把这些电报看成是贝特曼真心想要退出战争的举措，之所以如此，完全是为了应对俄国的动员，而不是针对英国的警告。贝特曼失算之后，并没有失去控制权，而是自己“放弃了控制权”，将其拱手让给了军界(Trachtenberg, “The Meaning of Mobilization in 1914,” 142 - 143)。然而，这仍然无法解释为什么贝特曼在有充分谈判时间的情况下会自动放弃。因此，特拉奇腾伯格的论点最终还要落在贝特曼脆弱的个性上。

世人面前的形象，以便把即将发生的全面战争的责任推给俄国。如前所述，把战争归罪于俄国对于赢得国内支持、保证奥地利参战和（一厢情愿地）延缓英国介入都是至关重要的。然而，要做到这一点，俄国必须给人以正在准备进攻德国本土的印象，而且还必须说服奥地利不要退出与俄国的和谈，最终，必须使全世界人民尤其是德国人民相信，俄国已经开始动员，而德国和奥地利仍然在寻求解决争端的和平途径。如上条件如果有一个环节出了问题，都不可能成功地发动一场预防性战争。

为实现上述目的，德国的计划又分为七个精心设计的步骤。第一步，必须激怒俄国，使之针对奥地利进行部分军事动员，也就是说，起码要达到 1912 ~ 1913 年那样的规模。要做到这一点，不仅要求奥地利向塞尔维亚宣战并立即发动攻击，而且还要假装向彼得堡方面做出承诺，部分动员不会引发全面战争。第二步，德国必须以一个守信的中间人的面目出现，似乎对奥地利的强硬立场一无所知，而只是希望冲突局部化。第三步，德国必须挑动俄国进入全面动员，并且把军事力量的矛头指向德国。同时，必须使公众相信，如果出于安全原因，德国认为不得不先发制人，那么既定的动员时间表就意味着德国不会受到谴责。

第四步，一旦俄国开始全面动员，柏林方面必须保证俄国人不会临阵退却。这就要求德国应该缓和外交措辞，使彼得堡方面错误地认为，双方的军事动员不一定会引发战争。第五步，必须使全世界人民相信，德国和奥地利领导人直到最后仍然在寻求和谈的途径，而俄国的全面动员却破坏了这个美好的意图。为达到这一目的，奥地利必须看起来像是真的在与俄国进行严肃的谈判，而德国必须看起来像是为了和平在积极奔走。第六步，必须确保奥地利领导人不会在最后时刻与俄国达成协议。以上两个步骤的运作是互相矛盾的，这是因为，维也纳方面越是想通过真的作出具体承诺的方式进行和谈，奥地利和俄

国双方找到某种可以接受的解决方案的可能性就越大。因此，必须迫 [89]
使奥地利只是装出一种真诚谈判的样子，而实际上却提出一些极端无理的要求，使得俄国根本不可能做出让步。

第七步的设计最为阴险：柏林向彼得堡发出一个最后通牒，声称德国不得不在 12 个小时后进行军事动员，却对动员是否会意味着战争一事不做任何说明。然后，12 个小时的期限一到，德国就突然对俄国宣战。正如向塞尔维亚宣战一样，这样就可以防止在最后时刻达成和谈方案。这样一来，德国就可以在过去两年来一直盼望的那种“有利条件”下发动一场大战。

尽管这种观点似乎把最高超的马基雅维利式思维赋予这帮通常被讥为少德无才、妄自尊大的德国官僚①身上，但下文表明，这是对这次危机最后七天发生的事件的唯一科学的解释。事实上，让全世界都认为他们并没有控制事件的进程，这本身就是德国计划的一部分。他们的计划如此成功，以至于这次冲突在 80 年之后仍然被视为任何国家都不希望发生的一个大战的范本。

决定命运的一个星期：7月26日至8月1日

对于如何把俄国拖入战争这个问题，德国领导人陷入了两难境地：他们知道一旦奥地利攻击塞尔维亚，俄国不可能充当一个无关的看客，但他们也知道，由于俄国仍然处于重整军备阶段，彼得堡方面眼下还不希望立即开战。所以，尽管奥地利的强硬态度可能会像 1912 ~ 1913 年那样促使俄国针对奥地利展开军事动员，但如果俄国人知道将要打一场全面战争时，他们很可能面对危境临阵退缩。

---

① Bumble 是狄更斯的小说《雾都孤儿》(*Oliver Twist*) 中一个助理牧师的名字，现专指那些妄自尊大的小官吏。作者此处借用这个词（bumbler）讥讽当时的德国官员，带有一定的文学色彩。——译者注

柏林方面知道俄国人希望维持现状，这方面的证据是非常明显的。6月16日，贝特曼在给里奇诺夫斯基的信中写道，由于目前俄国保护其在巴尔干地区利益的愿望更为强烈，“所以我并不认为俄国会过早策划针对我方的战争”。① 一个月之后的7月18日，雅戈在写给里奇诺夫斯基信中认为：“俄国目前还没有做好实施打击的准备……各方面的长期观察表明，俄国在几年内才能准备就绪。到那时，它才有可能靠士兵人数上的优势击败我们……俄国人当然深知这一点，所以他们决心在近几年内维持和平局面。”② 一个星期之后，雅戈再次对沃尔夫做出保证：“无论俄国、法国还是英国都不希望战争。”③

甚至在俄国已经开始进行军事准备之后，柏林方面仍然认为俄国人在为实现和平而努力。7月30日，在一次普鲁士内阁会议上，贝特曼指出，“最重要的是要把俄国置于战犯的地位”，他同时认为：
[90] “尽管俄国已经宣布开始军事动员，但其动员的程度仍然无法与西欧［诸强］相比。俄国的军队可能在数周内一直维持着这种动员状态。俄国并不希望战争，只有在奥地利的逼迫才会迈出这一步。”④

该事实不由使人对无意间引发战争这种解释中的一个重要论点产生怀疑，这个论点就是：德国领导人之所以先发制人地发动战争，乃是基于如下假定，即俄国的军事动员表明了俄国人的侵略意图。贝特曼的话的确可以证实，他知道俄国的动员并不一定意味着俄国必然进攻德国，仍然有许多和谈的机会。

虽然德国领导人知道彼得堡方面不希望战争，但他们同时也知道

---

① *DD*: doc. 3.

② *DD*: doc. 72.

③ 参见 Wolff, *Tagebücher 1914 – 1919*, 19 July 1917, 64。

④ *DD*: doc. 456. 其中第二段引自菲舍尔的译文，参见 Fischer, *The War of Illusions*, 492。另参见 *DD*: docs. 242, 291 445。

俄国会反对奥地利对塞尔维亚实施攻击。7 月 25 日，德国驻彼得堡大使弗里德里希・冯・普塔莱斯（Friedrich von Pourtalès）用电报转达了萨佐诺夫的严厉警告：“假如奥匈帝国胆敢吞并塞尔维亚，我们就会与其开战。”[①] 次日，普塔莱斯又发出电报称：“［俄国］最高司令部对奥地利的动作感到极度兴奋，我的感觉是，针对奥地利的军事动员已经全部就绪。”[②] 到 7 月 26 日星期天，也就是俄国开始部分动员之前的第三天，柏林方面已经对俄国的行动方案了如指掌，并且对此一点也不感到突然，因为俄国人在 1912～1913 年正是这样做的。[③]

所以，现在的关键就是要挑逗俄国人进入部分动员而又不会因为害怕中止行动。7 月 26 日下午，贝特曼收到的信息表明，俄国已经开始积极备战，即进入了仅次于部分动员的阶段。当晚 7 点 15 分，他通过电报通知普塔莱斯称，他可以转告萨佐诺夫，这样的措施足以迫使德国进行军事动员，而“动员……也就意味着与俄法两国开战”。然而，如果此时俄国对奥地利和塞尔维亚之间的争端持“观望态度”，柏林方面将致力于维护塞尔维亚的领土完整，“在事态的未来阶段”仍然有可能达成协议。[④] 需要特别注意的是，这里第一次使用了“动员就意味着战争”这一措辞。正如下文所述，在随后的一周里，每当总理想要刺激某个对手加速进行军事动员时，总是会选择这一措辞（如 7 月 31 日对法国就是如此）。

在这封电报中，更具马基雅维利风格的措辞暗示了如下的因果关系：只要俄国持一种“观望态度”，德国就可以允许俄国进行部分军事动员。这样做的目的是保证俄国能够像 1912～1913 年那样，在不

---

① *DD*：doc. 160.

② *DD*：doc. 194.

③ 参见雷兹勒 7 月 23 日的日记，其中记录了贝特曼关于战争会因为俄国的动员而爆发的观点。一旦出现这样的局面，“整个民族将感受到危险并奋起反抗”。参见 Riezler, *Tagebücher*, *Aufsätze*, *Dokumente*, 190。

④ *DD*：doc. 219.

引发全面战争的情况下针对奥地利进行军事动员。次日，雅戈为了对这一想法表示支持，公开宣布德国不会对俄国的部分动员做出反应。这是一种赤裸裸的欺骗：假如贝特曼和雅戈没有办法使俄国进入全面动员的话，他们正好可以利用俄国的部分动员作为发动战争的必要条

[91] 件。[①]

下面我将要证明，即使在一场世界大战显然已经无法避免的情况下，德国领导人在危机的最后一周中也没有采取任何有助于达成和解的行动。从7月26日到7月31日，曾提出过许多外交解决方案，但德国没有认真考虑过任何一种方案。不仅如此，有一点变得越来越明显，那就是彼得堡方面正在绝望之中寻找出路，而柏林方面却在竭力阻止和谈，而同时又装出一副希望和平的面孔。

7月27日星期一凌晨，柏林方面收到了三封电报。零点7分，里奇诺夫斯基发来的照会称，伦敦认为，外交大臣爱德华·格雷（Edward Grey）关于举行一次全欧洲国家会议的建议是“避免全面战争的唯一机会”，并且口气相当严厉。英国人的立场是，奥地利不得越过塞尔维亚的边界，否则，“一切都结束了，因为任何一个俄国政府都无不会容忍这一点”。那么，“世界大战也就不可避免了”。[②]

零点45分，从彼得堡传来的消息说，萨佐诺夫正在为这次危机“寻找出路”。普塔莱斯未经授权擅自采取行动，建议俄国和奥地利直接与作为调停者的第三方（暗指德国）举行会谈，萨佐诺夫对这一建议很感兴趣。[③] 零点45分收到的另一个消息表明，意大利“不

---

① 参见 Albertini, *The Origins of the War of 1914*, vol. 2, 481 - 482。当法国大使朱勒·卡姆邦（Jules Cambon）在本周晚些时候提醒他不要忘记自己的诺言时，雅戈虽然承认自己曾说过这样的话，却又声称“这番话……并不代表一种坚定的承诺”。参见 *DDF*, vol. 11: doc. 380。

② *DD*: doc. 236.

③ *DD*: doc. 238.

可能主动介入这场争端”。[①] 下午 4 点 37 分至晚上 8 点 40 分收到的另外三封电报进一步证实了伦敦方面的态度，即战争爆发与否完全取决于柏林，如果柏林方面不去阻止战争，英国将积极抗击德国。[②]

到星期一晚间，局势已经趋于明朗化：奥地利与塞尔维亚冲突的结果必然是一场战争，并且不可能是一场仅限于欧洲大陆的战争，但意大利不会支持德国。某些学者认为，德国领导人并未预料到这一事实，因为他们一直坚信这只不过是一场局部战争。显然，这一观点印证了如下说法，即他们直到星期三晚间才对局势有所认识，然后又试图避免这场全面战争。[③] 但是雷兹勒在星期一写下的日记表明，对于英国所持的这种新立场，柏林方面是非常清楚的：“所有的报告都认为战争不可避免……英国人的口气已经有所改变。很显然，伦敦方面突然意识到，如果［在支持力度上］对俄国过于冷淡，就会在协约国之间造成不和。”[④] 由于其职位使然，雷兹勒只能通过总理获得这类信息，所以贝特曼显然在星期一就已经明白，如果听任事态发展下去，结果只能是一场世界大战。

当日夜间，贝特曼在给切尔斯基的信中一开头就写道，由于柏林方面已经拒绝了格雷关于召开一次欧洲国家会议的建议，眼下就不能无视英国关于由德国充当调停者这一新的提议。他继续写道：“如果拒绝了所有的调停建议，我们就必然激起全世界的怒火，从而被指责为战争挑起者。”[⑤] 这番话颇有说服力。贝特曼不仅要推卸战争责任，［92］
并且在奥地利尚未对塞尔维亚宣战和俄国尚未进入部分动员的情况下，就已经假定了战争的必然性。不仅如此，不受谴责是至关重要

① *DD*：doc. 237.

② *DD*：docs. 258，266，and 265.

③ 主要参见 Richard Ned Lebow, *Between Peace and War*（Baltimore：Johns Hopkins University Press，1981），chap. 5。

④ 参见 Riezler, *Tagebücher*，*Aufsätze*，*Dokumente*，192。

⑤ *DD*：doc. 277.

的，这不仅因为需要让英国保持中立，而且还要获得国内民众对战争的支持。[①]

在柏林，德国外交部和总理本人正在煞费苦心地设法防止德皇阻挠德国的战争计划。7 月 27 日下午，柏林方面收到了塞尔维亚的正式答复。威廉没有听从贝特曼的劝告，于当天下午结束旅行回到柏林。于是就出现了这样一种可能性：面对塞尔维亚的求和意向，威廉会让奥地利取消原定于 7 月 28 日的宣战决定。因此，直到第二天早晨，官僚们才把塞尔维亚的答复送给他。然而，正如所担心的那样，这位仁慈的德皇开始动摇。他告诉雅戈，这个答复就等于一次“最屈辱的投降，因此，所有的战争理由都不再成立了”。尽管奥地利还会采取行动，但也只能“这样安排，使奥地利获得一项抵押（贝尔格莱德），从而作为一种胁迫对方遵守诺言的保证”。[②]

这就是德皇著名的“止步于贝尔格莱德”的建议。这实际上是一种巧妙的外交手段，因为这样一来，既可以允许奥地利迫使塞尔维亚屈服，又能在不彻底消灭塞尔维亚的情况下保住俄国人的脸面。[③]然而，贝特曼及其外交部虽然装出一副贯彻这一建议精神的面孔，实际上却立即着手暗中破坏其潜在价值。

在便条的结尾，威廉指示雅戈“按照既定的方针向我提交一项建议，并立即通知维也纳”。尽管早在 7 月 28 日上午 10 点就收到了这一指示，但贝特曼和雅戈却一直等到当晚 10 点 15 分，即获得证实奥地利已经宣战的消息之后，才把德皇的指示发往维也纳。这就确保了维也纳尽管不太情愿却又没有任何借口推迟宣战的时间。

更为重要的是，这一建议显然被篡改了。威廉的方案只是要求止

---

① 不应忘记，雷兹勒的日记表明，贝特曼当天还认为，如果俄国进行动员，“整个民族将感受到危险并奋起反抗”（见本章注释 49）。

② *DD*：doc. 293.（德皇的强调语句已删掉）

③ 7 月 28 日，英国也以基本相同的方式提出了这样的建议。

步于贝尔格莱德，随后便进行和谈，意即全体欧洲国家举行谈判。在星期二晚间的一封电报中，贝特曼指示切尔斯基通知奥地利人，可以考虑止步于贝尔格莱德另加“其他地区”的方案。不仅如此，电报中并没有关于和谈的暗示，更没有提到英国所希望的欧洲会议。这封电报或许是这次危机中唯一最具说服力的文件，理应对全文进行仔细研读。

这封电报一开始就强调，需要得到更多关于奥地利军事和外交计划的信息。塞尔维亚对最后通牒所做的倾向于和解的答复本身就存在问题，因为“鉴于［维也纳方面所持的］毫不妥协的态度，它有必要根据全欧洲的公众舆论来估计对方不履行诺言的程度”。 ［93］

第二段主要强调把即将爆发的战争责任推给俄国的必要性。考虑到前一天夜间的那封电报，这一点与英国保持中立无关，因为已经假定与英国开战是必然的。

> 根据奥地利总参谋部的声明，在8月12日前主动对塞尔维亚采取军事行动显然是不可能的。因此，［德国］正处于一种异常困难的境地，必须同时面对其他各个国家提出的调停与谈判方案。如果面对这类建议仍然继续保持原先的冷淡态度，就必然会因为对这场世界大战负有责任而引起公愤，甚至最终在德国人民中间招致不满。在这样的情况下，根本不可能成功地在三个战场顺利发动并进行战争。所以，最最重要的是，无论如何，都要让战火最终蔓延到那些一开始并不会立即卷入战争的国家这一责任落在俄国人头上。

在阐述了让俄国对战争负责的重要性之后，总理又转入了眼下面临的问题：其他国家如何看待奥地利。既然萨佐诺夫已经承认塞尔维亚必须受到惩罚，那么维也纳就应该告诉彼得堡方面，自己并没有领

土要求，并且

> 之所以进行军事准备，只是为了临时占领贝尔格莱德以及塞尔维亚领土上的其他某些地区，以迫使塞尔维亚政府满足自己的全部要求……我们的建议是，这种占领就像德国在法兰克福和会之后占领法国领土一样，目的是确保遵守有关战争赔偿的条款。

这就是总理的“止步”建议。贝特曼根本没有转达威廉的“止步加和谈”方案，而是建议实现法普战争之后强加于法国的那样一种和平！他认为，俄国不可能接受这样一种建议。显而易见，贝特曼的唯一目的就是改变原来的“止步”方案以安抚威廉，而同时使得全世界和德国公众舆论一致指向俄国。正如他本人所称，如果彼得堡方面看不到这一立场的公正性，“整个欧洲的公众舆论就会从奥地利身上转移开来而指向俄国。最终，整个外交形势（或许连同军事形势）将发生本质上的变化，变得对奥匈帝国及其盟友（即德国）更为有利”[①]。

因此，至星期二夜间，谴责俄国战争罪行的基础工作已经准备就绪。次日凌晨1点45分，德皇向沙皇发出了一封由外交部起草的信
[94] 件，为奥地利的强硬态度做道德上的辩解。这封信表明，威廉已经开始做调解努力，这当然是一种假象，因为他并没有也一直没有通知维也纳。[②] 德皇向沙皇发出的这第一封电报似乎表明，柏林方面正在寻求一种和平解决方案。然而，在发出这一信息至少两天之前就已经获悉，俄国人认为威廉给尼古拉发的电报本身就“表示了一种最确定

---

① *DD*: doc. 323.

② *DD*: doc. 335. 威廉只能通过总理与维也纳联系，这就使贝特曼能够监控甚至修改他发出的信息。

的和平意向”[①]。如果贝特曼真的希望和平，为什么拖了如此长的时间才进行对话呢？事态的发展表明，贝特曼之所以鼓动德皇与沙皇频繁互通信息[②]，只不过是为俄国承担战争责任制造证据。

7 月 29 日早晨 6 点 15 分，柏林方面收到的信息表明，萨佐诺夫仍然在急切地请求德国出面调停以避免战争。[③] 对贝特曼而言，这一信息以及俄国的部分动员尚未得到证实[④]的事实带来一个问题：如果俄国连最起码的部分动员都未实施，那么就不存在谴责俄国人发动战争的借口。所以，如果把贝特曼发出的两封电报与他在 7 月 31 日的行为进行对照，就可以发现德国正在寻求战争的关键证据。7 月 29 日，贝特曼一直在恫吓俄国人而安抚法国人；而到 7 月 31 日，他却完全反过来：开始安抚德国而恫吓法国。

对于这种反常举动，可以做如下最合乎情理的解释（另见下文有关 7 月 31 日情况的讨论）。7 月 29 日，俄国人尚未进行军事动员，但贝特曼需要他们有所行动，所以就故意进行挑衅。然而，由于法国人可以更迅速地动员起来，所以他希望他们能够推迟到德国有借口进行动员即俄国已经有所行动之后再进行动员。到 7 月 31 日，俄国已经开始全面动员，当然德国就可以采取行动。但是，贝特曼又担心俄国人会临阵退缩，所以就尽量安抚他们，尽管双方都已经进入军事动员，但仍然可以继续和谈。对于法国人，他现在需要一个首先对他们发动攻击的理由。因此，他希望激怒他们进入军事动员。

贝特曼在 7 月 29 日午间 12 点 50 分发给普塔莱斯的电报只有一

---

① *DD*：doc. 229.

② 原文为“‘Willy-Nicky’ Correspondence”，系指一战爆发前的 7 月 29 日凌晨至 8 月 1 日德皇与沙皇之间往来的十余封电报。德皇威廉（Welhelm）在电报中使用昵称 Willy，而沙皇尼古拉（Nicholas）用的是 Nicky，故史书和战争文件中把这些电报统称为“‘Willy-Nicky’ Correspondence”。——译者注

③ *DD*：doc. 338.

④ 这是沙皇及其顾问在前一天夜间大约 6 点才秘密做出的决定，但既没有通知普塔莱斯（Pourtalès），也没有实施。

句话，全文如下：

> 请提醒萨佐诺夫先生密切关注如下事实：如果俄国继续进行军事准备（Massnahmen），我们将不得不进行动员，这样一来，一场欧洲战争几乎是不可避免的。

他同时发往巴黎的电报全文如下：

> 关于法国正在进行战争准备的报告越来越多。请就此提请法国政府关注如下事实：此类措施（Massnahmen）将迫使我们为了自卫而采取行动。我们必须申明，一种“战争的危险”状态
> [95] 尽管不会直接意味着军事动员或征召储备兵源，却必然会加剧紧张局势。我们仍然希望维持和平。[①]

请注意，正如各国政府所理解的那样，这两封电报是针对法国和俄国所采取的军事“准备”或“措施”（其严重程度远远低于军事动员的水平）做出的反应（第二封电报明确提到了这一点）。然而，在告诉俄国人，其军事措施将会迫使德国进行军事动员从而造成战争不可避免的同时，却又告诉法国人，其措施不会导致德国进行军事动员，更谈不上战争。如果贝特曼真的一直在寻求和平，并且认为恫吓可以阻止德国对手进一步采取行动的话，电报中的口气就应该完全相反。法国既然可以更迅速地动员起来，就应该受到更严厉的恫吓；俄国既然在几周内才能把全部力量动员起来，本应该收到一封措辞相对温和、感到更有希望的电报。

既然俄国仅仅在进行军事准备，而德国的反应却是以军事动员相

① 参见 *DD*：docs. 341 and 342。

威胁，这就有点太不合情理——与1912~1913年来的一贯行为完全相反。所以，柏林方面显然希望彼得堡把这封电报看成德国正在为战争寻找借口的一个信号，而俄国人正是这样做的。再加上维也纳方面拒绝进行直接会谈以及在7月29日凌晨轰炸了贝尔格莱德，萨佐诺夫只能得出德国希望战争的结论。所以，俄国不得不进入全面动员。①

这两封电报发出两个小时之后，俄国命令进入部分动员的消息首先得到了证实。② 尽管贝特曼的部分目的已经达到，但仍未能实现其最佳效果：德国当然可以以俄国进行部分动员为由开战，但为了实实在在地把责任推给俄国，德国还需要俄国进入全面动员状态。在当日午后举行的一次会议上，贝特曼说服军界，在俄国进入全面动员得到证实之前先不要公开进行“战争冒险”的准备。他认为，在俄国人没有采取这一行动的情况下，“我们很难赢得公众舆论的支持”。③ 毛奇赞成贝特曼的意见，这并不令人感到奇怪，因为他在1913年2月就坚持侵略战争必须看起来是由俄国人发动的这一观点。他们深知，已经没有时间再等待下去。俄国人随时会进入全面动员，这一点已经越来越明显。7月28日夜间，彼得堡方面已经就全面动员的必要性进行了讨论；次日凌晨，沙皇签署了两项命令，一项是部分动员，一项是全面动员，并且后一项只有接到他的命令才能实施。

大多数历史学家都一致认为，7月29~30日夜间可能是这次危机中最为关键的时刻。一般认为，正是在这个夜晚，德国文职领导人最终证实了英国的敌对立场，在恐惧之中匆忙形成了一个最后的行动

---

① 参见 Lieven, *Russia and the Origins of the First World War*, 145 - 146; Albertini, *The Origins of the War of 1914*, vol. 2, 552 - 561。

② *DD*: doc. 343.

③ 参见 Geiss, ed., *Julikrise und Kreigsausbruch 1914*, vol. 2 (Hannover: Verlag für Literatur and Zeitgeschenen, 1964), doc. 676。另参见 Fischer, *The War of Illusions*, 494; and Albertini, *The Origins of the War of 1914*, vol. 2, chap. 11。

[96] 方案。这种解释的依据是7月30日星期四凌晨向维也纳发出的两封重要电报，其中的内容似乎表明，贝特曼在绝望之中试图约束奥地利的行为以避免世界大战。考虑到贝特曼在此前两个夜晚的所作所为，他其实不过是为了在奥地利坚持不妥协的情况下，尽量把德国的这个盟友打扮得更温和一些罢了。把战争的责任推给俄国人仍然是他的主要目的。

当天下午5点7分，从伦敦方面发来的一封电报表明，格雷认为俄国和奥地利之间的直接会谈完全有可能打开一条和平之路。然而，英国方面却也"坚定地认为"，"除非奥地利愿意就塞尔维亚问题举行会谈，一场世界大战势必不可避免"。[①]"世界大战"（Weltkrieg）这一措辞进一步证实了星期一后就一直流传的英国必然反对德国的说法。因此，在收到这些煽风点火的电报之前12个小时，显然已经只能在和谈与全面世界大战之间进行选择。但是，柏林方面仍然未采取任何行动。

当晚8点29分，收到了来自彼得堡的又一封电报。萨佐诺夫已经得到通报，维也纳方面拒绝了奥地利与俄国直接会谈的方案，并做了如下答复：现在已经别无选择，只有采纳英国关于举行全欧国家和谈的建议。萨佐诺夫明确表示，他并不指望奥地利"会把这个问题提交欧洲仲裁法庭"，"他只是在寻找一条摆脱目前困境的途径，并且他会为此抓住任何一根救命稻草"。[②]此时，贝特曼必须小心行事。对于在前一天夜间发出的指示，他还没有从维也纳方面听到任何动静，但他希望奥地利装出一副正在与俄国谈判的面孔。但是，照萨佐诺夫目前的绝望心态，如果能保住脸面，他很可能会接受奥地利提出的条件。因此，在当晚10点18分和10点30分，贝特曼向维也纳发

---

① *DD*: doc. 357. 关于午后4点34分收到的类似电报，可参见 *DD*: doc. 355。

② *DD*: doc. 365.

出了两封只有一句话的电报。第一封是询问是否已经收到7月28日的指示，即那封详细解释其“止步”建议的长篇电文；第二封则只是说，他“希望这些指示立即得到执行”。为了加快传输速度，第一封电报甚至没有加密，他的急切心情由此可见一斑。①

当日晚间8点29分至10点14分收到的四封电报非常明确地显示，俄国随时会由部分动员转入全面动员。② 贝特曼成功地挑动俄国做出了全面的军事反应。现在必须转而采取一种相对温和的立场，以诱导彼得堡方面相信，只要奥地利不受攻击，德国就会像1912～1913年那样继续容忍俄国的军事动员状态。深夜11点5分，贝特曼向彼得堡发出了一封电报，不仅毫无威胁恫吓之词，反而一再声称，尽管事态已经有点失控，但柏林方面仍然在寻求一种和谈方案。③

现在就让我们看一看于当日凌晨2点50分和3点发往维也纳的那两封煽风点火的电报。一般认为，这两封电报说明总理已经意识到，根据里奇诺夫斯基晚上9点12分发来的电报以及与英国大使在 [97]
晚间10点举行的会谈结果，英国必然会参战。然而，这种观点显然无法解释为什么贝特曼从晚上9点到次日凌晨3点的6个小时内发往维也纳的电报都没有任何对德国局势感到紧张的迹象。恰恰相反，这些电报只是表明，柏林方面正在迫使奥地利装出一副与俄国谈判的面孔，以便把战争的责任推给俄国。与此同时，他们经过精心策划，误导维也纳认为俄国人决心已定，因此世界大战必然会发生。与此前两个夜晚的所作所为完全一致，贝特曼一直在尽量避免做出一种负责的姿态，同时又可以确保奥地利不会因为害怕全面战争而临阵退缩。

午夜零点10分，贝特曼给切尔斯基发了一封电报，提供了德皇与沙皇之间通信的有关情况。其中的内容包括德皇写给沙皇的两封

① 参见*DD*：doc. 343 and its n. 3。

② *DD*：docs. 365A，369，370，and 376A.

③ *DD*：doc. 380.

信，同时强调指出，英国很可能在奥地利与塞尔维亚之间发生的冲突中袖手旁观，而彼得堡与维也纳之间能够达成谅解当然是最理想的。[①] 但是很显然，贝特曼并没有发出沙皇信件的原文，而只是在提到这封信时说，沙皇“已经请求［德皇］陛下从中调解”。尼古拉的确提出过这样的请求，但漏掉沙皇信件的原文却显然是一种故意：

> ［奥地利宣战］使得俄国上下群情激愤，我本人对此也深有同感。我敢说，我随时都会被加诸我身上的巨大压力所击倒，而被迫采取可能导致战争的极端措施。为了避免欧洲战争这样一场灾难，我请求您以我们之间古老友谊的名义，尽最大努力阻止您的盟友不要走得太远。[②]

在这封电报中，贝特曼显然是在故意淡化战争的可能性。而在不到一小时后发给驻彼得堡大使的一封内容几乎相同的电报中，他却附上了德皇的信件，并提供了沙皇复信的全文。[③]

深夜零点30分，总理又向维也纳发出另一封电报。他并没有附上晚间9点12分收到的里奇诺夫斯基电报的原文，而只是选择性地发出了前一天下午5点7分收到的里奇诺夫斯基电报的部分内容。由于他早已经知道了9点12分那封电报的全部内容，所以这一行为同样是为了（除非绝对必要）避免在维也纳引起恐慌。而对于下午5点7分那封电报，贝特曼也只是转发其中的两项内容：俄国已经知道，维也纳拒绝直接对话方案；格雷提出一项建议，只要奥地利同

---

① 参见7月29日下午大约6点30分发给沙皇的电报（*DD*：doc. 359）。另参见*DD*：doc. 335。

② *DD*：doc. 332.

③ *DD*：doc. 387. 毫无疑问，总理也应该对这两封电报负责，因为原始文件是他的手迹。参见*DD*：doc. 383，n. 1；*DD*：doc. 387，n. 1。

意，塞尔维亚可以接受更苛刻的要求。[①] 贝特曼信手删掉了格雷提出警告的那一部分内容：“一旦塞尔维亚被消灭”，俄国“不可能也不会袖手旁观”。[②] 总理指示切尔斯基通知奥地利领导人，柏林方面认为，“如果是建立在占领塞尔维亚的部分领土作为抵押上”，那么服从这一建议“就可以为和谈奠定充分的基础”。[③] 由于贝特曼对维也纳方面是否同意假装与俄国人谈判一事仍然一无所知，因此便抛出了这个变了调的“止步”建议。 [98]

在同一时刻即深夜零点30分，贝特曼还把普塔莱斯关于俄国已经开始部分动员的电报内容转发给维也纳。这封电报真正显示了贝特曼转发文本的技巧，即根据自己的需要，将驻各国大使发回的电文或逐字逐句或换上自己的措辞进行剪辑。在这里，他并没有引用普塔莱斯电报的原文，而只是简单地写道：“但是，与西线不同，俄国的军事动员并不意味着战争；俄国军队可能早已准备就绪，但不会跨过边境；与维也纳的关系并没有破裂，只要有一线可能，俄国也不希望战争。”[④] 这番话实际上出自萨佐诺夫之口，但贝特曼却将之作为柏林的声音转发了出去！总理显然是在竭力说服维也纳，对俄国进行部分动员一事不必过分担忧。[⑤] 总理在电报的结尾写道：“俄国人抱怨……和谈［并没有］取得任何进展。所以，我们迫切要求，为了避免一场巨大的灾难，至少为了委过于俄国，维也纳方面应该按照174号电报发起并继续进行谈判。”[⑥]

---

① *DD*：doc. 384.

② *DD*：doc. 357.

③ *DD*：doc. 384.

④ *DD*：doc. 385.

⑤ *DD*：doc. 342. 请注意，这段文字进一步证实了如下观点，即贝特曼知道俄国的动员是不同寻常的，却未能迫使德国军界采取先发制人的行动。另外，关于贝特曼7月29日与将军们开会的情况（他在会上曾告诉他们，他“认为……俄国的动员并不意味着战争”），可参见 Geiss，*Julikrise und Kreigsausbruch 1914*，vol. 2，doc. 676。

⑥ *DD*：doc. 385.

174 号电报就是前一天夜间发出的那封包括修正后的“止步”建议的电报（*DD*：doc. 323）。所以，我们在这里可以看到，在最后证实英国的敌对立场三个多小时之后，德国总理仅仅为了“至少委过于俄国”，就告诉切尔斯基执行连他自己也认为几乎不可能完成的指示。[①] 此时的贝特曼到底在害怕什么呢？由于那些煽风点火的电报在凌晨 3 点以前并没有发出，来自英国的信息对他产生了某种心理延迟效应，足以促使他立即改变想法，这种解释是可信的吗？当然不可信。如果到零点 30 分他还没有意识到自己的政策正在导致一场世界大战，难道在仅仅过了两个半小时后就会想得到，特别是在这段时间内并没有收到任何新的难以决断的信息。毋庸讳言，贝特曼在凌晨这段时间内始终坐卧不安的事实表明，他一直在等待某个重要的消息。

那么，到底什么样的消息才引出了那些煽风点火的电报呢？凌晨 1 点 30 分，在当日晚间发出三封电报[②]催问有关维也纳对“止步”建议反应的信息之后，贝特曼终于收到了切尔斯基发来的如下消息：

> 伯奇托德伯爵对［您的］建议表示感谢。部长准备再次重
> [99] 申曾经在彼得堡发表的有关领土问题的声明……鉴于再次发表声明涉及军事措施，伯奇托德伯爵认为，他目前不能立即做出答复。
>
> 尽管我对事态的紧迫性已经做了陈述，但直到深夜也没有收到进一步的信息。[③]

这封电报不会让总理感到高兴。奥地利继续表示决心这一点的确令人振奋，但维也纳并没有实施经他修正后的“止步”建议。正如

① *DD*：doc. 323.

② 分别于晚间 10 点 15 分、10 点 30 分和深夜 12 点 30 分发出。

③ *DD*：doc. 388.

贝特曼在星期二晚间所说，奥地利这种毫不妥协的态度使我们不可能在三线作战的战争中赢得胜利。

因此，总理陷入了困境：既然他迫使维也纳摆出一副强硬姿态，奥地利已经对消灭塞尔维亚（柏林不会接受比这更低的要求）深信不疑，甚至不愿意再经历假装妥协的阶段。为转移责任，柏林方面必须假装赞成英国关于通过调停解决争端的建议。现在的情况下就更是如此，因为奥地利毫不妥协，俄国已经转而求助于英国及其全欧和会的建议。①

然而，这正是麻烦所在。如果贝特曼仍然像1912年12月那样，让奥地利接受通过全欧和会调停的建议，奥地利很可能会拒绝，而对世界大战的憎恨情绪就会发泄到德国人身上。更为糟糕的是，由于奥地利害怕全面战争，很可能会接受这一建议。俄国肯定会表示赞成，这样一来，预防性战争就不得不推迟。所以，柏林方面需要用某种东西满足英国的要求，让奥地利装出一副希望和平的面孔，同时又能保证不会因此而达成任何外交解决方案。这个“某种东西”就是：奥地利与俄国就一个无法接受的“止步”建议举行直接会谈，而由德国充当调停者的角色。

正是这样一个如意算盘，才引出了当日凌晨2点55分和3点向维也纳发出的那两封煽风点火的电报。第一封一开始就引用了星期三晚间9点12分收到的里奇诺夫斯基电报的前三段内容，而故意删掉了最后两段。前两段主要涉及萨佐诺夫请求格雷继续进行调解努力的内容。格雷认为有两种可能性：全欧洲国家参与调解，或由贝特曼自行调解。格雷认为，如果奥地利在占领贝尔格莱德或其他地区之后再提出自己的条件，就可以为调解奠定一个合适的基调。第三段的主要内容是格雷的警告，即如果德国和法国卷入其中，英国就不会袖手旁

① *DD*: doc. 365. 发自普塔莱斯，7月29日晚上8点29分送达柏林。

观，由此引发的战争将是一场史无前例的巨大灾难。[1] 在转述了里奇诺夫斯基的信息之后，贝特曼继续写道，如果奥地利继续拒绝任何调解，奥地利和德国就将孤立地面对包括英国在内的其他所有列强。奥地利应该对自己因此得到的好名声和对塞尔维亚提出的占领贝尔格莱
[100] 德或其他地区的要求感到满足。

> 在这样的情况下，我们迫切而真诚地建议，维也纳内阁能够考虑接受在上述优惠条件下进行调解。否则，由此引起的后果对奥地利和我们来说都将是一种非同寻常的沉重责任。[2]

面对世界大战日益临近这一严酷局面，总理却提出了一个寻求外交出路的建议，似乎表明他突然生出了一种对和平的渴望。然而，请注意，这里并没有请求维也纳接受"止步"建议，而只是"在上述条件下进行调解"，也就是说，关于"止步"问题的谈判可以作为一种后续手段。这样的谈判一旦开始，谴责的矛头就会从德国身上转移开来，并且谈判也不会很快取得成果。[3] 那么，柏林方面所寻求的又是一种什么样的调解呢？对于维也纳到底是接受通过全欧和会进行调解还是仅由德国进行调解这个问题，这封电报中并没有明确表示。凌晨 3 点发给切尔斯基的第二封电报解决了这个问题：奥地利会选择第二种方案。

这封电报在一开始就转述了柏林于 7 月 29 日晚间 8 点 29 分收到

---

① *DD*：doc. 368. 丢失的第五封电报表明，格雷认为，他能够"确保奥地利的每一种要求都得到满足"。因为贝特曼并没有向奥地利发出这封电报，说明他不愿意维也纳与英国人继续进行磋商，所有的调停一律要通过柏林进行。

② *DD*：doc. 395.

③ 这样的阐释似乎还不如下面这种更简单的解释讲得通：贝特曼真心希望奥地利打退堂鼓，并且同意与俄国进行交易。然而，尽管两种解释都是可能的，但后一种解释仍然与贝特曼围绕这封电报采取的所有行动是矛盾的。

的普塔莱斯电报的大部分内容。萨佐诺夫通知普塔莱斯，维也纳方面已经明确拒绝进行直接谈判，因此，似乎有必要考虑采纳英国关于举行全欧和会的建议。[①] 贝特曼告诉切尔斯基，这种说法与此前切尔斯基提供的关于伯奇托德伯爵与俄国驻维也纳大使已经开始会谈（即双边而非多边谈判）的报告大相径庭。

> ［维也纳］拒绝与彼得堡进行任何意见交流……［是］一个严重的错误，因为这将直接挑动俄国人进行武装干涉，而奥匈帝国根本就无力阻止他们。
>
> 我们当然时刻准备履行自己的同盟义务，但也绝不能听任维也纳在不尊重我方意见的情况下，不负责任地把我方拖入一场世界性灾难中。[②]

显然，由于德国反对所有欧洲国家的介入，柏林方面正在迫使奥地利接受俄国与奥地利直接会谈而由德国出面调解的方案。然而，这一建议并不能说明柏林自从星期一晚间之后一直坚持的观点发生了任何实质性的变化。通过控制调解过程，德国不仅可以装出一副诚实的中间人面孔，而且还能确保奥地利“止步”的条件足够苛刻，从而防止出现俄国妥协的局面。

如果对总理及其外交部密谋在最有利的条件下发动全面战争的事实还存有疑问的话，那么看一看他们在 7 月 29 日到 8 月 1 日这段时间的所作所为就完全明白了。这场阴谋就是：德国军队和公众舆论进入战备状态，一旦俄国宣布全面动员，就立即发动战争。正如穆 ［101］
勒上将在 7 月 27 日所做的精辟总结：“我方的政策倾向［就是］

① *DD*: doc. 365.

② *DD*: doc. 396.

保持安静，让俄国人自己出错，然后陷入战争的泥沼而难以自拔。”[①]

如前所述，7 月 29 日，贝特曼甚至说服军界，使其同意在俄国进行全面动员之后再宣布进入“战争危险”准备状态。同一天，在与社会民主党的高层官员会面时，他又获得了他们对发动一场针对斯拉夫人威胁的全面战争的支持。[②] 次日，贝特曼兴奋地告诉自己的僚属，“德国民众的情绪甚好”，“对于社会民主派或社会民主党的领导层，［并不需要］特别担心”。[③] 雷兹勒在 7 月 27 日的日记中写道，总理正在“从各个方面做民主党人的工作”。[④] 精心制定的策略显然已经奏效。

不过，此时仍然存在一个潜在的障碍，即德皇。由于进入战争状态需要他的签字，所以必须要让他相信，俄国的行动迫使德国不得不进行军事动员，而不能使他因为害怕而妥协。7 月 30 日午间 11 点 15 分，总理向威廉发出了两封电报。在第一封电报中，贝特曼强调了英国人参战的决心，然后指出，尽管他已经执行了威廉关于争取调解的指令，但并没有听到维也纳方面做出任何反应。毫无疑问，贝特曼并没有解释他已经在未经授权的情况下改变了德皇的指令。电报后面的内容暴露了他的真正意图：

> 我已经指示［切尔斯基］……要求伯奇托德伯爵立即做出解释，以便使这一事件能够以某种方式结束。我还提醒他注意如

---

① 参见他的日记，引自 Röhl, “V. Admiral von Müller and the Approach of War, 1911 - 1914,” 669。奥地利驻柏林的海军武官在同一天给维也纳的信中写道：“这里的人们正在非常平静地等待着出现各种可能的复杂局面，并且认为目前采取一个大的动作是最有利的。”引自 Fischer, *The War of Illusions*, 487。

② 参见 Jarausch, *The Enigmatic Chancellor*, 169。

③ *DD*: doc. 456.

④ 参见 Riezler, *Tagebücher*, *Aufsätze*, *Dokumente*, 193。

> 下事实：就奥地利针对塞尔维亚采取的行动的目的和程度，维也纳向彼得堡发表的每一项声明都只能在全世界面前强调并公开贴上“俄国人对此负责”的标签。[①]

这番话很难与某些人的观点对上号，因为他们的说法是：当总理发出那些煽风点火的电报时，他是在寻求和平。仅仅过了8个小时，他在这里再一次谈到把战争责任推给俄国这个问题。

从11点15分发出的第二封电报中，我们可以看到，总理正在利用德皇来推行自己的计划。贝特曼建议威廉对沙皇发表声明，如果俄国继续进行部分动员，“那么，我本人［德皇］即使愿意应阁下请求担当调解人的角色，也必然会受到伤害。眼下而言，只有阁下本人负有做出决定的责任”。贝特曼在电报的结尾写道：

> 鉴于［德皇的］这封电报将成为历史上一份特别重要的文件，我以最谦卑的态度奉劝陛下，只要维也纳方面尚未做出决定，就不要在电报中透露陛下作为调解人的角色已经结束这一事 ［102］
> 实。[②]

如果贝特曼一直在寻求和谈方案，他为什么会说出这样一句稀奇古怪的话呢？显然，答案就是：他并不需要这样一种方案。所以，在德国人民获得俄国入侵的书面证据之前，他已经预先做好了计划。德国的白皮书（题为“德国与俄国开战的原因”）恰恰在三天之后的8月2日出版[③]，然后在第二天提交国会（即与法国进入敌对状态之前），这根本不是什么巧合。即使是简易的出版印刷系统，也必须用

① *DD*：doc. 407.

② *DD*：doc. 408.

③ 参见 Geiss，*Julikrise und Kreigsausbruch 1914*，vol. 2，doc. 1089。

至少一个星期的时间准备书稿，而在这段时间里，大家却都认为柏林方面正在寻求一种调解方案。白皮书中所列“证据23”恰恰是威廉发给沙皇的电报，即“将成为历史上的一份特别重要的文件”的那封电报，同样也不是什么巧合。

这场阴谋到此并没有结束。在白皮书中，电报发出的时间是7月30日凌晨1点。但是，实际发出时间却是柏林时间当日午后3点，并且彼得堡直到下午5点30分才收到这封电报。电报的最后文本和出现在白皮书中的文本的结尾都是：“眼下而言，做出决定的全部重担都压在您［沙皇］一个人的肩上，您必须承担战争或和平的责任。”① 考虑到直到下午5点俄国才签发全面动员的命令，加上传送正式文件还需要一定的时间，这就使俄国人看起来好像完全不顾一次次的预先警告，一直在积极地针对德国进行军事动员。这的确算得上是“历史上的一份特别重要的文件”!②

7月30日白天，来自各地的报告表明，俄国正在加速进行全面动员。③ 前一天夜间，沙皇本来在莫斯科时间8点整就签发了命令。但是10点刚过，尼古拉收到了威廉的信件，吓得他又取消了命令。7月30日上午，萨佐诺夫和军界领导人虽然对这一变化感到十分困惑，还是决定恢复全面动员。彼得堡时间下午3点左右，尼古拉和萨佐诺夫碰头，大约一个小时后，沙皇勉强同意重新进行全面动员。到5点，动员令发出，生效时间定在7月31日。④

为了使俄国维持其动员水平，贝特曼及其僚属还必须实施另一项计划。首先，总理已经说服了军界领导人，他们同意在俄国开始全面

① *DD*: doc. 420. 另参见德国的白皮书，*CDD*: Exhibit 23。

② 在德国声称俄国应对战争负责的白皮书中，靠非正当手段争取时间的例证不止这一处。分别参见 Exhibits 20 and 21 of *CDD* to *DD*: docs. 335 and 332。

③ 尤其是 *DD*: doc. 422 中表明，俄国正在奥地利和德国边境一线积极备战。

④ 参见 Lieven, *Russia and the Origins of the First World War*, chap. 5; Albertini, *The Origins of the War of 1914*, vol. 3, chap. 1。

动员之后再采取公开的军事行动。计划的第二步按如下方式进行：一旦从彼得堡方面得到证实已经进入全面动员的消息，柏林就向俄国发出一个最后通牒，只给它两个小时的时间撤销动员令，否则德国将进入全面动员。与此同时，动用一切手段防止在最后时刻达成外交解决方案。这就需要精心协调，做到三箭齐发。 [103]

第一，要正告俄国人，拒绝最后通牒只会导致德国进入全面动员，也就不再需要动员意味着战争之类的暗示。因此，彼得堡就会认为，动员将一直持续下去，直到双方谈判达成协议。然而，如果俄国表示拒绝，柏林就突然对俄国宣战。正如对塞尔维亚宣战一样，这一行动将避免出现任何可能的外交解决方案。

第二，要指示奥地利中止所有谈判，并立即向俄国开战。如果奥地利领导人临阵退缩，这一安排也可以防止奥地利和俄国之间达成协议。不仅如此，这样还可以确保奥地利将其主力部队的进攻指向俄国，而不再把其主要目标放在消灭塞尔维亚方面。

第三，由于英国人最有可能充当诚实的中间人这一角色，必须要防止俄国在英国的劝说下临阵退缩。所以，必须通知伦敦方面，俄国和奥地利之间已经开始会谈，柏林方面正在积极从中调解。同时，不能让伦敦知道德国正在准备立即发动战争，这一点也非常重要，因为伦敦一旦知道真相，就会迫使沙皇接受奥地利提出的条件，战争只能不了了之。对于法国，柏林面临着一种可笑的却是自己制造的困境：法国尚未充分地进行军事动员，所以柏林无法因为即将爆发的战争对法国进行谴责。所以，在 7 月 31 日，原先用来挑动俄国人的手法这一次又用在了法国人身上，即正告巴黎方面，法国人的军事措施必然会引发战争。简而言之，德国对俄国和法国的外交手段与两天之前完全对调过来。7 月 29 日是激怒俄国，安抚法国；现在则是以继续和谈来安抚俄国，却告诉法国已经无能为力了。[①]

在俄国的全面动员得到证实之后，柏林方面仍然需要奥地利根据指示的方针与彼得堡开始会谈。所以，尽管已经到了 7 月 30 日星期四，贝特曼仍焦急等待着维也纳方面的消息。下午 5 点 20 分，切尔斯基发来的电报表明，奥地利已经指示驻俄国大使开始与萨佐诺夫会谈。尽管这一消息拖延得太久，但还是相当令人振奋。然而，这封电报同时也表明，奥地利并不想止步于塞尔维亚的领土，并且只有在达成和平协议“迫使［塞尔维亚］满足［奥地利］的所有要求之后”才会撤军。电报中的另一番话同样令人担心，尽管维也纳已经针对塞尔维亚开始部分动员，但奥地利人对于是否有必要进入全面动员一事依然犹豫不决。[②] 简而言之，直到星期四晚间，奥地利不仅没有摆出一种和解姿态，而且似乎也无意在战争最关键的头几天与俄国开战。

正如他们在 1913 年 2 月所做的那样，贝特曼和毛奇仍然在同心协力逼迫奥地利就范。星期四晚上 9 点，贝特曼通知切尔斯基，如果维也纳方面拒绝做出让步，“那么就几乎不可能把造成欧洲灾难的罪过推到俄国人身上”。奥地利面对英国外交努力所采取的态度“会使我们在本国人民面前陷入一种非常尴尬的境地。因此，我们只能敦促奥地利接受［英国的］建议”。[③] 这一次，贝特曼的目的仍然不是维护和平，而是把战争的责任推给俄国。当天下午，毛奇告诉奥地利使

---

① 柏林需要首先对彼得堡进行挑衅的原因是显而易见的。当时，俄国的军事动员进程十分缓慢，所以德国作为军事动员最迅速的国家，完全可以让其先采取行动。法国的军事动员虽然并不像德国那样快，但相当充分，所以在最后时刻到来之前必须使其尽量延迟。这样就可以使德国宣布自己只是为了应对法国的军事动员，从而使法国军队来不及进行战争准备。在这里，柏林是在玩一种精心设计的游戏：尽可能地把战争责任推给俄国和法国，迫使其他国家率先进行动员（或者至少做出一种已经动员的姿态），同时柏林必须确保其他国家的实际备战水平相对较低，以增加获胜的机会。重要的是，德国领导人如何有效地玩好这个游戏，因为这两大目标（推卸战争责任和降低其他国家的备战水平）的努力方向是完全不同的。

② *DD*：doc. 433. 另参见 *DD*：doc. 441。

③ *DD*：doc. 441.

馆的一位武官（他于下午 5 点 30 分向维也纳做了汇报），柏林希望奥地利立即针对俄国进行军事动员。毛奇还承诺，德国将履行其同盟义务，这正是维也纳方面一直等待的承诺。[①]

当天深夜，贝特曼又与毛奇、法金汉碰头讨论了军事形势。军界领导人认为，俄国的确正在紧锣密鼓地进行全面动员。[②] 局势已经明朗，德国谴责俄国发动战争的时机已经到来。然而，贝特曼此时却必须阻止奥地利立即就柏林方面的要求（即奥地利向俄国承诺止步于塞尔维亚，这是贝特曼在两个小时前刚刚重申过的一项要求）展开行动。深夜 11 点 20 分，贝特曼又发出了一行明码电文（为了加快传送速度）：“眼下请先不要执行 200 号指令［晚上 9 点发出的电报］。”突然撤销执行这一指令的原因本来已经拟就（全文如下），却一直没有发出，或许因为其中过分暴露了柏林的意图，其实完全没有必要在俄国进入全面动员之后再迫使奥地利开战。

> 我［贝特曼］之所以撤销了执行 200 号指令的命令，是因为总参谋部刚刚通知我，我们的邻国尤其是东面的邻国的正在进行军事准备，如果我们不想遭受突然袭击的危险，就必须尽快做出决定。总参谋部迫切希望立即得到有关维也纳所有决定特别是军事方面决定的确切信息。

然而，7 月 31 日凌晨 2 点 45 分，柏林方面反而做出了一种不合逻辑的解释：之所以撤销命令，是因为收到了英国国王的一封信。[③]

此时，战争一触即发。7 月 31 日星期五上午，总理和军界领导人一起等待着俄国进入全面动员的消息。午间 11 点 40 分，这一消息

---

① 参见 Albertini, *The Origins of the War of 1914*, vol. 2, 673。

② 参见 Albertini, *The Origins of the War of 1914*, vol. 2, 23－27。

③ *DD*: docs. 451 and 464.

终于得到证实。[1] 卡尔·冯·温宁格尔（Karl von Winninger）将军描述了当时德国国防部的气氛："到处洋溢着笑容，人们在走廊上相互握手，大家都在为清除了最后的障碍而尽情庆贺。"[2] 这里所说的障碍，显然指的是俄国尚未进行全面动员，从而造成德国无法指责俄国发动战争的被动局面。

[105] 现在，贝特曼就可以动用最后一个外交手段，以确保俄国承担战争的责任。一个期限只有 12 小时的最后通牒已经拟就，正准备发往彼得堡，除非俄国人做出让步，否则将面临德国的全面动员。这个最后通牒的措辞以及通知其他各使馆的方式或许是贝特曼在这次危机中最得意的杰作，它是如此巧妙，以至于几乎所有的历史记述中都没有出现过。[3] 7 月 31 日下午 1 点 45 分至 3 点 30 分，又分别向五个重要的首都发出了五封电报。除了发往维也纳的一封，其他电报的口气几乎完全一样：柏林为形势所迫向俄国发出了最后通牒。发往俄国的那封包含最后通牒的电报是由总理本人亲自起草的，其他四封则由雅戈起草，但在发出之前由贝特曼做了仔细修改。[4] 这样一来，贝特曼就可以根据自己对各方的不同态度，向各个国家发出不同的信息。

下午 3 点 30 分向彼得堡发出的最后通牒如下：

> 尽管一直在进行谈判，尽管我方直到此刻尚未采取任何动员措施，但俄国已经动员了自己全部的陆军和海军，并且是针对我方进行的。为了帝国的安全，作为对俄国如上措施的回应，我们

---

① *DD*：doc. 473.

② 参见"Neue Dokumente zu Kriegsausbruch und Kriegsverlauf," documents collected by B. Schulte, *Miliätrgeschichtliche Mitteilungen* 25（1979）：140。温宁格尔（Wenninger）继续写道："对于昨天的电报［据推测是毛奇发给康拉德的电报］，维也纳仍未做出答复。在我们最后发出这封电报之前，仍然不敢肯定。"

③ 尽管阿尔伯蒂尼（*The Origins of the War of 1914*, vol. 3, 39–45）得出了不同的结论，却是我所能找到的唯一例外。

④ 考茨基（Kautsky）出版的原始文件（*DD*）中的脚注表明贝特曼做过改动。

> 只能被迫宣布进入战争危险状态，虽然不一定因此就意味着军事动员。但是，如果俄国不能在12个小时之内取消针对奥匈帝国和我国的所有战争措施并就如上事实向我方做出明确说明，我们将随之进行军事动员。[①]

第一句话显然是在撒谎。谈判不可能“一直在进行”，因为柏林方面已经在前一天夜间要求切尔斯基停止谈判。尽管德国尚未进行动员，却已经秘密地采取了各种措施，完全能够在几天之内动员起来（事实表明，德军在8月2日就进入了卢森堡）。

但是，这封电报的巧妙之处就在于它并未明言，即其中并没有提到起草最后通牒时就已经制定的计划：柏林准备在俄国拒绝最后通牒之后立即宣战。不仅如此，柏林在7月26日和29日仅仅针对对方的军事准备就曾以战争相威胁，而现在却连德国的动员将导致战争这样的暗示都没有写进电报。

这并不是什么疏忽。同一时间发往巴黎的电报一开头同样提到了“正在进行谈判”和俄国的动员情况，但随后写道：

> 因此，我们已经宣布进入战争危险状态，如果俄国不能在12个小时之内取消针对奥地利和我国的所有战争措施，我们将随之进行军事动员。**军事动员将必然意味着战争**。敢问法国政府，是否打算在这场俄德战争中保持中立。对此，必须在18个小时内做出答复。[②] [106]

“军事动员将必然意味着战争”?! 如果柏林真的想警告俄国人，

① *DD*: doc. 490.

② *DD*: doc. 491.（译文中改用黑体表示强调）

那么就应该在给俄国的电报中写上这句话。然而，虽然雅戈在［给法国的电报］原稿中并没有写这句话，但贝特曼在电报发出之前却把它加了进去。[①] 由于柏林一直在告诫巴黎，仍然有可能通过和谈实现和平，所以这种态度突然转变的原因是非常明显的：原先使用“动员意味着战争”这一措辞是为了激怒俄国，而现在却是为了迫使法国进入军事动员，以便谴责法国在西线进攻德国。[②]

因此，发给彼得堡的最后通牒是为了防止俄国人临阵退却，而送给巴黎的照会却是为了迫使法国人立即进入全面动员（他们正是这样做的）。发往英国和意大利的电报也动了一番心思，都是在一开头就抗议俄国进行军事动员。发往罗马的电报首先指出，如果俄国不能“在 12 个小时之内取消针对奥地利和我国的所有战争措施”，德国将会进入军事动员。然后继续写道：

> 动员将意味着战争。我们已经通知法国人，让他们决定是否保持中立……如果法国的答复是否定的（我们的确也这样期望），那么法国与我国之间势必立即宣布进入战争状态。
>
> 我们可以肯定，意大利将履行自己所承诺的义务。[③]

显然，这样做的目的就是要把意大利拖入战争。由于三国同盟只有在一方遭到攻击时才提供援助，贝特曼特别把雅戈原稿中略显生硬的口气改得温和一些。雅戈使用“动员必然意味着战争”的措辞，

---

① *DD*：doc. 491，n. 4.

② 如果法国真的同意保持中立将会怎么样呢？这样就会破坏作为一种自卫行动对法国发动攻击的计划，从而迫使德国只面对俄国，那么其东线就会完全暴露给法国。为了避免出现这种可能性，贝特曼在这封电报中附加了如下指令：如果法国真的宣布中立，大使就“要求以交出图尔和凡尔登要塞作为中立的承诺条件”，德国可以占领这两个要塞，直到与俄国的战争结束（*DD*：doc. 491）。这个条件实在令人难以容忍，足以迫使法国拒绝保持中立并进行军事动员。

③ *DD*：doc. 492.

贝特曼显然意识到，“必然”一词有可能使人认为德国正在为战争寻找借口，于是就把它从最后的电文中删掉，而加上了“俄国可以通过取消其战争措施而避免战争”这样的措辞。①

对于伦敦方面，目的就是要尽量让英国人感到无从下手，以防止他们过早插手彼得堡方面的战事。所以，贝特曼必须尽可能地洗清德国希望战争的嫌疑，而让伦敦方面仍然相信有可能找到一种外交解决方案。与其他三封电报一样，发往英国的电报仍然以“一直在进行谈判”开头，只是出现了“调解显然并非没有希望”这样的措辞，无非是为了让英国人抱有一线希望。当然，发往法国和意大利的电报中使用的措辞——如果俄国不能取消其战争措施，德国将进行军事动员——同样也出现在了给英国人的电报中。然而，后面却没有出现像给意大利人的电报中“动员将意味着战争”，或给法国人的电报中 [107]
“必然意味着战争”这一类措辞。我们在雅戈的原稿中可以看到，他认为贝特曼至少会暗示战争的可能性，因为在申明了俄国的拒绝将导致德国进入军事动员这一点之后，雅戈又写道：“与俄国的战争似乎已经无法避免。”在最后的电文中，总理把这句话删掉了。② 由于雅戈原稿的措辞比较克制，贝特曼最后的电文传达了一种完全不同的信息：既指出动员与战争之间没有任何联系，同时又暗示德国愿意为了和平给俄国更多的时间。若是单独地读一下这封电报，一般会认为这不过是一次低调的警告：紧张局势正在加剧。但其真实意图——柏林准备对俄国宣战，然后在几个小时内入侵卢森堡——却被巧妙地隐藏起来。

这四封电报显然证实了如下的论点：贝特曼已经无法控制 7 月 30 日之后的事态发展。那么，发给奥地利的电报又在哪里呢？事实

① *DD*: doc. 492, n. 9.

② *DD*: doc. 488 and its n. 6.

上，根本没有发出过任何文字通知奥地利有关对俄国的最后通牒以及12小时期限等事项。在大约两个小时之前的午后1点45分，贝特曼仅仅向维纳发出了一纸简短的文字：

> 由于俄国正在进行军事动员，我方已经宣布进入战争危险状态，并且很有可能在48小时之内就会开始动员。这必然意味着战争。我们希望奥地利立即主动与俄国开战。[①]

乍一看，这样一封电报竟然出自一个正在寻求和平或至少希望冲突局部化的政府首脑，显然令人难以置信。维也纳不仅是唯一一个不知道那个最后通牒的首都，而且贝特曼还告诉奥地利人，宣布进入战争危险状态之后“很有可能在48小时之内就会开始动员”。并不是“很有可能”，而是已经肯定；并不是“48小时”，而是不到24小时（考虑到最后通牒的传送时间和12小时期限）；并不是即将动员，而是终止所有谈判，立即宣战。人们完全可以这样想，如果一个国家能够得知事情的真相，那么这个国家就可以称得上是德国最后的真正盟友了。

考虑到前一天夜间那封撤销关于奥地利向俄国承诺止步于塞尔维亚的指示的电报，这一骗局似乎只有一种解释：柏林方面希望维也纳知道，外交努力已经结束，奥地利必须立即与俄国开战，而不是塞尔维亚。如果让奥地利人知道最后通牒的真相（更不用说整个真实计划），他们就会急于同俄国人达成协议，而这正是德国人所不希望看到的。

看一看总理“这必然意味着战争”，“我们希望奥地利立即主动
[108] 与俄国开战”这些原话，就一切都明白了。在这里，我们再一次对

① *DD*: doc. 479.

“必然意味着战争”提出疑问。其中的理由是显而易见的：如果战争是必然的，那么根据定义，外交努力就已经结束。对于柏林“希望”奥地利立即并主动地与俄国开战这句话，也只有一种简单的解释。众所周知，维也纳的目标是消灭塞尔维亚，而不是与优势明显的俄国人作战。不仅如此，多日以来，康拉德一直在暗示，即使德国把奥地利拖入全面战争，奥地利的主力部队仍然会部署在南线对付塞尔维亚。虽然毛奇曾试图说服康拉德，让他相信打一场全面战争完全是为了奥地利自己的利益，但康拉德依然我行我素。[①] 所以，柏林现在并不是在“请求”或“建议”奥地利“考虑”对俄国发动战争——这是前几天夜里提出“止步”建议时使用的措辞——而是“希望”奥地利这样做。考虑到德国在同盟中的支配地位，这一外交术语实际上就是一种命令式的“要求”。

不仅如此，德国的希望是“立即主动地参战”，并且贝特曼更强调“积极”一词。为了实施施里芬计划，柏林方面不仅要求奥地利集中兵力对付俄国，并且还要不断发动攻势，以转移俄国军队对德国形成的压力。很显然，奥地利并不愿意牺牲自己的军队，而让德国腾出手来吃掉法国。柏林曾经暗中威胁，要把奥地利完全暴露给俄国人，而这正是奥地利人最大的一块心病。[②] 因此，对于奥地利人来说，这封简短的电报只能有一个意思：不要错误地以为你们可以集中兵力对付塞尔维亚，或者运用外交手段让俄国人置身事外，全面战争必然发生，全部精力都必须放在对付俄国方面。

这样一来，就只剩下一个可能的障碍：俄国有可能屈服于奥地利的要求而退出战争。有一种方法肯定可以阻止这种情况发生，即对俄国宣战。德国于8 月1 日提前宣战最终证明，到7 月底，世界大战已经

---

① 参见 Albertini, *The Origins of the War of 1914*, vol. 2, 671 - 674; vol. 3, 45 - 46。

② *DD*: doc. 396 and 465.

成为较之所有可能的和谈方案的最佳选择，即使满足奥地利的全部要求也已经无法避免。通过贝特曼的积极游说，德国工人正在准备打一场抗击斯拉夫侵略者的自卫战争，并且也赢得了奥地利的支持。加上德国的军事力量正处于巅峰状态，如此有利的时机真可谓千载难逢。

这样一来，就出现了一个使其他各种理论困惑不已的难题：为什么最后通牒的 12 小时期限一到，德国文职政府就要在对包括俄国在内的所有国家不做任何警告的情况下对俄国宣战呢？从军事战略的角度看，等到自己的军事力量准备就绪再发动攻击或许是不明智的。正是因为意识到这一点，文职领导人在宣战的决定成为既成事实之前一直对所有最高军事领导人（只有一人除外）严格保密。有人认为，
[109] 由于贝特曼与残暴的德国军界斗法，德国不得不遵守国际法，在发动攻击之前首先宣战，这样的论证也是毫无意义的。考虑到德国在三天之后未经宣战就入侵中立国比利时，这一论证显然是十分荒谬的。不仅如此，虽然柏林方面故意暂时不对法国宣战，但法国仍然先于俄国几个星期遭到攻击。所以，认为宣战的方式具有某种外交或政治价值也是讲不通的。如果还有一点价值的话，那就是宣战破坏了贝特曼本人谴责俄国发动战争的企图。

认为德国领导人在没有考虑各种关系的情况下采取了不合理性的行动，这种论点也是站不住脚的。与此相反，我们看到的是一个精心构思的计划，包括宣战在内的所有行动都是在对军界严格保密的情况下进行的。我们还可以发现，德国之所以迫使奥地利于 7 月 28 日宣战，只不过是为了避免达成外交解决方案。人们肯定会有这样的疑问，德国领导人为什么没有更多地考虑直接宣布进入全面战争而仅仅热衷于一场奥地利与塞尔维亚之间的战争呢？不仅如此，人们印象更深的是 7 月 28 日提前宣战而不是一个星期后宣战，这背后的推理过程似乎也令人感到奇怪。

最后，我们还有两个重要的直接证据。7 月 31 日，德国外交部的

一位资深官员犯了一个错误。他向某中立国的一位代表承认，“[德国]政府担心的唯一一件事就是俄国在第11个小时做出让步并接受[最后通牒]”，而这位代表随后就把这句话告诉了英国驻彼得堡大使乔治·布坎南（George Buchanan）。[①] 更糟糕的是陆军总参谋长毛奇，这位整个军界唯一知道对俄国宣战计划的人所做的一番评论。8月1日，德皇刚刚签署动员令，毛奇忽然想起有人告诉过他，英国曾承诺让法国保持中立。威廉对法国置身战争之外一事非常高兴，于是命令立即停止西线的兵力部署。穆勒上将的日记记录了毛奇的情绪变化：

> 我们不能这样做，全军会因此陷入混乱，而我们的整个计划就会落空。另外，我们的机动部队已经进入卢森堡，来自特里尔的后续部队也将立即投入战斗。我们目前只能等待俄国人也撤回去（Jetzt fehlte nur noch, dass auch Russland abschnappt）。[②]

毛奇根本不害怕俄国人的进攻，而是担心俄国人也希望和平！毛奇在德国那些最重要的文职和军事领导人面前说出这样一番话，并且穆勒在日记中也没有做任何改动，这一事实只能说明，或者他的意见已经广为人知，或者大家都同意他的意见。无论是哪一种情况，如果再考虑到下面提供的证据，那么显而易见，柏林方面在最后几天的和平日子里最大的担心并不是战争会发生，而是战争不会发生。

我们已经看到，德国对俄国的最后通牒只是提到了拒绝会引起动员，而不是战争。完全可以做这样的假设，当最后通牒于7月31日下午发出时，柏林仍然在寻求和平，所以才担心更强硬的威胁措辞可能会使俄国人对和谈怀有敌意。然而，在发出最后通牒的同一天，德 [110]

① 这句话出自布坎南（Buchanan）之口，参见 Buchanan, *My Mission to Russia* (Boston: Little, Brown, 1923), vol. 1, 209。

② Geiss, *Julikrise und Kreigsausbruch 1914*, doc. 1000 (d).

国外交部却正在起草一封电报，指示普塔莱斯递交一份德国的宣战书，而不是原先承诺的动员令。[①] 简而言之，德国文职政府并不是在8月1日出于一时冲动在惊慌之中宣战的，他们早在前一天就已经决定，期限一到就立即突然对俄国宣战。

柏林方面也已经肯定，由于普塔莱斯属于和谈派，他不会暗示萨佐诺夫拒绝最后通牒会导致德国突然宣战，而是会给萨佐诺夫一个最后退出的机会。普塔莱斯收到的指示是，在萨佐诺夫正式做出俄国拒绝德国要求的答复之后，才能递交宣战书。[②] 情况正是如此，普塔莱斯在8月1日下午7点与萨佐诺夫会谈的过程中，曾三次问他是否接受最后通牒；在得到否定的回答后，普塔莱斯才不太情愿地递交了宣战书。因此，每一个外交细节都是经过精心设计的，以确保俄国拒绝德国的最后通牒。

附有宣战书的电报于8月1日午后12点52分正式发出。其中再一次对俄国发动战争表示谴责，并声称德国纯粹是为了自卫才被迫宣战。因此，俄国并没有试图以对最后通牒不予答复这种简单方式（另一种是直接拒绝）拖延谈判进程。宣战书中列出了两种可能性，但都不可能改变最终的结果。[③] 贝特曼及其同伙还精心设计了递交电报的时间，使得威廉和德国军界对随时宣战一事一无所知，以免他们从中干涉。所以，当电报原稿中出现普塔莱斯应在“时限终止后立即”递交宣战书“但最晚不迟于下午5点”等字眼时，雅戈和贝特曼删掉了这些文字，并换上了更精确的表述文字：“中欧时间当日下

① *DD*：doc. 542，n. 3.

② *DD*：doc. 542. 最后通牒中的要求显然也是经过精心设计的，俄国根本无法接受（*DD*：doc. 490）。德国不仅要求俄国取消全面或部分动员，而且还要求取消所有的“措施”。这完全背离了7月29日的承诺，即只要俄国消除敌对行动，德国可以允许俄国针对奥地利进行军事动员（*DD*：docs. 380 and 392）。不仅如此，由于俄国幅员辽阔，这一要求从技术上讲在24小时之内显然是不可能实现的。最后一点，除了萨佐诺夫原先提出的调解方案，这个最后通牒并没有做任何让步（*DD*：docs. 421 and 460；*BD*：vol. 11，doc. 340）。

③ *DD*：doc. 542.

午5点"[①]，或实际期限之后5小时。这肯定不是什么巧合，因为这正是德国军事和文职领导人准备谒见威廉让他在全面动员令上签字的准确时间。德国文职政府的目的就是，即使德皇和军界在这次会见中对宣战一事有所察觉，他们也根本没有时间阻止向俄国递交宣战书。

下午5点的会见也很有意思，因为外交部下午4点23分刚刚收到一封电报，当时正准备呈给威廉，而这封电报恰恰说明英国显然开始让步："如果［德国］不进攻法国，英国将保持中立并保证法国保持中立。"[②] 会见开始后不久，即威廉刚刚签署了动员令之后，雅戈 [111]
就宣布，一封"非常重要的邮件"已经到达，马上就会送过来。毛奇和法金汉没有理睬这一消息，而是立即退出房间去向军队传达命令。阿尔伯蒂尼认为，几乎可以肯定，他们之所以如此匆忙，就是为了避免这封邮件会阻止战争行动。[③]

如前所述，德皇对英国的让步非常高兴，紧急召见毛奇并告诉他，德国现在可以把兵力集中在东线。贝特曼和雅戈虽然也对来自英国的消息感到欣慰，但似乎可以肯定，这只不过是为了安抚一下威廉的恐惧情绪罢了。在幕后，他们一直在竭尽全力地确保战争计划顺利进行。雅戈在这一消息到达之前10分钟才宣布这是一封"非常重要的邮件"，这件事本身就是令人怀疑的。除非他至少已经读过这封邮件的部分内容，否则，他怎么会知道这封邮件非常重要呢？然而，他并没有向当时在场的人透露任何细节，也没有试图阻止毛奇和法金汉跑出房间去下达动员令。[④] 因此，他宣布这一消息的目的很有可能只是为了暗示在场的军界人物尽快离开。

---

① *DD*：doc. 542, n. 5.

② *DD*：doc. 562.

③ 参见 Albertini, *The Origins of the War of 1914*, vol. 3, 171。

④ 可能有人会认为，雅戈只阅读了这封部分采用明码电报的开头即说明电报重要性的部分，而没有读完全文。然而，这封电报不仅非常简短，而且关于英国和法国可能保持中立的重要信息就出现在最前面的两句里（*DD*：doc. 562）。

对于毛奇来说，8 月 1 日晚间注定是一个不眠之夜，因为当柏林方面正在等待英国人的反应时，德皇已经把施里芬计划搁置起来。深夜 11 点左右，收到的消息表明，所谓英国的建议只是一场误会。[①] 于是，威廉便召见毛奇并告诉他："你现在可以想怎么干就怎么干了。"[②] 因此，施里芬计划被再次激活，德国军队于次日凌晨入侵卢森堡。

如上证据严重动摇了下面这种观点：文职政府从 7 月 30 日开始就失去了对军界及其动员进程的控制权。这是贝特曼故意制造的一个谎言，却不仅为那些主张无意间引发战争论的学者所接受，甚至连阿尔伯蒂尼和菲舍尔也同意这种说法。现在，我们可以让这种观点寿终正寝了。不仅军界没有控制战争的进程，并且只有一位军界领导人——陆军总参谋长毛奇知道这个必然对军事行动比对民事行动产生更大影响的计划：突然对俄国宣战。当提尔皮茨在 8 月 1 日深夜知道真相之后，不由得大发雷霆。除了德国做好进攻俄国的准备之后才能宣战这一明显的军事原因之外，提尔皮茨一直认为，此类行动会破坏谴责德国的敌人发动战争的既定计划。[③] 国防部长法金汉也一直对此持反对态度。为了平息大家的怨气，贝特曼于 8 月 2 日凌晨 2 点 30 分专门召集提尔皮茨和将军们讨论了这个问题以及对法国宣战的时间表。

根据会议记录，显而易见，许多军界人物仍然对对俄国的宣战书是否已经真正发出这个问题存有疑问。贝特曼承认附有宣战书的电报已经发出，但没有提到电报已经在前一天下午 5 点交给萨佐诺夫一节，他显然认为暂时让他们在这个问题上糊涂着为好。在这里，还有贝特曼与毛奇狼狈为奸的另一个例证。毛奇告诉与会者，俄国士兵曾

---

① *DD*：doc. 612.

② 引自 Albertini，*The Origins of the War of 1914*，vol. 3，177。

③ 参见 Albertini，*The Origins of the War of 1914*，vol. 3，191－192。

经在边界上开枪。提尔皮茨当时记下了贝特曼的反应：“那么，显而易见，这就意味着俄国人已经先下手了，我会让离前线最近的一位将军把宣战书直接递给他们。”与会的军界人物在离开时仍然认为，宣战书正在传递过程当中，殊不知俄国人在8个多小时之前就已经收到了这封电报。所以，法金汉一散会就抓住雅戈，让他“阻止对俄国宣战这种愚蠢而幼稚的行为”。雅戈的回答是：现在已经太晚了。① [112]

更具说服力的是，尽管毛奇知道宣战计划的整个时间表，却未向与会者露出半点口风。像总理本人一样，毛奇在此前两天中的主要目的就是保证奥地利一直沿着与俄国开战的道路走下去。7月30日，毛奇曾向康拉德发报，指示他把兵力转向俄国方面。不过，直到7月31日至8月1日夜间，柏林仍然没有收到有关奥地利军事计划的任何信息，情况变得有些不利。7月31日下午，康拉德曾暗示毛奇，奥地利将集中兵力对付塞尔维亚，而继续维持对俄国的防御态势。毛奇立即回电指出，德国很快就会与俄国开战，但像贝特曼在同一下午发给维也纳的电报一样，他却只字未提对俄国的最后通牒和随时宣战的事，而是直截了当地质问：“难道奥地利在关键时刻要抛弃[我们]？”②

当晚9点30分，康拉德回电说，奥地利已经表明了发动战争的决心，但根据柏林的“希望”，我们只有保持克制而让俄国人首先宣战，才能把战争的责任推给他们。然后，他又说了一番毛奇不愿意听的话：他认为，“有必要先结束与塞尔维亚的战事，然后再转回头来对付俄国人”。康拉德请求德国说明自己的意图，并要求在7月31日前得到答复，“以弄清德国与法俄两国开战的真正意图”。③ 贝特曼和毛奇发往维也纳的大量消息已经把他们弄糊涂了。由于这两位都不愿

① 引自 Albertini, *The Origins of the War of 1914*, vol. 3, 195－196。

② 引自 Albertini, *The Origins of the War of 1914*, vol. 3, 47。

③ 引自 Albertini, *The Origins of the War of 1914*, vol. 3, 47－48。

意透露战争随时会到来而又不想把奥地利人吓跑，所以他们对最后通牒中 12 小时的期限只字未提，更没有谈到自己的宣战计划。因此，康拉德的感觉是，他仍然有时间消灭塞尔维亚。

对于这一点，柏林方面却有点担心。尽管贝特曼于午后 1 点 35 分发出的电报要求奥地利立即与俄国开战，但眼下奥地利的部队似乎仍然集中在南线而不是东线。7 月 31 日夜间 10 点 30 分收到的康拉德的另一封电报更加剧了这种担心：

> 我请求毛奇阁下，就目前是否有必要考虑立即无条件地发动
> [113] 针对俄国的大战做出确切说明，换句话说，我们不可能在尚未与俄国人遭遇的情况下停止与塞尔维亚的战事。这一确切说明对于我方的决定是必不可少和十分迫切的。[①]

做出最后决定的时刻已经到来。如果柏林方面现在透露出对付俄国的计划，那么不仅说明贝特曼一直在隐瞒消息，而且可能迫使奥地利与俄国达成和解，而故意隐瞒消息正是出于这样一种担心。不过，现在透露柏林的全盘计划似乎又是必要的，因为奥地利在施里芬计划中还要扮演其既定的角色。所以，在深夜 11 点 20 分，毛奇终于透露出的确有这么一个最后通牒。[②] 到 8 月 1 日凌晨 2 点 20 分，毛奇知道康拉德必须在当天决定集中兵力对付塞尔维亚还是俄国，于是便对他说出了真相。当时，德国已经要求俄国取消所有军事措施。

> 如果俄国拒绝了这一要求，德国将立即宣战。由于要求俄国在 12 小时内做出答复，所以必须在明天做出决定。我认为，俄

---

① 引自 Albertini, *The Origins of the War of 1914*, vol. 3, 48。

② 引自 Albertini, *The Origins of the War of 1914*, vol. 3, 48。出于明显的原因，奥地利文职领导人得到的信息却并非如此。

国不可能接受德国的要求。[①]

现在，康拉德知道与塞尔维亚之间的局部战争已经结束，他必须集中兵力对付庞大的俄国。

这一系列的信息交流揭示了毛奇在这次危机的最后几天所起的主要作用。就毛奇这位暗中参与对俄国宣战计划的唯一的军事领导人而言，他与文职政府——贝特曼、雅戈以及外交部的其他人——在尽量减少德皇或军界最后干预的情况下密谋发动了这场战争，这一点几乎是毋庸置疑的。对俄国宣战是一件杰作，因为毛奇自然十分清楚：正如奥地利对塞尔维亚宣战一样，这一举动排除了外交干预的一切可能。这样一来，预防性战争就随时可能打响。所以，毛奇在一年之后被解职后不久曾向一位朋友透露：“在我参与准备和发动的这场战争中，被指责为督战不力是令人沮丧的。”[②] 这番话并不令人感到惊奇。

证明德国领导人负有罪责的最后一个证据就是他们企图把德国进攻比利时和法国的责任推到法国人身上。在7月31日告知巴黎关于德国在俄国拒绝最后通牒后将进行军事动员并且动员必然意味着战争之后，德国已经成功地挑动法国进入动员状态。8月1日晚间，法国动员的消息得到证实。在次日上午一番激烈的讨论之后，最后一致同意把对法国宣战的时间推迟到星期一晚上7点。

既然现在军界已经知道对俄国宣战的事，并且也知道必须首先进攻法国，那么为什么还要推迟呢？贝特曼·霍尔维格给出了答案。8月2日上午9点，也就是与军界领导人会商后几个小时，总理给德皇发了一封电报。他通知威廉，有报告称俄国人已经跨过边界，他要求维也纳方面履行其同盟义务。他继续写道：“根据与国防部和总参谋 [114]

---

① 引自 Albertini, *The Origins of the War of 1914*, vol. 3, 48。

② 引自 Röhl, “Germany,” 27。

部达成的谅解，出于军事方面的原因，今天对法国宣战是不必要的。因此，宣战书并未发出，但愿法国会攻击我们。”① 柏林之所以推迟宣战，真的是希望法国率先发动攻击？或许并没有更好的理由能推翻这个论点，但根据先发制人的战争理论，在拥有进攻优势的情况下，德国之所以发动战争，就是因为害怕自己首先遭到攻击。在这里，不仅不害怕法国入侵，反而实际上希望遭到入侵。毫无疑问，正像他对俄国人所做的那样，贝特曼希望把战争的责任推到法国人身上。

真正担心的并不是法国对德国发动进攻，而是法国未能充分地动员起来。如果看到这一点，那么德国是根据动员时间表被迫发动战争的这种论断就是完全不成立的。尽管法国动员的消息已经得到证实，但直到 8 月 2 日，德国仍然在担心法国尚未充分动员起来，这样德国就没有借口实施自己的施里芬计划。毛奇在当天下午向外交部提交的关于军事形势的备忘录指出：“我认为尚无必要对法国宣战，［但］我认为有这样的可能性，如果法国现在退出的话，法国一方也会为公众舆论所迫针对德国采取类似战争的措施。”毛奇希望，一旦法国人知悉德国发给布鲁塞尔那个措辞严厉的最后通牒（由毛奇起草），法国军队会立即进入比利时。因此，在“法国方面的行为使得德国军队进入法国确有必要之前”，要尽量避免仓促行事。② 要更清楚地表述毛奇和外交部之间在最后几天和平日子里的种种密谋细节，的确很困难。德国领导人希望，在推迟进攻法国这段时间里，法国军队能够提高其军事准备水平，最好进入比利时。那么，德国就可以名正言顺地发动全面进攻。

在接下来的两天里，直到 8 月 3 日晚上 7 点对法国宣战，柏林方面一直在竭尽全力让全世界特别是英国（因为它仍然有可能推迟其

---

① *DD*: doc. 629.

② *DD*: doc. 662.

介入的时间）相信，德国只不过是在应对法国的挑衅。在对法国人的残暴行径做了精心描绘之后，作为真相发往伦敦。[①] 但是，法国领导人并不想落入德国的圈套。他们巧妙地进行了动员，但同时命令部队从边界后撤 10 公里，以免由于发生偶然冲突而被指责为侵略行为。［115］到星期一，事实表明法国人显然不会首先进入比利时。尽管法国采取这些预警措施本来是为了赢得英国的支持，但这样做的结果却使得柏林方面更加难以实施其谴责法国发动战争的计划。

到星期一下午，德国领导人已经不能再继续等待法国主动挑衅的证据。所以，他们只能制造出这样的假象，铤而走险迈上战争之路。于是，巴黎方面被告知，尽管德国军队服从命令对法国边界表示充分的尊重，但法国军队却无视 10 公里限制区，悍然越过德国边界。因此，“法国已经迫使我方进入战争状态”。[②]

8 月 4 日，德国军队进入比利时后，伦敦方面发出了一个要求德国军队撤出的最后通牒，否则英国将立即宣战，但德国方面未予理睬。在总理、外交部和毛奇的联手策划下，一场战争在最有利的条件下爆发了：由俄国承担战争责任，而德国公众当然支持一场为了祖国生存的战争；维也纳则被逼上绝境，不仅要履行其同盟义务，而且还要把部队主力放在俄国而不是塞尔维亚边境。英国的中立传统已经无法保持，但是人们（包括贝特曼本人）都认为这一点似乎是无关紧要的。然而，为了戏弄英国人，柏林方面至少还要让英国远征军的部署再推迟几天。[③] 所以，穆勒上将在 8 月 1 日的日记中写下如下一段文字并不令人奇怪：“皇帝和帝国总理的讲话印在刚刚出版的晨报上，使得聚集在皇宫和总理官邸外面的人群沸腾起来，集会的气氛达

① *DD*：docs. 667, 693 and 703.

② *DD*：doc. 734.

③ 英国军队的确未能及时提供援助以遏制德国人的攻势。

到了高潮。政府的巧妙运作使我们感到好像正在遭到攻击。”[1] 贝特曼及其同伙的确成功完成了让其他国家对只有德国希望的战争负责这一艰巨任务。他们的行动是如此有效，以至于我们在 80 年后仍然在为到底是什么人或什么东西引发了第一次世界大战而争论不休。

本章提供的证据表明，德国领导人在 1914 年 7 月蓄意制造了一场危机，以便在俄国变得更为强大之前发动一场战争。同时，我也说明了不能接受其他各种关于战争的解释（包括现实主义的和非现实主义的）的原因。在这个复杂的案例中，似乎总可以找到某些能够支持某种特定理论的某些论点的证据。但我仍然认为，只有本书的论证能够符合所有的证据，而其他各种解释面对的矛盾太多，所以很难讲得通。

这其中隐含的意义是非常重要的：虽然多重因果关系在其中起着重要的作用，但这个大战的案例其实不过是历史上单一因果关系最为明显的大战。正如伯罗奔尼撒战争之前的斯巴达一样，国内因素本应
[116] 把德国领导人推向相反的方向：寻求和平以避免国内革命。然而，相对衰退所造成的体系压力过于强大，所以最终还是选择了战争。[2] 不仅如此，似乎并没有证据能够表明，贝特曼·霍尔维格或其僚属是在危机的压力下不合理性地采取行动，恰恰相反，他们运用最精明的手段把其他国家拖入战争。其他国家由于同盟义务或先发制人的动机为自己参与战争创造了条件，而德国领导人正是利用了这一点。因此，他们在德国做好准备向整个体系叫板之前一直在约束奥地利的行动，然后再最大限度地利用这些条件。

最后，要证明德国对俄国崛起的担心是一种妄想症和非理性之举

① 引自 Fischer, *The War of Illusions*, 505。

② 在另一篇文章中，我曾讨论过一个使德国人对长期衰退的感觉进一步加剧的因素，即他们对全球贸易环境的反向期望。参见 Copeland, “Economic Interdependence and War: A Theory of Trade Expectations,” *International Security* 20 (spring 1996): 5 –41。

也是非常困难的。由于拥有庞大的人口和广阔的土地，似乎可以肯定未来的俄国将在欧亚大陆取得超级大国的地位。要想制造一个德国为什么对此不应该担心的案例，就必须解释为什么俄国在获得优势地位之后并没有进入西欧，或者为什么不应该认为德国相对于俄国的衰退更严重或更不可避免。然而，尼古拉统治的仍然是同一个国家，这个国家在 450 年中从一个小小的俄罗斯公国扩张为世界上领土面积最大的帝国。同时，它也是一个正在迅速经历工业化、技术进步并伴随着军事现代化的国家。俄国在未来的某一天向西挺进（德国首当其冲）的可能性是不容忽视的，这是一个连傻瓜都明白的事实。

这一案例或许比其他任何案例都更能说明世界政治的悲剧性结果。对于贝特曼·霍尔维格这位“来自霍亨芬诺（Hohenfinow）[①] 乡间的哲学家”，并不能简单地定性为一个纯粹为了自己而天生喜欢战争的人。不仅如此，雷兹勒的日记表明，他是一个对自己认准的事业敢于在最不情愿的情况下接受重担的人。但他必须这样做，即使“在所有领域引起一场革命”也在所不惜。也就是说，贝特曼只能“两害相权取其轻”。于是，他做出了自认为是黑暗中寻找一线光明的举动，一个有可能破坏本阶级的统治地位和导致德国失败的决定，而这一切都是为了避免一种更糟糕的命运：让德国面对一个实力强悍而且意图不明的俄国。 [117]

① Hohenfinow（亦作 Howenfinow）位于柏林附近的布兰登堡，是霍尔维格的出生地。

第五章
苏联崛起与第二次世界大战爆发

第二次世界大战是历史上最受关注的大战案例之一，其社会、政治和道德元素是如此复杂，用简短的篇幅进行论述往往会因为过于简单化而影响论证效果。正如下文所述，纳粹德国所造成的恐怖堪称史无前例，因此一味强调德国政策的安全动机，似乎只会动摇我们认为其是历史上最邪恶政体这一坚定信念。

所以，我的目的并不限于此，而且要努力表明，德国军界领导人必须对这场灾难负全部责任。这些领导人不仅接受了希特勒的长期地缘政治目标，并且不遗余力地实现这些目标。然而，德国军界却装出一副不情愿参与纳粹党阴谋的面孔，试图逃避西方世界的责难。[①] 他们往往把对希特勒计划的偶然抵制作为自己努力停止战争机器的证

---

① 揭露军界在战前就与希特勒合作的文献包括 Welhelm Deist, *The Wehrmacht and German Rearmament* (Toronto: University of Toronto Press, 1981); Klaus-Jürgen Müller, *The Army, Politics, and Society in Germany*, *1933 - 1945* (Manchester: Manchester University Press, 1987); and Michael Geyer, "The Dynamics of Military Revisionism in the Interwar Years," in Welhelm Deist, ed., *The German Military in the Age of Total War* (Leamington Spa, U. K.: Berg, 1985)。但是，甚至这类文献最后也都认为，军界在 1938 - 1939 年间已无法改变希特勒的疯狂计划。关于将军们与纳粹合作在东线实施种族灭绝的问题，可参见 Omer Bartov, *The Eastern Front, 1941 - 1945* (London: Macmillan, 1985).

据。但是，正如本章所述，在 1938 ~ 1940 年间，军界对希特勒计划的所有抵制几乎都是出于私利而不是道义：将军们认为，希特勒要过早地发动大战，于是建议推迟或在战术上调整其战略目标。在 1939 年 9 月至 1940 年 6 月轻松取得节节胜利之后，整个军界反对希特勒的声音就神秘地消失了。将军们并不是在高压之下才屈从的，而是完全为希特勒的战略天才所折服。因此，从 1940 年 7 月至 1941 年 6 月，他们以极大的热情投身于一项最艰巨的任务——消灭苏联。 [118]

战争原因分析

所有关于欧洲战争起源的文献一直在强调德国的非安全动机，但本章要说明的是，苏联的崛起才是把希特勒及其将军们推向战争的根本或者说主要原因。因此，1939 年发生战争的原因与 1914 年毫无二致。德国领导人仍然面对着一个人口 3 倍于德国、土地 40 倍于德国的大国。苏联一旦完成了工业化，把经济能力转化为军事能力，他们担心德国可能成为第一个牺牲品。[①] 为了防止出现这种局面，德国必须在仍然拥有欧洲霸权地位的情况下与整个体系较量。这样一种霸权地位可以确保德国的潜在力量长期与其他世界大国相抗衡。他们认为，如果不采取行动，随着苏联的威胁日益增长，德国将注定被消灭。

这种关于德国在两次世界大战之前都是按“两害相权取其轻”的原则做出决策的观点忽视了其中最为明显的差别，即纳粹的种族主义思想。毫无疑问，希特勒远大的种族目标正是他关于战争的必要性

① 某些学者注意到德国在整个战争期间的政策“连续性”，尽管几乎无一例外地强调国内政治因素的作用。参见 Konrad H. Jarausch, “From Second to Third Reich: The Problem of Continuity in German Foreign Policy,” *Contemporary European History* 12 (March 1979): 68 - 82。现实主义者一直认为，德国处于欧洲中心位置是发生两次大战的共同原因，但并不看重俄国威胁不断增长的问题。关于这方面的一个例外，可参见 Stephen van Evera, *Causes of War* (Ithaca: Cornell University Press, 1999), 97 - 98。

和如何发动战争这些论调的基础。特别是有大量的文件证明，他一直固执地认为，一场恶毒的犹太阴谋一心要摧毁优越的日耳曼文化。在这里，如果要寻找第二次世界大战的独特之处，看一看他的《我的奋斗》（*Mein Kampf*）就完全明白了。

但是，最重要的还是要精确了解纳粹种族主义对战争性质的影响，即这场战争是为什么和如何发生的。具体而言，与种族主义对战争开始后整个局势的影响相比，它对发动大战决策的影响到底重要到何种程度。我认为，希特勒之所以发动大战，既是由于对迅速工业化的苏联具有一种理性的担忧，也是由于对根本不存在的所谓犹太阴谋产生了一种非理性的魔怔，并且据称这一阴谋正是布尔什维主义全球化策略的一部分，所以主谋就在莫斯科。这两种担心交互作用，使得希特勒深信，他必须不失时机地彻底消除日益加剧的苏联威胁。第一种担心中地缘政治方面的理性因素与第一次世界大战前德国领导人的担忧心理非常相似。当然，在那场战争中没能消灭庞大的俄国，而只是暂时延缓了其工业化进程。无论从哪个方面讲，第二种担心都毫无理性可言。德国的犹太人对德国政府并没有任何威胁，甚至在苏联，他们也仍然属于受迫害的少数民族。希特勒对犹太教的刻骨仇恨源于其青年时代，只能说是一种病态。[1]

虽然希特勒的种族主义世界观在道德上为我们所不齿，但得到了
[119] 广泛的研究。在这里，我们需要澄清另一个问题，那就是他所采取的军事行动的地缘政治原因。希特勒并非一开始就对苏联的崛起感到担心，而是20世纪20年代初与卡尔·豪斯霍弗（Karl Haushofer）等地缘政治家讨论的结果[2]，而这些讨论恰恰反映了1914年之前盛行的

---

① 关于希特勒迷恋种族灭绝的根源，可参见 Ian Kershow, *The Nazi Dictatorship*, 3rd ed. (London: Arnold, 1993), chap. 5。

② 参见 Geoffrey Stoakes, *Hitler and the Quest for World Dominion* (Leamington Spa, U. K.: Berg, 1986), chap. 5。

各种顽固论调。不仅如此，在 1914 年之前，德国主要担心的仅仅是一个沙皇俄国，而在 1920 年之后，苏俄政府已经开始奉行另一种意识形态，宣称要消灭资本主义。对于包括军界领导人在内的德国上层社会而言，苏联无疑具有双重危险性。[①]

因此，德国军界领导人追随希特勒的意志进而热衷于战争也就不令人惊奇了。将军们之所以投入战争，是为了实现一个长期的地缘政治目标，即消灭正在崛起的苏联这个“庞然大物”，并为自己的长期安全建立领土基础。正如下文所见，希特勒非常清楚德国军界的安全重点。从 1933 年到 1941 年初，他几乎没有同他们讨论过关于新欧洲种族净化方面的计划。他的论点更强调地缘政治，如果算是一种意识形态的话，也只能是反布尔什维克，而不是反犹主义。希特勒深知，他的军事领导人更害怕共产主义，而不是犹太教。

那么，地缘政治方面的担心或纳粹种族主义是不是德国 1939 年发动侵略战争的必要或充分条件呢？没有德国军界的支持，希特勒就不可能发动战争，如果承认这一点，那么地缘政治逻辑就起码是一个必要条件。然而，可以这样想象，1939 年的德国虽然在军事力量上拥有优势但正在衰退，而由一帮不主张纳粹种族主义思想的军事领导人主政，那么这些领导人还会发动战争吗？如果资深将军们都是第一次世界大战遗留下来的人，如果军界在 1914 年只是因为害怕俄国崛起而参与过战争，那么就不得不认为德国仅仅是出于地缘政治方面的不安全原因而在整个欧洲进行军事扩张。[②]

显然，种族主义注定会生出希特勒和纳粹主义[③]这种社会现象，

① 此处放宽了第二章中第三个参数的限定条件，这样一来，那些被认为天生好战的正在崛起的国家就更有可能挑动正在衰退的国家发动预防性战争。

② 考虑到德国人的厌战情绪，也许有人会认为，纳粹思想意识对于动员民众向霸主地位发起最后冲击是绝对必要的。尽管这样也讲得通，但这一论点只能说明，某种形式的超民族主义（或许类似于日本采取的形式）可以作为实现地缘政治目标的一种手段。

③ 关于纳粹主义的社会历史，可参见 Kershow, *The Nazi Dictatorship*, chaps. 2 – 4, and 7。

同时也是对进行大战的方式（最可怕的例证就是死亡集中营）所做的唯一解释。[1] 然而，要解释为什么德国会在一代人的时间内第二次发动世界大战，种族主义似乎并不是一个充分条件，甚至也不是一个必要条件。最可行的方法是，把种族主义视为一个推动条件，使第二次世界大战演变为一场世界历史上最惨烈和最恐怖的战争。此外，无论有没有所谓纳粹意识，都不可能消除德国地缘政治的脆弱性和消灭苏联的强烈愿望。

所有关于第二次世界大战起源的记述都一致强调，正是凡尔赛的耻辱和大萧条的余波把希特勒推上了权力的宝座。其实，这根本不符合德国领导人最终发动大战的事实。在这一点上，理论界主要分为两大阵营。"意向派"包括克劳斯·希尔德布兰（Klaus Hildebrand）、埃伯哈德·耶克尔（Eberhard Jäckel）和安德列斯·希尔格鲁伯
[120] （Andreas Hillgruber）等，其理论是基于战争结束后10年内出现的传统历史记述。他们认为，希特勒及其追随者于1933年上台后意图非常明显，就是要为确保德国的霸权地位发动一场新的欧洲战争。然后，他们又操纵外交和军事环境，以便尽快在最佳条件下发动这场战争。[2]

"结构派"与之对立的论点其实是一种修正主义方法，其中最著名的领军人物是汉斯·默姆森（Hans Mommsen）、马丁·布罗萨特（Martin Broszat）和蒂姆·梅森（Tim Mason）。他们认为，希特勒并不像"意向派"所主张的那样，有一个关于德国谋求霸权地位的确定计划。"结构派"认为，希特勒缺乏明确的长期目标。他之所以让

---

① 参较 John J. Mearsheimer, "Back to the Future," *International Security* 15 (summer 1990): 25－26。

② 参见 Kershow, *The Nazi Dictatorship*, chap. 6; and John Hiden and John Farquharson, *Explaining Hitler's Germany* (London: Batsford, 1983), chap. 5。重点参见 Klaus Hildebrand, *The Foreign Policy of the Third Reich* (Berkeley: University of California Press, 1973); Eberhard Jäckel, *Hitler's World View* (Cambridge: Harvard University Press, 1981); Andreas Hillgruber, *Hitlers Strategie* (Frankfurt: Berhard, 1965); and Hillgruber, *Germany and the Two World Wars* (Cambridge: Harvard University Press, 1981)。

国内力量释放出来，只不过是为了重建德国经济，并在帮派林立的德国政坛内部开展斗争。[①] 这样的国内政策在1938～1939年制造了一场始料未及的经济危机，促使希特勒得出如下结论：战争可以阻止国内的经济混乱，并转移公众的注意力。“结构派”的论点存在明显的矛盾：希特勒只不过是一个即兴的机会主义者，他一步步地提高其目标的“激进程度”，是为了解决国内刚刚发生的危机。[②]

正如“结构派”所称，“意向派”的观点忽视了德国历史的社会因素，错误地假定在希特勒的领导下，一个集权化的极权主义政府盲目地实施其长期计划。正如现在人们公认的那样，纳粹德国内部分歧很大。[③] 不仅各官僚部门都在争夺资源份额，并且军事和民事部门也在不停地利用政党这个工具为权力和金钱进行争斗。然而，人们也一致认为，与国内政策完全不同，希特勒仍旧牢牢地掌控着对外政策。[④]

“结构派”的论点存在三个主要问题：第一，大量的文件证据（参见下文）表明，希特勒在1933年刚一上台就想发动战争，并且把自己的意图非常明确地告诉了军界。第二，尽管希特勒的确根据1935～1939年间整个环境的变化在战术上做了调整，例如比臭名昭著的1937年11月“战前会议”的预期提前兼并了捷克斯洛伐克，但这并不能说明他没有一个全面的大战计划。希特勒为了孤立其他列强

① 参见 Kershow, *The Nazi Dictatorship*, chap. 6; Hans Mommsen, “National Socialism: Continuity and Change,” in Walter Laqueur, ed., *Fascism* (Harmondsworth: Penguin, 1979), 151 - 192; Martin Broszat, *The Hitler State* (London: Logman, 1981); and Tim Mason, *Nazism*, *Fascism*, *and the Working Class* (Cambridge: Cambridge University Press, 1995)。

② 这类似于泰勒（A. J. P. Taylor）关于希特勒并没有确切的全面战争计划的论点，但泰勒更多地把希特勒看成一个机会主义地缘政治家。参见 Taylor, *The Origins of the Second World War* (Harmondsworth: Penguin, 1963)。关于对这一论点的强烈批评，可参见 Esmonde M. Robertson, ed., *The Origins of the Second World War* (London: Macmillan, 1971)。

③ 参见 Kershow, *The Nazi Dictatorship*, chap. 4。

④ 参见 Kershow, *The Nazi Dictatorship*, chaps. 2 - 4; and Hiden and Farquharson, *Explaining Hitler's Germany*, chap. 3。

以实现其霸权野心的地缘政治计划，显然在 1937 年那次会议时就已经形成。[1]

第三，认为希特勒发动战争是为了应付国内的经济危机，即第二次世界大战是一场转移注意力的或社会帝国主义的战争，这种观点显然混淆了因果关系。它忽视了如下的事实，正是希特勒在 1933 ~ 1936 年发出了一系列关于重整军备以达到发动一场他所谓“进攻性战争”要求的紧急命令，才引发了国内的经济危机。简而言之，危机是他战争计划的结果，而不是原因。因此，既然经济危机可以加快
[121] 希特勒的时间表，那么希特勒由于突然担心国内混乱而发动战争的论点也就没有什么说服力了。[2]

尽管“结构派”的论点在解释 1939 年战争起源方面存在严重的缺陷，但这并不能说明“意向派”的论点是完美无缺的。“意向派”认为希特勒按周密的计划发动战争是对的，但至于原因，他们却没有弄清楚。某些人（希尔格鲁伯和希尔德布兰）一直强调希特勒的地缘战略目标，即希望消灭法国和苏联，并最终消灭英国和美国，但他们的分析却没有弄清希特勒的最终目标——他寻求的是国家安全、财富，还是传播纳粹思想意识。大多数“意向派”成员可能会接受阿伦·布洛克（Alan Bullock）的古典现实主义观点，即希特勒有一种病态的权力欲。[3] 然而，这样的结论不仅毫无启发性（所有的领导人无一不在渴望权力），而且实际上是多余的：正是通过这种追求地缘政治霸权的行为，那些发动大战的领导人表现出了试图统治其他国家的“欲望”。

---

① 参见 Kershow, *The Nazi Dictatorship*, chap. 6。

② 不仅如此，希特勒并没有感觉到经济困难对党的权力控制所造成的威胁。他在 1939 年秋曾向军界放言，“内部发生革命”基本上是“不可能的”。引自 O. J. Overy, “‘Domestic Crisis’ and War in 1939,” *Past and Present* 116（August 1987）: 159。

③ 参见 Alan Billock, *Hitler*, rev. ed.（New York: Harper and Row, 1964）, 806 - 807。

现行的各种现实主义解释同样也没有说服力。新现实主义者认为战争的责任在同盟国一方：由于未能充分进行重整军备并结成一个紧密的同盟，英国、法国和苏联不可能对德国形成威慑。[①] 新现实主义者正确地认识到德国在 1939～1941 年的军事优势，但他们却无法对其行为从体系的角度做出解释。虽然注意到德国处于欧洲中心将其置于一种不安全的地位，但是像体系的极性一样，由于这是一个不变因素，所以就无法解释随着时间的推移德国发动战争这种意向的变化情况。因此，新现实主义者只有依靠“单元层面”变量（希特勒纳粹主义中根深蒂固的极端民族主义意识）来解释 1939 年这场战争的特定动机。[②]

古典现实主义把德国定性为一个在军事上占有优势并几乎成功地实现了其霸权要求的国家，这无疑是正确的。[③] 然而，像新现实主义一样，它忽视了德国对苏联潜在力量的担心。所以古典现实主义更倾向于追随“意向派”的观点，认为正是希特勒的权力欲及其“民族主义普遍性”的谬论决定了德国的命运。[④] 除了必须面对“意向派”论点中那些固有的问题之外，古典现实主义也没有探究德国军界追随希特勒发动战争的原因。

最后，霸权稳定理论强调德国是一个正在崛起的强国，却未能得到与其新的军事实力相称的地位和回报。[⑤] 但是，如前所述，只是因为希特勒发现德国的相对军事力量已经开始衰退，他才把德国推向了战争。那些不赞成他的所作所为的军界领导人也承认，德国一旦衰退

---

① 参见 Kenneth N. Waltz, *Theory of International Politics* (New York: Random House, 1979), chap. 8; and Mearsheimer, “Back to the Future”。

② 参见 Mearsheimer, “Back to the Future,” 24－25 and 29; and Barry R. Posen, *The Sources of Military Doctrine* (Ithaca: Cornell University Press, 1984), 193 and chap. 6。

③ 参见本书第一章。重点参见 Morgenthau, *Scientific Man versus Power Politics*, and *Politics among Nations*。

④ 参见 Morgenthau, *Politics among Nations*。关于德国的侵略“修正论”的提出，可参见 Randall L. Schweller, *Deadly Imbalances* (New York: Columbia University Press, 1998)。

⑤ 参见本书第一章。

就应该发动攻击，但他们又觉得德国在 1939 年仍然处于上升阶段，所以战争应该推迟。简而言之，那些关键的决策者奉行的是动态差异逻辑，而不是霸权稳定逻辑。不仅如此，希特勒及其将军们只是认

[122] 为，德国在军事上相对于其他单个国家拥有优势，即在武器、训练和战略敏锐性方面拥有质量优势。这就充分说明，霸权稳定理论关于战争只有在两个超级大国认为力量对等的情况下才会发生的论点是根本站不住脚的。

现有的各种对第二次世界大战起源的解释都是不恰当的。要想超越它们，我们就必须重新审视希特勒及其将军们的战略军事逻辑，因为在战前的半个世纪中，这种逻辑一直深深地根植于德国的地缘政治思维之中。

酝酿已久的大战

德国对俄国（以及苏联）的担心有着悠久的历史根源。早在 1769 年，腓特烈二世就曾告诫他的兄弟，“半个世纪后，［俄国人］就会让整个欧洲发抖”①。正如我们所看到的，随着俄国从一个落后的封建国家转变为一个未来的超级大国，这种担忧在 1914 年之前的几年中变成了现实。人们曾天真地认为，魏玛共和政体之后的德国地缘政治思维已经有所改变。如果 20 世纪 20 年代那帮德国领导人特别是古斯塔夫·斯特莱斯曼（Gustav Stresmann）仍然当政的话，世界大战的悲剧本来是可以避免的。斯特莱斯曼（诺贝尔和平奖获得者）领导的民主政体不可能攻击其他的民主国家，只有独裁政府才会希望再打一场恐怖的战争。所以，风行一时的自由逻辑是讲得通的。②

---

① 引自 Walter Laqueur, *Russia and Germany* (New Brunswick, N. J.: Transaction, 1990), 25。

② 参见 Michael E. Brown, Sean M. Lynn-Jones, and Steven E. Miller, eds., *Debating the Democratic Peace* (Cambridge: MIT Press, 1996)。

我们不可能知道，如果斯特莱斯曼在 1939 年领导这个拥有军事优势却正在衰退的德国政府，他会做出什么样的行为。但是，我们却可以对斯特莱斯曼的个人目的做一番猜测，毫无疑问，这会使我们重新思考民主政治意味着和平、法西斯主义意味着战争这种简单的关系。在第一次世界大战期间，斯特莱斯曼及其国家自由党属于狂热的领土兼并派。1915 年 5 月，该党执行委员会会议发表的一份报告指出，为了改善德国的安全，东西两面都需要更多的领土。一个月后，斯特莱斯曼在一次党内会议上指出："我们必须无情地削弱对手的力量，让所有的敌人都不敢再次对我们发动攻击。为了做到这一点，变更东西两面的边界是绝对必要的。"甚至到 1918 年 9 月，在西线取胜已经无望的情况下，他仍然认为，德国必须"维持"由布列斯特—里托夫斯克协定确定的"东线位置"，并且预言："或许在未来，德国的注意力要更多地转向东线。"①

斯特莱斯曼似乎在 20 世纪 20 年代中期有所改变，俨然成了一个为未来几代人寻求和平的使者，但他的私人备忘录却透露了他心底的秘密。1923 年，作为总理，他认为德国的内部力量一旦得到重建，就应该再次结盟，并向自己的敌对国发起挑战。② 在签署"洛迦诺公约"③——德国承诺在西线维持现有边界，却故意在东线不做承诺——之前，当时的外交部部长给王储写信指出，德国的对外政策有 [123]
三个目标：第一，维护和平，使德国能够重建自己的力量；第二，保护生活在外国势力范围内的 1200 万德国侨民；第三，"修正我们的东

① 引自 Fritz Fischer, *Germany's Aims in the First World War* (New York: Norton, 1967), 174 - 175, 634。

② 参见 Hans W. Gatzke, *Stresemann and the Rearmament of Germany* (Baltimore: Johns Hopkins University Press, 1954), 18。

③ 1925 年以德国为一方，比、意、法、英、波、捷 6 国为另一方，在瑞士南部城市洛迦诺签订的公约，旨在相互保证西欧和平。——译者注

部边界”，然后兼并奥地利。这就是当时德国的“近期”目标。[①]

对他而言，从根本上改变东线领土状况一直是他的愿望。斯特莱斯曼在给驻华盛顿大使的信中写道，洛迦诺公约不仅要保护莱茵兰地区和在原来的协约国之间制造分裂，并且还要“在东线寻找新的可能性”。[②] 他在给王储的信中写道，德国必须在与苏联结盟和成为“英国的一个大陆先遣队”之间做出选择，这一措辞表明德国将在东线采取行动。斯特莱斯曼显然更喜欢第二种选择，因为他继续警告说，不要与一味寻求东德地区布尔什维克化的苏联人攀什么交情。[③]

这些文字虽然并没有提出重新占领布列斯特—里托夫斯克协定中所得到的领土的具体计划，但如果与他早先提出的东线兼并计划一并考虑，就不得不得出这样的结论：如果这个所谓的“和平使者”在1939年取得德国军事力量的指挥权，就必然会重新实施其“东线扩张”（Drang nach Osten）的伟大构想。德国在20世纪20年代的和平行为所反映的并不是其体制形式，而是其不利的力量地位。[④]

在这样的背景下，希特勒本人对苏联的担心只不过是德国传统地缘政治思维的一种简单延伸。[⑤] 在1925年写成的《我的奋斗》一书中，希特勒把德国与苏联的关系作为外交事务中的一个重要问题列在

---

① 引自 Elmer Bendiner, *A Time for Angels*（New York：Knopf，1975），215－216。另参见斯特莱斯曼（Stresemann）1925年9月7日的日记，in Eric Sutton，ed.，*Gustav Stresemann：His Diaries，Letters and Papers*，vol. 2（New York：Macmillan，1937），503－505。

② 引自 Gatzke，*Stresemann and the Rearmament of Germany*，35。

③ 参见 Sutton，*Gustav Stresemann：His Diaries，Letters and Papers*，vol. 2，504－505。

④ 关于德国在希特勒上台之前的20世纪20年代和30年代的备战情况和斯特莱斯曼继任者的扩张目标，主要参见 Gaines Post，*The Civil-Military Fabric of Weimar*（Princeton：Princeton University Press，1973）；and Edward M. Bennett，*German Rearmament and the West*，1932－1933（Princeton：Princeton University Press，1979）。

⑤ 参见 Stoakes，*Hitler and the Quest for World Dominion*，chap. 5；and Woodruff D. Smith，*The Ideological Origins of Nazi Imperialism*（New York：Oxford University Press，1986）。

倒数第二章。德国生存于一个充满“国家巨人”的世界上，它们的人口都远远超过德国，而它们的领土则是“其政治力量的主要基石。然而，德意志帝国在与世界其他各国的关系中从来也没有处于不利的地位……今天，我们却发现自己正处于一个超级大国纷纷崛起的世界之中，而我们自己的帝国却陷入越来越不利的地位”。为解决生存空间问题，德国必须首先消灭法国，以便为实现核心目标——消灭苏联及其周边附庸国奠定基础。鉴于苏联正在准备推翻德国，德国在对外政策上必须坚持一个原则性的政治信条，即：

> 决不允许在欧洲大陆出现两个军事强国。在德国边界试图形成第二个军事强国的任何企图，即使只是制造一种具有军事能力的状态，都将被视为一种对德国的攻击。如果发生这种情况，就应该认为［德国］不仅有权利而且有义务运用包括武装力量在内的一切可能的手段阻止这样一个国家的出现；如果这个国家已经出现，必须坚决予以摧毁。[①] ［124］

希特勒把这一政治信条作为自己一生中的引导力量。[②] 在上台之前，他就曾在与其经济顾问奥托·瓦格纳（Otto Wagener）的私人谈话中表露过这种担心。苏联的工业化是不可避免的，因为苏联不可能在欧洲工业强国之林中始终处于一种落后状态。瓦格纳关于苏联军备正在日益壮大的论点“只能使我们意识到，如果我们能够尽早下定

---

① 参见 Hitler, *Mein Kampf*, trans. Ralph Manheim (Boston: Houghton Mifflin, 1925), 641 -667。（对此处所引文字，希特勒曾用斜体予以强调）另参见 *Hitler's Secret Book* (New York: Grove, 1961), 145 (written in 1928)。

② 在 20 世纪 20 年代末，希特勒一度把美国看成一种更严重的长期威胁，因为美国拥有庞大的人口和领土（*Hitler's Secret Book*, 103 -104）。但是，美国的“大萧条”使他大大降低了对美国未来增长的估计，因而把注意力转向苏联。参见 Gerhard Weinberg, “Hitler's Image of the United States,” in his *World in the Balance* (Hanover, N. H.: University Press of New England, 1981), 53 -74。

决心一举粉碎苏联布尔什维主义世界性威胁的力量核心，我们就能更容易地摆脱这种威胁”。[①]

军事集结阶段：1933 ~1936年

上台三天之后，希特勒就向军界描述了自己的对外政策蓝本。1933 年 2 月 3 日，他在召集高层将军们开会时宣布，最重要的任务就是要在短期内重新集结德国的军事力量，而最可能的结果就是“在东线拓展新的生存空间和无情地推行其德意志化战略”。[②] 当月晚些时候，希特勒批准军队进行大规模的重整军备和征兵，并在全国进行军国主义教育。[③] 因此，在他执政的第一个月，将军们就已经完全弄清了他的重整军备计划和意图。他们不仅没有反对希特勒的计划，而且安然地予以接受。武装力量办公室主任瓦尔特·冯·雷奇诺（Walther von Reichenau）上校曾在 2 月间写道，德国国防军（Wehrmacht）的态度“从来也没有与政府如此一致”[④]。只是在战争过后，将军们才装作曾经反对过希特勒的计划。[⑤]

---

① 参见 Henry Ashby Turner, ed. , *Hitler: Memoirs of a Confident* (New Haven: Yale University Press, 1985), 173; and 91, 162, 53。这与当时的另一位助手赫尔曼·罗希宁（Hermann Rauschning）重新整理的材料完全一致，参见 Rauschning, *The Voice of Destruction* (New York: Putnam's, 1940), 130, 133。

② *NDR*: doc. 472. 另参见 Gerhard Weinberg, *The Foreign Policy of Hitler's Germany: Diplomatic Resolution in Europe, 1933 – 1936* (Chicago: University of Chicago Press, 1970), 27; and Deist, *The Wehrmacht and German Rearmament*, 26。

③ 参见 Weinberg, *The Foreign Policy of Hitler's Germany: Diplomatic Resolution in Europe, 1933 – 1936*, 27。

④ 引自 Deist, *The Wehrmacht and German Rearmament*, 26。

⑤ 尤根·奥特（Eugen Ott）后来承认，希特勒 2 月 3 日关于保证东线“生存空间”（Lebensraum）的演讲“当时对我来说似乎是一个重要的声明”。他认为，其他将军虽然也感到吃惊，但怀疑这次演讲只不过是一个“无边际的计划”，很快就会被证明是不现实的。引自 Weinberg, *The Foreign Policy of Hitler's Germany: Diplomatic Resolution in Europe, 1933 – 1936*, 27, n. 8。他们是否怀疑过希特勒的计划，目前并没有这方面的证据。军界竟然认为希特勒的声明非常重要并感到吃惊，但后来又拒不接受，这的确有点令人难以置信。

新的重整军备计划是在 1933 年“关于到 1938 年武装 21 个师”这一计划的基础上形成的。1933 年 12 月，将军们同意通过征兵把建制扩大三倍。路德维希·冯·贝克（Ludwig von Beck）将军尽管时常装出一副反对派的面孔，实际上却是制定这一计划的关键人物。[1] 正如下文所见，贝克只是在 1938 ~ 1939 年与希特勒在战术上存在分歧，正是他提出了粉碎苏联威胁的观点。在这里，需要指出的是，正是贝克与国防部长维尔纳·冯·布隆伯格（Werner von Blomberg）联手组建了这样一支军队，因为根据当年 12 月的备忘录，只要德国拥有了这样的军队，就可以随时在几条战线上同时开战。[2]

军队方面主要担心的是希特勒的褐衫党徒（即纳粹党员），将军们担心他们有可能成为国家的军事工具。1934 年 1 月，希特勒曾对将军们重申，国防军是帝国唯一的武装力量。[3] 2 月间，他再一次对军界做了如上承诺。根据陆军元帅马克西米廉·冯·韦奇斯（Maximilian von Weichs）的记录，他重申了在传统军事力量基础上建立一支人民军队的决心，褐衫党将被严格限制在内部事务方面。希特勒的行为表明，他深知军界的忠诚是向整个体系发动战争的必要条 [125]
件，依靠原来那伙帮他上台的流氓是不可能打赢这场战争的。[4]

在 2 月会议上，希特勒又扩充了自己的计划。经济复苏只能持续 8 年，随之而来的经济衰退只能通过拓展生存空间来补救。简而言之，在西线发动决定性的攻击，然后转入东线。因此，军队必须准备“在 5 年后进行防御，8 年后才适于进攻”。韦奇斯在记录中写道，希

---

1. 参见 Deist, *The Wehrmacht and German Rearmament*, 28; and Müller, *The Army, Politics, and Society in Germany, 1933 - 1945*, 54 - 59。
2. 参见 Welhelm Deist, “The Rearmament of the Wehrmacht,” in Deist et al., *Germany and the Second World War* (Oxford: Clarendon, 1990), vol. 1, 414。
3. 参见 Deist, *The Wehrmacht and German Rearmament*, 33。
4. 出于内部原因，希特勒甚至要除掉褐衫党头子恩斯特·罗姆（Ernst Röhm）。另外，如果他认为褐衫党是最好的战争工具，他就会加强这一组织，而不是求助于常规军队。

特勒讲话之后，“与会的军界领导人中间弥漫着一种欣慰感”。[①]

欣然之余，军界领导人就全力以赴投入到自己的角色之中。1934年1月23日，在路德维希·贝克的主持下，帝国国防会议（协调各政府部门的一个工作机构）下属的工作委员会召开了一次会议。鉴于当时的军事、政治形势，贝克指出，帝国国防会议的工作绝对不能拖延。会议的中心议题并不是振兴经济以维持更强大的威慑力，而是战时经济所要求的财政和社会方面的措施。当时，帝国经济部的一位顾问生硬地质问道，现在我们的问题是“接过1918年战时经济留下的烂摊子还是从头再来”。[②] 因此，1934年以后，贝克没有针对如下事实提出警告并不令人感到惊奇。这个事实就是，如果不发生战争，匆匆进行重整军备会对经济造成破坏。[③] 他十分清楚，德国正在准备打一场进攻战。重整军备对和平时期的经济造成的短期后果并不重要。[④]

因此，我们可以看到，将军们之所以后来一再推卸自己的责任，是因为他们当时的确不清楚希特勒的长期计划。这一时期最重要的一位军事专家威廉·迪斯特（Wilhelm Deist）认为，“并没有任何证据能够表明，军界曾……反对过希特勒的重整军备目标”，尽管当时组

---

① 引自 Robert J. O'Neill, *The German Army and the Nazi Party, 1933 - 1939* (London: Cassell, 1966), 40 - 41。韦奇斯（Weichs）战后承认，“希特勒制定了完整的对外政策计划，并曾经暗示过发动侵略战争的可能性”。不仅如此，“与后来的形势发展不太一致的唯一细节就是［发动战争的］实际时间”，即比将军们预期的时间要早。参见 O'Neill, *The German Army and the Nazi Party*, 41。

② *NCA*, 7: 443 - 449.

③ 参见 Klaus-Jürgen Müller, "Military and Diplomacy in France and Germany in the Inter-war Period," in Müller, ed., *The Military in Politics and Society in France and Germany in the Twentieth Century* (Oxford: Berg, 1995), 116 - 118。

④ 在这次会议上，有位助手曾认为，工业与军事之间的联系不应形诸文字，以便使“军事目的不易被觉察”。贝克立即表示同意。参见 *NCA*, 7: 448 - 449。后来出任陆军总司令的瓦尔特·冯·布劳希奇（Walther von Brauchitsch）当时还在东普鲁士执行任务，他在9月间写给柏林的报告中一再强调，如果经济不能复苏，在东普鲁士进行军事集结是不可能的；“两者相辅相成，才能为东线政策奠定基础”。参见 *NCA*, 6: 280。

建军队显然是为了进攻，而不是威慑。[①] 正如下文所见，将军们在1918～1939年的反对意见只不过是在如何和何时实施霸权计划上出现了分歧，而不是对这场战争是否正义持有异议。从1933年到1942年，德国军界与希特勒密切合作的原因很简单：他的地缘政治目标与他们不谋而合。

事实上，迪斯特认为，将军们还常常领先希特勒一步。1935年3月初，贝克认为，提高装备水平是保证德国安全的唯一手段，德国需要一支比1933年12月规划的和平时期21个师、战争时期63个师的规模更为庞大的军队。他的上司即陆军总司令维尔纳·冯·弗里奇（Werner von Fritsch）将军同意这一结论，并建议增加到30～36个师。[②] 此后不久，1935年3月16日，希特勒宣布，德国将通过全面征兵使和平时期的军队人数维持在36个师。因此，希特勒不仅采纳了军界提出的军队人数，而且同意了贝克1933年12月以来一直在推行的征兵措施。正如迪斯特本人所说："所以，希特勒发表的公告是德国将军 [126]
与政界领导人之间在军事目标问题上取得一致的表现。"[③]

在政界，1933～1936年的任务就是要在不刺激法国或波兰发动预防性战争的情况下平稳度过重整军备这一过渡期。[④] 希特勒尽量装出一副和平的面孔，以安抚敌对国的担忧情绪，他甚至在1934年1月与波兰签订了一个互不侵犯条约。[⑤] 不过，到1935～1936年，重整军备运动轰轰烈烈地展开了。此时，军队的准备工作重点提前从防御转入进攻。1935年6月，在雷奇诺主持下召开的帝国国防会议下属的工作委员会会议一致认为，军事准备的主要基础工作已经完成，

---

① 参见 Deist, "The Rearmament of the Wehrmacht," 423。

② 参见 Deist, "The Rearmament of the Wehrmacht," 421－422。另参见 Geyer, "The Dynamics of Military Revisionism in the Interwar Years," 132。

③ 参见 Deist, "The Rearmament of the Wehrmacht," 422－423。

④ 参见1933年2月3日会议记录，*NDR*, doc. 472。

⑤ 关于作为一种自觉的政策争取时间这个问题，可参见 *NDR*, doc. 494。

“国家的战争方向”已经确定。关于军事集结的目的，雷奇诺认为，“就保护德国的生存空间（Lebensraum）而言”，供应基地和德国经济资源方面的保障“就像军事准备本身一样，也是必不可少的重要条件”。由于所有人都认为德国没有足够的生存空间，所以“保护德国的生存空间”只能意味着要打一场侵略战争。[①]

在1935～1936年，将军们与希特勒之间的确产生过一个小小的分歧。他们担心，过于迅速地进行军事集结会减少军队中的军官比例，因而造成整体质量下降。尽管如此，他们直到1935年夏季仍然在讨论所谓“提高军队进攻能力”的方式。当时，关键的问题是如何以最小的代价达到最佳的军事效果。答案就是良好的机动性。经过1935年7月的有效演练之后，装甲部队司令海因茨·古德里安（Heinz Guderian）关于在装甲师中配备独立坦克作战单元的建议被采纳。[②] 同样是在7月，总参谋部提出必须加快重整军备进程，以确保1939年秋完成整个计划。贝克认为，德国军队必须在1940年4月“完成战争准备”。[③] 正如迈克尔·盖耶（Michael Geyer）所说：“现在，总参谋部已经成为加速部队武装进程的主要动力源。他们所要求的并不是简单的加速，他们需要提前完成进攻准备。”[④]

此后不久，陆军总司令弗里奇开始大谈所谓在运动中“用进攻进行防御”。[⑤] 一般来说，军队的军事计划都是直接根据其预期或已知的军事力量状况制定的。总参谋部在1935年中旬的一项备忘录中指出，根据现有条件，军队只能维持防御态势。所以，在短期内，

---

① *NCA*，7：450－452. 以下事实充分说明了这一点：与会者一致认为，用法律对“全面动员”做出规定对于“进行战争和获得胜利”是非常必要的。目的是发动战争，而不是阻止战争。

② 参见 Deist，*The Wehrmacht and German Rearmament*，40－41。

③ 参见 Klaus-Jürgen Müller，*General Ludwig Beck*：*Studien und Dokumente*（Boppard：Harald Boldt：1980），doc. 34；and Geyer，“The Dynamics of Military Revisionism in the Interwar Years，”136。

④ 参见 Geyer，“The Dynamics of Military Revisionism in the Interwar Years，”137。

⑤ 参见 Deist，“The Rearmament of the Wehrmacht，”433－435。

“其他想法都必须先收一收”，其中包括改善进攻能力和运动能力，虽然“这是一支军队最终能够发动具有决定意义的攻击战（entscheidungssuchender Angriffskrieg）的先决条件”。①

但是，整个体系的形势变化太快，使德国不得不摆出一种更具侵略性的姿态。12 月，已经就任陆军总参谋长的贝克（弗里奇之后的 [127]
二号人物）写了一篇题为“关于提高军队进攻能力的思考”的报告。这篇报告远远超出了他在 1933 年 12 月所持的观点，即军队必须能够在几条战线同时作战。当前，军队可以考虑“以更大的规模”作战。特别是只有“当以进攻的形式进行防御时”，才能有效地保卫自己的领土。贝克的这些论点立即得到陆军方面的认可。1936 年 2 月，总参谋部得到了简短的指令：“军队集结的未来目标［就是］要打造一支机动化的军队，应具有最大的机动性和进攻能力。”②

贝克 1935 年的报告表明，他仍然坚持古德里安的观点。贝克认为，每一个陆军军团至少应该拥有一个装甲旅，这样就可以使装甲旅在数量上翻一番。装甲师不仅要支援步兵，并且装甲师联合起来还可以独立作战。这些观点从根本上改变了编制结构③，显然具有非常重要的意义：正是德国装甲部队这种良好的机动性，再加上德军的空中优势，才使得德国变成了一个如此可怕的军事强敌。

进入危机阶段：1936 ~1937年

到 1936 年，德国军队的迅速壮大使希特勒底气陡增，开始不断提出领土要求（尽管警告在先）。1936 ~ 1939 年发生的一系列危机证

---

① 引自 Geyer, “The Dynamics of Military Revisionism in the Interwar Years,” 137。

② 引自 Geyer, “The Dynamics of Military Revisionism in the Interwar Years,” 138; and Deist, *The Wehrmacht and German Rearmament*, 42。

③ 参见 Deist, *The Wehrmacht and German Rearmament*, 42 - 43。

实了如下观点：一旦多极体系中的一个强国拥有了军事上的优势，并且预见到相对军事力量开始达到顶峰，就会采取更大的冒险行动。[①] 在这个案例中，虽然通过危机获得的利益能够维持暂时的增长，但无法改变德国在潜在力量方面的劣势地位。因此，希特勒的策略就是以民族自决为借口，把德国推向全面战争，而消灭苏联仍然是他的主要目标。在这个精心设计的战争边缘政策游戏中，1936 年 3 月重新兼并莱茵兰地区乃是他的第一个胜利。

如果还需要给希特勒那些将军和经济顾问一个重整军备的理由的话，那么希特勒 1936 年 8 月关于“四年计划”的备忘录完全可以满足这一要求。这个计划指示如上两个班子，在四年之内做好德国发动进攻战的准备工作。关于德国在全球保护主义环境中的贸易问题[②]，希特勒以备忘录的方式重申了自己的世界观。他开宗明义地指出，即使是意识形态的冲突，最终也要归结为国家生存方面的斗争。近年来，由于马克思主义控制了世界上最大的帝国，这种斗争变得更为激烈。苏联的军事资源“正在迅速增长”。

> 只要把今天现实中的红军与假想中 10 年或 15 年前的军人做
> [128] 一下比较，你就会意识到这种威胁的严重程度。所以，应该想一想再过 10 年、15 年或 20 年会是什么样的结果，到那时又会出现什么样的情况。

他认为，所有计划的工作重心必须放在摧毁苏联的威胁方面。德

---

① 比较而言，第一次世界大战之前的 1905 ~ 1913 年这段时间要稍长一些，因为当时德国的经济地位还不像俄国那样不稳定。希特勒和军界当然更清楚，由于斯大林的大规模工业化计划，德国经济在 1935 ~ 1939 年是难以维持的，因此必须尽量扩大军事优势。

② 参见 Copeland, “Economic Interdependence and War: A Theory of Trade Expectations,” *International Security* 20 (spring 1996), 5 - 41。

国不能再等下去，“否则将失去机会，而危险真正到来时我们就会手足无措”。如果德国工业不能面对新的挑战，“就不可能在这个新时代里生存，而苏联却正在实施一项庞大的计划”。[①]

德国国防军，包括国防部长布隆伯格本人，都以极大的热情接受了这个计划。战争经济部的专家在 1936 年 10 月 1 日曾认为，“四年计划”“对整个经济界无疑是一项需要巨大勇气和决心的事业”，完全能够按时完成。[②]

这样的备忘录只能说明，德国发动战争并非出于其他方面的考虑。约瑟夫·戈培尔（Joseph Goebbels）在日记中详细记录了他与希特勒的私人谈话内容，表明他对来自苏联布尔什维克日益加剧的威胁深感忧虑。戈培尔还记下了他与元首在 1936 年 11 月间的一次谈话："他对形势感到非常满意。重整军备正在进行……到 1938 年，我们将全部准备就绪。是到了与布尔什维克摊牌的时候了，我们早就等着这一天。”1936 ~ 1937 年间，希特勒仍然不能确定与布尔什维克开战的准确时间，因为这在很大程度上取决于其他国家重整军备的进展情况。1937 年 2 月，他曾告诉戈培尔，他希望能在五六年内与苏联摊牌。一个月前，希特勒就曾经说过，他希望把时间定为六年，但如有必要，可以提前采取行动。[③]

1937 年 11 月 5 日，在他的战争时间表已经明确的情况下，希特勒与国防部长布隆伯格、外交部部长康斯坦丁·冯·纽拉特（Konstantin von Neurath）、陆军总司令弗里奇、海军总司令令埃里希·

---

① *NDR*, doc. 185. 另参见赫尔曼·戈林在内阁会议上关于“与苏联决战”的报告，*NCA*, 7: 471 – 473。

② 引自 Hans-Erich Volkmann, “The National Socialist Economy in Preparation for War,” in Deist et al., *Germany and the Second World War*, 280。1936 年秋，希特勒开始争取公众支持对苏联发动预防性战争。参见 Norman H. Daynes, ed., *The Speeches of Adolf Hitler*, vol. 1 (London: Oxford University Press, 1942), 673。

③ 参见戈培尔（Geobbels）的日记，引自 Kershow, *The Nazi Dictatorship*, chaps. 124 – 125。

雷德尔（Erich Raeder）、空军总司令赫尔曼·戈林（Hermann Göring）举行了一次“战前会议”。虽然召集这次会议是为了解决国内日渐激烈的资源争端问题，但希特勒还是利用这个机会对自己的整体战略做了详细论述。如果没有更多的土地，就不可能“挽救德意志的衰退命运”。关于短期政策，希特勒预见可能有三种意外变故。第一个意外变故就是，如果法国的国内冲突或战事不能削弱其力量，德国将陷入困境：

> 意外变故一：1943～1945 年
>
> 根据我们的观点，局势从这一天开始可能会恶化……由于世界上其他各国都在进行重整军备，我们的相对军事力量就会处于劣势……正是由于其他各国正在［重新集结］，我们才有机会发动攻击。

第二个和第三个意外变故则是指，如果法国遭遇内乱或卷入与另一个国家的战争之中，德国将如何做出反应。在这两种情况下，德国
［129］都应在 1943～1945 年之前采取行动。具体而言，德国将首先对捷克斯洛伐克和奥地利采取行动，以改善自己的地缘政治地位，然后再进攻其他列强。[①]

我们有非常有力的证据表明，军界领导人十分认同希特勒关于德国的军事力量将迅速进入巅峰状态然后就会衰退的观点。从 1934 年开始，就一直有人提醒贝克，高速度和大规模的军事集结将在长期内对德国经济造成严重损害。弗里奇在 1936 年 10 月间给布隆伯格的报告中指出，一支强大的军队完全可能在最短的时间内组建起来，并且

---

① 所有引文均出自弗雷德里希·霍斯巴赫（Friedrich Hossbach）上校的记录稿，参见 *DGFP*, series D, vol. 1: doc. 19。

到 1939 年 10 月 1 日就能准备就绪。当年秋，陆军总部通知弗里奇，国防军必须能够“随时投入战斗，否则，很可能会由于既定备战水平的下降而使局势得到缓和”。[①] 到 1936 年，原材料短缺的问题已经非常明显，但布隆伯格、弗里奇和贝克并没有放缓重整军备的步伐，反而加快了速度。

可能有人会认为，将军们并不懂经济学，也不清楚经济学对如上计划的影响作用。[②] 但是，这样一种观点其实是假定他们并没有认识到军事集结的真正目的。然而，他们在 1933 年就已经知道希特勒的计划，并且认为德国在很短的时间内就能取得优势地位。如果因追求霸权而导致和平时期的经济产生动荡，也没有什么大不了的，因为那时的德国早已进入战争阶段。因此，他们在 1937～1938 年所担心的只是军队未能足够快地做好准备。例如，1937 年初原材料的严重短缺一度使军事指挥员们认为，1939 年 10 月这一最后期限必须推迟到 1941 年 4 月。[③] 这一结论使他们在 1938 年夏上演了“抵制”希特勒的一幕。简而言之，尽管他们接受了希特勒关于德国在军事力量达到顶峰后立即实施打击的观点，但他们却对达到顶峰的确切时间持有异议。

危机与“抵制”：1938年1～12月

在多极体系中，军事上占有优势但正在衰退的列强不应对正在崛起的国家发动侵略战争，因为其他列强担心自己有可能成为下一个牺牲品，往往会支持受攻击的国家。因此，这个处于衰退期的国家在准备消灭其主要对手的同时，还要防备来自其他方面的威胁。1914 年，

① 引自 Deist, “The Rearmament of the Wehrmacht,” 442－444。

② 参见 Deist, *The Wehrmacht and German Rearmament*。

③ 参见 Deist, “The Rearmament of the Wehrmacht,” 452－453。

德国曾经为了消灭俄国而不得不同时与法国和英国开战。在 1938 年，希特勒面临着同样的问题。他当然明白，要摧毁苏联，就必须先消灭法国，并且尽管一直在努力使英国保持中立，但英国肯定会支持法国。[①] 1 月间，当时作为驻伦敦大使，后来出任外交部部长的约西姆·冯·里宾特洛甫（Joachim von Ribbentrop）曾在给希特勒的信中表达了自己对时局的看法："在东线改变［领土］现状……只能通过武力解决。只要法国知道英国……会支持自己，法国就很有可能采取
[130] 行动保护其东线的盟友［包括捷克斯洛伐克和俄国］……而这将意味着英国与德国之间会有一场战争。"[②]

随着英国、法国和苏联重整军备步伐的不断加快，时间的紧迫性超出了希特勒原先的预期。于是，他加快了计划的进度。5 月 30 日，他发布了一项命令，决定在近期进攻捷克斯洛伐克。命令的标题表明他即将与英国和法国开战："两线出击，主攻方向在东南方面。"[③] 两天前，他就对军界说明了自己的理由：法国和英国的军队都在集结之中，而捷克的防御工事是在匆忙之中完成的。总而言之，"必须抓住眼下的有利时机"。[④]

德国国防军最高司令部（OKW）6 月间的一项研究认为，一旦"大不列颠参战……就必须考虑到"法国必然会积极干预这个问题。[⑤] 因此，在当年仲夏，当希特勒确定 10 月 1 日开始入侵捷克斯洛伐克时，他就已经准备与这两个大国开战了（尽管他更愿意在无人插手的情况下吃掉捷克斯洛伐克）。与理论所预见的一样，当希特勒看到德国在军事上的优势达到顶峰时，他的冒险野心便剧烈地膨胀起来。

---

① 美国很可能会支持英国，但考虑到美国军事上的弱小，希特勒主要将其视为一种长期威胁，完全可以在征服欧洲大陆后再对付它。参见 Weinberg, *World in the Balance*, 53 – 74。

② *NDR*, doc. 508.

③ *DGFP*, series D, vol. 2: doc. 221, and 235.

④ *NDR*, doc. 521.

⑤ *DGFP*, series D, vol. 2: doc. 235.

当年夏天，有些将军开始对希特勒进行非难，其中措辞最为激烈的就是陆军总参谋长贝克。5 月 7 日，贝克给他的上司即总司令瓦尔特·冯·布罗季奇（Walther von Brauchitsch）写信，认为军事力量不可能在几年的时间内准备就绪。6 月中旬，贝克提交了另一份分析报告，强调自己并不是担心希特勒的地缘政治目标，而是担心过早地采取冒险行动。他认为，德国“需要更大的生存空间”，而这样的空间“只能通过战争来夺取”。不仅如此，考虑到捷克力量的日益壮大和法英两国重整军备的不断加快，捷克问题也应该尽快解决。然而，在一场即将演变为欧洲或世界大战的战争中，德国仍然不具备同时对付英国和法国的能力。[①]

在 6 月和 7 月，贝克又先后向布罗季奇提交了两份备忘录，进一步强调推迟行动时间的必要性。8 月初，布罗季奇告诉希特勒，在资深将军们举行的一次会议上宣读了贝克的一份备忘录，军界一致认为战争的时机尚未成熟。希特勒为此大发雷霆。他认为，将军们过高地估计了英、法两国插手的危险，但他们显然没有被说服。8 月 15 日，他再次召集将军们开会，并强调时机非常有利，英国不会做出反应。[②] 这一次，没有任何人表示反对。当时，军事演习的情况也表明，法国不可能在西线轻易获胜。因此，军界不再认同贝克的观点。[③] 贝克意识到自己已经失去支持，于是黯然辞职。

关于希特勒与军界之间发生的这次冲突，有许多问题值得商榷。但是，要说将军们反对希特勒关于德国霸权的整体目标，并没有多少

---

① 参见 O'Neill, *The German Army and the Nazi Party, 1933 – 1939*, 153 – 157; Williamson Murray, “Net Assessment in Nazi Germany,” in Murray and Allan R. Millett, eds., *Calculations: Net Assessment and the Coming of World War II* (New York: Free Press, 1992), 76。

② 参见 Murray, “Net Assessment in Nazi Germany,” 78。

③ 参见 Murray, “Net Assessment in Nazi Germany,” 78 – 79。另参见阿尔弗雷德·约当（Alfred Jodl）少将 1938 年 8 月 10 日的日记，in *NCA*, 4: 364; Deist, *The Wehrmacht and German Rearmament*, 98 – 99; and Telford Taylor, *Munich* (Garden City, N. Y.: Doubleday, 1979), 698。

[131] 证据。他们的分歧纯粹是战术上的：希特勒在发动大战问题上过于心急，特别是考虑到他在去年11月间还说过，德国的军事力量在1943年之前不可能达到巅峰状态。对于发动战争这个问题，将军们并没有在道德上感到丝毫不安。[①] 8月间，一旦有证据表明德国完全可以随时占领捷克斯洛伐克时，他们很快就抛弃了贝克这位主张推迟战争的主要人物。或许最令人惊奇的一点就是，虽然贝克由于努力避免德国陷入战争的泥潭而赢得了一个“好”将军的名声，但他却完全赞成必须消除苏联威胁的论点（参见下文的讨论）。

可能有人会认为，到1938年六七月间，希特勒已经成功地除掉了那些持反对意见的将军，而其他人则不得不保持沉默。[②] 这里的主要证据就是，在1938年初，希特勒就以道德失检为由解除了布隆伯格和弗里奇的职务（布隆伯格是因为娶了一个妓女，而弗里奇则是因为捏造的同性恋罪名）。然而，这种论点是站不住脚的。如前所述，布隆伯格和弗里奇自1933年以来一直是希特勒大战计划的积极支持者。正如霍斯巴赫（Hossbach）备忘录[③]所显示的那样，就连他们在1937年11月“战前会议”上的“反对声音”（这是人们公认的他们被解职的原因）也完全听不到了，只不过一味强调战术和时机

① 贝克在5月30日亲自告诉布罗季奇，捷克斯洛伐克的存在是“不能容忍的”，如有必要，必须通过战争将其消灭。参见 Manfred Messerschmidt, “Foreign Policy and Preparation for War,” in Deist et al., *Germany and the Second World War*, 658。

② 主要参见 Harold C. Deutsch, *Conspiracy against Hitler in the Twilight War* (Minneapolis: University of Minnesota Press, 1968); Deutsch, *Hitler and His Generals* (Minneapolis: University of Minnesota Press, 1974); and Correlli Barnett, ed., *Hitler's Generals* (New York: Quill, 1989)。

③ 指1937年11月5日举行的所谓“战前会议”上弗雷德里希·霍斯巴赫所做的会议记录，这次会议也因此被称为“霍斯巴赫会议”。这是希特勒在帝国总理署召集的一次秘密会议，他在这次会议上透露了自己蓄谋已久的所谓“为德国人民赢得生存空间”的计划，因而使之在二战史上具有重要意义。当时出席会议的有国防部长布隆伯格、陆军总司令弗里奇、海军总司令雷德尔、空军总司令戈林和外交部部长纽拉特，总参谋部的霍斯巴赫上校作为会议记录员出席了会议。——译者注

的重要性罢了。[①] 事实上，在这次会议之后，布隆伯格十分赞成准备消灭捷克斯洛伐克的计划。[②] 不仅如此，布隆伯格是希特勒最嫡系的僚属之一，而希特勒对他的婚姻丑闻深感震惊（希特勒实际上还出席了这次婚礼）。[③]

至于弗里奇，他的失势并非希特勒一手造成，而是戈林和海因里希·希姆莱（Heinrich Himmler）出于个人野心而下的黑手。弗里奇的继任者布罗季奇是将军们举荐的（而不是希特勒），这一事实说明军界仍然居于强势地位。不仅如此，军界支持解除两人的职务，认为这种道德失检即使只是谣传，也会对军队的士气造成不良影响。[④] 最后，在 1938 年夏和 1939 年秋，尽管重新设置的军队等级使希特勒在一些重大问题上深感头痛，但他并没有行使清洗手段。因此，即使在两人被解职之后，军界领导人仍然可以在没有降职危险的情况下自由地发表意见。直到1941 ~ 1942 年遭受重大挫折之后，希特勒才开始因为反对他的计划而撤销将军们的职务。布隆伯格本人后来写道，在战前那些年月里，“我们作为士兵，没有理由对希特勒有所抱怨。他实现了那些对我们大家都非常珍贵的希望。如果将军们不再记得这些，那么这显然是一种有意疏忽”[⑤]。

现在就让我们简要地回顾一下 1938 年 9 月发生的那场危机。[⑥] 很

---

① *DGFP*, series D, vol. 1: doc. 19.

② *NDR*, doc. 690 – 691; Taylor, *Munich*, 306 – 307. 1937 年夏，他发布了一项关于“武装力量协同备战”的命令。其中指出：“凡是能够控制风险的地方，并不排除……进行正常的进攻部署。”引自 Müller, *The Army, Politics, and Society in Germany, 1933 – 1945*, 26。

③ 参见 Taylor, *Munich*, 316 – 321; and Walter Grlitz, “Blomberg,” in Barnett, ed., *Hitler's Generals*, 135 – 137。道奇（Deutsch）甚至还证实，这种普遍接受的观点（指希特勒对这次丑闻深感震惊和失望）或许并非无稽之谈。参见 Deutsch, *Hitler and His Generals*, 106 – 107。

④ 参见 Taylor, *Munich*, 301 – 304, 313 – 330; and Matthew Cooper, *The German Army, 1933 – 1945* (New York: Stein and Day, 1978), 59 – 63。

⑤ 引自 Cooper, *The German Army*, 38。

⑥ 我在另一篇文章中对这个问题做了更为详尽的论述，参见 Copeland, “Deterrence, Reassurance, and Machiavellian Appeasement,” paper presented to the conference on Deterrence in Enduring Rivalries, Naval Postgraduate School, Monterrey, Calif., September 1995。

显然，希特勒尽管有所保留，但还是非常迫切地要在10月1日入侵捷克斯洛伐克。9月29日，在慕尼黑签署的关于把苏台德地区（约为捷克领土的1/4）割让给第三帝国的协定使这次危机得到了解决。这一解决方案的重要性就在于，其后果在9月底是未曾预料到的。在内维尔·张伯伦（Neville Chamberlain）首相与希特勒在哥德斯堡举行第二次会谈之后，希特勒又拒绝了英国本已接受的他在哥德斯堡提出的要求，并提出只有对苏台德地区立即实施军事占领才是可以接受
[132] 的。不过，英国内阁却认为，割让苏台德的形式对于英国的名誉是至关重要的。所以，英国人拒绝了希特勒的新要求，暗示他们将在军事上支持法国，静待战争的到来。[①] 正是希特勒本人通过墨索里尼做出了让步，并要求在慕尼黑举行会谈。

没有丝毫的迹象表明，希特勒在哥德斯堡提出的要求只是为了达成一笔更好的交易而做出的唬人举动；而所有的迹象均表明，希特勒更愿意军事入侵捷克斯洛伐克，而不是和平占领。[②] 整个9月间，他一直在狂热地备战，以便随时发动进攻。阿尔弗雷德·约当（Alfred Jodl）少将在9月8日的日记中写道："情况似乎越来越明显，尽管元首可能不再认为英国和法国将保持中立，但仍然坚持自己的决定。"[③] 所以，希特勒显然决定要在第11个小时退出战争。这似乎表明，他深知：经过张伯伦的外交努力，德国公众已经不再把战争看成一种自我

① 参见 John Charmley, *Chamberlain and the Lost Peace* (Chicago: Ivan Dee, 1989), chaps. 11 - 13; Keith Middlemas, *Diplomacy of Illusion* (London: Weidenfeld and Nicolson, 1972), chaps. 11 - 13; and R. A. C. Parker, *Chamberlain and Appeasement* (New York: St. Martin's, 1993), chaps. 7 - 8。

② 参见 Williamson Murray, *The Change in the European Balance of Power* (Princeton: Princeton University Press, 1984), 204 - 205。

③ *NCA*, 4: 365. 希特勒对慕尼黑事件也非常愤怒，认为受张伯伦欺骗而未能实施入侵计划。入侵是一种理想的结局，因为这样就可以让军界有机会宣扬其工作效率，同时又能激发民众对未来的信心。

保护的正义行为，而宁愿选择和平。[1]

希特勒的让步或许也反映了他后来的看法，即德国可能尚未在军事力量上达到巅峰状态。9 月初，财政部长卢茨·谢林·冯·克罗西克（Lutz Schwerin von Krosigk）曾在一份报告中提醒过他，如果美国参战，英国肯定会参战。德国在军事上处于领先地位，而其他国家正在奋力赶超，但德国仍然没有达到巅峰状态。“时机对我们非常有利”，克罗西克强调指出，“我们每个月……通过军事特别是经济备战竞赛使军力得到提高的程度要比西方列强在各自的重整军备过程中实现的力量增长大得多”。所以，德国只要等待就能获胜。[2] 这种论点可以解释为什么希特勒最终不愿意冒太大的风险在 1938 年发动一场全面战争。只要再等上一段时间，德国就具备更强大的实力向整个体系挑战。他后来在 1939 年初的论点表明，他实际上又在重弹他在 1937 年的老调，即德国需要更多的时间使其军事优势达到最大化，特别在英国必然参战的情况下就更是如此。很显然，与 1912 年柏林推迟战争的计划完全一样，目的就是为了更好地准备与法国和英国作战。

迈向深渊：1939年1~9月

慕尼黑会谈之后，希特勒及其军界领导人就开始为下一个阶段做准备，即兼并捷克斯洛伐克的其余领土和入侵波兰。1939 年 3 月，德国占领了捷克斯洛伐克的剩余领土。[3] 4 月 5 日，希特勒发布了一

---

① 参见 Taylor, *Munich*, 876 - 897。不仅如此，有迹象表明，如果希特勒不接受交易，华盛顿很可能不再保持中立。参见 *DGFP*, series D, vol. 2: docs. 453, 632; and Taylor, *Munich*, 890。

② *NCA*, 7: 476 - 478.

③ *DGFP*, series D, vol. 6: doc. 149.

项命令，要求做好准备，在 1939 年 9 月 1 日后随时对波兰采取行动。
[133] 不过，希特勒并不认为秋季是发动全面战争的最佳时机。3 月底，他告诉罗马方面，由于英国几乎肯定会帮助法国，推迟 18 个月到 2 年的时间对于德国领土尤其是海军力量的最大化无疑是明智的。[①] 墨索里尼对此心领神会。他在 4 月 16 日告诉戈林，由于全面战争是不可避免的，那么就只剩下“何时对轴心国最为有利”这个问题了。[②]

到 1939 年 5 月底，希特勒又改变主意，认为应该尽早发动大战。对于他的这种心态变化，有两个因素显然起了重要作用。第一个因素是有越来越多的证据表明，英国和法国的威慑姿态变得日益强硬起来。在德国占领了捷克斯洛伐克剩余领土之后，伦敦又进一步向波兰做出了维护其安全的承诺。4 月间，英国声明与法国正式结盟，进入全面合作阶段，并且主动向莫斯科方面提议保障东欧地区的安全，很有可能形成同盟。[③] 德国驻巴黎使馆临时代办 4 月 13 日的电报表明，这些新的动向意味着绥靖政策已经结束，并正在对德国形成合围之势。[④]

第二个因素就是德国的主要对手苏联正在以更快的速度提升力量。5 月初，希特勒责令德国驻莫斯科使馆商务参赞古斯塔夫·希尔格（Gustav Hilger）提交有关斯大林解除李维诺夫（M. M. Litvinov）的外交部部长职务而让莫洛托夫（V. M. Molotov）取而代之的评估报告。当时，真正了解苏联的德国人并不多，而希尔格就出生在俄罗斯，并且自 20 世纪 20 年代初就一直在大使馆工作。希尔格通知希特勒，斯大林正在加速进行军事集结，而苏联的工业化进程成果显著。随后，希特勒告诉里宾特洛甫，如果希尔格估计无误，“那么我们必

---

① *DGFP*, series D, vol. 6: doc. 52 and doc. 205. 1939 年 1 月，希特勒开始把更多的资源投入海军建设。参见“Z 计划”，*NDR*, doc. 728 – 729。

② *DGFP*, series D, vol. 6: doc. 211.

③ 参见 Charmley, *Chamberlain and the Lost Peace*, chaps. 16 – 17; and Keith Middlemas, *Diplomacy of Illusion*, chap. 14。

④ *DGFP*, series D, vol. 6: doc. 188.

须不失时机地采取行动，以阻止苏联的军事力量得到进一步加强”。[①]

5月下旬，希特勒决定暂时与莫斯科结盟，以便利用这段时间首先消灭西线各国。[②] 希特勒5月23日与高级军事将领会谈的结果表明，正在逼近的合围态势和其他各国加速进行军事装备的局势已经使他坚定地认为，必须不计一切后果加速实施入侵波兰的计划。尽管希特勒在4月间曾对军界明确表示，只有在未在西线开战的情况下才能进攻波兰[③]，但他现在却改变了主意。他说，这次会谈的目的就是根据局势的最新发展确定军界的任务。虽然德国的地位已经有所改善，但目前却陷入了一股强大敌对势力的包围之中。所以，现在已经到了解决德国领土空间这个问题的时候了：“必须在前进和倒退之间做出选择。在15或20年内，我们将面临这样的选择”，并且已经不能再回避这个问题。波兰只是德国与苏联之间的一道脆弱屏障，必须尽早予以排除。然而，不要指望不流血就能取得胜利，还得要靠战争。他认为，能孤立波兰当然更好，但如果这条路行不通，那么即便德国吃掉了波兰，也仍然要进攻英国和法国。不仅如此，尽管政府正在致力 [134]
于打一场短期战争，但也必须“准备打一场10到15年的持久战”。[④]

对将军们而言，这至少算得上是一个明确而使人清醒的消息。他们从1933年以来一直苦苦等待的时刻很快就要到来了。然而，他们此时对于被赋予的使命仍然没有表示丝毫的道德义愤。

整个6月和7月，主要努力方向是在外交方面为战争寻找借口。到8月中旬，希特勒已经有足够的理由相信，他完全可以把正在向斯

---

① 引自 Anthony Read and David Fischer, *The Deadly Embrace* (London: Michael Joseph, 1988), 77。关于军界对苏联军事集结认识上的一致性以及希特勒消灭苏联的决心，可参见 *NCA*, 6: 887 - 891。

② 关于德国与苏联之间的磋商，可参见 *DGFP*, series D, vol. 6: docs. 215, 325, 351, 406, 414 and 424。

③ *DGFP*, series D, vol. 6: doc. 185.

④ *DGFP*, series D, vol. 6: doc. 433.

大林示好的英国人和法国人解决掉。但是，显而易见，他的最终目标仍然是消灭苏联。8 月 11 日，由于对英国不再保持中立一事深感恼火，希特勒提前向国家联盟驻但泽的特派员打招呼：“我所做的一切都是针对苏联人的，如果西方国家真要愚蠢透顶、视而不见，抓住这一点不放，那么我就不得不与苏联人结盟共同对付西方各国，在它们战败后再回过头来集中力量对付苏联。”①

8 月 22 日，希特勒向他的军事将领宣称，战争的时机已经到来。敌对国的军事力量仍然不堪一击，所以，“目前的形势要比两三年后更为有利”。德国必须“下定决心孤注一掷……我们迟早都要面临主动出击还是以某种方式退缩这一艰难选择”。英法两国仍然有可能采取不干预的政策。另外，“每一个人都必须坚持这样一种信念，我们已经别无选择，战争一旦打响就要与西方各国作战”。② 希特勒认为，不能在苏联问题上再浪费时间。与斯大林签署协定只是为了赢得时间，“对于苏联，只能像我要对波兰做的那样——彻底摧毁［它］”。③

和平的最后几天笼罩着一片令人窒息的气氛。8 月 25 日发生的两件小事，使孤立波兰的最后希望破灭了。第一件事是希特勒在下午大约 5 点 30 分获悉，伦敦方面发表声明把对波兰的安全承诺升级为正式同盟关系，考虑到 8 月 23 日张伯伦曾警告不再遵守 1914 年关于英国保持中立的约定④，进攻波兰显然就意味着全面战争。⑤ 第二件

---

① *NDR*, doc. 540.

② *DGFP*, series D, vol. 7: docs. 192 and 193. 参见 6 月 13 日关于“英国和法国很可能插手”的备忘录。另参见 *DGFP*, series D, vol. 6: appendix I, doc. 188。

③ 引自 Alan Clark, *Barbarossa* (New York: Quill, 1985), 25。人们在 8 月间普遍认为，德国虽然拥有明显的军事优势，但正在衰退。关于这一点，可参见 Albert Speer, *Inside the Third Reich* (New York: Macmillan, 1970), 163。吉奥尔格·托马斯（Georg Thomas）认为，由于供应方面的问题，经济繁荣在达到顶峰之后只能衰退。关于这一点，可参见 Volkmann, “The National Socialist Economy in Preparation for War,” 369。

④ *DGFP*, series D, vol. 7: doc. 200.

⑤ 参见 Donald Cameron Watt, *How War Came* (New York: Pantheon: 1989), chap. 26, 489 - 490。

事是下午 6 点墨索里尼发来的消息：尽管意大利处于备战状态，但意大利并不准备参战。[①] 这样一来，德国就只能孤军作战。[②]

在与外交部部长里宾特洛甫、布罗季奇和武装力量最高司令部(OKW)[③] 总指挥威廉·凯特尔（Wilhelm Keitel）将军紧急磋商之后，希特勒撤销了原定于次日凌晨 4 点 30 分进攻波兰的命令。经过一个星期的谈判，伦敦和巴黎并没有让步；这样一来，波兰政府必然会采取强硬政策。[④] 此时，与波兰单独作战的计划已经落空，希特勒开始实施其第二个最佳方案，即用入侵的方式引发与西方各国的战争。9 月 1 日，德国部队进入波兰。两天之后，英法两国宣战。在一 [135]
代人的时间内，第二次世界大战爆发了。

这里并不存在任何对战争的误算。希特勒本来希望英法两国会突然改变立场，这样他就可以有充分的时间积蓄力量然后再对两国发动攻击[⑤]，但他也意识到，如果第一方案行不通，他宁愿选择全面战争也不愿恢复原状。威慑理论认为，希特勒之所以入侵波兰，是因为他认为英法两国缺乏信心，但事实恰恰相反，他尽管意识到两国会做出反应，但仍然采取了行动。[⑥] 具有讽刺意味的是，正是西方各国在 3 月份以后转而采取强硬路线，才使希特勒坚定地认为德国的军事力量已经达到顶峰，并且不能再继续等下去。[⑦] 英国和法国之所以参战，是因为它们把名誉看得过重。然而，既然希特勒明知英法两国会采取

---

① *DGFP*, series D, vol. 7: doc. 271. 另参见 Watt, *How War Came*, 491 - 492。

② 东京在 8 月末曾通知柏林，日本不会参战。

③ 1938 年初，武装力量最高司令部（Oberkommando der Wehrmacht, OKW）取代了国防部而成为希特勒的协调机构。

④ 参见 Watt, *How War Came*, chaps. 26 - 27。瓦特（Watt）认为，里宾特洛甫和希特勒并不希望出现另一个慕尼黑事件，所以尽量阻止波兰外交官接近德国领导人。用希特勒的话说："我只是担心，某些猪猡会在最后时刻在我面前放一份和谈计划。" 引自 Murray, *The Change in the European Balance of Power*, 205。

⑤ 在多极体系中，战争始作俑者更愿意一个一个地除掉自己的对手。

⑥ 在整个秋季，他的确过高估计了英国和法国对德国发动攻击的可能性。

⑦ 参见 Copeland, "Deterrence, Reassurance, and Machiavellian Appeasement"。

行动，但他还是选择了战争，这就正如贝特曼·霍尔维格在1914年选择战争一样，他当时也非常清楚，俄国为了自己的名誉必然会对攻击塞尔维亚的行动做出反应。

以最大优势作战：1939年9月至1940年5月

在1940年5月之前，德国与法英两国之间并没有发生大的战事。不过，在1939年整个秋季，希特勒一直在督促军界尽早对法国发动进攻，但将军们却反对在短期内采取此类行动。这种分歧仍然是战术上的。希特勒认为，德国的相对军事力量已经达到最大化，必须及时采取行动；而将军们则认为，德国需要更多的时间进行准备，并制定一项能够充分利用其空军和装甲机动部队优势的可行计划。[①] 他们认为，如果不能在西线取得决定性胜利，德国就没有剩余的力量实现其真正目标：消灭苏联。因此，双方遵循的都是一种动态差异逻辑，而双方的分歧仍然只是集中在德国正处于上升期还是已经过了巅峰期。

9月27日，希特勒曾告诉军界，时间对德国不利，必须尽早发动攻击。"正如1914年，我们目前同样拥有装备、经验和进攻意识方面的优势。"[②] 10月9日，希特勒发布的一项命令进一步证实，德国的军事装备在数量和质量上甚至比1914年还要强大。然而，德国的军事集结过于彻底，未利用的力量已经所剩无几。随着时间的推移，西方各国尤其是英国必然会赶上来。[③]

---

① 参见John J. Mearsheimer, *Conventional Deterrence* (Ithaca: Cornell University Press, 1983), chap. 4。

② 参见弗朗茨·哈尔德（Franz Halder）将军的日记，*KTB*, vol. 1, 27 September 1940。除了个别修正，我的译文均引自Charles Burdick and Hans-Adolf Jacobson, ed., *The Halder War Diary*, 1939 - 1942 (Novato, Calif.: Presidio, 1988)。

③ *NCA*, 7: 800 - 814.

在整个秋季，将军们虽然对战争计划看法不一，却一致反对希特勒的观点。某些人赞成一种施里芬式的计划，而另一些人则提出了一个更冒险的方案——直接穿过阿登森林，将同盟国力量一分为二。[①] 11 月 23 日，希特勒向其高级军事指挥官训话，指出目前局势与 1914 年战前具有相似性。当时，老毛奇曾力主利用俄国缓慢的动员进程发 [136]
动“预防性战争”；“而今天，这部戏剧的第二幕正在上演”。他指出，看起来斯大林似乎是在通过放慢共产主义国际化的进程来赢得时间，但苏联人还有更远大的目标，即使放弃了这种国际化，他们也还会回到泛斯拉夫主义的老路上来。在短时间内，德国可能拥有更好的士兵和更强大的飞机、大炮，但是，这种有利条件最多能持续一两年，而德国一旦在西线腾出手来，面对的就只有一个苏联了。[②]

将军们所关心的并不是优势方面的问题，而是德国是否能够在西线尽快获得胜利，以便有足够的力量应付未来的战事。他们当然知道，德国对英国和法国两个国家中的任何一个都拥有明显的优势。1939 年 6 月，陆军总司令布罗季奇曾认为，德国完全有可能击败英国、法国和波兰三国联军。[③] 就连武装力量最高司令部经济部部长吉奥尔格·托马斯（Georg Thomas）将军这位几乎从未公开对形势做过乐观估计的人，也曾在 5 月间乐观地告诉外交部，德国的现代武器装备使之拥有明显的质量优势。根本问题在于，当战争到来时，是否能够仍然维持住这种对其他国家的优势。[④]

希特勒及其将军们对德国军事优势的看法证明了理论上的因果关

---

① 参见 Mearsheimer, *Conventional Deterrence*, chap. 4。

② *NCA*, 3: 572 - 577.

③ 参见 B. H. Hart, *The German Generals Talk* (New York: Morrow, 1948), 33 - 34。

④ *NCA*, 7: 250 - 254. 托马斯（Thomas）担心德国正在准备进行一场全面推进而非纵深打击的战争。德国的优势在于速战速决、一战定胜负，如果战争拖下去，其他国家的资源优势将具有决定意义。托马斯的担心是有道理的，但没有切中要害。尽管德国在潜在力量方面处于劣势，但进行一场全面推进的战争无疑是德国获得克服这一劣势所需领土的唯一机会。

系逻辑。德国在战争头两年的战绩表明，这的确是一种合理的估计。根据客观军事力量的最终标准——战场的检验，德国证明了自己拥有明显优势。的确，在军事分析家看来，德国拥有明显的军事优势可以说是一个“普通的常识”。[①]

有意思的是，就连最著名的评论家（如约翰·米尔斯海默和马休·库珀）也不再支持这一结论。米尔斯海默指出，德国在1940年初的军事力量相当于法国和英国的总和，这就意味着德国对这两个国家中的任何一个都拥有明显的优势。[②] 库珀则认为，德国军队居于领先地位，早期“在战场上取得的成功向世人展示了非同一般的娴熟军事技能”。不过，他又认为，德国在1939年并没有完全准备就绪，要完成重整军备还需四年时间。[③] 这正是许多将军在1938~1939年间提出的论点。然而，库珀却忽视了一点，那就是力量的绝对顶峰与相对顶峰之间的差异。[④] 正如希特勒在9月27日的会议上所说，德国的重整军备的确尚未全面完成，然而，“其相对力量的变化趋势对我们不利”，尤其在其他国家拥有巨大经济优势的情况下更是如此。[⑤]

---

① 参见 Mearsheimer, *Conventional Deterrence*, 99 - 100; and Martin van Creveld, *Fighting Power* (Westport, Conn.: Greenwood, 1982)。“战争相关数据库”证实了这一结论（本书附表3），其中的数据表明，德国在1939~1940年间的国防支出和人数超过了英国和法国的总和。雅西克·库格勒和威廉·多姆克对德国实际军事力量的计算也得出了类似的结果（本书附表1）。另参见 Schweller, *Deadly Imbalance*, table A-8。

② 参见 Mearsheimer, *Conventional Deterrence*, 100。米尔斯海默（Mearsheimer）低估了德国在主要作战力量方面（如坦克和战机）的显著质量优势。纳粹德国空军（Luftwaffe）在西线的战绩表明，与法国的老式战机相比，德国空军在空战战术方面拥有绝对的制空权。由于空中优势在闪电战中至为关键，所以一旦德国在战争初始阶段掌握了制空权，战事基本上就结束了（英国人很快就意识到了这一点）。不仅如此，军事平衡还要考虑战略敏锐性问题，正如米尔斯海默所言，德国在军事指挥才能方面拥有巨大的优势。参见 Mearsheimer, *Conventional Deterrence*, chap. 4。

③ 参见 Cooper, *The German Army, 1933 - 1945*, 117, 131 - 132, 154。

④ 不应忘记，在多极体系中，处于优势地位的国家所面对的是其他各国的联合军事行动。关于德国对这种局势的认识，可参见 Speer, *Inside the Third Reich*, 163。

⑤ 参见哈尔德的日记，*KTB*, 27 September 1939。

德国军界当然也清楚，苏联军队只是暂时处于弱势。众所周知，斯大林在1937～1938年对自己的军官队伍进行了大清洗。[①] 由于在1939年未能打败芬兰，似乎更加证明了苏联军队的软弱无能。德国总参谋部在1939年底所做的一项研究认为，由于苏联红军人数庞大，所以在组织、装备、部队质量和领导方面自然相对较弱。因此，这支苏联红军根本无法与德国的现代军队相比。[②] [137]

然而，这并不意味着德国将军们低估了苏联的未来潜力。在1933年访问苏联之后，托马斯将军对苏联的领土规模、人民的活力以及农业和工业潜力"留下了很深的印象"。[③] 贝克将军并不像传闻所说的那样常常对希特勒表示不满，实际上一直在分担着希特勒对苏联这个"庞然大物"日益崛起的忧虑。1939年秋，他曾就苏联威胁论散发过一系列匿名分析报告。在9月和10月的两份报告中，他曾就苏联重新占据欧洲大国政治地位这个问题提出过警告。[④] 当年秋末，贝克又提交了一份内容更为宽泛的分析报告，认为苏联为其地缘政治地位所迫，向西线扩张的方针是不会改变的。俄国以及现在的苏联一直是地球上最大的帝国，却在北方为一条常年冰封的海岸线所困。历史表明，这样一个大国"自然会向海洋推进"，而这种推进在最近一个时期"只会越来越强烈"。

在1904～1905年日俄战争之前，俄国一直在向东线推进。战败之后，俄国的推进方向再一次转向欧洲。贝克指出，这次转变是第一次世界大战爆发的主要原因。这次战争使俄国人在西线受阻，于是俄

① 斯大林的清洗活动达到了令人难以置信的程度，参见 Clark, *Barbarossa*, 34。

② 参见 Read and Fischer, *The Deadly Embrace*, 417。库珀（Cooper）认为，德国军队相对于苏联军队拥有"质量优势"，德国之所以失去了这种优势，只是因为俄罗斯的严冬阻止了德国人的前进步伐。参见 Cooper, *The German Army, 1933－1945*, 214－215, 117, 283－284。

③ 引自 Robert Cecil, *Hitler's Decision to Invade Russia, 1941* (London: Davispoynter, 1975) 143。

④ 参见 Helmuth Groscurth, *Tagebücher Eines Abwehroffizieres, 1938－1940*, ed. Helmut Krausnick and Harold C. Deutsch (Stuttgart: Deutsche Verlags-Anstalt, 1970), docs. 64 and 66。

国很快就再次把注意力转向东方。然而，经过1939年的英、法、俄三国会谈，在结束与日本的冲突之后，俄国“再次将其全部力量投向欧洲方面”。这样做的结果“毫无疑问具有深远的意义”：“从1914年开始，整个俄国问题已经再次浮出水面。”[①]

这一悲观论调得到广泛的认可。10月间，陆军外交办公室联络官哈索·冯·埃茨道夫（Hasso von Etzdorf）写道，苏联将“针对我们构筑起一条战线，我们在长时间内无论在战争资源……还是在战争经济方面均无法与之抗衡”。最终的结果很可能造成军事设施和国内防线的全面崩溃。[②] 埃茨道夫的分析无疑是很有价值的，他还为此与赫尔穆特·格罗斯克特（Helmuth Groscurth）中校在10月间组建了一个小组，以便采取措施防止提前对法国发动攻击，即使因此推翻希特勒也在所不惜。10月19日，埃茨道夫与另一位官员写了一篇文章，陈述了该小组所持的观点。文章认为，希特勒的政策只会进一步加速布尔什维化的进程。德国不要一味盯着西方，而应该与法国和英国联手对付苏联人。显然，这个文件正中陆军总参谋长贝克的继任者弗朗茨·哈尔德（Franz Halder）将军及其上司布罗季奇将军的下怀。[③]

总而言之，1918年之后，军界从来也没有放弃苏联是德国地缘政治方面的主要敌人这一观点。当时，苏联已经成为布尔什维主义的摇篮，这就使事态更加恶化。[④] 这些事实表明，即使希特勒被罢免，将军们仍然会寻求全面战争，直到苏联人屈服在他们脚下。1939年秋出现的反对希特勒的意见仅仅是战术上的。那些持反对意见的人只

---

① 参见 Groscurth, *Tagebücher Eines Abwehroffizieres*, *1938 – 1940*, docs. 68。

② 参见 Groscurth, *Tagebücher Eines Abwehroffizieres*, *1938 – 1940*, docs. 70, pt. A。

③ 参见 Deutsch, *Conspiracy*, 205 – 207。

④ 库珀总结指出：“将军们急于结束与斯拉夫人的传统争端以获得东欧地区的控制权”，并常常表现出“对苏联未来意图”的担心。参见 Cooper, *The German Army*, *1933 – 1945*, 252。

是认为，应该更少地对斯大林让步，而更多地设法在西方的帮助下消灭苏联。考虑到英法两国更关心的是防止德国的霸权企图，这种想法无疑是太过天真了。然而，这并不能否定其中至为关键的一点，即军界和希特勒的地缘政治目标是完全一致的。 [138]

最后的疯狂——“巴巴罗萨”①行动：1940年5月至1941年6月

1940 年 1 ~2 月间，将军们终于形成一个可以以较低的代价速战速决的计划，即埃里希·冯·曼施泰因（Erich von Manstein）将军关于穿过阿登高地发动突然袭击的大胆设想。② 5 月间的攻击行动取得了巨大的成功。然而，虽然德国正在屠戮法国人，但希特勒心中想的仍然是苏联人。他希望英国能够和平地做出退让。5 月 20 日，在获悉德国坦克已经到达英吉利海峡之后，他告诉约当，伦敦方面可以随时单独地实现和平。由于英国军队在敦刻尔克陷入困境，希特勒兴奋地向戈尔德·冯·伦施泰特（Gerd von Rundstedt）将军解释道，如果英国现在求和，他就可以集中兵力完成“其真正的主要任务，与布尔什维克开战”。③ 所以，希特勒有一段时间一直认为，击败苏联就会迫使伦敦方面就范，对他来说，英国显然只不过是一个不值一顾

① “巴巴罗萨”(Barbarossa)是中世纪德皇腓特烈一世的诨号，意为“红胡子”。他曾企图以血腥的战争手段征服周围的国家，以称霸欧洲。第二次世界大战中，希特勒故意以“红胡子”为进攻苏联作战方案的代号，充分暴露了他企图效法腓特烈一世谋求欧洲乃至世界霸权的野心。——译者注

② 参见 Mearsheimer, *Conventional Deterrence*, 118 – 126。当时确实信心十足。正如希特勒在 3 月间对墨索里尼所言，“毫无疑问，对西线敌人的优势感正在激励着我们的官员和士兵”，然而考虑到英国重整军备的进程，德国必须立即采取行动。参见 *DGFP*, series D, vol. 8: doc. 663。

③ 引自 Barry A. Leach, *The German Strategy against Russia, 1939 – 1941* (Oxford: Clarendon, 1973), 48; and Clark, *Barbarossa*, 24。

的枝节问题罢了。[1]

6 月间征服法国之后，将军们完全消除了原先的疑虑，一致接受了约当的观点，即希特勒是一个政治和军事天才。所以，当希特勒对付苏联的意图日趋明显时，将军们便迫不及待地开始准备。甚至在希特勒指示军界制定入侵计划之前，将军们就已经形成了自己的计划。6 月下旬，陆军总参谋长哈尔德得知希特勒试图把重心移向东线，于是主动地着手准备针对苏联的行动。[2] 7 月 3 日，他向一位参与该项行动的上校解释说，德国必须发动“一场针对苏联的军事打击，迫使它认识到德国在欧洲的统治地位”。[3] 6 月间，部队就已经开始从西线转向东线。7 月 4 日，哈尔德指挥下属继续进行调动，但必须确保这次行动不暴露自己的敌对意图。尽管要尽可能地避免两线作战，但 7 月初的军事计划已经考虑到同时与英国、苏联开战的可能性。[4]

布罗季奇对自己在东线的使命同样充满了信心。当他和哈尔德在 7 月 21 日面见希特勒时，他们向元首递交了第一份报告。让希特勒感到有点意外的是，尽管军界原先一直保持谨慎，但他们却告诉他，德国完全可以在 1940 年秋季入侵苏联。将军们认为，苏联只有 50 ~ 70 个师可以调用，德国只需要 80 ~ 100 个师，就可以在 4 ~ 6 个星期
[139] 内结束这次行动。目标就是“消灭苏联的地面军队”，并“向纵深推进，使我们的空军足以摧毁苏联的战略地带”。将军们描述的政治目标与布列斯特—立托夫斯克协定中的要求如出一辙：占领白俄罗斯 -

---

① 7 月中旬，哈尔德曾指出，希特勒对于英国不愿意和解一事感到困惑不解。对英国动武“不符合他的利益”，因为英国战败只会让日本和美国瓜分这个庞大的帝国。参见哈尔德的日记，*KTB*, 13 July 1940。

② 哈尔德对苏联的敌意反映出其前任贝克的一贯立场。参见 Leach, *The German Strategy against Russia, 1939 – 1941*, 53。

③ 参见哈尔德的日记，*KTB*, 3 July 1940, 引自 Leach, *The German Strategy against Russia, 1939 – 1941*, 56。

④ 参见 Leach, *The German Strategy against Russia, 1939 – 1941*, 50, 56。

芬兰、乌克兰的一个省以及波罗的海联邦。[①]

要认识这个问题的重要性，请不要忘记，希特勒当时并没有正式指示将军们策划入侵行动；他们之所以主动制定这些计划，是因为他们深知，消灭苏联乃是元首的最终目标。不仅如此，他们的野心也是没有边界的。尽管后来的分析表明，入侵时间应该推迟到 1941 年，但在当时，希特勒和布罗季奇却力主尽快发动进攻。将军们不仅不是受人操纵的傀儡，并且在德国的霸权计划中再一次比希特勒本人提前了一步。

7 月 21 日会议后没过几天，收到的信息表明，苏联的军事力量比原先估计的要强大得多。在提前于东线采取行动的问题上，希特勒显然比军界更缺乏信心，他于是要求武装力量最高司令部对该项行动再做一次独立评估。7 月下旬，由约当起草、凯特尔签署（两位都是武装力量最高司令部的高级将领）的一项报告认为，鉴于时机和天气方面的原因，秋季进攻苏联的计划是不可行的。[②] 当时，希特勒认为最理想的时间是在 1941 年春季，但是他的决心并没有改变。7 月 29 日，约当告诉他的四位重要下属，希特勒已经决定在 1941 年 5 月发动突然袭击，一劳永逸地消除苏联的威胁。约当认为，与布尔什维克的对决是必然的，所以“不妨……趁着我们的军事力量处于巅峰状态时，赶快下手”。[③]

7 月 31 日，希特勒召集军界领导人开会并宣布了他的决定。他把进攻苏联的时间定在 1941 年春季，并且重申“越早消灭苏联越

① 参见哈尔德的日记，*KTB*, 22 July 1940, 引自 Leach, *The German Strategy against Russia, 1939 - 1941*, 5 - 60。

② 参见 Walter Warlimont, *Inside Hitler's Headquarters, 1939 - 1945* (Novato, Calif.: Presidio, 1962), 112; and Leach, *The German Strategy against Russia, 1939 - 1941*, 64。

③ 引自 Warlimont, *Inside Hitler's Headquarters, 1939 - 1945*, 111 - 112。瓦利蒙特（Warlimont）是文中提到的四位下属之一。海军方面也同意这一点，参见 Leach, *The German Strategy against Russia, 1939 - 1941*, 151。

好”。入侵的目标是：“摧毁苏联的主要力量（Lebenskraft）。”[①] 从7月末到11月间，军方和希特勒的工作班子一直忙于战争计划。哈尔德8月1日提出的“马克斯计划”有两个主攻方向：一是莫斯科，二是基辅。按照闪电战的思路，占领莫斯科是重中之重，因为这样就能摧毁苏联的内部协调系统。根据7月后的推测，苏联军队的人数有所增加，此时可认为双方在数量上实力相当。但是，苏联漫长的防线一旦被突破，其指挥系统方面的劣势就会造成麻烦。如果各部独立作战，苏联军队“将很快在德国士兵和指挥优势面前败下阵来”。[②] 陆军最高司令部在1940年秋季对作战计划做了修正，全军士气空前高涨。在12月5日举行的一次会议上，希特勒和将军们坚定地认为，苏联人的配备和坦克处于劣势，并且缺乏适当的指挥系统。[③]

在1940~1941年的整个冬季，希特勒及其将军们一致认为，尽管未来的苏联是一个巨大的威胁，但如果立即采取行动，德国完全可
[140] 以战而胜之。11月间，希特勒一再叫嚷，苏联“仍然是欧洲的一个大麻烦”。他在12月5日举行的一次会议上指出，与苏联的战斗将决定欧洲霸权地位的归属，而到春季以后，德国的军事力量将出现暂时的巅峰期。[④] 12月18日，希特勒又指出，德国必须在决定与英国动手之前，用速战速决的方式彻底摧毁苏联。[⑤]

某些人认为，由于苏联人在军事上暂时处于低潮期，并不希望立

---

① 参见哈尔德的日记，*KTB*，31 July 1940。

② 引自 Leach，*The German Strategy against Russia*，*1939 - 1941*，250 - 252。这并非盲目乐观，因为该计划假定，苏联人如果还有理性，就会撤回到俄罗斯大江大河后面的防御阵地，但莫斯科显然并没有这样的计划。参见 Cecil，*Hitler's Decision to Invade Russia*，*1941*，116 - 117。

③ 参见哈尔德的日记，*KTB*，5 December 1940。1940年末的实战演习证实，苏联的确在装甲部队、火炮和空中力量方面处于劣势。然而，其他方面的困难也是不容忽视的，因为这次演习同时也证明了远距离过分深入的危险和侧翼受到攻击的问题。参见 Leach，*The German Strategy against Russia*，*1939 - 1941*，105。

④ 参见哈尔德的日记，*KTB*，4 November and December 1941；*OKW KTB*，5 December 1940。

⑤ *DGFP*，series D，vol. 11：doc. 532.

即开战，所以德国的攻击不可能是预防性的。[①] 这种论点错误地认为，只有在对方成为一种直接威胁的情况下，战争才是预防性的。德国所面临的问题一直是，苏联很可能在其巨大的潜在力量基础上出现长期实力增长。希特勒和军界都认为，尽管苏联暂时处于弱势，眼下的确不堪一击，但它却是一个非常可怕的长期威胁。1940 年秋，希特勒告诉伯恩哈德·冯·罗斯伯格（Bernhard von Lossberg）中将，目前是消灭苏联及其共产主义体系的最佳并且可能是唯一的机会。苏联人正在变得强大起来，但如果我们能及时采取行动，他们可能在 6 个星期内完全崩溃。[②] 希特勒并非对这一目标的难度一无所知。在 1941 年 1 月 9 日举行的一次会议上，他告诉军界领导人，尽管斯大林对自己的军官队伍进行了清洗，但仍然不能低估苏联人的力量。因此，必须发动最强烈的攻势，以防止红军撤退到俄罗斯腹地。

希特勒深知，正在崛起的国家是不会寻求战争的。他认为，斯大林是一个聪明人，不会公开地与德国作对。不过，随着苏联力量的不断壮大，“他的胃口［将］会变得越来越大”。因此，必须在德国仍然有机会的情况下消灭苏联。一旦获胜，德国将获得大片的领土以及巨大的资源，到那时，“德国将变得不可战胜”。[③]

这些论点与军界的思路不谋而合。1940 年 12 月中旬，哈尔德告诫自己的高级官员，苏联会利用一切可能的机会来削弱德国的地位。他后来承认，德国的入侵行为是对一种“长期而且不断加剧的威胁”做出的反应。[④] 然而，由于哈尔德把苏联看成一种未来的威胁，所以和军界的其他领导人一样，他也认为应该在短期内战而胜之。2 月 3

---

① 参见 Cecil, *Hitler's Decision to Invade Russia, 1941*, chap. 11。

② 参见 Read and Fischer, *The Deadly Embrace*, 498 - 499。

③ *DGFP*, series D, vol. 11: doc. 630; *OKW KTB*, 253 - 258; and Halder diary, *KTB*, 16 January 1941.

④ 引自 Leach, *The German Strategy against Russia, 1939 - 1941*, 132。

日，哈尔德和布罗季奇让希特勒仔细审查了即将采取的行动计划细节。哈尔德在战后声称，在这次最后敲定方案的会议上，他曾提醒希特勒注意苏联的军事动向。但当时的记录文件表明，事实远非如此。哈尔德的确告诉过希特勒，苏联目前已经拥有155个师，其中包括30个机械化师，但“我们自己的力量［在数量上］大体相当，［并且］在质量上优势明显”，尤其在坦克、常规武器和火炮方面更是如此。[①]

[141] 在纽伦堡审判中，布罗季奇也曾声称，他在这次会议上曾向希特勒表示过自己的担忧：苏联辽阔的土地、众多的人口和“巨大的军备潜力”会使德国获胜非常困难。[②] 然而，陆军最高司令部的日志表明，布罗季奇并没有表示过这种担忧。[③] 如果他真的怀有这种担忧，我们也完全可以认为，像哈尔德一样，他的担忧也只能更多针对苏联的长期潜力。布罗季奇在纽伦堡承认，德国领导人关心的是，“［针对苏联的］战争一旦打响……只能是一场预防性战争”。[④]

在6月22日入侵之前的两个月里，斯大林意识到苏联在军事上处于劣势，便试图通过表明自己的善意来赢得时间。5月5日，德国驻莫斯科代理武官通知柏林，苏联会尽一切努力避免战争。[⑤] 然而，苏联的未来意图到底如何，这个问题仍然没有解决。哈尔德在4月间曾指出，即使抛开“苏联希望和平并且不会主动地发动进攻这种公认的观点不谈，那么也必须承认，苏联的组织体系可以确保轻而易举地迅速转入进攻，而这种情况对我们来说是非常麻烦的”。[⑥]

---

① *NCA*, 3: 627.

② *IMT*, 20: 577 – 578.

③ *OKW KTB*, 3 February 1941.

④ *IMT*, 20: 577 – 578.

⑤ 参见哈尔德的日记，*KTB*, 5 May 1941。

⑥ 参见哈尔德的日记，*KTB*, 7 April 1941; and Leach, *The German Strategy against Russia, 1939 – 1941*, 174。

仅仅这样去理解斯大林的算盘就有点儿太肤浅了。5 月 5 日，斯大林与自己的官员进行了私下磋商。他认为，苏联必须做好应付德国进攻的准备，但红军依然不够强大，“它仍然面临现代化坦克、飞机以及其他方面的严重短缺”，并且士兵的训练也远未完成。苏联必须尽量把德国的进攻时间拖到 1941 年之后。如果成功地做到这一点，“那么，到 1942 年，在更加有利的条件下与纳粹德国开战几乎是不可避免的，因为到那时，红军已经训练完毕，并且会拥有最新式的装备”。至于苏联的未来意图，“则要取决于国际形势的变化，红军有可能静待德国的进攻，也有可能不得不主动出击，因为纳粹德国在欧洲一直处于霸权地位这种状况是‘不正常的’”。[①] 这些论点与柏林方面的看法几乎是完全一致的。像德国人一样，斯大林深信，苏联只是暂时处于弱势，但在一年之后就会变得非常强大。尽管苏联人在短期内希望和平，然而重整军备计划一旦完成，他们很可能会改变主意。

6 月 14 日，希特勒与军界领导人举行了最后一次大型战前会议。各兵种的指挥员出席了这次会议，对入侵计划做最后的审查。午餐后，希特勒重申了与苏联开战的理由。根据海军最高司令部的记录，他“做了一番全面而令人信服的解释……在东线开战是不可避免的，所以，我们必须采用一种预防性和进攻性的方式作战，以避免苏联人在经过长期准备之后向我们下手［的可能性］”。[②] 与会者之一瓦尔特·瓦利蒙特（Walter Warlimont）将军曾做了这样的描

---

① 引自亚历山大·韦尔斯（Alexander Werth）的记述，参见 Alexander Werth, *Russia at War, 1941 – 1945* (New York: Carroll and Graf, 1964), 122 – 123。当时，韦尔斯是一位驻莫斯科的记者，所以在德国入侵后能够接触到斯大林这次秘密讲话的详细内容。参见 Werth, *Russia at War, 1941 – 1945*, 122。由于韦尔斯的著作在一定程度上表示了对苏联人的同情，因此我们可以认为他对斯大林未来意图的表露是真实的。

② *NCA*, 6: 1000. 另参见哈尔德的日记，*KTB*, 14 June 1941; and Read and Fischer, *The Deadly Embrace*, 611。

述：所有与会的指挥官都满怀信心地离开了会场。[①] 军界领导人不同
[142] 意在战术上执行希特勒命令的时期已经成为过去。在德国军事领导人无一表示异议的情况下，历史上规模最大、最残酷的军事行动即将展开。

如上分析说明，德国式思维中包含着一种防范意识。有的人或许会认为，既然希特勒和将军们根据理论上的逻辑采取行动，那么对苏联发动进攻就是不合理性的，因为正是妄想症和其他心理病症使他们对苏联的真正实力做出了错误的估计。但是，战时文件表明，德国领导人的确对已有信息进行了客观评估。在 1941 年 6 月之前的 12 个月里，对苏联军事力量的评估数据一直在根据间谍和侦察活动提供的最新情报不断进行更新。1940 年 7 月初的报告认为苏联只有 50 ~ 75 个师，而在一个月后就调整为 147 个师。到 1941 年 2 月，这一估计数字增加到 177 个师，到 6 月间则达到了 216 个师。[②] 从 1940 年 12 月开始，将军们开始担心德国是否有能力取得一场决定性胜利。然而，他们仍然一致认为，发动这样的攻击是必要的。

的确，对于希特勒和将军们来说，苏联军事力量日渐强大的事实只会促使他们尽快采取行动，消灭这个正在崛起的超级大国。1941 年 2 月，希特勒被苏联空军出现大幅增长的消息吓了一大跳，认为冲突已经不可避免。[③] 4 月间，德国驻莫斯科空军武官发来的消息称，苏联的飞机质量并不像原先认为的那样低劣。希特勒回答说："好吧，你已经亲眼看到了那里的备战情况，我们必须立即开始行动。"到五六月间，希特勒认为并没有多少胜算。在入侵的前一天，希姆莱告诉雷恩哈德·海德里希（Reinhard Heydrich），元首实际上并不比

① 参见 Warlimont, *Inside Hitler's Headquarters, 1939 - 1945*, 147。关于希特勒希望在苏联实力出现进一步增长之前予以消灭的想法，可参见 *NCA*, 1: 795, 819 - 820; H. R. Trevor-Roper, ed., *Hitler's Secret Conversations, 1941 - 1944* (New York: Octagon, 1976), 150, 537 - 538; and Trevor-Roper, *The Testament of Adolf Hitler* (London: Cassell, 1961), 33 - 34, 59, 107。

② 参见 Leach, *The German Strategy against Russia, 1939 - 1941*, appendix IV。

③ 参见哈尔德的日记，*KTB*, 17 February 1941。

他那些军事顾问更乐观。[1]

二战结束后，有一些苏联国内的战争史料证实了苏联虽然在短期内处于弱势但实力正在飞速增长这一事实。史料中认为，当时虽然在努力增加飞机产量，但绝大多数的机型都已经过时。尽管苏联到1941年6月已经拥有大量的坦克（柏林方面估计有1万辆），但KV和T-34型坦克（后来证明性能优于德国坦克）却不到1900辆。在数千辆老式坦克中，只有27%能够正常使用。不仅如此，苏联的坦克部队往往缺乏无线电通信设备和训练有素的军官，而许多坦克手则只有几小时的驾驶经验。与在波兰和法国战场上积累了丰富战斗经验的德国军队相比，红军显然在质量上处于劣势。的确，在1943年之前，就连苏联的军事领导人也认为，他们的士兵和军官在作战能力方面根本无法与德国人相比。[2]

总而言之，德国领导人相当合理地做了大量信息收集工作：他们通过各种侦察手段搜集情报，并根据获得的数据及时更新对苏联军事力量的评估。[3] 最终解密的文件表明，他们对速战速决的预期仍然是不尽合理的。然而，其他各国当时也都一致认为，苏联在军事技术、训练和指挥方面明显处于劣势。[4] 不仅如此，在相对军事力量的最终 [143]

---

① 参见 Leach, *The German Strategy against Russia, 1939 - 1941*, 173 - 174, 156。希特勒后来对他的侍从承认，“6月22日，我们的面前打开了一扇门，但我们却不知道门后面是什么，……这种极度的不确定性扼住了我的喉咙”。引自 Leach, *The German Strategy against Russia, 1939 - 1941*, 173 - 174, 156。

② 这一信息源自苏联在1960年进行的“战争史”研究，参见 Werth, *Russia at War, 1941 - 1945*, 133 - 140。

③ 这里出现了某些估计错误，尤其是军界本应更认真地看待有关苏联新一代重型坦克的谣传。参见 Leach, *The German Strategy against Russia, 1939 - 1941*, 172 - 173。另外，即使如此，这里所做的分析也是相当合理的，因为将军们的确对这些谣传深感忧虑（Clark, *Barbarossa*, 26），并且正如希特勒后来所言，关于苏联正在大规模生产坦克的报告使他更为匆忙地投入了战争。参见 Trevor-Roper, *Hitler's Secret Conversations, 1941 - 1944*, 150。

④ 1941年6月中旬，华盛顿和伦敦认为苏联面对德国的强大攻势只能抵抗6~7个星期，这当然是根据开始几个星期的冲突情况所做的估计。参见 Cecil, *Hitler's Decision to Invade Russia, 1941*, 121。

检验标准——战场上，德国人在1941年充分显示了自己的优势。他们不仅在战争的前6个月里节节胜利，而且几乎赢得了这场战争。如果不是希特勒犯了错误，以至于无法在冬季之前的9月推进到莫斯科，德国很可能在东线取得最后的胜利。

考虑到上述种种，希特勒及其将军们预计在6月22日入侵行动开始之后苏联将迅速崩溃并不令人感到惊奇。当我们看到苏联人轻率撤退并且用了整整四年时间才打败希特勒时，我们只能得出这样的结论：如果苏联人不具有领土上的地理优势的话，他们很可能遭到法国人在1940年那样的惨败命运。

本章的论证表明，除了希特勒可怕的种族目标之外，元首及其军界领导人发动第二次世界大战，只不过是为了完成德国在1918年的未竟事业——消灭正在崛起的苏联。德国领导人第二次非常迫切地进行这种更有针对性的地缘政治扩张，充分反映了第一次世界大战之后的体系格局。由于未能成功阻止苏联实力的增长，却又面对着一个群雄争霸的多极体系，德国要想对整个体系采取行动，只有在极其短暂的时间内确立自己的军事优势。于是，德国领导人投入战争经济建设之中，以便大规模地进行重整军备。由于比西方各国和苏联提前三年时间，德国在这个危险游戏的第一个阶段抢得了先机：军事上在1939～1940年确立了暂时的优势地位。然而，正是由于他们为了达到这一目标而故意造成经济过热，所以希特勒和将军们非常清楚，要想赢得霸权地位，就必须尽早利用这种优势。等到这个高峰期一过，一旦其他国家的重整军备计划得以完成，而德国和平时期的经济必然会陷入危机，这种优势就不复存在了。

不过，决定整个进程的关键乃是德国在潜在力量方面相对于苏联处于明显的劣势。在斯大林完成了其大规模工业化计划之后，这种潜力必然会转化为巨大的经济和军事能力。所以，时机的选择至关重要。消灭苏联不仅能够消除长期威胁，并且可以使德国获得与世界上正在崛起的其他强国（主要是美国）竞争所需要的大片领土，即

"生存空间"。[1] 也就是说，如果苏联的潜在力量让德国领导人感到害怕，那么把这种能力掠夺过来无疑会为德国的未来安全奠定基础。像1914 年一样，英国和法国仍然是这一战略计划中的最大障碍。由于法国一直支持苏联，必须首先予以清除；而按照希特勒的观点，英国只是不希望看到自身的利益受到德国的制约。

在这个过程中，同盟国犯了一个重大的错误。在 1933 ~ 1936 年，
由于低估了德国重整军备的速度，它们自己落在了后面。在多极体系 [144]
中，要想形成威慑，各国之间在军事力量上维持大体相当的水平是非常重要的。如果满足这个条件，就连希特勒也有可能退出战争。他应该意识到，代价高昂的双边战争只会使德国元气大伤，从而在像苏联这样的超级大国面前显得更加脆弱。因此，同盟国所犯错误的真正根源并不是在 1937 ~ 1938 年未能采取强硬立场——当一个国家处于劣势并需要赢得时间进行重整军备时，做一点让步是可以理解的——而是未能提前 4 ~ 5 年及时进行重整军备。[2]

在现有的现实主义理论中，霸权稳定理论与事实的差距最大。这不仅因为德国的军事力量在 1939 ~ 1940 年占有明显优势，并且因为当希特勒刚刚意识到德国出现衰退时就立即发动了全面战争。古典现实主义和新现实主义理论家的解释也是不充分的：他们强调德国的军事优势是对的，但他们却把希特勒的思想意识和德国的极端民族主义作为战争的根本动因。本章将德国在军事力量方面的优势和在潜在力量方面的劣势分开进行研究，从而为德国的行为提供了必要和充分条件（并不否认"单元层面"因素加剧了冲突的强度和残酷程度）。因此，这种动态的体系理论就解释了希特勒和传统的军界领导人之间在
德国安全需求问题上的高度一致性。 [145]

---

① 关于德国对美国日益增长的担心，可参见 Weinberg, *World in the Balance*, 53 – 74。

② 参见 Copeland, "Deterrence, Reassurance, and the Machiavellian Appeasement"。

第六章
两极体系、力量转化与冷战的起源：1945～1950年

以下两章重点论述的问题其实非常简单：1944～1963年美国与苏联之间大战的可能性发生变化的原因到底是什么？这个问题可以分为两部分。本章主要论述第一部分，即超级大国之间战争可能性的第一次剧变——从战时的结盟关系转入冷战状态。1945年以后，除了意识形态方面的差异，美国和苏联之间存在某些分歧也是不可避免的（正如美国、俄罗斯目前与中国的关系）。然而，这种关系很有可能一直维持在一种适度互相影响的缓和状态（détente），而不是升级为一场危险的冷战。那么，为什么没能维持住呢？本人认为，美国对转入冷战状态负有最大的责任，因为它是第一个采取挑衅性强硬政策的国家。早在1945年中期，美国对苏联长期增长的担心迫使其领导人开始实施一种咄咄逼人从而打破稳定状态的遏制策略。在第七章中，我们将分析问题的第二部分，即从常规的冷战紧张状态转入早期冷战年代的严重危机阶段。在这一章中，我要说明的是，1948年、1961年的柏林危机和1962年的古巴危机更多的是由于担心本国的力量在显著波动期间出现相对衰退，而不是国内或个人因素造成的。这种担心使得双方的领导人纷纷采取行动，从而把各自的国家推向了核大战的危险边缘。

关于冷战的论争

关于冷战的起源，在论争的过程中出现了三种主流观点。对于传统派来说，冷战是由苏联的侵略行为引起的。这种侵略行为迫使美国采取遏制政策，而这本来是可以避免的。克里姆林宫试图通过在国外 [146] 挑动共产主义革命和直接占领周边领土的方式扩大自己的势力范围。与威慑理论和古典现实主义相一致，持这种观点的人认为，如果不是因为苏联怀有敌意——在其意识形态中是根深蒂固的，或许是出于美化国内镇压行径的需要，或许是出于苏联的安全需要这种妄想狂观点——两个超级大国很可能会合作共事。①

修正派的观点恰恰与传统派相反，把大部分责任都推给了美国。1945～1947 年，正当苏联领导人致力于战后重建时，华盛顿却采取了一系列敌对行动。至于美国采取侵略行动的原因，学者们则见仁见智。对新马克思主义修正派而言，美国领导人努力推行全球资本主义，是为了避免衰退。其他一些学者则认为，美国的行为是由一系列复杂因素造成的，其中不仅有经济方面的动机，并且也有安全妄想狂

① 传统派包括亚瑟·施莱辛格（Arthur Schlesinger）、赫伯特·费斯（Herbert Feis）、亚当·乌拉姆（Adam Ulam）、菲利浦·摩斯利（Philip Mosely）、乔治·凯南（George Kennan）和亨利·基辛格（Henry Kissinger），参见 Howard Jones and Randall B. Woods, "Origins of Cold War in Europe and the Near East," *Diplomatic History* (spring 1993): 251 - 310; and Melvyn P. Leffler, "Interpretative Wars over the Cold War, 1945 - 1960," in Gordon Martel, ed., *American Foreign Relations Reconsidered, 1890 - 1993* (London: Routledge, 1994)。约翰·刘易斯·加迪斯（John Lewis Gaddis）最近加入了传统派阵营，参见 Gaddis, *We Now Know: Rethinking Cold War History* (Oxford: Oxford University Press, 1997)。强调斯大林以意识形态目标追求权力与安全的传统派成员有伍兹（Randall Woods）和琼斯（Howard Jones）以及马斯特尼（Vojtech Mastny），参见 Woods and Jones, *The Dawning of the Cold War* (Athens: University of Georgia Press, 1991); and Vojtech Mastny, *The Cold War and Society Insecurity* (New York: Oxford University Press, 1996)。

的成分和对西欧发生共产主义革命这种可能性的畸形理解。[1]

第三种论点即所谓后修正主义，其实是一种融国内、个人和体系因素为一体的温和、折中的观点。首先，冷战的起源是安全两难选择的一种悲剧结果。两个超级大国都在寻求安全，而每一方都把另一方看成具有侵略动机。每一方的强硬行动只会造成这样的感觉：己方总是希望对方被消灭。这样一来，这种敌意便不断升级，并一直持续到20世纪80年代。[2]

本人对于以上三种观点并不认同。与传统派相反，我认为，冷战是由华盛顿从1945年开始为了遏制苏联而采取的一系列行动引起的。因此，我否定了传统派的核心前提：美国领导人一开始是非常天真的，直到莫斯科的敌意已经昭然若揭时才转而采取遏制政策。传统派坚持认为，遏制政策是1947年伴随着杜鲁门主义出现的，而1946年只是有这种转向的迹象。遏制作为一种政策，在1947年后日渐加剧这一点是毫无疑问的，但其核心内容却是在1945年7～8月间形成的。但是，我也不同意修正派的观点，即美国竭力坚持资本主义，或对全球共产主义化的担心决定了美国的政策走向。1945年的遏制政策是地缘政治的一种合理反映：美国领导人意识到，如果听任苏联实力继续增长，它最终必然会压倒美国。决定性的因素是精细的安全计算，而不是精英们的妄想与贪婪。

本章的论点与后修正派最为接近的一点是：美国人出于对安全的

---

① 修正派包括加百列·科尔科（Gabriel Kolko）、威廉·艾帕尔曼·威廉姆斯（William Appleman Williams）、托马斯·麦克考米克（Thomas McCormick）和大卫·霍洛维茨（David Horowitz），参见 Jones and Woods, "Origins of Cold War in Europe and the Near East," and Leffler, "Interpretative Wars over the Cold War, 1945－1960"。

② 后修正派包括约翰·刘易斯·加迪斯（最近转向传统派）、吉尔·伦德斯塔（Geir Lundestad）、丹尼尔·伊尔金（Daniel Yergin）和罗伯特·波拉德（Robert Pollard），参见 Gaddis, "The Emerging Post-Revisionist Synthesis on the Origins of the Cold War," *Diplomatic History* 7（summer 1983）：171－190；and Leffler, "Interpretative Wars over the Cold War, 1945－1960"。

担心而采取了强硬政策，这就使苏联产生疑虑，因而造成紧张局势的步步升级。但是很显然，两者之间在如下三个方面是完全不同的。第一点，我认为，在 1945 年中期，哈里·杜鲁门之所以转而采取遏制政策，并不是因为他把斯大林当成天生的敌人——事实上，他当时还有点喜欢甚至尊敬斯大林，而是因为他已经认识到，如果美国不采取行动，苏联实力就会增长得更快，而苏联领导人（即那些取代斯大林的人）也不会总是如此温和。后修正派的论点（如升级模型）假 [147]
定，事态升级的始作俑者认为其他国家眼下具有侵略性，尽管事实上并非如此。[①] 我的论证是在一种更具悲剧色彩的基础上进行的。造成事态升级的行为体（此处是美国）相当清楚，在当时，对方的意图受到一定的制约。但是，在一个动态变化的环境中，它却无法弄清对方在获得优势地位之后的未来意图。所以，行为体并不愿意采取强硬政策——并不是因为对方必定怀有敌意，而是为了避免己方出现衰退。[②] 之所以提出这种论点，并不是说杜鲁门对苏联在东欧、近东地区的所作所为和斯大林体制的残酷性质漠不关心。其实，他是非常关心的。然而，有证据表明，与对苏联实力增长和未来意图的担心相比，这种关心也许根本算不了什么。

第二点，我认为，尽管美国的决策者预见到了事态升级的后果，但还是选择了强硬立场。在后修正派的升级模型中，采取行动的每一方都认为，另一方往往把自己的行动视为防御性的，而不是侵略性的。[③] 尽管

---

① 参见本书第二章。另参见 Robert Jervis, *Perception and Misperception in International Politics* (Princeton: Princeton University Press, 1976), chap. 3。

② 这一观点导致了安全两难问题的另一个方面：担心其他国家可能改变意图。参见 Robert J. Art and Robert Jervis, "The Meaning of Anarchy," in Art and Jervis, eds., *International Politics* (Boston: Little, Brown, 1985), 3; and Jervis, *Perception and Misperception in International Politics*, 62。

③ 这一点更适用于基于心理变量的升级模型，而纯粹的理性主义升级模型则更接近于我的论点。参见 Jervis, *Perception and Misperception in International Politics*, chap. 3; and Charles L. Glaser, "The Security Dilemma Revisited," *World Politics* 50 (October 1997): 171 - 201。

如此，我认为，杜鲁门及其顾问班子非常清楚，他们的政策会加深苏联的疑虑，并因此造成冷战对峙，很可能伴随着无意间引发战争的风险。然而，他们仍然认为，为了避免更大的灾难——苏联的军事力量无限期地增长下去，必须去冒这个风险。

第三点（也是最重要的一点），在本章中，由于把能力分成了三种形式，因此可以为冷战提供一种比其他各种理论更为充分、系统的解释。正是杜鲁门对苏联经济和潜在力量的担心，才迫使他采取了一种强硬政策。他已经意识到，如果莫斯科能够成功地加强其他新领域的建设，它就会迅速把这些成果转化为军事优势。因此，杜鲁门便运用军事、经济和政治手段限制苏联的发展。后修正派低估了经济和潜在力量的外因性变化，最终只能把能力视为国家行为的函数。也就是说，只有当一个国家愚蠢地通过增加军事力量展开行动时，升级模型才是适用的。我认为，既然领导人知道衰退会在未采取强烈行动的情况下发生，他们很可能会通过政策的步步升级来防止力量上的损失。

对于已经习惯于现有冷战理论的政治学家来说，我的观点可能过于极端，让他们感到难以理解。然而，我的观点却与杜鲁门时代最全面的文件分析结果，即历史学家梅尔文·莱弗勒（Melvyn Leffler）的创新研究完全一致。[①] 莱弗勒的研究表明，美国领导人试图阻止苏联实力的增长，以确保美国的优势地位及其长期安全。因此，从 1945 年开始，华盛顿方面为避免衰退采取了一系列强有力的行动。我的观点当然受到了莱弗勒的深刻影响，但在某些方面却有所发展。我要说

---

① 参见 Melvyn P. Leffler, *A Preponderance of Power: National Security, the Truman Administration and the Cold War* (Stanford: Stanford University Press, 1992); Leffler, "The American Conception of National Security and the Beginning of the Cold War," *American Historical Review* 89 (April 1984): 346 – 381; Leffler, *The Specter of Communism* (New York: Hill and Wang, 1994); Leffler, *The Struggle for Germany and the Origins of the Cold War*, Occasional Paper no. 16 (Washington, D. C.: German Historical Institute, 1996); and Leffler, "Inside Enemy Archives: The Cold War Reopened," *Foreign Affairs* 75 (July/August 1996): 120 – 135。

明的是，尽管杜鲁门对斯大林的看法相当温和，但美国在 1945 年中期的遏制策略甚至比莱弗勒认为的还要强硬和全面。 [148]

在提供证据之前，我首先要讨论一下冷战时期的明显结果：从未发生大战。新现实主义者根据这一结果断言，两极体系更为稳定。其实，这个结论是站不住脚的。① 1945 年以后，尤其在古巴导弹危机阶段，大战的可能性并没有发生剧烈的变化。尽管我们对核武器非常谨慎，却常常徘徊于大战边缘，这一事实只能说明，两极冷战时代具有一种内在的稳定性。不仅如此，正如我在第八章中所述，在 1945 年之前的三个两极案例（斯巴达对雅典、迦太基对罗马和法国对哈布斯堡王朝）中，每一个都引起了残酷的大战，其原因也符合理论的预言。在每一个案例中，都是一个拥有微弱军事优势但正在衰退的国家对一个正在崛起但尚未足够强大的超级大国进行攻击。不仅如此，这个正在衰退的国家总是在潜在力量方面处于劣势，因此应该有充分的理由相信，这种衰退是严重的、不可避免的。因此，这些案例为两极体系具有动态性的论点提供了强有力的支持。

因为美国在 1944 年后处于强势地位，所以华盛顿并没有简单地模仿以往两极冲突的模式，在失去核垄断地位之前就发动战争。正如后文所述，美国领导人和官员在 20 世纪 40 年代末期曾积极考虑过预防性战争问题。然而，由于美国拥有维持长期军事优势所需要的巨大经济和潜在力量，似乎没有必要立即采取这种极端行动。全面的预防性战争往往代价高昂、风险巨大，只有在没有其他手段扭转衰退趋势的情况下才是合理的。由于华盛顿仍然有多种选择，所以为了维持自己的优势和安全，最好的选择就是采取军备竞赛和遏制政策。

---

① 参见 Copeland, "Neorealism and the Myth of Bipolar Stability: Towards a New Dynamic Realist Theory of Major War," *Security Studies* 5 (spring 1996): 29－89。

预防性遏制政策的起源：1945年

在关于冷战的标准表述中，通常把 1947 年作为美国实施遏制战略的起点。然而，遏制政策的核心内容实际上在 1945 年 8 月就已经规划完毕。只要看一看美国在 1945 年采取的一系列行动，就可以了解这一政策的全貌。当时，为限制苏联军事、经济和潜在力量的不断增长，共采取了八项措施：

1. 在苏联周边建立空军和海军基地，以便针对苏联核心地带部署进攻力量。

2. 重建西欧，激活西德这个刚刚屠杀了超过 2500 万苏联人
[149] 的国家。

3. 终止对苏联（甚至包括中国）的援助，抵制苏联要求德国赔偿的迫切要求。

4. 展示核力量，除了尽快结束太平洋战争，主要是为了限制苏联在满洲的渗透，并说服莫斯科接受美国的战后和平条件。

5. 美国和同盟国军队进入朝鲜、中国和满洲，以防止共产主义在原先根据相关协定曾对莫斯科做出让步的地区巩固和扩展势力。

6. 把苏联排除在占领和激活日本的进程之外。

7. 拒绝向苏联提供核秘密和核材料。

8. 尽管承认苏联的合法权利，但必须限制苏联海军进入地中海和北海。

在实施这一政策的过程中，杜鲁门并不认为他已经放弃了与苏联合作的所有机会。但是，任何合作都必须由美国安排。简而言之，美

国奉行的是一种双轨策略：华盛顿要采取一切必要手段维持自己的优势地位，同时尽量不失一个大国的风度。如果苏联乖乖就范，那么就到此为止；如果苏联表示异议，那么杜鲁门就选择冷战（随时有可能在无意间引发战争），而不是以往的那种合作，并宁愿为此付出长期力量消耗的代价。如果苏联的未来意图更具侵略性，那么听任苏联不断壮大而成为世界霸主无疑会对美国的安全造成威胁。[①]

尽管杜鲁门和国务卿詹姆斯·伯恩斯（James F. Byrnes）已经意识到斯大林的意图是相当温和的，尽管他们也知道自己的政策会导致冷战竞赛从而增加无意间引发战争的可能性，但他们还是采取了行动。因此，现有的证据证明了如下论点：面对衰退的现实，当强硬立场比温和合作或预防性战争更有利于本国安全时，领导人宁愿让自己的国家卷入一场危险的竞赛之中。

美国1945年6月之前的战略思维

在战争结束之前，美国在地缘政治方面的关注点就已经转移。1944年春，罗斯福的私人参谋长、海军上将威廉·李希（William Leahy）给国务卿考德尔·赫尔（Cordell Hull）写信指出，迄今为止，最新的全球形势表明，“苏联的潜在军事和经济力量出现了明显的发展，而这种发展必然会对未来的国际政治－军事关系造成划时代的影响，并且就苏联的资源而言，这种发展并没有终止的迹象”。[②]
1944年12月，阿弗莱尔·哈里曼（Averell Harriman）当时驻莫斯科 [150]
大使馆的副手乔治·凯南（George Kennan）进一步阐明了这一观点。

① 参较 Leffler, *A Preponderance of Power: National Security, the Truman Administration and the Cold War*。

② *FRUS*, 1945, *Malta and Yalta*: 107－108. 该信被收入国务院“波茨坦会议简报”，参见 *FRUS*, 1945, Potsdam I: 107－108。

在给哈里曼的一份报告（无疑出自他 1946 年 2 月那封“长电报”[①]的构思）中，他警告说，在占领东欧地区之后，苏联已经改变了人口的整体平衡。考虑到俄国的工业化进程，它已经在新的领域“形成了一支巨大的力量，并且比战后留在欧洲大陆的任何力量都要强大……任何低估其潜力——无论是向善还是为恶——的想法都是愚蠢的”。[②]

对凯南的分析做了充分思考后，哈里曼把这份报告上报国务院。毫无疑问，这份报告为他在 1945 年初抛出苏联威胁论奠定了基调。[③]当然，哈里曼的论调并不是孤立的。1945 年 4 月 2 日，战略情报局（中央情报局的前身）把一份绝密报告先后送交罗斯福和杜鲁门。报告简要分析了目前面临的难题：

> 如果美国袖手旁观，苏联势必作为亚欧地区最强大的国家在目前的冲突中迅速崛起，并且足以傲视整个欧洲，同时在亚洲建立起其霸权地位。苏联的自然和人力资源是如此庞大，完全有可能在几年之内就变得比过去的德国或日本都要强大得多。在可以预见的未来，苏联在军事潜力方面甚至会大大地超过美国。[④]

两个星期之后，参谋长联席会议（JCS）散发了一份题为《修正对俄关系政策》的分析报告。报告指出，具有讽刺意味的是，对苏联的租借政策成功得有点过了头，因而造成了一种“新的严峻局面”——苏联更加强大。这份报告不仅建议停止军事援助，并且强

---

① 参见 George F. Kennan, *Memoirs, 1925 - 1950* (Boston: Little, Brown, 1967), 225 - 230 and appendix A。

② 参见 Kennan, *Memoirs, 1925 - 1950*, 506。

③ 关于凯南对哈里曼的影响，可参见 Harriman and Elie Abel, *Special Envoy to Churchill and Stalin, 1941 - 1946* (New York: Random House, 1975), ix - x。

④ 引自 David McCullough, *Truman*, (New York: Touchstone, 1992), 372。

调对莫斯科坚持强硬立场的重要性。[①] 5 月 5 日，战略情报局在给杜鲁门的一份报告中强调指出，如果采取一种不干涉政策，苏联就会整合欧洲和亚洲的资源，从而在一代人的时间内在军事工业方面超越美国。[②] 然而，战略情报局在 5 月 11 日的另一份报告中又指出，尽管苏联国力在战争时期遭到巨大的破坏

> 但苏联的战后重建和［工业］发展是非常迅速的，而其人口的增加趋势无疑是取得伟大成果的又一个长期有利因素……因此，俄国已经具备了一个处于上升期国家的所有标志和特点，势必将作为世界上两个最强大的国家之一与美国抗衡。[③]

当时，这种担心可以说是一种普遍的情绪。在 5 月间写给哈里曼的信中，代理国务卿约瑟夫·格鲁（Joseph C. Grew）也对苏联力量的稳定增长表示了自己的忧虑。6 月间，国防部长亨利·斯蒂姆森（Henry L. Stimson）在一份分析报告中强调指出，苏联统治着 2 亿人口这一事实使之具有对中国和日本施加影响的能力。陆军总参谋长乔 [151]
治·马歇尔（George C. Marshall）告诉斯蒂姆森，这份报告抓住了美国面临的难题的实质，也就是说，我们在战争中帮助苏联，“无疑使［它］变成了……欧洲的主导力量”，这正是伯恩斯在 7 月间即他就任国务卿不久之后反复申明的观点。[④] 苏联在技术方面的潜在力量同

---

① NA, JCS 1313/1, 16 April 1945, RG 218, CCS 092 USSR (3-27-45), Sec. 1.

② 参见 Leffler, *A Preponderance of Power: National Security, the Truman Administration and the Cold War*, 60-61。

③ 引自 Lynn Etheridge Davis, *The Cold War Begins* (Princeton: Princeton University Press, 1974), 221。

④ 参见 Grew's 19 May report, in Joseph C. Grew, *Turbulent Era*, 2vols. (Boston: Houghton Mifflin, 1951), 2: 1446; Stimson and Marshall's discussion, appendix V, Martin J. Sherwin, *A World Destroyed* (New York: Vintage, 1987), 350-353; and Byrnes's comments to assistant Walter Brown, Brown diary, 24 July, Clemson University。

样令人感到忧虑。在5月间举行的一次内阁会议上，杜鲁门强调指出，美国必须不仅在科学研究方面赶上苏联人，并且还要“领先他们10年”。[①]

由于如上种种担心，维持美国优势地位的政策自然不会有所改变。4月2日，国防部向参谋长联席会议提交的一份备忘录直截了当地指出，美国不应等到苏联的意图明朗化之后，才在另一场世界大战来临之前采取备战行动。所以，华盛顿应该致力于构建一个“西欧-美国力量体系，以便与苏联抗衡”。[②] 寻求解决方案的努力不应放弃，但罗斯福提出的双轨策略仍然要坚持下去。[③] 5月31日，马歇尔在临时委员会（该委员会的主要任务是研究核武器政策）举行的一次会议上指出，由于苏联的行动主要是出于安全动机，因此在核能方面进行某些合作也是可以接受的。然而，他更倾向于组成一个同盟，以迫使苏联服从于美国的意志。在这次会议上，反对核能共享的伯恩斯则以一种更容易接受的方式对双轨策略做了阐述。他“表达了一种全体与会者一致同意的观点，即最理想的计划就是要尽快地推动生产和研究工作，以确保我们的领先地位，同时要尽量改善与苏联的政治关系”。[④]

---

① 参见华莱士（Henry Wallace）1945年5月4日的日记，in John Morton Blum, ed., *The Price of Vision: The Diary of Henry A. Wallace, 1942 - 1946* (Boston: Houghton Mifflin, 1973), 441 - 442。

② 引自 Woods and Jones, *The Dawning of the Cold War*, 42。另参见 Michael S. Sherry, *Preparing for the Next War* (New Haven: Yale University Press, 1977), 181。

③ 目前，大多数历史学家都认为，罗斯福在当政的最后一年既是一个理想主义者又是一个现实主义者。关于这一点，重点参见 Warren F. Kimball, The Juggler: *Franklin Roosevelt as Wartime Statesman* (Princeton: Princeton University Press, 1991); Sherry, *Preparing for the Next War*; Sherwin, *A World Destroyed*; Daniel Yergin, *Shattered Peace*, rev. ed. (Harmondsworth: Penguin, 1990); and John Lewis Gaddis, *United States and the Origins of the Cold War 1941 - 1947* (New York: Columbia University Press, 1972)。

④ 参见 Appendix L, "Notes to the Interim Committee Meeting, 31 May 1945," in Sherwin, *A World Destroyed*, 300 - 301。

建立海外军事基地

八大遏制策略的第一条就是建立军事基地，以便横跨欧亚地区部署军事力量。早在1942年12月，罗斯福就已经要求参谋长联席会议考虑战后建立军事基地的问题。[①] 1943年3月，战略联合研究委员会在一份报告中指出，由于国际组织可能无法维持战后和平，建立海外军事基地对于美国安全是非常重要的，而“这一任务……必须纳入我们的基本战争目标”。[②] 尽管罗斯福希望军事基地有助于实施其“四警察”[③] 理念，但显而易见，他如此铤而走险只是为了实现其遏制战略。1943年8月22日，参谋长联席会议与战略情报局组成的一个联合委员会发表了一项题为《战略与政策：美国与苏联能够合作吗?》的备忘录。该备忘录认为，美国和英国必须立即把主要力量投入欧洲大陆，但这种敌对政策不应引起莫斯科方面的注意。尽管“苏联领导人的主要战争目标是保证整个苏联的安全”，但这种立场还是必要的。[④]

11月间，总统批准了参谋长联席会议JCS 570号文件。这份文件强调指出，在战略核武器时代，必须让未来的任何敌人都尽可能远离美国海岸。为了达到这一目的，这一文件提出建立军事基地的地点是西太平洋、西非、冰岛、日本以及东亚大陆（包括朝鲜和中国北部）。[⑤] 1944年1月中旬，罗斯福批准了关于美国空军基地体系的建议；2月5日，他在给赫尔的信中强调，国务院、国防部、海军部和 [152]

---

① 参见 Sherry, *Preparing for the Next War*, 42。

② NA, JSSC 9/1, “Post-War Military Problems – with Particular Relations to Air Bases,” RG 218, CCS 360 (12 – 9 – 42), Sec. 1, Box 269, p. 10.

③ 这是被称为联合国“精神之父”的美国总统富兰克林·罗斯福根据强权政治原则提出的一种世界霸权组织形式，即设立一个由当时的四个大国（美国、英国、苏联和中国）控制的世界性组织。——译者

④ NA, RG 218, CCS 092 USSR.

⑤ 参见 Sherry, *Preparing for the Next War*, 44 – 47。

参谋长联席会议也应该对海军和陆军基地的问题进行研究。①

到 1945 年 4 月，罗斯福不得不就其西太平洋的海岛基地计划是否符合联合国宪章中规定的自决原则进行调停。解决方案就是实行所谓“托管制度”，以便为美国的实际控制权披上一层伪装。正如斯蒂姆森所言，总统明明知道会受到自己宣布的原则的约束，但“他还是像其他人一样，急切地要获得［这些岛屿的］所有权，并利用这些岛屿在可能发生的任何战争中保卫世界和平和我们的国家，而正是出于这个原因，他的代表才［在第一次联合国大会上］力争通过规定一种托管制度的方式实现这一目标”。②

1945 年春夏两季，军界对提出的军事基地名单进行了核定③；8 月下旬，又对这些基地在核子时代（其间的主要对手就是苏联）的价值做了进一步分析。联合作战计划委员会的一份分析报告认为，由于远程飞机和导弹的出现，现在完全可以在遥远距离实施致命的打击。所以，必须把敌人消灭在“家里”，而最佳的方式就是“压倒性的军事力量加上突然袭击”。简而言之，“一旦美国和苏联之间的关系破裂……就需要动用美国在欧洲和亚洲大陆的军事基地，全面部署我们的进攻力量”。④

重建西欧与修复德国

随着战争进入最后阶段，以财政部长亨利·摩根索（Henry Morgenthau）为首的许多人都认为，德国不应作为一个国家继续存在

---

① JCS 570/4 and “Supplemental Instructions to the State Department Concerning Post-War Military Bases,” NA JCS 570/4, RG 218, CCS 360 (12 –9 –42), Sec. 2.

② 参见斯蒂姆森（Stimson）日记，LC，18 March 1945，p. 2。

③ 例如可参见 JCS 570/17, 14 May 1945, “Overall Examination of U. S. Requirements for Post-War Military Bases,” NA, RG 218, CCS 360 (12 –9 –42), Sec. 5; and JPS 684/4, 4 June 1945, of same title, NA, RG 218, CCS 360 (12 –9 –42), Sec. 6, Box 271。

④ JWPC 361/4, 25 August 1945, “Overall Examination of U. S. Requirements for Post-War Military Bases,” NA, RG 218, CCS 360 (12 –9 –42), Sec. 7, Box 271.

下去。由于德国在一个世纪中就造成了两次大劫难，罗斯福本人在 1944 年也支持过这种想法。但是，到 1945 年春，大多数人的意见却转向了反面，认为德国的重建对于美国的安全是至关重要的。可以说，这种转变具有重要意义，但其中的原因却非常简单：西欧已经变成了一片废墟，如果德国不能融入其经济之中，这一地区势必沦为共产主义革命的牺牲品。即使莫斯科方面并没有积极推动，但这样的革命也无疑会增加共产主义领地的潜在力量。

到 1944 年 9 月，在摩根索的怂恿下，罗斯福接受了把德国划分为互不干涉的独立行政区的建议。于是，“摩根索计划”经过一番淡化后，被写入 9 月间起草的 JCS 1067 号文件。这一文件把德国占领 [153]
区的控制权交给了同盟国军方，但要求同盟国不插手德国的经济重建事务。[①] 1945 年冬季过后，国务院又否决了这个计划，认为这样做会在德国甚至在整个西欧地区造成经济混乱。3 月 10 日，国务卿爱德华·斯退丁纽斯（Edward Stettinius）曾说服罗斯福一度撤销了原来的命令，但很快又做了更正。于是，在杜鲁门于 5 月初予以批准之后，JCS 1067 号文件便作为美国在德国占领区的政策确定下来。[②]

但是，摩根索的胜利更多地体现在文字上，并没有多少实际意义。随着 3 月间美国军队在德国的不断深入，对这个国家的彻底破坏已经不可避免。欧洲可能沦为共产主义革命的牺牲品，这种忧虑几乎成了一种心病。3 月 14 日，一位白宫顾问向罗斯福通报了西北欧地区食品严重短缺的情况。[③] 三天之后，斯蒂姆森认为德国的局势正在

---

① *FRUS*, 1945, *Malta and Yalta*: 153.

② 参见 Gaddis, *United States and the Origins of the Cold War 1941 - 1947*, 123 - 131。关于 JCS 1067 计划的进一步完善，另参见 Bruce K. Kuklick, *American Policy and Division of Germany* (Ithaca: Cornell University Press, 1972), chaps. 2 - 5; and John H. Backer, *Winds of History* (New York: Van Nostrand Reinhold, 1983), chaps. 1 - 3。

③ 参见 Leffler, *The Struggle for Germany and the Origins of the Cold War*, 16。

濒临一场危机，他不得不向罗斯福发出三个备忘录，对“摩根索计划”中的“经济学谬论”大加斥责。[①] 国防部副部长约翰·麦克罗伊（John J. McCloy）从德国回来后，这种观点得到了进一步证实。4月26日，麦克罗伊向杜鲁门通报情况说，“在中欧地区，经济、社会和政治已经全面崩溃”，这“在历史上几乎是史无前例的”。[②] 5月16日，斯蒂姆森告诉杜鲁门，战争委员会的所有成员一致认为，欧洲很可能会发生饥荒，“随之而来的将是政治革命和共产主义渗透。面对这种局面，我们的防线只能靠［西欧］各国政府维持……让这些国家不会因为饥荒而卷入革命或共产主义潮流是非常重要的”。[③] 于是，杜鲁门迅速采取行动。5月22日，他在给各代理机构的信中强调，要想实现和平，必须重建西欧经济。[④]

问题的关键仍然是德国本身。在6月8日写给斯蒂姆森的信中，代理国务卿格鲁认为，必须采取强硬措施，为人们已经公认的“我们的西欧盟友”供应德国煤炭。[⑤] 6月24日，杜鲁门又告诉丘吉尔，驻德国的军事权力机构必须竭尽全力增加德国煤炭的产量，以便向西欧地区出口。否则，“我们稳定整个欧洲大陆的政策所依赖的西欧地区必将发生动荡和暴乱”。[⑥]

正如后文所述，为了欧洲而重建德国，这种需求与美国在波茨坦于赔偿问题上采取的强硬立场有很大关系。杜鲁门试图通过尽量减少苏联获得来自德国西部地区的赔偿，从而在加强西欧力量问题上让苏联付出代价。至于美国在德国占领区的政策，则允许当地军事政府首

---

① 参见斯蒂姆森日记，LC，17 and 19 March 1945。

② 引自 Leffler, *The Struggle for Germany and the Origins of the Cold War*, 16–17。另参见斯蒂姆森日记，LC，19 March 1945。

③ 参见斯蒂姆森日记，LC，16 March 1945。另参见 Gaddis, *United States and the Origins of the Cold War 1941–1947*, 236–237。

④ 参见 Leffler, *The Struggle for Germany and the Origins of the Cold War*, 17。

⑤ *FRUS*, 1945, Potsdam I: 628, n. 3.

⑥ *FRUS*, 1945, Potsdam I: 612, 613, 623.

脑卢修斯·克雷（Lucius Clay）在采取行动时可以不必顾忌 JCS 1067 号文件中的严厉指令。克雷深知，如果没有德国的煤炭，革命浪潮就会迅速在西欧地区蔓延开来。[①] 另外，尽管法国一直极力反对，但必须尽快把鲁尔谷地重新并入德国西部地区。国务院和参谋长联席会议送给杜鲁门的简报一致强调，鲁尔地区对德国重建乃至西欧稳定具有 [154]
重要意义。[②]

因此，波茨坦会议一开始，杜鲁门就力主重建德国。在 7 月 3 日的一次会议上，斯蒂姆森认为，德国应该得到重建，任何报复的念头都是要不得的。杜鲁门则声称，“这正是我认为应该采取的恰当方式”。[③] 考虑到他们刚刚因为德国而付出了 2700 万的生命，苏联领导人对这一新的动向不可能泰然处之。[④]

经济遏制：拒绝对苏联提供租借和战后赔偿

毫无疑问，早在 1945 年 2 月就已开始实施的遏制政策必然在经济方面产生重要的影响。哈里曼告诉决策者们，苏联要在一片废墟上进行重建肯定需要大量资金。1945 年 1 月，苏联人曾请求提供一笔高达 60 亿美元的低息贷款，而在雅尔塔会议上，他们提出的价码则是让德国支付 200 亿美元用于苏联的战后重建。在整个 4 月，哈里曼一直认为，贷款应作为换得让步的砝码，而租借则仅限于原材料方

---

① 参见克雷 6 月 29 日和 7 月 5 日写给华盛顿的信，in Jean Edward Smith, ed., *The Papers of General Lucius D. Clay*, 2 vols.（Bloomington：Indiana University Press, 1974），1：41 and 48。关于克雷无视该命令一节，可参见 John Gimbel, *The American Occupation of Germany*（Stanford：Stanford University Press, 1968），5－9；and Carolyn Woods Eisenberg, *Drawing the Line*（Cambridge：Cambridge University Press, 1996），chaps. 4 and 6。

② 参见 Leffler, *The Struggle for Germany and the Origins of the Cold War*, 21；*FRUS*, 1945, Potsdam I：585－597。

③ 参见斯蒂姆森日记，LC, 3 July 1945, p. 2。

④ 关于苏联人在很大程度上以反动的方式处理其对东德的占领问题，可参见 Norman M. Naimark, *The Russians in Germany*（Cambridge：Harvard University Press, 1995）。

面，以帮助苏联出兵抗击日本。[①]

他的这一论点产生了重要作用。5月9日，国务卿爱德华·斯退丁纽斯通知格鲁，援助“西方同盟国”的计划应该优先于对苏联的援助，并且美国应该立即对苏联实施租借禁运。美国在这个问题“以及类似问题”（暗指战后赔偿）上的政策是“坚定不移的，但同时也应尽量避免使用威胁性措辞”。两天之后，斯蒂姆森告诉杜鲁门，在苏联和租借问题上应采取一种更为强硬的政策。[②] 当天，格鲁也向杜鲁门进言，凡与苏联对日作战无关的一切租借货物均应立即停止，此类货物应转运到西欧地区。[③] 5月11日，杜鲁门批准了这一政策。但是，官僚主义盛行的衙门作风却矫枉过正地开始对苏联实行全面租借禁运。尽管很快就撤销了这项命令，继续对亚洲前线进行支援，但对斯大林来说，这无疑是一个危险的信号。[④]

莫斯科方面很快就得知租借货物转运到西欧这一情况，并提出抗议。在六七月间，哈里曼按照指示摆出了许多借口。[⑤] 到8月18日，就出现了这样一种难以自圆其说的反常现象：对法国这样的国家（在打败纳粹的战争中几乎未起任何作用）实行租借，反而拒绝对苏联（击败纳粹的主要参战国）实行租借。于是，杜鲁门只好又签署了一项命令，停止一切租借援助（对中国的秘密援助除外，参见下文）。实际上，对苏联的租借禁运是从8月17日开始的，而对其他国家的租借活动则一直持续到9月2日。当负责租借事务的部门助理官
[155] 员对这种差别待遇提出疑问时，他得到的答复是，这一决定是经过慎重考虑后做出的，是“目前对苏联进行全面制裁的一部分”。[⑥]

---

① 参见李奇（Leachy）日记，LC，20 April 1945。

② 参见斯蒂姆森日记，LC，11 May 1945。

③ *FRUS*，1945，vol. 5：999－1000.

④ *FRUS*，1945，vol. 5：1000－1011；and Yergin，*Shattered Peace*，94.

⑤ *FRUS*，1945，vol. 5：1018－1021.

⑥ *FRUS*，1945，vol. 5：1031－1033.

至于修复问题，杜鲁门则采取了一种更强硬的策略，任命埃德温·波利（Edwin Pauley）为美国修复谈判小组的首席代表。7月初，按照伯恩斯和杜鲁门的指示，波利在与苏联外交部部长莫洛托夫进行的谈判中采取了一种新的更加强硬的立场。从此之后，在进行实质性赔偿之前，德国可以用出口抵偿进口。这样就可以保证西德自己养活自己，从而在必须支付沉重的赔偿费用之前恢复其工业生产。更为重要的是，波利通知莫斯科，苏联从德国西部地区过获得的赔偿费用并没有一个确定的数目。尽管苏联提出抗议，但雅尔塔会议上规定的200亿美元（其中有100亿来自西德）这个数字只能另议。当时，苏联只能得到德国西部地区在支付进口费用后提供的资金数额的一部分。[①] 苏联人当然明白，这就意味着凡是来自德国西部地区的货物，苏联都捞不到多少油水，因为总可以找到理由，说德国在支付进口费用后就剩不下什么钱了。

在波茨坦会议上，杜鲁门仍然坚持自己的立场，并且由于原子弹的试验成功而更加强硬。经过多次磋商之后，苏联人不得不对波利的要求做出让步。尽管莫洛托夫宁愿把原先的100亿美元减为20亿美元——只是作为一个承诺数字——但最后在协定文本中规定的数字只是西德工业产值余额的10%～15%。这一协定规定，德国东西部地区之间几乎不存在协作关系。苏联人可以从东德取其所需——很显然，这种政策只能对其整个势力范围造成破坏——但他们不要指望从西德得到什么。由于西部地区拥有德国的大部分工业基地，这对苏联领导人努力重建其工业基础设施的企图无疑是一个重大打击。[②]

正如卡罗林·伍兹·埃森伯格（Carolyn Woods Eisenberg）所说，

---

① *FRUS*, 1945, Potsdam I: 491–571, esp. 523, 537, 545–547.

② 参见 Charles L. Mee, *Meeting at Potsdam* (New York: Evans, 1975), 188–189, 191, and 266–267; and Eisenberg, *Drawing the Line*, 100–120。

美国在修复问题上的立场显然违背了雅尔塔会议的精神。[1] 200 亿美元这一数字是一种象征，是对苏联在打败纳粹德国的战争中所作牺牲的一种承认。然而，仅仅在希特勒战败三个月之后，华盛顿就开始帮助建设德国西部地区，即援助美国的“西方盟友”。只有等到 1947 年马歇尔计划开始之后，才有大量的资金流入西欧地区。但是，到 1945 年夏末，莫斯科方面已经非常清楚，美国领导人正在积极遏制苏联的经济发展。

利用核武器优势进行遏制

美国人很快就意识到，要控制莫斯科，美国必须打出国防部长斯蒂姆森所说的底牌：原子弹。关于美国是否利用核外交而造成了一场
[156] 冷战这个问题，文献中已经多有述及。本人认为，杜鲁门和伯恩斯的确把原子弹视为限制苏联增长的一种附加手段，为了争夺霸权地位，他们至少在一开始希望如此。

在美国为什么投下原子弹这个问题上，修正派和传统派之间出现了巨大分歧。修正派主张，华盛顿是在向苏联发出一个信号[2]；传统派则坚持认为，其目的是结束与日本的战争。其实，根本没有必要在两种观点之间做出选择。[3] 可以说，杜鲁门和伯恩斯把原子弹视为同时达到这两个目的的一种最佳手段。总而言之，原子弹可以帮助华盛顿展示美国的军事优势和不惜一切代价的决心，从而按照自己的安排实现战后的和平。尤为重要的是，这样做可以阻止苏联向远东某些重要地区（例如满洲和朝鲜）渗透，尽管为了把苏联拖入太平洋战争，

---

① 参见 Eisenberg, *Drawing the Line*, 100。

② 主要参见 Gar Alperovitz, *Atomic Diplomacy*, rev. ed.（London: Pluto, 1994）; and Alperovitz, *The Decision to Use the Atomic Bomb*（New York: Vintage, 1995）。

③ 参见 J. Samuel Walker, *Prompt and Utter Destruction*（Chapel Hill: University of North Carolina Press, 1997）。

在过去的协定中已经把这些地区归入苏联人的势力范围。当然，原子弹也可以有助于尽快结束战争，拯救生命，同时使得由于美国和日本之间持续作战而造成的相对于苏联的损失降至最小。

5月初，杜鲁门批准设立临时委员会。在5月10日举行的一次会议上，该委员会的成员“满怀信心地”讨论了原子弹与苏联问题的关系。① 斯蒂姆森认为，应该尽可能地发挥核外交的潜力。5月14日，他又告诉国防部副部长麦克罗伊，现在到了“我们用行动说话”的时候了。美国必须“重新获得领先地位，或许我们可以用一种相当简单而实用的方式做到这一点”。为了实现这一目标，原子弹就是一张“最好的牌，我们不应该在出牌的方式上犯傻”。②

5月15日，斯蒂姆森在会见哈里曼和海军部长詹姆斯·福雷斯塔尔（James Forrestal）时又指出：“现在有必要在苏联与满洲……以及中国北部其他许多地区的关系上与苏联人摊牌。在这一系列纠缠不清的问题上，‘S1秘密’（原子弹）最有发言权。”他认为，三巨头会谈的时间应该推迟到原子弹试验成功之后，因为“如果我们手中没有王牌，在外交上下如此大的赌注似乎是一件非常可怕的事”。③ 5月下旬，杜鲁门同意将波茨坦会谈的时间推迟到7月15日之后（定于7月16日进行原子弹试验）。④

一直到10月，作为外交筹码使用原子弹这一论调的最积极的鼓吹者当属杜鲁门在临时委员会中的代表、7月2日后出任国务卿的詹姆斯·伯恩斯。早在5月下旬，伯恩斯就直截了当地告诉主持曼哈顿计划的科学家之一利奥·西拉德（Leo Szilard），“拿出原子弹可以加

---

① 参见斯蒂姆森日记，LC，10 May 1945。

② 参见斯蒂姆森日记，LC，14 May 1945。

③ 参见斯蒂姆森日记，LC，15 May 1945。

④ 杜鲁门公开解释说，这次推迟是国内预算问题造成的。但是他却在5月21日向他的好友、驻莫斯科前大使约瑟夫·戴维斯私下透露，“我还有一个未曾与任何人谈起过的原因”，即“原子弹”。参见戴维斯日记，LC，21 May 1945，Box17；斯蒂姆森日记，LC，6 June 1945。

深苏联人对美国军事力量的感受”，或许可以让他们在欧洲更听话一些。[①] 正如下文所述，到7月下旬，经过对原子弹真正威力的渲染，
[157] 伯恩斯对其在外交上的效用更加深信不疑。

在利用原子弹对付苏联的问题上，最终目标并不仅仅是拒绝莫斯科在东欧的利益要求。像罗斯福一样，杜鲁门深知自己无法改变欧洲的分裂局面。在哈里·霍普金斯（Harry Hopkins）于5月下旬访问莫斯科之后，杜鲁门放弃东欧的意图更加明显。早在4月末，杜鲁门就斥责过莫洛托夫，要求莫斯科遵守雅尔塔协定。然而，像罗斯福一样，杜鲁门主要还是担心斯大林会在东欧摆出一副民主的面孔以迎合美国的公众舆论。霍普金斯莫斯科之行的目的，就是要为波兰带回这块“遮羞布”。杜鲁门指示霍普金斯，他需要与斯大林“达成谅解”，霍普金斯应该让斯大林明白，除非出现全面的和平，东欧发生的情况“不会对美国的利益造成任何影响”。波兰应该做出举行选举的姿态，但这只是为了美国国内的民众。杜鲁门告诉霍普金斯，斯大林应该在我们的公众面前做出“表示认可或不再坚持的姿态，以表明他信守诺言的诚意”。[②]

美国在1945年夏的近期目标并不是在欧洲退却，而是在东亚加强遏制。5月下旬，格鲁告诉哈里曼，一旦苏联加入太平洋战争，蒙

---

① 引自 Len Giovannitti and Fred Freed, *The Decision to Drop the Bomb*（New York：Coward-McCann，1965），65 - 66。另参见 Ronald Takaki，*Hiroshima*（Boston：Little，Brown，1995），7；and Sherwin，*A World Destroyed*，202。

② 引自 Robert James Maddox，*From War to Cold War*（Boulder，Colo.：Westview，1988），65。这与李奇的说法是一致的，当时他曾奉劝杜鲁门，华盛顿应该致力于给波兰披上独立的“外衣”（见李奇日记，LC，23 April 1945）。6月间与斯大林达成的协议显然得到了美国的默许。斯大林同意伦敦的波兰流亡者在举行大选之前参加波兰临时政府，但只能作为政府中的少数派。随后，杜鲁门甚至在没有任何大选保证的情况下（实际上从未举行大选）就立即承认了新的波兰政府。还有一点，当斯大林在7月间试图与波兰16位反对党领导人进行审判时，杜鲁门并没有表示反对。参见 Davis，*The Cold War Begins*，237 - 248；George McJimsey，*Harry Hopkins*（Cambridge：Harvard University Press，1987），386；and Marc Trachtenberg，*A Constructed Peace*（Princeton：Princeton University Press，1999），12 - 14。

古、满洲和朝鲜都会落入其势力范围。[①] 当月早些时候，战略情报局向杜鲁门递交了一份关于战后局势展望的报告，认为东欧已经失去，可以在亚洲做文章，但美国必须迅速行动起来，因为日本一旦战败，苏联在亚洲的地位将会大大加强。如果美国动作稍慢，中国很可能会成为苏联的盟友。[②]

但是，到 7 月下旬，杜鲁门仍然面临着一个问题：原子弹到时候可能响不了。早在 4 月间，军界就提醒过杜鲁门，如果战争按常规发展，就必须把苏联拖进来，否则演变下去只会对苏联人有利。[③] 在 6 月 18 日与杜鲁门会商时，参谋长联席会议一致认为，入侵日本将付出高昂的代价。但是，苏联一旦参战，很可能会迫使日本投降。杜鲁门回答说，考虑到这一因素，我将利用波茨坦会议争取苏联在战争中尽可能提供帮助。[④] 令杜鲁门感到满意的是，在 7 月 17 日即会议开幕的当天，就得到了斯大林关于苏联将于 8 月 15 日参战的承诺。[⑤]

但有趣的是，在原子弹的巨大破坏力得到证实之后，美国的政策又发生了变化。杜鲁门刚刚得到苏联参战的承诺，随后就收到了一份关于原子弹试验的初步报告。于是，他开始考虑尽快结束战争。然而，在莱斯利·格罗夫斯（Leslie Groves）将军正式提交了原子弹试验成功的报告之后，杜鲁门的想法在 7 月 21 日发生了戏剧性的变化。这份报告详细描述了原子弹的真正破坏力，其威力甚至远远超出了科学家们最乐观的估计。[⑥]

---

① 参见 1945 年 5 月 19 日备忘录，in Grew, *Turbulent Era*, 2：1446。

② 参见 Leffler, *A Preponderance of Power*：*National Security*, *the Truman Administration and the Cold War*, 60－61。

③ *FRUS*, 1945, vol. 5：254－256.

④ 参见 Barton J. Bernstein and Allen J. Matusow, eds. , *The Truman Administration*：*A Documentary History*（New York：Harper and Row, 1966）, 7－8。

⑤ 参见 1945 年 7 月 17 日杜鲁门日记，in Robert H. Ferrell, ed. , *Off the Record*：*The Private Papers of Harry S. Truman*（Harmondsworth：Penguin, 1980）。

⑥ *FRUS*, 1945, Potsdam II：1362－1365.

当斯蒂姆森向杜鲁门宣读这份报告时，总统“为之大为振
[158] 奋……他激动地说，这个东西给了他一种全新的信心”。[①] 事实的确如此。第二天，丘吉尔在听到斯蒂姆森报告的全文之后笑着说，他现在明白为什么杜鲁门从昨天开始就像“换了一个人”。他对苏联人“指指点点，在整个会议期间俨然是一副老板的派头”。[②]

一时间，形势的变化急转直下：美国不再需要苏联帮忙就可以让日本投降。只要按一下原子弹的按钮，就不仅可以结束战争，而且能够阻止苏联继续巩固自己的势力范围。甚至在有关原子弹试验的消息尚未得到最后确认时，杜鲁门就告诉波利，原子弹“会让苏联人乖乖听话的”。[③] 7 月 20 日，在收到关于原子弹真正威力的报告之后，伯恩斯对他的私人助理瓦尔特·布朗（Walter Brown）炫耀说，他今天要“让斯大林在中国问题上栽个大跟头”。一段时间以来，伯恩斯一直在督促蒋介石的外交部部长宋子文与斯大林在满洲问题上达成协议，以确保苏联尽早参战。如今，他却试图尽量推迟达成这个协议的时间。根据布朗的日记，伯恩斯“希望宋子文采取强硬立场，这样苏联就不会参战。他认为，日本将在苏联参战之前投降，并因此而挽救中国”。[④] 对于原子弹的威慑力，伯恩斯似乎有点过于自信。7 月 28 日，他声称，原子弹的试验成功使他有足够的信心认为，苏联将不得不同意美国关于战后和平的安排。次日，他又叫嚷，原子弹“让我们大权在握，最终的分析表明，它会控制一切”。[⑤]

到 7 月末，华盛顿已经可以用强迫的方式对几个月前已经准备妥当的协定（即苏联在日本战败及其战俘被遣返之前拥有对满洲的占

① 参见斯蒂姆森日记，LC，21 July 1945。

② 参见斯蒂姆森日记，LC，22 July 1945。

③ 引自 Alperovitz，*The Decision to Use the Atomic Bomb*，252。

④ 参见布朗（Brown）日记，Clemson University Library，20 July 1945。

⑤ 参见戴维斯（Davies）日记，LC，28 July 1945，Box 19；29 July 1945。

领权）进行修正。在 8 月 10 日的一次内阁会议上，杜鲁门同意了关于允许日本维持其皇权的条款。当有人提出华盛顿在实施这一协定之前是否还要等一等苏联方面的消息时，杜鲁门“非常粗暴地插话说”，尽管干就是了，不要管莫斯科。斯蒂姆森则附和道，苏联人当然希望推迟，他们好在满洲占下更大的地盘。对此，杜鲁门表示同意。他认为，“苏联人不能深入满洲腹地对我们更有利”。[①]

进入积极遏制阶段：1945年8月的中国

要限制苏联在华盛顿原先允诺划入苏联势力范围的地区加强其力量，原子弹并不是唯一的手段。1945 年八九月间，美国军队开赴中国，帮助蒋介石的国民党军队收复中国北部和满洲地区。[②] 这一策略有三重目的：第一，美国海军在中国南部沿海巡逻，国民党军队就可以在北方重新部署，以便与中国共产党的军队作战。第二，尽管对包括苏联在内的所有其他盟国的租借制度都已经取消，但美国仍然可以对国民党政府实施秘密租借，以帮助他们打败共产党。第三，华盛顿将迫使斯大林从满洲撤军，并把控制权移交给国民党。 [159]

8 月 10 日，参谋长联席会议通知中国战区军事统帅阿尔伯特·魏德迈（Albert Wedemeyer）将军，美国军队正在准备为中国的重要

① 参见 1945 年 8 月 10 日华莱士日记，in Blum, *The Price of Vision*, 474。另参见 Michael Schaller, *The American Occupation of Japan* (New York: Oxford University Press, 1985), 17－18。

② 一直到最近，仍然没有多少人知道这次行动，主要是因为它避开了公众的视线或是以行使战后正常占领职责的名义进行。参见 Odd Arne Westat, *Cold War and Revolution* (New York: Columbia University Press, 1993); Marc S. Gallicchio, *The Cold War Begins in Asia* (New York: Columbia University Press, 1988); Kenneth S. Chern, *Dilemma in China* (Hamden, Conn.: Archon, 1980); and Michael Schaller, *The U. S. Crusade in China, 1938－1945* (New York: Columbia University Press, 1979)。尽管美国政府在 1945 年 8 月到 1946 年 12 月为国民党提供了高达 8 亿美元的军事和经济援助，但杜鲁门的自传（*Year of Decisions*, Garden City, N. Y.: Doubleday, 1955）和伯恩斯的自传（*Speaking Frankly*, New York: Harper, 1947）都没有提到这次行动。参见 Schaller, *The U. S. Crusade in China, 1938－1945*, 271－272。

港口和通信枢纽提供保护，“以便为［国民党］提供帮助”。尽管共产党在与日本作战过程中发挥了同样重要的作用，但日本军人必须由国民党受降。魏德迈还得到命令，帮助国民党军队迅速开赴共产党势力强大的中国北方地区。[①] 华盛顿的意图是非常明确的。8 月 19 日，魏德迈回电称，他将在自己的权力范围内尽可能地“避免我们在远东取得的优势受到损失，同时为实现美国最终的政治和经济目标创造最有利的条件”。但是，他也提醒华盛顿方面，美国要想隐瞒自己的意图是很困难的。表面上是在督促日本人投降，“实际上……我们是在为阻止共产主义力量的成功运行做出重要的贡献”。[②]

于是，一系列事件接踵而至。9 月 3 日，伯恩斯通知杜鲁门，蒋介石要求美国帮助组建一支现代化军事力量。伯恩斯赞成这一做法，但他又认为，在和平时期，这样一个军事顾问团是不合法的。因此，他建议立即采取行动，赶在战争“合法结束”之前满足蒋介石的要求，以避开这种限制。这种援助方式具有重要意义。伯恩斯指出，美国已经为国民党装备了大约 30 个师，而蒋介石还要求再装备 60 个师。于是，杜鲁门迅速做出反应。9 月 7 日，他通知蒋介石的特使宋子文，美国军事顾问团随时待命。[③] 随后，华盛顿立即着手为国民党另外组建 30 个师。

但是，中国战区的局势不断恶化。到 10 月间，很显然，斯大林正在努力帮助共产党攻占满洲。美国军队已经赶往中国北部，接受日本军人投降，并“帮助消除战争结束后不断增长的共产主义威胁”。[④] 10 月 22 日，国务院、国防部、海军部协调委员会（SWNCC）提交

---

① *FRUS*, 1945, vol. 7: 527 - 528.

② *FRUS*, 1945, vol. 7: 532 - 533.

③ *FRUS*, 1945, vol. 7: 547 - 548, 551.

④ 引自驻中国临时代办罗伯森（Robertson）10 月 9 日和 14 日给伯恩斯的报告，参见 *FRUS*, 1945, vol. 7: 578 - 580。

的一份报告指出，目前，美国以租借方式提供的援助包括为国民党装备和训练 39 个师以及提供空中支援。根据事先进行的一项分析，SWNCC 的报告直截了当地指出：

> “对中国的援助不应间断，以最大限度地保护美国在中国战
> 区现有的有利地位。”根据目前的形势……所谓我们“目前的有 [160]
> 利地位”，只能解释为我们作为蒋介石军事上合作者的地位。[①]

该报告在批准后，于 11 月 7 日发给美国驻中国临时代办予以执行。

美国对中国的援助无疑是个大手笔：在 10 月 15 日之前的两个月里，援助总额就超过了 4 亿美元（约合现在的 40 亿美元）。[②] 美国对中国的承诺对于控制整个亚洲战线是非常重要的[③]，杜鲁门当然知道这个问题的严重性。12 月初，他责令马歇尔将军制定一种最佳解决方案。马歇尔告诉杜鲁门，如果蒋介石不愿意做出让步，美国也就不能再支持他，那么“就会出现中国分裂和苏联有可能重新控制满洲的悲剧性后果，其综合效应势必导致我们的整个太平洋战争计划流产”。于是，马歇尔又问，在这样的情况下，美国是否还要拉下自己的脸皮，不顾蒋介石的反民主做派继续支持他呢？杜鲁门和伯恩斯的回答是“是的”。[④]

因此，美国在 1945 年的遏制政策不仅是积极的，而且有一种逻辑支撑，而大多数学者更愿意把这种逻辑与美国在 1947 年之后的政

---

① *FRUS*, 1945, vol. 7: 585 - 588.

② 参见 Schaller, *The U. S. Crusade in China*, *1938 - 1945*, 272。

③ 参见国防部部长和海军部部长给伯恩斯的报告，*FRUS*, 1945, vol. 7: 670 - 678。关于 11 月初国务院、国防部和海军部举行会议的情况，可参见 *FRUS*, 1945, vol. 7: 606 - 607。

④ *FRUS*, 1945, vol. 7: 768.

策联系在一起。归根结底，这里的前提就是：保护美国“当前有利的”权势地位对美国的安全是至关重要的。

其他遏制手段：1945年

在 1945 年，遏制苏联扩展势力范围的手段并不仅限于远东地区。到 6 月间，苏联一直在对土耳其施压，以便为海军进入地中海开辟更好的通道。数个世纪以来，在地中海寻找一个不冻港一直是俄国人的一个地缘政治目标，而斯大林则把结束战争视为实现这一目标的大好机会。早在 4 月间，莫斯科就通知安卡拉，1925 年的土（土耳其）苏（苏联）互不侵犯条约已经失效。到 6 月间，莫洛托夫又增加了筹码，要求签署一个新的条约，规定至少在战时由两国共同控制达达尼尔海峡，并关闭土耳其在地中海的某些海军基地。安卡拉拒绝了这些要求，并请求美国提供帮助以抵抗来自苏联的压力。①

对华盛顿来说，这种压力正是苏联试图寻找更好的大西洋通道计划的一部分。6 月间，苏联还提出了基尔运河的国际化问题。这条运河是在 1914 年之前修成的，目的是使德国船只在北海和波罗的海之间更自由地通行。由于苏联已经控制了哥尼斯堡（已重新命名为加里宁格勒）这个不冻港，所以基尔运河的国际化就可以使苏联海军
[161] 在任何季节随时进入大西洋。在基尔运河和土耳其这两个问题上，华盛顿迅速做出了反应。

7 月 6 日，战略与政策工作组向国防部副部长麦克罗伊提交了一份报告，主要分析了基尔运河和达达尼尔海峡问题。如果华盛顿听任其国际化，那么就会为削弱美国对巴拿马运河这类水道的控制权制造出一个先例。该报告对苏联面临的问题表示同情，因为它“实际上

① 参见 Harry H. Howard, *Turkey, the Straits, and U. S. Policy* (Baltimore: Johns Hopkins University Press, 1974), 216 – 225。

是一个［很难找到不冻出海口的］内陆国家”。但是，由于暂时处于弱势，莫斯科还不会采取军事行动。因此，华盛顿完全可以采取强硬立场，“不需要做……任何让步”。①

斯蒂姆森在 7 月 8 日就这一问题写给伯恩斯的信中也承认，考虑到苏联的地理情况，苏联的建议是“相当有道理的”。的确，华盛顿必须维持对巴拿马运河的控制权，同时却拒绝苏联控制达达尼尔海峡，这种论点似乎是不合逻辑的。不过，这又是“一种不合逻辑的逻辑”。苏联是一个“拥有无限潜力、蓬勃向上的国家”。如果华盛顿在基尔运河和达达尼尔海峡问题上让步，就会令苏联拥有更大的实力“在［我们］没有弄清其真实意图的情况下”实现其扩张主义野心。所以，不能听任苏联随便控制这些水道。② 正如下文所述，杜鲁门和伯恩斯坚持着一种类似的逻辑：尽管“专家委员会”不会去揣摩苏联人的意图，但苏联的潜力实在太大，哪怕实力稍有增长也是不允许的。

7 月 22 日，斯大林在波茨坦会议上提出了如上水道问题。对于苏联急于修正条约中关于赋予土耳其达达尼尔海峡水道控制权条款的愿望，杜鲁门和丘吉尔都深表同情。但是，在随后几天里，两位领导人却拒绝做任何实质性的改动。最终，斯大林不得不同意把这个问题留到以后的会议上讨论。③ 对于基尔运河问题，讨论的结果同样如此。杜鲁门和丘吉尔只保证苏联船只可以自由通过基尔运河，但仅此而已。基尔运河不应国际化，而是仍然由“对德管制委员会”管辖。这就意味着基尔运河仍然属于西方同盟国一方，因为其全部位于英国占领区内。④

---

① NA, 6 July 1945, “Internationalization of the Kiel Canal and Russian Interest in the Dardanelles,” RG 165, ABC 039 Kiel, Sec. 1 - A (6 July 45), Box 102.

② NA, “U. S. Position re Soviet Proposal on Kiel Canal and Dardanelles,” RG 165, ABC 039 Kiel, Sec. 1 - A (6 July 45), Box 102.

③ *FRUS*, 1945, Potsdam II: 256 - 267, 301 - 305, 365 - 367, 372 - 373.

④ *FRUS*, 1945, Potsdam II: 313 - 314, 453, 649 - 656, 1423 - 1424.

不惜代价夺取先机：长崎灾难之后的美国政策

在长崎灾难之后，国务卿伯恩斯迅速采取行动，以维持美国的核垄断地位。8 月 18 日，他对斯蒂姆森的特别助理乔治·哈里森（George Harrison）说，由于不大可能签署核武器协定，所以我们必须“尽最大努力在所有战线的竞赛中保持领先”。所以，科学家们应当全力以赴地投入工作，其中包括氢弹的研制。[1] 此时，斯蒂姆森的态度已经温和多了，他提出了一种有限分享核秘密的想法。但是，当他在 8 月底派麦克罗伊去商讨这个问题时，伯恩斯仍然“激烈地反对”这种想法。对于伯恩斯而言，原子弹无疑是按照美国的安排实现战后和平的最大筹码。正如斯蒂姆森所言，伯恩斯正在准备出席外交部部长会议，“并且希望把原子弹的按钮随时放在手边”。[2]

[162]

9 月 12 日，斯蒂姆森会见了杜鲁门，讨论他就这个问题拟好的一份备忘录。该备忘录指出，许多人都认为，原子弹“在实质上可以抵消苏联的［力量］增长”。然而，如果苏联人不能在核武器问题上成为合作伙伴，美国就要寻求这样一种方针，“利用这种武器维持盎格鲁-撒克逊集团对苏联［集团］的抗衡优势。这样一种形势必定会刺激苏联［集团］一方在这种武器的研发方面采取狂热的行动，这实际上会引起一场在绝望之中进行的秘密军备竞赛”。就这个时刻挂在我们腰上卖弄的东西（原子弹）进行谈判只会加深苏联人的疑虑和不信任感，而如果能达成一项协议，就能“拯救世界文明，不是 5 年或 20 年，而是永远”。[3]

---

① 参见哈里森的会议记录，Appendix Q，Sherwin，*A World Destroyed*，315。另参见 David Holloway，*Stalin and the Bomb*（New Haven：Yale University Press，1994），121。

② 参见斯蒂姆森日记，LC，12 August to 3 September 1945，p. 3；and 4 September 1945。

③ 参见斯蒂姆森日记，LC，letter and memorandum，11 September 1945；12 September 1945。

杜鲁门装出一副同情的面孔，甚至认为华盛顿应该把苏联人作为知心朋友。[①] 但是，他后来的所作所为却完全是另一回事儿。杜鲁门支持伯恩斯在 9 月的外交部部长会议上采取强硬立场。当斯蒂姆森和副国务卿迪恩·艾奇逊（Dean Acheson）在 9 月 21 日的内阁会议上陈述分享核秘密的主张时，他却没有表示支持。[②] 在 10 月 3 日对国会发表的演讲中，杜鲁门故意省略了关于核秘密并不能阻止其他国家在相当短的时间内赶上美国的内容，实际上是在暗示自己主张继续保护核秘密。[③] 后来在 10 月 7 日，杜鲁门又公开放言，他不会放弃核秘密。他把与原子弹有关的技术知识分为三级，即基本科学知识、工程技术和制造原子弹所需要的工业能力与资源。他力陈美国在后两种能力上的优势，以证明在如上三个领域保护核信息的重要性。如果其他国家（如苏联）想要赶上美国，"它们就必须像我们一样，靠自己的力量做这件事"。几天之后，一位老朋友问杜鲁门："这意味着什么呢？军备竞赛已经开始，对不对？"总统做了肯定的回答，并加了一句："我们会领先的。"[④]

到 10 月下旬，伯恩斯的观点有所改变。由于在 9 月间未能说服别人，于是他认为也许斯蒂姆森是对的——苏联不会屈服于核外交。［163］在 10 月 31 日的一次演讲中，他认为合作的基础是和解，并表达了华盛顿对苏联在东欧特殊安全利益的同情。[⑤] 在出席 12 月的莫斯科外交部部长会议之前，他想出了一个新的核合作计划。然而，这一计划并没有多少新东西：他最多只能提供第一级信息即基本科学知识。

① 参见斯蒂姆森日记，LC，letter and memorandum，12 September 1945。

② 参见 1945 年 9 月 21 日华莱士日记，in Blum，*The Price of Victory*。

③ 参见 Gregg Herken，*Winning Weapon*（New York：Vintage，1982），35。

④ 引自 Herken，*Winning Weapon*，35－39。另参见 Alperovitz，*The Decision to Use the Atomic Bomb*，434－435。

⑤ 参见 Documents on American Foreign Relations，vol. 8，19451946（Princeton：Princeton University Press，1948），8。另参见 1945 年 11 月 6 日福雷斯塔尔（Forrestal）日记，引自 Herken，*Winning Weapon*，59。

12月间，杜鲁门本人的态度似乎温和了许多。他不顾一些著名国会成员的反对意见，坚持让伯恩斯把他的新计划带到莫斯科。然而，他对伯恩斯擅自达成的协议非常不满，这表明杜鲁门仍然只是希望开展一种维持美国压倒性优势基础上的合作。伯恩斯一下飞机，杜鲁门就把他拉到一边，再次强调还是要采取强硬立场。苏联人相信实力，所以美国必须断然拒绝苏联针对土耳其和伊朗采取的任何行动，继续维持对日本的控制权，并在中国建立一个强大的中央政府。[①]

在苏联必须受到遏制这一前提下，军事计划在整个秋季一直在顺利进行。8月29日，在参谋长联席会议计划处举行的一次会议上，海军中将拉塞尔·威尔逊（Russell Wilson）宣读了一个新的军事政策草案：

> 当一个实力雄厚的敌人显然已经严阵以待，正在把侵略的矛头指向我们时，我们不能有丝毫避开侵略锋芒这种错误和危险的念头，听任自己遭受第一次打击。在这样的情况下，我们的政府必须在做好一切准备以便在必要时实施第一次打击的同时，迅速对此做出一项政治决定。[②]

这段文字被写进SWNCC 282号文件《美国军事政策的基础》之中，由参谋长联席会议于9月19日批准，并在一个星期后发给了海军部协调委员会。作为一项重要的国家政策，这份文件特别强调“要维持美国对潜在敌对国家始终处于最大可能的相对［优势］地

---

① 杜鲁门1946年1月5日信件，参见Ferrell, *Off the Record: The Private Papers of Harry S. Truman*, 79-80; and Herken, *Winning Weapon*, 88-89。

② 1945年8月29日JPS第216次会议，NA，RG 218，CCS 334（8-2-45），Box 217；1945年9月12日JPS第219次会议，NA，RS 218，CCS 334（8-2-45），Box 217.

位”。[1]

10 月中旬，在参谋长联席会议向其私人参谋长李希提交的一份报告的影响下，杜鲁门的观点变得更加强硬，因为这份报告进一步强调了在核秘密问题上坚持严格政策的重要性。美国必须尽可能长时间地维持其“目前的优势地位”，特别在苏联的意图尚不明确“这一不确定时期内更是如此”。[2] 11 天之后，参谋长联席会议的另一份报告（同样也向李希提交了副本）认为美国必须在原子弹技术上领先五年：“特别重要的是，要想确保和平时期的安全和在未来发生的重大冲突中获胜，我们就必须尽可能地保持这种优势，并在战争科学方面比所有其他国家取得更快的进展。”[3] [164]

维持常规力量也是非常重要的，但像罗斯福一样，杜鲁门对公众渴望恢复和平时期正常状态，坚持只保留一支小型常规军队的呼声置若罔闻。在罗斯福去世之前，他和福雷斯塔尔曾经提出一个新的兵役法案。4 月 3 日，参议院投票否决了这项法案，福雷斯塔尔于是鼓动斯蒂姆森开展一场全面军事训练运动。6 月 15 日，斯蒂姆森把政府的法案递交到众议院。[4] 杜鲁门全力支持这一法案[5]，国务院、国防部和海军部也表示支持，并且三方在 10 月 16 日一致认为，持续迅速地遣散兵员是非常不明智的。10 月 23 日，杜鲁门把这个问题交给人民决定，并在一次两院联席会议上指出，美国必须要面对这样

① SWNCC 282, in *DAPS*, pp. 39 – 44.

② JCS 1471/2, 19 October 1945, NA, RG 165, ABC 471.6 ATOM (17 August 45), Sec. 1.

③ JCS 1477/1, 30 October 1945, "Overall Effect of Atomic Bomb on Warfare and Military Organization," NA, RG 165, ABC 471.6 ATOM (17 August 45), Sec. 2.

④ 参见斯蒂姆森日记，LC，4 April 1945；and 15 June 1945。

⑤ 参见 1945 年 10 月 23 日杜鲁门日记，引自 Ferrell，*Off the Record*：*The Private Papers of Harry S. Truman*，71 – 72。关于内阁内部讨论的情况，另参见斯蒂姆森日记，LC，7 September 1945；1945 年 9 月 7 日福雷斯塔尔日记，in Walter Millis，ed.，*The Forrestal Diaries*（New York：Viking，1951）。

的事实，“实现和平不仅要靠实力，还要靠善良的愿望和良好的行为”。[①] 但是，普遍军训制这一法案一直未获通过。于是，杜鲁门又试图通过合并国防部和海军部来加强武装力量。12 月 20 日在参议院的演讲中，为了争取公众舆论支持即将到来的斗争，他又抛出了另一个重要的基本观点。[②]

> 虽然我们的敌人已经投降，但再明显不过的是，一部分美国人显然很快就忘掉了战争的创伤……然而，未来的世界和平在很大的程度上还要取决于美国是否……愿意维持其作为一个对付所有未来侵略者的哨兵所需要的物质力量。

他进而认为，出于军事目的，美国仍然需要进行工业动员和更大规模的科学研究。[③]

总而言之，在 1945 年，美国的决策者们努力建立更大的经济和军事优势的企图是非常明显的。国内因素起了不小的牵制作用，在一定程度上限制了遏制政策的可用资源。不仅如此，公众期望美国领导人能够建立一种道德的、自由的秩序，这使得杜鲁门难以直截了当地采取行动，特别在中国和德国的问题上更是如此。一旦认识到 1945 年采取的这种新的遏制政策的真正内涵，就完全可以认为美国应该对

---

① 参见 1945 年 10 月 16 日福雷斯塔尔日记，in Millis, ed., *The Forrestal Diaries*, 102; Robert J. Donovan, *Conflict and Crisis* (New York: Norton, 1977), 136 - 137; and Michael J. Hogan, *The Cross of Iron* (Cambridge: Cambridge University Press, 1998), chap. 4。

② 关于杜鲁门有意识地营造公众舆论以支持其遏制政策，可参见 Jones and Woods, "Origins of Cold War in Europe and the Near East," 268; Gaddis, *United States and the Origins of the Cold War 1941 - 1947*, 350 - 352; Thomas G. Paterson, *Meeting the Communist Threat* (New York: Oxford University Press, 1988), chap. 3; Richard M. Freeland, *The Truman Doctrine and the Origins of McCarthyism* (New York: New York University Press, 1985); and Sherwin, *A World Destroyed*。

③ 引自 Millis, *The Forrestal Diaries*, 120。

因此引发的冷战负责。但是，这仍然不能说明强调国内层面因素的论点有多少说服力。因为它只能解释对美国领导人有一种约束，即他们为什么要努力避免或消除实施其策略过程中的国内障碍，而不能解释是什么原因让他们采取这种战略。这里的原因其实就是20世纪初曾在德国人身上生出的那种地缘政治方面的担忧：俄国作为一个超级大国的不断崛起。

美国1945年遏制政策的悲剧

如上引用的证据表明，早在1946～1947年冷战“正式”开始之前，美国领导人就已经采取了一种对苏联进行积极遏制的政策。正如下文所述，这一政策加深了苏联的疑虑，并使得一场冷战成为必然。[165]
这种悲剧之所以发生，并不是因为美国人坚信苏联的敌意不会改变，而是因为华盛顿担心如果不采取行动，苏联的力量会越来越强大。不仅如此，杜鲁门和伯恩斯采取了一种强硬政策，而根本不顾人们的严正警告：这种强硬政策会使得美国与苏联之间几乎不可能再有合作的余地。

当杜鲁门在1945年中期开始实施其遏制战略时，他认为斯大林并没有表示特别的反感，对于这个问题，那些强调敌意感觉的理论家肯定会感到惊奇。在波茨坦会议开幕的当天，他在日记中写道：“我可以应付斯大林。他非常诚实，但精明得有点儿过头了。”① 次日，他告诉他的老朋友约瑟夫·戴维斯（Joseph Davies），斯大林是一个“直率的人”，他们“合作得非常愉快”。② 尽管美国的政策在7月21日后趋于强硬，但杜鲁门对这位苏联领袖的看法并没有改变。7月28

---

① 参见1945年7月17日杜鲁门日记，引自 Ferrell, *Off the Record: The Private Papers of Harry S. Truman*。

② 参见戴维斯日记，LC, 18 July 1945。

日，他又告诉福雷斯塔尔，他“发现与斯大林打交道并不困难”。次日，他又给自己的妻子写信说：“我喜欢斯大林。他很坦率，知道自己需要什么，对无法得到的东西宁愿放手。”[①] 他还对另一个人说，斯大林是一个不错的政治老板，“有点像汤姆·彭德加斯特（Tom Pendergast，杜鲁门童年时在密苏里的家庭教师），和我认识的任何一个人都差不多”。[②] 甚至在12年之后，在一封写给艾奇逊的信（未发出）中，杜鲁门仍然认为，在那段时间里，“我喜欢这个家伙”。[③]

杜鲁门主要担心的并不是斯大林，而是斯大林的继任者。他认为，苏联在体制上有一种根本的缺陷：没有一种明确的权力接替方式，任何一个穷兵黩武的政客都有可能攫取统治权。5月中旬，杜鲁门曾告诉自己的内阁，他最大的担心就是某些苏联将军接管政府，像拿破仑那样为所欲为。[④] 波茨坦会议即将结束时，斯大林曾因患感冒而取消了一次会议，当时杜鲁门就想，如果斯大林突然死了怎么办。如果某位“尚武的政客”攫取了苏联庞大军事力量的控制权，“他就会对欧洲和平造成严重破坏”。杜鲁门也在怀疑，“取代斯大林的人是否拥有足够的力量，从而能够维持国内的和平与团结”。独裁者并不培养接班人，而他认为与会者中没有人能干成这件事。[⑤] 甚至到10月间，杜鲁门仍然认为，斯大林具有“一种温和的影响力”，如果他不幸去世，必将造成一场巨大的灾难。[⑥]

---

① 参见1945年7月28日福雷斯塔尔日记，in Millis, *The Forrestal Diaries*；杜鲁门1945年7月29日给妻子的信，in Robert Ferrel, ed., *Dear Bess* (New York: Norton, 1983), 522。

② 引自 Alonzo L. Hamby, *Beyond the New Deal* (New York: Columbia University Press, 1973), 115。

③ 参见杜鲁门1957年3月15日给艾奇逊的信，in Ferrell, *Off the Record: The Private Papers of Harry S. Truman*, 349。

④ 参见1945年5月18日华莱士日记，in Blum, *The Price of Victory*, 451。

⑤ 参见1945年7月30日杜鲁门日记，in Ferrell, *Off the Record: The Private Papers of Harry S. Truman*。

⑥ 参见 Gaddis, *United States and the Origins of the Cold War 1941 - 1947*, 274 - 275。

遏制政策的另一位设计师詹姆斯·伯恩斯也有着同样的想法。7月间，他曾对戴维斯表示，尽管莫洛托夫比较难对付，但他对斯大林还是有信心的。[①] 9 月间，伯恩斯向自己的助手透露说，如果莫洛托夫不下台，他必然会像希特勒领导德国一样，使苏联遭遇同样的命运。斯大林却完全不同，他“希望和平，所以［伯恩斯］担心斯大林一死，整个世界就会出麻烦”。[②] 这正是他在 12 月间越过莫洛托夫要求直接与斯大林会谈以达成一项解决方案的原因。[③]

要认可后修正派的观点，还有至关重要的一点，就是美国领导人已经强烈地意识到，他们采取的行动会使得双方的合作更加困难。早在 1944 年 9 月，顾问班子就告诉过斯蒂姆森，试图维持核 ［166］
垄断是“最愚蠢不过”的想法，因为这样只会迫使苏联启动一项应急计划。[④] 1945 年 1 月，摩根索又提醒国务院，美国必须向莫斯科做出保证，不会将德国作为自己的未来盟友来对付苏联。[⑤] 斯蒂姆森也在当月告诫国务院，对太平洋岛屿的托管问题不宜捅给莫斯科，因为这样会“引起一种不信任感”，并且会“明显地暴露我们的意图”。[⑥] 然而，美国重建德国和控制太平洋岛屿的计划却迅速地启动起来。

杜鲁门当然清楚其中的危险。在 4 月 23 日对莫洛托夫斥责一番之后，他又问戴维斯，自己是不是做得有点过分。戴维斯认为其中的危险太大。苏联对外政策的制定是基于“对一个充满敌意的世界的恐惧”，这一点已经在近代得到“充分的证明”。杜鲁门之所以表示

---

① 参见戴维斯日记，LC，22 July 1945。

② 参见布朗日记，Clemson University Library，21 September 1945。

③ 参见 Robert L. Messer，*The End of Alliance*（Chapel Hill：University of North Carolina Press，1982）；Patricia Dawson Ward，*The Threat of Peace*（Kent，Ohio：Kent State University Press，1979）；and Maddox，*From War to Cold War*。

④ 参见 Takaki，*Hiroshima*，58。

⑤ *FRUS*，1945，vol. 3：391.

⑥ 参见斯蒂姆森日记，LC，23 January 1945。

同情，是因为俄国在历史上曾多次遭到入侵。戴维斯认为，除非进行合作，美国将不得不在不久的将来面对和准备战争。杜鲁门“完全同意”信任是和平的基础这种说法。戴维斯则告诉他战争也是为了和平。“你与莫洛托夫的会谈赢得了他们的尊敬，现在你必须用我们的善意和公正赢得他们的信任”[①]。

显而易见，杜鲁门接受了他的建议，并在此基础上形成了他的双轨策略。[②] 5 月中旬，他派霍普金斯去莫斯科。他又派戴维斯去伦敦向丘吉尔解释自己的政策，特别是解释了美国军队从苏联占领区撤出的原因。指定戴维斯承担这一使命无疑是一种慎重的选择，因为众所周知，戴维斯一直同情苏联人，派他去伦敦就可以使美国和英国“合伙”对付苏联之类的谣言不攻自破。[③]

在此后的几个月里，戴维斯俨然成了杜鲁门最重要的亲信之一。作为受总统之邀出席波茨坦会议的为数不多的人物之一，他在第一次会议之前提醒伯恩斯，要想赢得和平，不妨“听听别人的看法”，特别是在“[苏联人的] 首要也是最重要的目的……只是物质安全”的情况下更是如此。[④] 如前所述，直到 7 月 29 日，伯恩斯始终对原子弹可以决定和平进程这一点深信不疑。戴维斯提醒他，千万不要有这种想法。如果苏联人认为自己被排挤在核合作之外，“他们就会动坏念头——仇视，然后就是军备竞赛……这样一来，最终的结果必然是有

---

① 参见戴维斯日记，LC，30 April 1945。

② 他当时对和平的真诚愿望在其日记中充分表现出来。他在 5 月下旬曾写道：“为了维持相对持续的和平局面，三个大国之间必须互相信任，并且各国必须有这种真诚的愿望。”参见 1945 年 5 月 22 日杜鲁门日记，in Ferrell，*Off the Record*：*The Private Papers of Harry S. Truman.* 在 7 月间的一则日记中，他对那些因机械地接受反苏立场而对和平造成威胁的家伙进行了猛烈抨击。参见 1945 年 5 月 22 日杜鲁门日记，in Ferrell，*Off the Record*：*The Private Papers of Harry S. Truman*。

③ 参见戴维斯日记，LC，30 April 1945。

④ 参见戴维斯日记，LC，16 July 1945。

一个或两个［超级大国］遭到毁灭”。[①]

在波兰边界问题上，伯恩斯就是遵照戴维斯的思路结束了关于一项合作照会的谈判。这一事实表明，他并没有把戴维斯的提醒真当一回事儿。[②] 他们之间在 8 月 1 日的一次谈话也说明了这一点，当时伯恩斯就曾向戴维斯说起过对日本使用原子弹的问题。戴维斯就问这是否意味着一场核军备竞赛，伯恩斯回答说，这肯定是“一场严重的危机”。即使如此，戴维斯仍然认为，总统此时应该与斯大林达成谅 ［167］
解，因为原子弹“对［苏联的］安全是……一种直接威胁”。如果不能达成一项协议，在其他所有事情上的和解都是不可能的。伯恩斯同意这一点，但同时又认为，他需要更多的时间考虑这个问题。[③] 显而易见，伯恩斯正面临着一种两难选择。除非在原子弹问题上成为伙伴关系，否则苏联人就会认为自己被出卖了。不过，伯恩斯又认为，分享核秘密就等于放弃了一个遏制苏联增长的重要手段。

鉴于以上情况，杜鲁门和伯恩斯就很难再不顾后果地推行其遏制策略。然而，由于戴维斯出言中肯，强硬政策势必破坏合作这一观点已经得到许多人的认可。正因为如此，是否分享核秘密成为 1945 年秋季论证遏制政策过程中争议最多的问题之一。[④] 9 月 22 日，即以此为主题的内阁会议开过之后的第二天，杜鲁门在给他妻子的信中写道，他面前出现了两种互相对立的观点——一些右倾分子主张保护核秘密，另一些左倾分子则坚持分享科学知识。杜鲁门明白，他正站在一个十字路口，他将要做出的决定“可能是一生中最重要的决定”。[⑤]

---

① 参见戴维斯日记，LC，29 July 1945。

② 参见戴维斯日记，LC，28 and 29 July 1945。

③ 引自 8 月 1 日戴维斯日记的两个版本，参见戴维斯日记，LC，28 and 29 July 1945。

④ 关于科学家提出的警告，可参见杰弗雷斯（Jeffries）1944 年 11 月的报告和弗兰克（Franck）1945 年 6 月的报告。分别参见 Appendix R，in Sherwin，*A World Destroyed*，316；and doc. 4，in Barton J. Bernstein，ed.，*The Atomic Bomb*（Boston：Little，Brown，1976），12。

⑤ 参见杜鲁门 1945 年 9 月 22 日给妻子的信，in Ferrel，*Dear Bess*，523。

不过，一个星期之后，这个一向深谋远虑的人最终还是做出了全面保护核秘密的选择。

后来，伯恩斯对自己的做法又有些后悔，于是在坚持双轨策略时就尽量多给一些“萝卜”（甜头）。不过，到 1945 年底，杜鲁门似乎意识到这种权宜之计是行不通的，于是又举起了“大棒”。对杜鲁门来说，冷战非其所愿，但总比听任美国的势力衰退下去要好些。他在 10 月间与斯退丁纽斯会面时曾经说过，他对外交部部长会议上的失败并不感到沮丧，因为这是战争结束后必然会发生的事，“在这个阶段公开发生或许还更好一些”。[①] 到 1946 年初，杜鲁门的关注点已经不是保卫和平，而是赢得美国人民对遏制政策的支持。这不仅包括动员丘吉尔在 3 月间发表了那篇关于“铁幕”的著名演讲，而且还包括利用公众论坛揭露苏联违背雅尔塔会议精神的行径。这样一来，用不了一年，伴随着冷战的正式开始，全世界特别是美国的公众舆论就会倒向所谓的杜鲁门主义。[②]

斯大林对美国政策的反应与冷战的开始

尽管苏联在 1945 ~ 1949 年的文件中，已经解密的并不多[③]，但现有的证据足以表明，美国的政策的确破坏了战后的合作进程。毋庸讳言，斯大林是一个残忍的独裁者。不仅如此，受到俄国历史经历的影响，他对西方国家的疑心很重。但出于地缘政治方面自身利益的简单原因，他希望与西方保持良好关系：他需要生存空间来重建自己领导

① 引自 Herken, *Winning Weapon*, 53 – 54。

② 参见 Freeland, *The Truman Doctrine and the Origins of McCarthyism*; Jones and Woods, “Origins of Cold War in Europe and the Near East,” 268。

③ 为了进行比较，有大量关于 1950 ~ 1980 年这一期间的文件可资利用。参见 *CWIHPB*, Issues 1 – 11。

下的这个饱受战争蹂躏的国家。[①] 因此，在 1945 年，他对西欧地区和希腊的一些共产主义组织并没有提供多少帮助，并允许捷克斯洛伐克和匈牙利享有适度的自由。对奥地利，斯大林在 1944 年后则一直推行共管政策，而非苏联独占。同时，他迅速取消军事动员，转入工业建设。苏联红军在 1945 年 5 月共有 1140 万人，到当年年底就减少了 300 万人，而到 1947 年下半年则只留下 290 万人。[②] 美国军界当然看到了这种变化。1945 年 10 月，有一份报告就认为，取消军事动员会使苏联军队在 1946 年春削减到 440 万人。其中大部分兵力都部署在东欧的各个占领区，只有 20 个师可以用于苏联势力范围之外的军事行动。因此，“除非出于纯粹防御的目的”，否则苏联在 5～10 年内必然会尽量“避免发生大规模的武装冲突”。[③] [168]

还需要指出的是，杜鲁门努力加强其遏制战略的那段时间，正是

① 已解密的文件表明，苏联一开始是希望战后临时达成妥协方案。关于这个问题，可参见 William C. Wohlforth, “New Evidence on Moscow's Cold War,” *Diplomatic History* 21 (spring 1997): 229 - 242; Vladislav Zubok and Constantine Pleshakov, *Inside the Kremlin's Cold War* (Cambridge: Harvard University Press, 1996), 275 - 277; Scott Parrish, “The USSR and the Security Dilemma” (Ph. D. diss., Columbia University, 1993); and Parrish, “Marshall Plan, Soviet-American Relations, and the Division of Europe,” in Norman Naimark and Leonid Gibianskii, eds., *The Establishment of Communist Regimes in Eastern Europe, 1944 - 1949* (Boulder, Colo.: Westview, 1997)。值得注意的是，最近有人认为，正是苏联的邪恶意图引发了冷战，这样的分析几乎无一例外是根据 1945 年之后（即华盛顿转入挑衅性的遏制政策之后）苏联实施强硬政策这一证据得出的。例如可参见 Gaddis, *We Now Know*; and Douglas J. MacDonald, “Communist Bloc Expansion in the Early Cold War: Challenging Realism, Refuting Revisionism,” *International Security* 20 (winter 1995 - 1996): 152 - 188。如果美国不采取强硬政策，莫斯科是否会变得更加强硬呢？这个问题仍然值得商榷。

② 参见 Vojtech Mastny, *Russia's Road to the Cold War* (New York: Columbia University Press, 1979), 281 - 282; Michael M. Boll, *Cold War in the Balkans* (Lexington: University Press of Kentucky, 1984), 118 - 125; Caroline Kennedy-Pipe, *Stalin's Cold War* (Manchester: Manchester University Press, 1995), 56, 87 - 88; and Holloway, *Stalin and the Bomb*, 151 - 152。

③ NA, JIS 80/10, 25 October 1945, RG 218, CCS 092 USSR (3 - 27 - 45), Sec. 2, Box 208. 参见 Matthew Evangelista, “Stalin's Postwar Army Reappraised,” *International Security* 7 (winter 1982 - 1983): 110 - 138。

斯大林表现得最为和善的日子。6月间，斯大林接受了联合国安理会的表决程序，而这是美国国务卿一直非常关注的一件事。[①] 杜鲁门当时的日记表明，斯大林在波茨坦是一个难缠的谈判者，但并不是不能合作。甚至连美国的强硬派也注意到苏联的和解愿望。6月间，福雷斯塔尔就认为，格鲁在最近同莫斯科进行的谈判中已经取得了显著进展。麦克罗伊则认为，斯大林在一系列问题上表现得十分随和，甚至同意不对中国提出领土要求。[②] 来自驻德军事机构的报告进一步证实，［在德国的］苏联将领有合作诚意，事实上，问题不在苏联人，而是法国人。[③]

过了8月，随着美国的战略意图日渐明显，苏联的政策才开始变得强硬起来。在避免日本重新军事化问题上，苏联人的强硬态度充分暴露了其担忧情绪。正如斯大林对他的顾问班子所言，莫斯科必须“保证日本不会受到任何方面的攻击，东面、西面、南面、北面都不要插手，这样它才会保持安静”。[④] 在9月间举行的外交部部长会议上，伯恩斯不得不接受莫洛托夫在日本问题上的强硬立场。由于单边做出的决定不承认他们的占领军身份，苏联人感到有失颜面。在第一次会议上，莫洛托夫指出，日本问题并没有列入会议日程，但英国却认为应该讨论这个问题。他后来要求设立一个同盟国对日管制委员会，认为消灭日本军国主义的任务不应由美国单方完成。他指出，日本高度军事化的工业结构“很有可能会使日本的侵略势力在不远的将来重新抬头”。[⑤] 尽管哈里曼一再提醒，苏联人显然对美国准备利

① 参见 Townsend Hoopes and Douglas Brinkley, *FDR and the Creation of the U. N.* (New Haven: Yale University Press, 1997)。

② 引自 Millis, *The Forrestal Diaries*, 67 – 68。

③ 参见 Eisenberg, *Drawing the Line*, 169。另参见克雷1945年9月3日给麦克罗伊的信，in Smith, *The Papers of General Lucius D. Clay*, 1: 62 – 68。

④ 引自 Holloway, *Stalin and the Bomb*, 124。关于苏联在8月间向哈里曼所表达的忧虑，可参见 Harriman and Abel, *Special Envoy to Churchill and Stalin, 1941 – 1946*, 499 – 505。

⑤ *FRUS*, 1945, vol. 2: 118, 357, 367.

用日本问题对付他们这件事非常担心，但伯恩斯对此却毫不理会。[①] 伯恩斯明确地告诉莫洛托夫，他拒绝在这次会议上考虑这个问题。他后来不得不承认，他的强硬态度是会议最后不欢而散的主要原因。[②]

到10月间，苏联方面的担忧情绪再也无法掩饰。当哈里曼于10月25日会见斯大林时，斯大林对杜鲁门仍然在回避日本问题一事大为光火。[③] 第二天，他说起话来更加锋芒毕露：如果华盛顿方面继续 [169]
把苏联排除在占领区之外，莫斯科将在亚洲采取一种“单边路线”。12月间，伯恩斯做了一些让步，即在华盛顿的远东委员会（美国占领军的一个咨询机构）和规模更小的同盟国对日管制委员会（尽管仍由麦克阿瑟做出最后决定）中为苏联人安排一个象征性的席位。[④] 然而毫无疑问，正如哈里曼所言，美国的抵制态度只能使莫斯科更加相信，美国将利用日本问题作为整体政策的组成部分对苏联进行遏制。[⑤]

尽管有关斯大林对遏制政策其他具体内容所做反应的证据并不多，但他对轰炸广岛的反应是非常强烈的。虽然间谍已经提供了美国进行原子弹研究的情报，但原子弹所显示的威力并没有令其不知所措。轰炸长崎之后，他立即召见了首席科学家和军需部长。他只有一

---

① 参见 Ward, *The Threat of Peace*, 39－40。

② 参见 Byrnes, *Speaking Frankly*, 108, 102。关于斯大林对美国在会议期间的行为表示愤怒并且越来越充满疑虑一节，可参见 Vladimir O. Pechatnov, “‘The Allies Are Pressing on You to Break Your Will…’: Foreign Policy Correspondence between Stalin and Molotov and Other Politburo Members, September 1945 － December 1946,” CWIHP, Working paper no. 26, September 1999, pp. 5－8。

③ 10月间，哈里曼曾通知华盛顿，苏联对远东地区安全的关注是合法的，并建议至少让苏联人在巴尔干委员会的构成模式方面发挥一定的作用。参见 Schaller, *The American Occupation of Japan*, 5－8。

④ 参见 Schaller, *The American Occupation of Japan*, 60－61; Chern, *Dilemma in China*, 121。

⑤ 关于苏联人的反应，参见 Khrushchev, KR: GT, 81－83; and Pechatnov, “‘The Allies Are Pressing on You to Break Your Will…’: Foreign Policy Correspondence between Stalin and Molotov and Other Politburo Members, September 1945－December 1946,” 6－10。

个要求：广岛一声响，“平衡已经被打破；搞出原子弹，让危险远离我们”。[①] 作为其全面“赶超”计划的一部分，斯大林要组织全国的力量攻克这一难题。[②]

不出所料，原子弹让苏联人对美国的力量肃然起敬。当时有两位学者对这方面的文件最为熟悉，他们曾指出，在 1945 年 8 月，“美国人生动地向斯大林及其苏联人民表明，他们完全能够在不远的将来对苏联造成威胁”。因此，“苏联周围友好政权的安全地带已经完全暴露在危险之中”。[③] 一位参与苏联原子弹研制的科学家回忆道：“苏联政府［把轰炸广岛］视为一种对苏联的核讹诈，视为一种发动新的、更恐怖和更残酷的战争的威胁。”[④]

因此，在美国实现战后和平的计划中，利用核战争威慑所取得的成果要比仅仅进行遏制多得多。原子弹使苏联人如此害怕，以至于全面的军备竞赛和冷战已经无法避免。当然，这正是杜鲁门希望看到的结果。但是，正如他在 10 月间所说，美国最终还是领先了。

美国的战略计划：1945～1950年

在本章的最后，我将主要讨论一个问题：为什么在美国显然拥有

① 引自 Richard Rhodes, *Dark Sun*: *The Making of the Hydrogen Bomb* (New York: Touchstone, 1995), 179。另参见 Holloway, *Stalin and the Bomb*, 132－133。

② 参见 Holloway, *Stalin and the Bomb*, 132－133 and chaps. 6－8。

③ 参见 Zubok and Pleshakov, *Inside the Kremlin's Cold War*, 42－43。

④ 引自 Zubok and Pleshakov, *Inside the Kremlin's Cold War*, 42。这些记述与一位驻莫斯科的西方记者在战争期间收集的证据是完全一致的。他的资料表明，［他们］“已经清楚地意识到世界政治中出现的这一‘新的现实’，即原子弹对苏联构成了一种威胁”。当短暂的困惑期过去之后，“原子弹所能做的实际上就是给苏联人制造一种对西方的恐怖感和极端不信任感。苏联政府不仅没有变得更驯服，而是变得更顽固”。参见 Alexander Werth, *Russia at War*, *1941－1945* (New York: Carroll and Graf, 1964), 1037－1044。关于斯大林在战后初期的担忧情绪，可参见 Jeffrey Robinson, *The End of the American Century* (London: Simon and Schuster, 1997), 61－63。

最大战略优势的情况下，华盛顿却没有在 20 世纪 40 年代末发动一场针对苏联的预防性战争呢？我要说明的是，尽管美国领导人及其高层官员积极地考虑过预防性战争这个问题[①]，但最终没有实施，不外乎两个原因（均符合本书提出的理论）：第一，美国不仅在潜在力量上拥有优势，在经济方面的优势更为明显。[②] 所以，与两次世界大战之前的德国相比，根本没有理由认为美国在军事力量方面出现了严重和不可逆转的衰退，而军备竞赛能够"防止"这种衰退。第二，直到 [170]
20 世纪 50 年代初，技术方面的限制意味着美国只能拥有很少几颗原子弹，根本不可能在一场全面战争中迅速、彻底地击败苏联。战争计划也得出了完全一致的结论：西方必须首先牺牲整个西欧，然后很可能陷入一场漫长的、代价高昂的战争，并且苏联也不会轻易服输。简而言之，遏制是获得安全的一种更好的手段：尽管会增加无意间引发大战的可能性，却不会导致直接选择战争而带来的所有危险。只有在没有扭转衰退趋势的其他可行手段时，安全最大化的寻求者选择发动大战才是合理的。

美国官员们深知，苏联完全有能力缩小与美国战略优势之间的巨大差距。1945 年 11 月进行的一项军事研究预言，随着时间的推移，苏联将会研制出包括制导导弹在内的各种新式武器，并改进其轰炸机的性能。[③] 11 月间的另一份分析报告指出，尽管苏联经济由于战争而相对脆弱，但它依然拥有"巨大的战争工业潜力"。但是，由于莫斯科还缺"一颗原子弹"，它不可能在经济重建的重要关头去冒大战这

① 关于对这个问题的开创性研究，可参见 Marc Trachtenberg，"A 'Wasting Asset'：American Strategy and the Shifting Nuclear Balance, 1949 – 1954，" in *ISR*。另参见 Russell D. Buhite and Christopher Hamel，"War for Peace：The Question of An American Preventive War against the Soviet Union, 1945 – 1955，" *Diplomatic History* 14（summer 1990）：367 – 384。

② "战争相关数据库"（本书附表 4）表明，美国人对显著经济优势的感觉是非常准确的。

③ JIC 329, *APWASU*.

种风险。[①]

苏联未来军事力量的发展潜力虽然还不能确定，但全面的预防性战争不一定就是阻止其增长的最佳手段。主持曼哈顿计划的军事领导人格罗夫斯将军所写的一份论述核子时代的报告表明，就连军界也认为，就美国的经济优势地位而言，军备竞赛是一种更好的选择。1946年1月，这份报告的副本被提交给国务院，以帮助政府文职人员开阔思路。报告指出，如果原子弹不通过一纸协定予以控制，全世界势必卷入一场险恶的军备竞赛之中。在这样一场竞赛中，美国"必须在核武器领域时刻保持绝对优势，包括数量、体积、威力和效率等各个方面，也就是说，可以随时用于进攻并针对核攻击进行防御"。但是，这份报告似乎在过分地渲染军备竞赛这一决策的价值：

> 正如我们的一贯表现那样，如果我们真的是现实主义者而不是理想主义者，我们就不应该允许任何与我们没有紧密盟友关系或我们不能绝对信任的国家制造或拥有核武器。一旦这样的国家开始制造核武器，我们就应该在它发展到足以对我们构成威胁之前彻底摧毁其制造能力。

该报告继续分析道，如果美国人能够意识到15年之后在一个原子弹四处乱飞的世界上所面临的真正危险，他们就只能在两种结果中做出选择：或者签署一项永远禁止核武器的协定，或者美国独家进行核垄断。如果没有前者，则后者只能通过战争实现，所以这份备忘录无疑是在强烈暗示，一旦外交努力失败，五角大楼将不惜发动预防性战

[171] 争。[②]

---

① JIC 250/6, *APWASU*.

② *FRUS*, 1946, vol. 1：1197 - 1203. 另参见 Trachtenberg, "A 'Wasting Asset'：American Strategy and the Shifting Nuclear Balance, 1949 - 1954"。

然而，这并不是军界所持观点的全部内容。格罗夫斯送给政府的报告是从 JCS 1477 号文件的一个最新版本中逐字逐句摘录的，而这份文件本身是一项分析核武器对国家安全影响的研究成果。[①] 但是，由于 JCS 1477 号文件是面向国内的，其中还包括政府版本中已经删除的如下内容。对于美国与苏联之间的一个具有实施价值的协定而言，双方互相信任是一种基本要求。在指出这一点之后，JCS 1477 号文件又解释道，"要做到这一点并不容易。就现实而言，第二种选择（预防性战争）也同样难以实现。所以，我们必须要考虑到一场没有约束的核军备竞赛在未来对我们军队可能造成的影响"。[②] 简而言之，军界并没有告诉政府，他们已经得出结论，即具有决定性的预防性战争是很难实现的，因此，军备竞赛是保证安全的最现实的手段。毫无疑问，这一省略是故意的。五角大楼的官员很可能在担心，更具鸽派倾向的政府会抓住激进的论点反对进行预防性战争，从而推翻整个计划，而根本不管只有在出现衰退的条件下才会采取这种极端的手段。因此，把预防性战争作为一种可行的选择只是为美国保留更大的选择空间。此外，无论是送给国务院的报告还是 JCS 1477 号文件，其中都写得很明白，军备竞赛只是考虑到的三种后果中的最后一种。正如这两份文件的最后一句所说："只要世界上有核武器存在，我们手中的核武器就必须是最好的、最大的和最多的。"

因此，在做出反对预防性战争这一决定的过程中，1946 年 1 月是一个重要的转折点。尽管预防性战争的呼声又持续了 15 年之久[③]，

---

① 这份文件发给了所有的最高军事领导人，其中包括尼米兹（Nimitz）和艾森豪威尔（Eisenhower）。尽管艾森豪威尔认为格罗夫斯（Groves）的观点"或许在某些方面过于极端"，但他对这份文件的整体印象还是相当不错的。参见 Trachtenberg，"A 'Wasting Asset'：American Strategy and the Shifting Nuclear Balance，1949 - 1954，" 69。

② JCS 1477/6，21 January 1946，"Effect of Atomic Weapons on National Security and Military Organization，" NA，CCS 471.6（8 - 15 - 45），Sec. 2，RG 218.

③ 参见 Trachtenberg，"A 'Wasting Asset'：American Strategy and the Shifting Nuclear Balance，1949 - 1954"。

但军界决策者们早就已经意识到，这样一种战争是不道德的，所以是根本不可能的。在此后5年中制定的每一项战争计划无不表明，一旦发生大战，苏联将摧毁整个欧洲。在这样的情况下，美国就不得不在英国、亚速尔群岛以及北非作战。由于距离太远，并且苏联的防空能力相当强大，所以要取得决定性胜利是非常困难的。[①] 另外还有一个问题，那就是原子弹的数量太少：在20世纪40年代末成功进行"砂岩"试验之前，美国一直没有找到大规模生产核武器的方法；而直到1948年，核武库中也不过只有50枚原子弹。[②] 与依靠美国的经济优势进行军备竞赛相比，发动大战显然并不是保证安全的合理手段。

人们或许还存在这样的疑问：在苏联于1949年8月突然进行核试验之后，为什么美国没有立即发动预防性战争呢？预防性战争只是1950年初国家安全委员会即NSC－68号文件中列出的四种选择之一。然而，美国领导人再一次做出了合理的选择：美国的经济优势是如此明显，只要在军事上多花一点钱，美国就完全能够维持其军事优势。[③]

苏联的核试验使美国大为震惊，国务院政策规划部不得不在
[172] 1949年秋开始采取行动。政策规划部有两位重要成员，即柯南和保罗·尼茨（Paul Nitze）（至1950年1月凯南离任）。在政策规划部10月间举行的一次会议上，凯南提出一个最重要的问题："我们能坚守得住吗?"国务卿艾奇逊强调，必须对未来趋势这个问题进行仔细研究。[④] 随后在12月间举行的另一次会议上，凯南和尼茨进一步强调

① 参见 *APWASU*, and Steven T. Ross, *American War Plan, 1945－1950* (New York: Garland, 1988)。

② 参见 David Alan Rosenberg, "Toward Armageddon: The Foundations of United States Nuclear Strategy, 1945－1961" (Ph. D. diss., University of Chicago, 1983), 80－90, 119－122。

③ 关于NSC－68号文件的进一步完善，重点参见 John Lewis Gaddis, *Strategies of Containment* (Oxford: Oxford University Press, 1982), chap. 4; Samuel F. Wells, "Sounding the Tocsin: NSC 68 and the Soviet Threat," *International Security* 4 (fall 1979): 116－158。

④ *FRUS*, 1949, vol. 1: 399－402.

了在欧洲增加常规力量的重要性，以防止苏联在这一地区获得发展潜力。[①]

NSC－68 号文件最后文本的一项核心内容是基于这样一种逻辑：为了维持自己的优势，美国需要遏止苏联的领土扩张势头及其潜在力量的不断增长。要做到这一点，就必须在常规军事设施方面投入大量资金。另一项核心内容，即大规模地增加核武器数量，则是根据 1950 年初参谋长联席会议和中央情报局的分析形成的。2 月 9 日，参谋长联席会议制定的一份报告认为，尽管苏联会不断缩小与美国的战略差距，但整体上的势力均衡仍然有利于西方阵营，这不仅因为美国拥有强大的核能力，而且同盟国具有支持一场全球性大战的强大经济潜力。[②] 次日，中央情报局发表了一份支持核工业发展的报告，并提醒说，苏联人肯定非常害怕，如果用过于激进的手段加强美国的地位，很可能会使他们认为西方正在准备攻击苏联，从而迫使克里姆林宫先发制人地发动战争。[③] 因此，与其选择预防性战争，还不如选择军备竞赛。除了可能出现一种不确定的结果之外，准备这样一场战争的行为只能迫使苏联先发制人地实施打击。

1949 年秋季以后形成的关于采取更强硬遏制政策的论调在 NSC－68 号文件中得到了最好体现，并于 1950 年 4 月提交给杜鲁门。这份文件的形成是基于如下的坚定信念，如果美国不立即采取行动以维持其军事优势，苏联很可能取而代之。幸运的是，美国的国民生产总值已经是苏联的四倍。所以，美国人需要做的只是“挖掘自身的潜力”，并将其转化为实施更强硬的遏制政策所需要的军事能力。

这份文件最后列举了四种可能的行动方针：继续执行现行政策，

① *FRUS*, 1949, vol. 1: 413－414.

② JIC 502/1, 9 February 1950, "Implications of Soviet Possession of Atomic Weapons," NA, CCS 471.6 (11－8－49), Sec. 1, RG 218.

③ CIA, ORE 91－49, 10 February 1950, NA, CD 11－1－2, RG 330 (1947－1950 series).

采取孤立政策，发动预防性战争，以及加速集结政治、经济和军事力量。之所以选择了第四种方针，是因为它最有可能扭转目前的不利局面，最大化地保证美国的安全。继续执行现行政策或采取孤立政策只会加速苏联称霸欧亚两洲的进程，并因此使它获得“比我们更强大的发展潜力”。

这份文件还认为，就历史而言，这种预防性战争的论点可以成为一个非常经典的例证。但是，按照纯粹现实主义的理论，这种论点是难以成立的，因为它是基于一种错误的假设，即美国能够发起一次决
[173] 定性的攻击，或在一场漫长的战争中获胜。但是，仅仅靠核打击并不能迫使克里姆林宫屈服，然后苏联会继续在欧亚大陆的大部分地区称霸。在这份文件中，道德问题也有所涉及，但其中的论点却纯粹是出于私利的考虑：美国背负的战争责任会使它难以在战争过后建立起一种理想的国际秩序。所以，美国在军事上取得胜利并不等于在与共产主义的全面冲突中取得胜利。

所以，为了最大化地保证美国的安全，预防性战争远远比不上第四种选择，即利用美国在经济和潜在力量方面的优势维持其军事优势地位。所以，美国的目标就是要“以足够的军事力量为支撑，在自由世界建立起一个运行良好的政治和经济体系”，从而“推迟和避免出现灾难性的局面。而根据苏联可能拥有的核裂变原子弹研制能力，在我们目前计划实施过程中的1954年就很可能会出现这种局面”。①

总而言之，NSC－68号文件从两个方面反映了该理论关于两极体系的逻辑。第一，美国之所以在1950年之后加快了冷战竞赛的步伐，是因为华盛顿预见到在不采取新的、更强硬行动的情况下必然会出现持续的军事力量衰退。第二，美国在军事、经济和潜在力量三个方面

---

① 上述所有有关NSC－68号文件的引文均出自*DAPS*，pp. 385－442。

的优势对未来持一种乐观主义态度是非常重要的（尽管当时面临着一种不利局面）。也就是说，美国具有扭转局面的能力。在这样的情况下，军备竞赛和激活经济总要比发动预防性战争更为合理。

顺便提一下，值得注意的是，美国高层关于预防性战争是否可行的争论到 1950 年并没有结束。1953 年，艾森豪威尔总统批准了一项代号为“日晷”的政策重新评估计划，其中就把预防性战争列为三种选择之一。[1] 9 月间，艾森豪威尔在写给国务卿约翰·福斯特·杜勒斯（John Foster Dulles）的一封秘密信件中认为，如果美国不能领先于苏联，他对美国未来几代人的责任使他不得不“在我们认定的最有利的时刻”发动一场战争。[2] 幸运的是，到 10 月间，艾森豪威尔收到的所有报告均表明，军备竞赛的确有利于巩固美国的核优势地位。[3] 令我们感到欣慰的是，像杜鲁门一样，艾森豪威尔最终并没有选择预防性核战争。但是，他们之所以没有这样做，与所谓的民主德行并没有多少关系，而更多的是因为美国在经济和潜在力量方面拥有明显的优势。所以，既然德国领导人在 20 世纪的前半叶就已经明白，面对一个日益强大的俄国，自身的衰退只能是不断加剧和不可避免，那么美国当然可以在军备竞赛的道路上用自己的富有保证其长期安全。

本章进一步说明了贯穿全书的论点：力量变化的动态性只能迫使
各国采取增加大战风险的政策，目的都是减少发生长期衰退的可能 [174]
性。对于苏联制度下的种种恶行，特别是对本国人民犯下的罪行，美国官员当然心知肚明。然而更重要的是，甚至在华盛顿尚未弄清克里

① 关于更详细的分析，可参见“A ‘Wasting Asset’：American Strategy and the Shifting Nuclear Balance，1949 - 1954”。

② *FRUS*，1952 - 1954，vol. 2：461.

③ 参见“A ‘Wasting Asset’：American Strategy and the Shifting Nuclear Balance，1949 - 1954”。关于对 1950～1953 年间美国政府决策的进一步分析，可参见 Copeland，“Realism and the Origins of Major War”（Ph. D. diss.，University of Chicago，1993），chap. 5。

姆林宫的对外政策意向之前，甚至在杜鲁门和伯恩斯认为斯大林不过是一个喜欢讨价还价的地缘政治家的情况下，美国就已经开始实施遏制政策了。

与传统派和古典现实主义者的理论恰恰相反，遏制政策和冷战并不是美国对苏联的侵略意图突然有所警觉而产生的结果，也不是像修正派和某些自由派学者认为的那样，仅仅是美国人的贪婪或国内经济结构的反映。美国的决策者为了国家的安全而采取行动，因为他们看到苏联人也再干同样的事情。然而，后修正派的观点（在某些方面与新现实主义相近）也是不充分的，因为这并不仅仅是两极体系中的得失关系引起的一种相互间误解的不断加深。两极关系当然非常重要，但只是因为这种关系处于动态变化之中才显得重要。正是对经济和潜在力量可能发生衰退的担忧，才迫使美国领导人去限制苏联巩固其势力范围的企图和防止在西欧发生革命。由于新现实主义对动态趋势的分析并不充分，所以就无法解释两极体系在什么情况下从相对平静转入激烈竞争和危机这个问题。但是，后修正派的升级模型虽然能够解释随后出现的“作用－反作用”循环，但对遏制政策初始动因的理解却是不充分的。美国的决策者之所以在 1945 年中期选择遏制政策，并不是因为他们认为苏联人在当时怀有敌意——他们知道克里姆林宫希望和平，以便重建刚刚被战火破坏的家园。所谓担心，其实是一种对未来的担心：如果听任苏联不断壮大自己的力量，苏联体制的独裁性质必然会造就一位以扩张为己任的拿破仑式的人物，很可能在未来制造一场大劫难。① 因此，限制苏联的增长是一种深谋远虑的选择，即使去冒无意间引发战争的风险也在所不惜。

对突然转入冷战这个问题，需要从不同的理论角度进行解释。通

---

① 所以，“单元层面”因素也起着重要作用，但这里指的是正在崛起而不是正在衰退的国家的特点。（这是对第二章中的第三个参数放宽约束条件）

过把能力分为三大类，动态差异理论表明，正是对经济和潜在力量衰退的担心，才使得各国不得不在军事上采取这种强硬政策。遏制政策有助于美国在经济和潜在力量方面取得领先地位，因此其宁愿为此付出敌对竞赛的巨大代价。然而，正是由于美国依靠经济和潜在力量方面的优势发起竞赛，所以美国领导人先要看一看军备竞赛和遏制政策是否真的能够维持住美国的军事优势，然后再考虑是否发动预防性战争。这一策略可以“防止”出现严重的、必然的衰退，而在历史上，正是这样的衰退引发了两极体系中的一次次生死大战。这一点恰恰与事实相反，例如，如果美国拥有1945年时的军事实力而领土却只有建国时的13个州那么大，那么美国人对未来的信心大概也就与两次世界大战前的德国领导人差不多了。[175]

第七章 柏林危机与古巴导弹危机

为什么冷战早期会出现从持续的紧张状态转入严重的危机阶段这种现象呢？在本章中，我们主要介绍三次最具代表性的危机，即1948年、1961年发生的两次柏林危机和1962年发生的古巴导弹危机（重点是后面一次危机）。根据绝大多数历史学家的观点，这些危机发生之日，也正是大战的危险明显增加之时。所以，必须对大战可能性的这种戏剧性突变做出解释。[①] 我要说明的是，对衰退的感觉和对未来的担心在这三次危机中起着决定性作用。

对于冷战早期的危机问题，曾经运用过或者说可以运用三种解释方法。第一种方法更强调所谓个性，领导人在信仰、价值观和性格上必然存在差异，因此他们的国家引发危机的可能性也就不一样。例如，某些行为体在本性上更乐于冒险，因而他们往往更有可能在既定

---

① 限于篇幅，我主要论述危机酝酿阶段的情况。这样肯定会造成非独立变量的取舍，所以关于1945～1962年间行为模式和稳定性变化的进一步分析，可参见 Copeland，"Realism and the Origins of Major War（Ph. D. diss.，University of Chicago，1993），chaps. 5－7，and Copeland，"The Security Dilemma and the Missile Gap Controversy，1955－1961"（typescript，University of Virginia，August 1998）。

的国内或对外问题上采取危险的政策。[1]

第二种方法更强调国内因素。在官僚政治模式中，政策是在平行官僚机构之间“推拉”平衡的基础上形成的。[2] 每一个部门在某一具体问题上的立场只能反映其狭隘的部门目标（如保护自己的地盘、增加本部门的预算，等等），而不能反映整个国家的利益。因此，超级大国的行为变化（如转向引发危机的政策）在很大程度上取决于在一段时间内关键部门之间的相对制衡关系。这种逻辑也体现在社会群体理论中，也就是说，转而采取强硬政策反映了不同社会群体之间的相对力量变化。例如，苏联的行为很可能就是强硬派与温和派之间斗争的结果[3]，而美国的行为则可以用白宫与国会、民主党和共和党之间争夺控制权来解释[4]。 [176]

第三种方法则更强调体系因素，实际上是一种现实主义的解释方法。对于瓦尔茨等新现实主义者来说，世界的两极性乃是冷战时期未

① 标准的冷战教科书中经常采用这一方法，即各章节以主要领导人为主线进行论述，例如可参见 Seyom Brown, *The Faces of Power* (New York: Columbia University Press, 1994); and John Lewis Gaddis, *Strategies of Containment* (Oxford: Oxford University Press, 1982)。

② 关于进一步分析，可参见 Graham T. Allison and Philip Zelikow, *Essence of Decision*, 2nd ed. (New York: Longman, 1999); and David A. Welch, "The Organizational Process and Bureaucratic Politics Paradigm," *International Security* 17 (fall 1992): 112 - 146。

③ 主要参见 Matthew Evangelista, "Internal and External Constraints on Grand Strategy: The Soviet Case," in Richard Rosecrance and Arthur A. Stein, eds., *The Domestic Bases of Grand Strategy* (Ithaca: Cornell University Press, 1993); Jack Snyder, "International Leverage on Soviet Domestic Change," *World Politics* 42 (October 1989): 1 - 30; James G. Richter, *Khrushchev's Double Bind* (Baltimore: Johns Hopkins University Press, 1994); Carl Linden, *Khrushchev and the Soviet Leadership* (Baltimore: Johns Hopkins University Press, 1990); and Robert M. Slusser, *The Berlin Crisis of 1961* (Baltimore: Johns Hopkins University Press, 1973)。

④ 参见 Brown, *The Faces of Power*; Thomas E. Mann, ed., *A Question of Balance: The President, the Congress, and the Foreign Policy* (Washington, D.C.: Brookings, 1990)。在这个问题上，最成熟的论点或许是斯奈德的同盟政治模型，其中认为社会联合程度的变化对美国和苏联的行为是至关重要的。参见 Snyder, *Myths of Empire* (Ithaca: Cornell University Press, 1991), chap. 7。

发生大战的主要原因。[①] 古典现实主义则假定苏联具有侵略倾向，因而可以预言力量差异的点滴变化所引起的行为改变。[②] 所以，在苏联力量相对强大的时期，苏联的扩张主义往往更猖獗一些。霸权稳定理论则认为，美国称霸时期并未发生危机，只是当苏联在20世纪70年代初处于力量转折点时出现了不稳定现象。侵略行为源于日益增长的实力。[③]

在进行论证之前，我要首先对如上观点发表一点看法。瓦尔茨关于两极稳定的论点缺少一个变量，所以这种理论不在考虑之列。由于冷战时期的两极格局一直没有发生变化，所以这种理论本身无法解释大战可能性随时间的变化情况。[④] 也就是说，我们必须考虑到力量差异的动态变化这一因素。同样，强调心理倾向的理论也难以自圆其说。因为这种倾向是由人的本性决定的，并没有一个变量能够解释行为上的变化。[⑤]

之所以难以估计政府部门和社会群体因素这类变量的影响程度，我认为原因只有一个：在长达3万页的解密文件中和基于最新文件的

---

① 参见 Kenneth N. Waltz, *Theory of International Politics* (New York: Random House, 1979), chap. 8; John Lewis Gaddis, *The Long Peace* (New York: Oxford University Press, 1987); and John J. Mearsheimer, "Back to the Future," *International Security* 15 (summer 1990): 5 - 56。三位作者都认为核武器也起着重要的威慑作用。

② 其中最著名的例证可参见 Louis J. Halle's *The Cold War as History* (New York: Harper and Row, 1967)。

③ 若只是为了对冷战做简单了解，可参见 Jacek Kugler and A. F. K. Organski, "The Power Transition," in Manus I. Midlarsky, ed., *Handbook of War Studies* (London: Unwin Hyman, 1989), 185 - 190。我并未发现主张霸权稳定理论的学者对冷战做过任何持续性的分析研究。

④ 新现实主义者普遍认为，两极体系比多极体系更为稳定。关于对这一观点的评论，可参见 Copeland, "Neorealism and the Myth of Bipolar Stability," *Security Studies* 5 (spring 1996): 29 - 89。

⑤ 例如，迪波拉·韦尔奇·拉尔森（Deborah Welch Larson）就认为，由于坚持过去信念的禀性所致，美国领导人并不想急于转向遏制政策。参见 Larson, *Origins of Containment* (Princeton: Princeton University Press, 1985)。这样的论点只能解释连续性，而不能解释变化。对于行为体来说，改变信念的根源是来自外部。

研究工作中，并没有多少证据能够证明这些因素在美国和苏联政府的决策过程中起过任何重要作用。[①] 当然，这并不是说“单元层面”因素不重要。然而，既然已经有大量的证据可以证明力量衰退的重要影响作用，所以与体系因素相比，政府部门和国内各种力量的作用可以说是微不足道的。

另一种现实主义解释同样也是不充分的。霸权稳定理论无法解释为什么超级大国对衰退的长期担忧会引发危机这个问题。古典现实主义和后瓦尔茨新现实主义理论在一定程度上与我的论点是一致的，因为这两种理论都考虑到安全两难选择和力量差异的不断变化等因素。然而，正如第二章所述，这样的解释也是不充分的。因为两种理论没有同时考虑安全两难选择中的防范心理和先发制人因素，所以根本无法对如下问题进行规范的论证：当正在衰退的国家决定是否采取强硬政策时，为什么甘愿去冒无意间引发战争的风险。[②] 不仅如此，这样的理论往往假定，如果一个大国试图通过在其势力范围内采取措施（如军备竞赛和结成同盟之类）来维持势力均衡，它就能够达到目的。下文提供的证据表明，当行为体认为这样的措施并不充分，并因而担心会发生由外部因素引起的衰退时，他们就会冒险策动危机，从而作为不发动战争又能避免衰退的唯一手段。不仅如此，我们还可以看到，行为体往往根据衰退的严重程度和引发危机可能获得的缓和衰退方面的利益多少来计算自己采取行动的严重性（以及危险性）。

冷战早期的历次危机所反映的正是我们在引言部分讨论的第三种

---

① 在非危机情况下，国内“推拉”因素的作用也非常明显，如军事集结问题上的内部分歧。主要参见 Michael H. Armacost, *The Politics of Weapon Innovation* (New York: Columbia University Press, 1969); and Desmond Ball, *Politics and Force Levels* (Berkeley: University of California Press, 1980)。关于这一差异的一种解释就是，引发危机是一种高风险的决策，因而迫使参与者更关注国家安全而不是部门利益，同时也迫使领导人致力于解决部门纷争。

② 因此，古典主义者和新现实主义者可能会认为第二章中的模型是可行的，但从这个角度对冷战危机进行案例研究的现实主义者并不多。

[177] 衰退形式，即力量波动。与德国的案例不同，潜在力量并不是主要问题，因为美国在1945~1946年采取行动之后，两个超级大国在人口和基本资源方面大体上是平衡的。① 不仅如此，两个国家至少在1948~1962年间都没有出现“非逆转性停滞”。② 因此可以说，危机是势力均衡发生波动所致，而这种波动正是双方的军备和结盟计划实施程度的差异造成的。1945年之后，苏联经过战后重建，其力量变化基本上呈一种上升趋势，但由于美国政策相对成功这种外部因素的影响，在一些重要关头也曾多次出现过力量短暂下滑的现象。正是在这些重要关头，平衡被打破，于是危机爆发了。1948年，由于预见到美国把西德并入西方阵营的企图，斯大林不得不对柏林采取行动。1961年，苏联对柏林施加压力，以阻止东欧地区的相对衰退局势。1962年10月，美国又成为危机的始作俑者，原因却如出一辙。对于赫鲁晓夫在古巴部署导弹这一行动所造成的影响，美国仅仅靠在短期内采取内部措施是无法消除的。为防止短暂而剧烈的衰退，肯尼迪被迫发动了一场危机，以逼迫赫鲁晓夫把导弹撤走。在每一次危机中，但凡有更温和一些的国内政策能够防止衰退，行为体也不会采取这种打破稳定的行动。③

值得注意的是，在1948年和1961年发生的两次柏林危机中，危机都是由第二等级列强引发的。一般而言，无论在何种体系中，都是居于霸权地位的军事强国发动大战或引发显著增加这种大战风险的危机。不过，正如第一章所述，在两极体系中，因为不必顾忌第三方，

---

① 关于相对人口平衡问题，可参见本书附表4。华盛顿的确对苏联的技术进步非常担心，所以便采取积极措施以维持自己的优势。参见 Copeland，“The Security Dilemma and the Missile Gap Controversy, 1955 - 1961”。

② 对苏联人来说，这种情况在20世纪80年代已经发生了变化。参见本书第二章。

③ 美国在其他阶段出现的可感反向波动中（如1957~1960年曾担心导弹技术会落后于他人）的确采取过诸如增加军费支出这种相对温和的政策。所以，不一定非要引发危机。参见 Copeland，“Realism and the Origins of Major War,” chaps. 5 - 6；and Copeland，“The Security Dilemma and the Missile Gap Controversy, 1955 - 1961”。

处于衰退之中的第二等级国家也可能采取这样的行动。不过，这类行为体还是应该根据自己的力量计算一下采取行动的严重性，并且下面的例证可以证明这一点。1961 年中期的赫鲁晓夫当然要比 1948 年的斯大林胆子更大，因为他至少还有足够强大的苏联战略力量可以依赖。不过，到 1962 年初，苏联在洲际弹道导弹方面的劣势已经非常明显，这就给了肯尼迪足够的信心于当年年底在古巴导弹问题上采取挑衅行动。

需要注意的是，战后的历次危机与两次世界大战的案例还有另一个不同点。华盛顿和莫斯科所担心的都是自己在地缘政治领域的预期衰退，而不是美国和苏联之间相对力量本身的变化。正如第一章所述，领导人计算相对力量时，他们不仅要对边界之内能够动员的资源进行分析，并且还要对其势力范围内各个小国的力量进行研究。[①] 在 1914 年和 1939 年，由于德意志帝国的势力范围过于狭小，其内部各种力量的发展水平对德国的决策并没有多大的影响作用。冷战期间，在各自的经济和潜在力量已经给定的情况下，两个超级大国的势力范围对整体安全是至关重要的。因此，苏联势力在欧洲重要地区的不断衰退以双倍的压力迫使莫斯科在柏林策动危机。1962 年 10 月，华盛顿不仅担心美国本土的安全，更害怕的是一旦自己的盟友觉察到势力 ［178］
均衡的变化，整个西方阵营就会发生动摇。

总而言之，如上的证据符合动态体系理论关于冷战早期发生的历次危机的解释。其他国家的成功往往使本国的领导人感到自己的力量在衰退，因而只能采取冒险政策。当然，不能完全忽视国内因素的作用。不过，并没有能够证明其重要性的书面证据，所以国内因素的作用似乎是微不足道的。

---

① 参见本书第一章注释 40。

柏林危机：1948年

1948年的柏林危机和朝鲜战争有着共同的根源。莫斯科当时已经感觉到，对于美国所采取的政策，仅仅靠更激烈的军备竞赛和结成更紧密的同盟显然已经无济于事，并且这样只能造成整个苏联势力范围内局势的进一步恶化。[①] 1948年，随着战后经济的重建，美国和苏联之间经济能力的相对变化趋势对莫斯科是比较有利的。但是，由于美国在欧洲的影响日益加深，斯大林的庞大帝国感到非常头痛。因此，对斯大林来说，要接受柏林事态升级的风险，就必须采取一些预防性措施。大多数文献都认为，莫斯科的行动是防御性的，所以本书只是对这次危机做简要的介绍。[②]

已解密的文件表明，甚至到1947年中期，莫斯科仍然希望和解，而不愿意进行全面的冷战。随着华盛顿方面宣布旨在提振西欧经济的

---

① 限于篇幅，我在另一篇文章中专门论述了朝鲜战争危机问题，参见 Copeland, "When Containment Backfires: The Dynamic Origins of the Korean War" (typescript, University of Virginia, July 1998)。与"华盛顿由于缺乏兴趣而在1950年初为斯大林开了绿灯"这一传统观点相反，我认为正是因为有越来越多的证据表明，美国正在更多地插手亚洲事务，斯大林才同意在朝鲜发动进攻。1950年1~3月间，美国的策略就是使日本重新军事化，同时把韩国乃至东南亚划入日益扩大的美国东亚势力圈。刚刚解密的文件表明，斯大林并不愿意在朝鲜实施入侵行动，只是在美国的政策可能造成其在亚洲的地位严重衰退的情况下才不得不这样做。

② 参见 Michail M. Narinskii, "The Soviet Union and the Berlin Crisis," in Francesca Gori and Silvio Pons, eds., *The Soviet Union and Europe in the Cold War, 1943 - 1953* (London: St. Martin's, 1996); Marc Trachtenberg, *A Constructed Peace* (Princeton: Princeton University Press, 1999), 78 - 91; Avi Shlaim, *The United States and the Berlin Blockade, 1948 - 1949* (Berkeley: University of California Press, 1983); James L. Richardson, *Crisis Diplomacy* (Cambridge: Cambridge University Press, 1994), 192 - 203; Thomas Parrish, *Berlin in the Balance, 1945 - 1949* (Reading, Mass.: Addison-Wesley, 1998), chap. 12; and Ann Tusa and John Tusa, The Berlin Airlift (New York: Atheneum, 1988), chaps. 5 - 7。

马歇尔计划，这一希望很快就破灭了。[①] 1948 年 1 ~ 3 月间召开的伦敦会议无疑是引发柏林危机的主要原因，因为在这次会议上，美国、英国和法国一致同意统一德国占领区，并把政治控制权移交给一个独立的西德政府。[②] 这一行动使得苏联不得不面对一个与西方集团关系密切的、正在崛起的西德，对于一个刚刚在与德国的战争中做出重大牺牲的国家来说，这是一件令人沮丧的事情。对莫斯科而言，柏林既是一种手段，同时也是一种结果。作为一种手段，苏联人把向柏林施加压力（尤其是封锁）视为一种迫使西方取消伦敦协定的方式；而作为一种结果，苏联人则希望通过拒绝西方势力进入柏林，阻断来自苏联占领区的难民流，以避免东德经济继续恶化。

6 月 18 日，克雷将军宣布对德国西部地区币制进行改革，这是以西德为基础建立一个统一国家的第一步。苏联人警告说，他们将采取行动保护东方集团的经济利益；6 月 24 日，他们封锁了所有进入西柏林的地面通道。华盛顿意识到，币制改革必然对步履艰难的东德经济造成强烈冲击。驻德政治顾问罗伯特·墨菲（Robert Murphy）在 6 月 19 日给国务卿的信中写道，“［即使是］保护苏联占领区的中立防御行为”，苏联限制交通的手段也是“不合理的”。[③] 6 月 24 日， [179]
东方集团各国外交部部长就伦敦会议发表了一项联合声明，表明苏联最担心的事情就是西德的复苏。声明指出，要解决的问题包括德国的非军事化和对重工业实施控制，“从而……防止德国重新打造战争机器”。[④] 在此后与斯大林和莫洛托夫进行谈判的两个月里，对德国重

① 参见 Scott Parrish, “The Turn to Confrontation: The Soviet Reaction to the Marshall Plan, 1947,” CWIHP, Working Paper no. 9, March 1994; Parrish, “The USSR and the Security Dilemma,” (Ph. D. diss., Columbia University, 1993), chap. 4; and William C. Wohlforth, “New Evidence on Moscow's Cold War,” *Diplomatic History* 21 (spring 1997): 229 – 242。

② 关于伦敦会议，可参见 *FRUS*, 1948, vol. 2。

③ *FRUS*, 1948, vol. 2: 910.

④ 参见 U. S. Department of State, *Documents on Germany* (Washington, 1985), p. 150。

新崛起的担心是一个不变的话题。

7 月 3 日，国务卿乔治·马歇尔（George C. Marshall）在给驻伦敦大使的信中写道，莫斯科希望重新讨论德国问题，以否定伦敦会议提出的建议；六天之后，他重申了这一意见。[①] 因此，美国领导人非常清楚，莫斯科的行为表明，苏联人对西方在势力均衡方面采取的行动后果非常关注。但是，美国的战略已经确定：伦敦协定不可能再一次放到谈判桌上。[②]

谈判于 8 月初开始后，苏联的主要目标仍然是阻止伦敦协定的实施。斯大林看到华盛顿不再让步，于是就想把西方势力排挤出柏林；他最起码也要利用苏联实行币制改革的机会，把这个城市并入东方经济圈。甚至在谈判开始之前，他这套阶梯式的谈判目标已经是公开的秘密。7 月 24 日，驻莫斯科大使瓦尔特·贝迪尔·史密斯（Walter Bedell Smith）写道，只有在伦敦协定取消之后，莫斯科才有可能放弃争夺柏林的斗争。苏联人希望“恢复以前的状态”。这显然是不可能的，所以他们必然转向另一个目标，即把柏林作为西方反动势力的中心予以剪除。[③]

会谈于 8 月 2 日开始，斯大林仍然抓住统一西德这个问题不放。他说，必须限制西方势力进入柏林，因为伦敦决议和币制改革“已经破坏了［苏联］占领区的经济运行”。在四方会议召开之前，伦敦协定是无效的。如果这个协定已经生效，那么“就没有什么可讨论的了”。史密斯明确地说，伦敦决议即将实施。斯大林认为，他仍然对建立西德政府一事非常担心，但他可以允许西部地区实现某种形式的经济联合。[④]

---

① *FRUS*, 1948, vol. 2: 947, 955.

② *FRUS*, 1948, vol. 2: 949, 950, 954, 961. [295]

③ *FRUS*, 1948, vol. 2: 984 - 985.

④ *FRUS*, 1948, vol. 2: 999 - 1003; Narinskii, “The Soviet Union and the Berlin Crisis,” 68 - 69.

史密斯在10月3日提交的报告认为，苏联人最关心的是柏林的币制和建立西德政府问题。次日，国务院顾问查尔斯·鲍林(Charles Bohlen)向马歇尔表达了对苏联所采取行动的意见：斯大林在伦敦协定问题上已经做了某些让步，但是“他也非常明确地表示，取消［这一协定］是［他的］目标……尤其是在西德政府问题上更是如此”。如果这个目标不能实现，苏联人将接受东、西德分治方案。果真如此，苏联人就会把同盟国军队赶出柏林。[1] [180]

总而言之，如上事实表明，美国领导人非常清楚，莫斯科正在尽力挽救由于西方政策获得成功而造成的苏联相对衰退的局面，并且试图以引起事态升级作为恢复原状的一种手段。因此，这种不惜一切代价扭转反向力量变化趋势的斗争为苏联的冒险行为提供了最好的注脚。对此，国内因素和个性的分析方法就无能为力了。不仅斯大林完全控制着苏联的各个阶层，并且一个特定领导人的行为随着时间的推移发生了转变（当然不是指生理上的衰老），这些问题都可以通过行为体外部情况的变化得到最好的解释。

柏林危机：1961年

除了1962年的古巴危机，1961年的柏林危机或许是历史上导致整个世界最接近核灾难边缘的一次危机。1961年6月，肯尼迪与赫鲁晓夫举行的峰会以柏林战争的可能性出现了急剧变化而告终结。[2] 7月间，肯尼迪宣布在欧洲进行常规军事集结，并要求国会追加32亿美元以表明美国在这个问题上的决心。[3] 8月13日开始修建的柏林墙虽然阻止了难民潮，但危机并没有因此结束。赫鲁晓夫的最后通牒

---

① *FRUS*, 1948, vol. 2: 1007 - 1013.

② 参见 Parrish, “The USSR and the Security Dilemma,” 382。

③ NSA (*BC*), Chronology, p. 119.

指出，他将与东德签署一项协定，以便把进入柏林的控制权交给不稳定的东德临时政权。

8 月 31 日，赫鲁晓夫宣布终止执行莫斯科关于核试验的备忘录，并声称，柏林发生的任何冲突都有可能升级为全面战争。① 对华盛顿来说，美国不仅要进入西柏林，而且还要进入东柏林——不管柏林墙是为了限制东柏林人出来还是阻止美国人进去。② 像 1948 年那样，华盛顿不可能听任自己的进入权在对方未付出任何名誉代价的情况下受到践踏。9 月 8 日，肯尼迪要求国防部长和国务卿进行论证，北大西洋公约组织（NATO）是否能够用一个军的兵力试探一下重新进入柏林的可能性。随后三天玩弄的战争游戏表明，北约的策略需要“驾驭双方都不希望看到的风险后果的能力”。③ 由于双方在武力和名誉问题上互不相让，发生冲突的风险与日俱增。9 月 8 ~ 9 日，华沙条约组织（WPO）宣布采取措施以加强其军事力量，而华盛顿则声称，已经命令另外 4 万兵力开赴欧洲。④

10 月中旬，东德卫兵开始拒绝美国非军事人员进入东柏林。肯尼迪授权当地指挥官，可以动用坦克清除封锁道路的任何障碍。10
[181] 月 23 日，他签署的一份备忘录指出，如果危机超出了军事集结的限度，就必然动用常规力量甚至核武器，很有可能因此而发生全面战争。⑤ 10 月 25 日，东德卫兵再次拒绝一辆美国车辆进入东柏林。于是，美国坦克开到了边防检查站附近。10 月 27 日，苏联方面在距入口处 100 码部署了 20 辆坦克，而美国方面则在对面排列了 30 辆坦克。在冷战期间，这是美国和苏联地面部队第一次也是唯一一次直接

---

① NSA（*BC*），Chronology，p. 128.

② 参见 Paul H. Nitze，*From Hiroshima to Glasnost*（New York：Grove Weindenfeld，1989），199。

③ 引自 NSA（*BC*），Chronology，pp. 129 - 130。

④ 参见 NSA（*BC*），Chronology，p. 135。

⑤ NSA（*BC*），Chronology，pp. 135 - 136. 关于这项命令的后续发展，可参见 Nitze，*From Hiroshima to Glasnost*，202 - 204。

对峙。幸运的是，外交努力又把双方从冲突的边缘拉了回来。

很显然，当时已经具备了发生冲突和采取先发制人行动的条件。莫斯科得到的信息是，美国军队一直在进行演习，并用坦克推倒了柏林墙上的一座雕塑。当时，的确曾制定过一项推倒部分柏林墙的行动计划。[①] 由于事关名誉，并且局势极度紧张，即使是一次武器走火也很容易引发大规模的战事。赫鲁晓夫警告说，这样的对峙很有可能升级为战争。[②] 肯尼迪本人在10月初也指出："不通过战争解决这次争端的时机尚未成熟。"[③] 总而言之，当事人之一保罗·尼茨关于"风险太大，而双方的误算是我们最大的潜在敌人"的结论似乎得到了验证。[④]

当时，问题的关键是双方各自在危险的边缘走得多远。危机的根源就在于，莫斯科如何看待柏林在东、西方势力均衡上的作用。1958年11月，赫鲁晓夫采取了第一项行动，宣布战时同盟国必须恢复柏林的"自由城市"地位，意指同盟国必须离开。如果在六个月内做不到这一点，莫斯科将与德意志民主共和国（GDR）单独签署一项和平协定，由东德决定是否允许西方势力进入柏林。[⑤] 这是一种实实在在的威胁：不仅让苏联避开了责任，同时东德又能够通过封锁和骚扰活动把美国、英国和法国从西柏林排挤出去。虽然赫鲁晓夫在1959年5月未再发出最后通牒，但一场事关柏林命运的争端从此开始。

---

① 参见 William Burr, "New Sources on the Berlin Crisis, 1958 - 1962," *CWIHPB*, issue 2: 23; Richter, *Khrushchev's Double Bind*, 142; *KR*, 506 - 509; *KR*: *LT*, 506 - 507; Michael R. Beschloss, *The Crisis Years* (New York: Harper Collins, 1992), 334 - 335。

② *KR*: *GT*, 169 - 170. 这种极度悲观的情绪后来为一位苏联资深官员所证实，参见 Beschloss, *The Crisis Years*, 334 - 335。

③ 引自 Beschloss, *The Crisis Years*, 320。

④ 参见 Nitze, *From Hiroshima to Glasnost*, 204 - 205。

⑤ 参见 U. S. Department of State, *Documents on Germany* (Washington, 1985), pp. 542 - 546 and 552 - 559。

已经解密的文件充分说明了莫斯科的意图。[①] 苏联之所以采取防御行动，就是为了保护自己在东欧的地位不受西德日渐崛起和东德不断衰退的影响。在1958年，苏联人主要担心的是西德军队的日益强大，尤其是害怕美国为其提供核武器。到1960～1961年，当危机进入严重阶段之后，他们担心的主要问题则是涌向西柏林的难民潮会造成东德经济资源的流失。[②] 问题的关键并仅仅不是欧洲的势力均衡。正如赫鲁晓夫本人所说，柏林和德国是整个冷战的象征，莫斯科必须充分展示社会主义生产制度的优越性。东德的经济一旦崩溃，势必对苏联在全球的地位造成强烈冲击。[③] 而根据内部报告，除非采取激烈手段，这种崩溃到1961年中期似乎是“不可避免的”。[④]

苏联对衰退的这种担忧情绪来源于美国20世纪50年代初的一系
[182] 列决策，根据这些决策，美国不仅使德意志联邦共和国（FRD）成为北约一支重要的常规力量，并且向其军队和北约在德国的中央防线力量提供核武器。在1957年，康拉德·阿登纳（Konrad Adenauer）政府拒绝了所有关于中止核武器化的要求。1958年10月，苏联驻波

---

① 霍普·哈里森（Hope Harrison）整理的关于危机期间苏联意图的记录文件是最完整的，从而为我的分析工作奠定了基础。参见 Harrison, “The Bargaining Power of Weaker Allies in Bipolarity and Crisis: The Dynamics of Soviet-East German Relations, 1953 - 1961” (Ph. D. diss., Columbia University, 1993); Harrison, “The Exercise of Power in Soviet-East German Relations, 1953 - 1961” (typescript, Russian Research Center, Harvard University, February 1994); and Harrison, “Ulbricht and the Concrete ‘Rose’: New Archival Evidence on the Dynamics of Soviet-East German Relations and Berlin Crisis, 1958 - 1961,” CWIHP, Working Paper no. 5, May 1993。

② 苏联在1961～1962年对西德装备核武器的担心并不是多余的，参见 Trachtenberg, History and Strategy (Princeton: Princeton University Press, 1991), chap. 5; and Trachtenberg, *A Constructed Peace*, 252 - 255. 另参见 David Murphy, Sergei Kondrashev, and George Bailey, *Battle Ground Berlin* (New Haven: Yale University Press, 1997), 359 - 361。但是有重要的证据（尤其是哈里森的证据）表明，莫斯科在1961年的危机中更担心东德发生经济衰退。

③ *KR*: *GT*, 164 - 165.

④ 参见 Vladislav Zubok and Constantine Pleshakov, *Inside the Kremlin's Cold War* (Cambridge: Harvard University Press, 1996), 251。

恩大使通知东德领导人瓦尔特·乌布利希（Walter Ulbricht），莫斯科的目标就是使西德的装备进程至少推迟两三年。[①] 同时，经济形势也不容乐观。西德经济的崛起不仅削弱了民主德国的相对实力，并且吸引大量生产者流入西德。所谓的改革也没有取得明显效果。1958 年 10 月间，乌布利希向莫斯科诉苦说，1957 年的护照法虽然使难民总数有所下降，却使取道西柏林出走的人数从 1957 年的 60% 提高到了 1958 年底的 90% 以上。11 月间，预期中的衰退迫使赫鲁晓夫第一次以最后通牒的方式进行试探。但是，艾森豪威尔不为所动。于是，赫鲁晓夫不得不于 1959 年 3 月做出让步，提出召开一次四方会议讨论德国问题。但是，赫鲁晓夫并没有完全放弃。正如他对乌布利希所言："形成新格局的条件尚未成熟。"[②]

随着赫鲁晓夫于 1961 年 6 月宣布，按照 1958 年最后通牒提出的方针解决柏林问题的期限只有六个月的时间，危机再度爆发。苏联人再一次面对着非常险恶的局面：东德经济急剧衰退。因此，莫斯科试图进一步阻止难民潮，并在这个过程中迫使西方承认民主德国的存在和欧洲分裂的现实。

1959 ~ 1960 年间，难民状况和东德经济进一步恶化。1960 年 11 ~ 12 月，赫鲁晓夫与乌布利希在莫斯科举行会谈，讨论所面临的问题。赫鲁晓夫认为，只有通过与东德达成一个新的和平协定才能威胁西方拿出一个有利于稳定的解决方案。[③] 他的立场非常明确：如果在柏林问题上不能取得进展，"西方尤其是西德的地位势必会得到进

① 参见 Harrison "Ulbricht and the Concrete 'Rose': New Archival Evidence on the Dynamics of Soviet-East German Relations and Berlin Crisis, 1958 - 1961," 12。另参见 Vladislav Zubok, "Khrushchev and the Berlin Crisis (1958 - 1962)," CWIHP, Working Paper no. 6, May 1993: 5。

② 引自 Harrison "Ulbricht and the Concrete 'Rose': New Archival Evidence on the Dynamics of Soviet-East German Relations and Berlin Crisis, 1958 - 1961," 16 - 21。

③ 参见 Harrison, "The Bargaining Power of Weaker Allies in Bipolarity and Crisis: The Dynamics of Soviet-East German Relations, 1953 - 1961," 182 - 185。

一步加强”。[1] 乌布利希对国内的经济状况忧心忡忡，所以一开始并不同意签署任何和平协定。他解释说，考虑到东德还要依靠联邦德国，此时签署和平协定就会引起西德进行经济报复，这样只会进一步加速东德的衰退。[2]

乌布利希当然需要苏联的帮助。11 月下旬，他通知赫鲁晓夫，必须采取措施以加强民主德国的经济建设。在他们会谈结束时，赫鲁晓夫曾同意“尽可能全面接手东德经济……以便进行挽救”。[3] 直到此时，乌布利希才最后同意，在没有其他选择的情况下考虑签署一个和平协定。但是，赫鲁晓夫却有自己的算盘。两年的经济改革并没有摆脱东德对西德经济的依赖，所以他认为，这种局面必须改变。[4] 赫鲁晓夫的目标是双重的：在阻止其卫星国经济衰退势头——苏联甚至
[183] 为此不惜在短期内付出一定代价——的同时，确保在西方列强不离开柏林的情况下东德至少成为一个能够自立的国家。他的第一选择就是，在不发生重大危机的情况下实现这些目标。

不幸的是，尽管赫鲁晓夫做出了新的承诺，局势仍在继续恶化。1961 年 1 ~6 月间，又有 10 万难民离开民主德国。[5] 其中 3/4 的人年龄在 45 岁以下，并且除了知识分子大量外流之外，民主德国绝大多数的技术工人和工程师也已经流失。这些人的离去对东德经济造成非常严重的影响。[6] 对赫鲁晓夫而言，这种“不稳定的局面”正在破坏

---

① 引自 Richter, *Khrushchev's Double Bind*, 140。

② 参见 Harrison “Ulbricht and the Concrete ‘Rose’: New Archival Evidence on the Dynamics of Soviet-East German Relations and Berlin Crisis, 1958 -1961,” 28 -29。

③ 哈里森语，引自 Harrison “Ulbricht and the Concrete ‘Rose’: New Archival Evidence on the Dynamics of Soviet-East German Relations and Berlin Crisis, 1958 -1961,” 28; Harrison, “The Bargaining Power of Weaker Allies in Bipolarity and Crisis: The Dynamics of Soviet-East German Relations, 1953 -1961,” 185 -186。

④ 参见 Harrison “Ulbricht and the Concrete ‘Rose’: New Archival Evidence on the Dynamics of Soviet-East German Relations and Berlin Crisis, 1958 -1961,” 27 -29。

⑤ 参见 Honoré Catudal, *Kennedy and the Berlin Wall Crisis* (Berlin: Verlag, 1980), 164, 184。

⑥ 参见 Norman Gelb, *The Berlin Wall* (London: Joseph, 1986), 62 -67。

整个社会主义运动。[①] 这样一来，东德就需要巨额的经济援助。如果东德的经济形势不能迅速得到稳定的话，苏联自身的经济增长势必遭到严重破坏。[②]

在 3 月间举行的华沙条约组织会议上，乌布利希要求加强边境控制，包括在东、西柏林之间拉上铁丝网。到 5 月中旬，莫斯科又面临着一个新问题：绝望之中的东德政府很可能单方面采取关闭边界的行动。这样做无疑会增加事态升级的风险，而这是赫鲁晓夫不愿意看到的。5 月 19 日，苏联大使米哈依·佩鲁金（Mikhail Pervukhin）向莫斯科报告说，东德希望减少出境的人数，以防止经济进一步衰退。然而，为了结束外国军队对柏林的占领，"我们的德国朋友有时会缺乏耐心……并不总是考虑整个社会主义阵营的利益"。[③]

6 月间，与肯尼迪举行的峰会并不顺利，赫鲁晓夫的愚蠢战术并未得到预期的让步。后来，苏联驻民主德国临时代办尤里·维辛斯基（Yuli Kvitsinsky）写道，东德人越来越失去了耐心。东德人认为，现在正是签署一个和平协定来解决西柏林问题的时候。他们认为，这一行动"可能有一定的风险，但这个问题再拖下去风险会更大，因为拖延只会有利于西德的军事化，从而增加世界大战的危险"。[④] 到 7 月初，乌布利希说话的口气就好像和平协定会立即签署，然后东德就可以控制所有进入柏林的通道，甚至包括空中的通道。[⑤] 关闭空中通道的威胁尤其令克里姆林宫感到不安，因为在 1948 年，苏联为了避

---

① *KR*: *GT*, 168.

② 参见 Zubok and Pleshakov, *Inside the Kremlin's Cold War*, 248 - 249。

③ 引自 Harrison "Ulbricht and the Concrete 'Rose': New Archival Evidence on the Dynamics of Soviet-East German Relations and Berlin Crisis, 1958 - 1961," 36。

④ 引自 Harrison "Ulbricht and the Concrete 'Rose': New Archival Evidence on the Dynamics of Soviet-East German Relations and Berlin Crisis, 1958 - 1961," 38。

⑤ 引自 Harrison "Ulbricht and the Concrete 'Rose': New Archival Evidence on the Dynamics of Soviet-East German Relations and Berlin Crisis, 1958 - 1961," 38, 42。

免直接冲突，曾故意未对西方的空中补给线进行干预。东德失去耐心只会造成事态升级，从而大大增加了超级大国之间发生战争的可能性。

但是，由于莫斯科认为民主德国的自立非常重要，所以东德人就有了讨价还价的筹码。6月间，阿纳斯塔·米高扬（Anastas Mikoyan）访问了东柏林，他在谈到经济问题时曾告诫东德人，民主德国对于证明共产主义模式的优越性是至关重要的。所以，“我们必
[184] 须尽一切力量，使你们的国家不断地、稳定地向前发展……我们不能也不会输给西德”。[①] 挽救东德衰退的主要手段就是解决难民问题。7月4日，佩鲁金大使在给外交部部长安德烈·葛罗米柯（Andrei Gromyko）的信中写道，和平协定必须为东、西两个柏林之间的人员流动建立一种新机制。如有必要，可以关闭边界，尽管佩鲁金认为这无论从技术上还是政治上讲都是困难的一步。[②]

但是，由于解决衰退问题是一件刻不容缓的事，莫斯科方面对局势越来越感到担忧。7月初，乌布利希通知赫鲁晓夫，如果听任目前的状况继续下去，“全面崩溃是不可避免的”，并且他“不能保证自己能够控制眼下的局面”。东德人自己也开始担心事态会升级。7月7日，民主德国秘密警察头子就曾向政府官员们表示，问题在于西方列强会过高地估计自己的军事实力。因此，“尽管各国武装力量之间具有［实质上的］合作关系，但公开发生冲突的危险依然存在”。[③]

---

① 引自 Harrison, “The Bargaining Power of Weaker Allies in Bipolarity and Crisis: The Dynamics of Soviet-East German Relations, 1953 – 1961,” 207 – 208。

② 参见 Harrison “Ulbricht and the Concrete ‘Rose’: New Archival Evidence on the Dynamics of Soviet-East German Relations and Berlin Crisis, 1958 – 1961,” 43; Murphy, Kondrashev, and Bailey, *Battle Ground Berlin*, 367。

③ 引自 Harrison “Ulbricht and the Concrete ‘Rose’: New Archival Evidence on the Dynamics of Soviet-East German Relations and Berlin Crisis, 1958 – 1961,” 47; Harrison, “The Bargaining Power of Weaker Allies in Bipolarity and Crisis: The Dynamics of Soviet-East German Relations, 1953 – 1961,” 219 – 224。

赫鲁晓夫需要采取一种临时措施，以缓解各方面造成的压力。在 8 月 3 日举行的一次华沙条约组织会议上，乌布利希重申了自己关于关闭两个柏林之间边界的要求。随后，赫鲁晓夫也认为柏林墙是防止做出更极端选择的最佳方式，至少在危机的目前阶段是如此。[①]

在采取行动时，赫鲁晓夫知道自己是在冒险，但一无作为的风险更大。8 月初，赫鲁晓夫告诉华沙条约组织的官员们，如果没有东方集团的帮助，民主德国就不可能生存。这样一来，“[西德军队]……就会开到我们苏联的边界”。如果出现这种情况，“与帮助民主德国并加强其军事力量相比，我们无论在政治上还是物质上都只会付出更多。通过加强其地位，我们自己的地位也就得到了加强”。[②]直到最后，美国人也未能把柏林墙推倒。然而，当赫鲁晓夫决定建造这面墙的时候，美国的反应却好像是马上要推倒它。正如乌布利希在 9 月中旬对赫鲁晓夫所言，“敌人［对这面墙］采取的对策似乎比我们预期的还要少一些”。[③] 自从鹰派左右政策走向之后，人们普遍认为美国政府存在着一些潜在的不稳定因素。“所以，在美国，发生什么事情都是可能的，”赫鲁晓夫在 8 月初曾对东欧各国领导人说，“战争也是可能的，因为他们有能力发动一场战争”[④]。

---

① 参见 Harrison“Ulbricht and the Concrete ‘Rose’: New Archival Evidence on the Dynamics of Soviet-East German Relations and Berlin Crisis, 1958 - 1961,” 50; Murphy, Kondrashev, and Bailey, *Battle Ground Berlin*, 374 - 375。

② 引自 Harrison, “The Bargaining Power of Weaker Allies in Bipolarity and Crisis: The Dynamics of Soviet-East German Relations, 1953 - 1961,” 233 - 234。赫鲁晓夫对西德的担心并不是多余的，因为波恩方面一直扬言要吞并东德。苏联 1956 年 12 月间的一份报告曾指出，西德的日益强大可能会使波兰拒绝苏联军队继续驻扎。1957 年，米高扬（Mikoyan）也曾指出，赫鲁晓夫英明地预见到，如果不加强东德的力量，“我们的军队就会陷入‘烈火’的包围之中”。莫斯科必须做出选择：或者振兴东德经济，或者“完全失去德意志民主共和国”。参见 Zubok and Pleshakov, *Inside the Kremlin's Cold War*, 195 - 198。

③ 引自 Harrison, “The Exercise of Power in Soviet-East German Relations, 1953 - 1961,” 42。

④ 引自 Richter, *Khrushchev's Double Bind*, 141。

总而言之，事实证明了如下的假定：由于其他国家的政策取得了更大的成功，除非采取更强硬的行动，本国的衰退就会持续下去，在这样的情况下，领导人就会宁愿去冒大战这种更大的风险。其他论点都是很难讲得通的。可以肯定，赫鲁晓夫的个性会影响到他的冒险意向。然而，支持采取迫切行动需要的信息来自更低的层面，并且政治局的其他成员显然一致同意赫鲁晓夫采取行动。这种一致性表明，领导人的个性和派系之间的明争暗斗都不是决定性的
[185] 因素。[①]

古典现实主义和霸权稳定理论可以更确切地解释苏联人行动上的自信：从 1957 年发射人造地球卫星直到 1961 年，苏联至少给人一种拥有强大战略力量的感觉。但是，霸权稳定理论却无法解释克里姆林宫为什么在行动上带有一种由于预期衰退造成的悲观主义色彩。由于古典现实主义和新现实主义在一定程度上考虑了衰退因素，所以这两种理论能够解释苏联的行为动机。然而，像 1948 年柏林危机这样的案例却表明，两极体系很容易被势力均衡的波动所颠覆。它同时还表明，必须建立一个更完整的决策模型，以便说明正在衰退的国家如何在持续衰退的风险与无意间引起事态升级的风险之间进行权衡（即对引发危机有助于防止衰退的程度做出估计）。

肯尼迪、赫鲁晓夫与古巴导弹危机

人们普遍认为，古巴导弹危机是冷战史上超级大国之间最接近全面核战争的一次冲突。肯尼迪总统本人在危机最严重的阶段曾把核大战的

---

① 关于内部明争暗斗的最新分析，可参见 Richter，*Khrushchev's Double Bind*。不过，这样的争斗是否在 1958～1961 年的柏林问题上有所表现，该书并未提出多少证据。

概率估计为 1/3～1/2，并且他的两位最亲密的顾问也同意这一点。[①]

在古巴导弹问题上，为什么肯尼迪不惜冒核大战之险发动一场危机呢？为什么他在危机进程中要一步步地增加这种风险呢？许多人可能会认为，这次危机是赫鲁晓夫在古巴部署导弹引起的，这种观点其实是不正确的。虽然赫鲁晓夫的行为具有挑衅性，但从技术上讲，他不过是为了使苏联在更大的势力范围内集结武装力量。这不仅是国际法所允许的，并且在数量上与美国 1961～1962 年部署在土耳其的中程导弹也是相当的。在此，我们并不想讨论 1962 年 3 月的"土耳其导弹危机"，因为苏联 1961 年底在战略核力量方面还处于劣势，同时也不具备阻止美国部署导弹的有效手段，所以只能听之任之。在 1962 年 10 月，肯尼迪本来同样可以听之任之。但恰恰相反，他故意造成无意间升级为核大战的风险不断增加，以迫使莫斯科撤走导弹。美国在加勒比地区的核统治地位与海军优势使他有足够的信心认为，赫鲁晓夫很可能会屈服。

华盛顿引发这次危机完全是出于防范心理，并且有两个主要目标：第一，保护美国本土免受战略平衡发生显著变化的影响；第二，坚定同盟国对美国扩大威慑范围政策的信心。根据肯尼迪的"执委会"（ExComm——危机发生后第一个星期内设立的一个总统顾问班子）成员提供的记述，这种传统的观点已经很难自圆其说。这些当事人众口一词地强调，当时只有第二个目标。他们之所以这样认为，很可能是 [186]
为了维护同盟的团结。迫使美国做出这一决策的安全利益因素是非常有限的，表明这一点就可以使同盟国更倾向于保持中立，尤其是在北约的愿望已经为土耳其导弹这桩秘密交易所满足的情况下更是如此。然而，这些当事人的想法无疑是一种幻想，他们认为在古巴部署的导

① 参见 Theodore C. Sorensen, *Kennedy* (New York: Harper, 1965), 705; Arthur M. Schlesinger, *Robert Kennedy and His Times* (New York: Ballantine, 1978), 570。关于麦克乔治·邦迪和罗伯特·麦克纳马拉也同意这一点，可参见 Richard Ned Lebow, *Nuclear Crisis Management* (Ithaca: Cornell University Press, 1987), 15。

弹只是在感觉上改变了势力均衡，而实际上却没有。[①]

这份记述得以扩散开来，总统本人也在其中起了重要作用。他在1962年12月17日的一个全国性电视访谈节目中就说过："苏联人并不……打算发射［导弹］，这是因为，如果他们真想卷入一场核冲突，他们在苏联本土也有自己的导弹。但是，政治上的势力均衡却因此发生了变化。这本来只是一种现象，但现象却恰恰反映了现实。"然后，他又强调指出，苏联并不愿意接受和平划分世界势力范围的现实。[②] 意思是说，制造古巴危机只是为了阻止苏联进一步扩展自己的势力范围。美国的行动完全是为了整个同盟的利益，而不是出于自己的私利。[③]

对于美国采取行动而言，防止同盟发生分裂的确是非常重要的。在地缘政治游戏中，小国的作用是不容忽视的，如果把它们的力量加在一起，

---

① 关于上述解释性引文，可参见 Robert F. Kennedy, *Thirteen Days* (New York: Norton, 1968), 36; Schlesinger, *Thousand Days* (Boston: Houghton Mifflin, 1965), 796 - 797；另参见国防部长麦克纳马拉会见里查德·纽施达特（Richard Neustadt）的情况［NSA（CC）: DOC. 3307, p. 342］。他在会见时曾认为："我们并不觉得这样就会［改变军事势力均衡］，但如果我们不做出反应，［每一个人］就都会认为政治平衡已经发生了变化。"国家安全顾问邦迪和国务卿腊斯克的自传是在文件解密后才出版的，所以他们更愿意认为这两个目标具有同样的分量。分别参见 Bundy, *Danger and Survival* (New York: Random House, 1988), 415 - 417; and Rusk, *As I Saw It* (Harmondsworth: Penguin, 1990), 230。但在20世纪80年代初以后同样由纽施达特所做的访谈中，却透露出邦迪曾表示支持麦克纳马拉强调政治平衡的观点。

② 参见 Rob ert A. Divine, ed., *The Cuban Missile Crisis*, 2nd ed. (New York: Marcus Wiener, 1988), 109。

③ 最近的大多数分析文献仍然一味强调是出于对同盟的责任而不是自身眼下的安全。参见 Robert Smith Thompson, *The Missiles of October* (New York: Simon and Schuster, 1992); Aleksandr Fursenko and Timothy Naftali, "*One Hell of a Gamble*": *Khrushchev, Castro, and Kennedy, 1958 - 1964* (New York: W. W. Norton, 1997); Richard Ned Lebow and Janice Gross Stein, *We All Lost the Cold War* (Princeton: Princeton University Press, 1994); Beschloss, *The Crisis Years*; and Dino A. Brugioni, *Eyeball to Eyeball: The Inside Story of the Cuban Missile Crisis* (New York: Random House, 1991)。最近一个时期，一些苏联和美国的当事人提供了大量口述材料，从而使这些谜团更加疑云重重。参见 Games G. Blight and David A. Welch, eds., *On the Brink*, 2nd ed. (New York: Noonday, 1990); Bruce Allyn, Blight, and Welch, eds., *Back to the Brink* (Lanham, Md.: University Press of America, 1992); and Blight, Allyn, and Welch, eds., *Cuba on the Brink* (New York: Pantheon, 1993)。关于另一种更中庸的观点，可参见 Mark J. White, *The Cuban Missile Crisis* (London: Macmillan, 1996)。

就会对大国的整个资源基础产生重要影响。听任莫斯科在美国后院部署导弹无疑会动摇盟友对美国实力和决心的信心。这些盟友很可能会脱离美国的势力范围，从而使全球的经济和潜在力量平衡发生剧烈变化。[①]

然而，对于核势力均衡发生的显著的、实质性的变化，美国的决策者们同样也深感忧虑。到危机的最后一个星期，人们一致认为，古巴部署的导弹意味着苏联第一次打击的能力至少提高了50%。更令人担心的是，以后可能有更多的导弹源源不断地进入古巴。所以，如果不采取强硬行动，美国就会失去优势，甚至面临遭受第一次打击的潜在危险。不仅如此，如不能及时挽救这一局面，只会使局势变得更加凶险。8月间，有一份报告发出警告说，如果苏联领导人意识到他们只拥有暂时的却难以维持的微弱优势，他们很可能发动预防性核大战。因此，到10月下旬，“执委会”决心采取一切手段防止这些导弹进入发射状态，包括入侵古巴。

我在下文中要说明的是，在整个危机期间，美国的决策都是根据第二章描述的预防性逻辑模型形成的。[②] 最为重要的就是要防止出现

---

① 不仅如此，正如艾里森（Allison）和采里科夫（Zelikow）所言，赫鲁晓夫本来准备在柏林问题上提出要求。果真如此，势必会增加大战的可能性。因此，美国在拥有战略力量优势的情况下，利用这个问题对付赫鲁晓夫是非常理智的。参见 Allison and Zelikow, *Essence of Decision*, 99 - 107。

② 我在另一篇文章中论述了苏联在古巴部署导弹的原因，参见 Copeland, “Neorealism and the Myth of Bipolar Stability,” 73 - 76。同大多数记述一样，我也认为首要目标是缩小战略上不断扩大的可感差距，而保卫古巴却是第二位的。华盛顿在1961年底透露的信息揭穿了赫鲁晓夫关于苏联拥有等量核导弹的谎言。在大量部署第二代洲际弹道导弹之前，赫鲁晓夫需要有一项能够维持其威慑力的临时措施。他仿照美国在土耳其的做法，认为利用古巴的中远程导弹就是最好的方案。1962年5月，最高苏维埃主席团一致通过了这一计划。最近出版的一部关于苏联决策机制的专著（Fursenko and Naftali, “*One Hell of a Gamble*”: *Khrushchev, Castro, and Kennedy, 1958 - 1964*）证实了这一记述，但同时认为保卫古巴具有同等的重要性。然而，该书又认为，当赫鲁晓夫在1962年4月构想这一计划时，克格勃的报告显示，美国并不愿意入侵古巴，只是想进行颠覆活动。参见 Fursenko and Naftali, “*One Hell of a Gamble*”: *Khrushchev, Castro, and Kennedy, 1958 - 1964*, 159 - 160。因此，通过交易轻而易举地实现平衡无疑是隐藏在部署导弹背后的更强大的动因。

剧烈的反向力量波动，而这种波动正是由于苏联的军事部署相对于美国国内采取的制衡措施取得更大成功引起的。在采取行动时，肯尼迪及其顾问班子在无意间引发核大战的风险与衰退的风险以及采取某些强硬手段实际上可以防止衰退的预期可能性之间做了仔细的权衡。严重的衰退必然伴随着强硬的政策：美国官员们越是认为如果不采取更
[187] 加强硬的行动，衰退将更加严重，他们就越有可能去冒核大战的风险。[①] 除了偶然对主要目标造成一定障碍之外，国内层面的因素对决策几乎没有什么影响。肯尼迪及其“执委会”的政策选择是基于加强美国安全的考虑，而不是出于任何个人或群体自身的利益。

危机的酝酿阶段

要想研究美国在 10 月间的行为，就必须首先对此前四个月美国领导人日益加剧的忧虑情绪有所了解。7 月 9 日，肯尼迪收到一份新的关于战略力量变化趋势的“国家情报评估报告”，其中的结论令人有些沮丧。苏联的洲际弹道导弹计划加快了步伐，并且把轰炸机纳入弹道导弹攻击计划。这些运载设备全部装备了核武器，其威力是广岛原子弹的数百倍。苏联的意图非常明显：在一场先发制人的攻击中，苏联可以迅速对美国的军事基地实施打击，并且能够同时应付美国的报复行动。[②] 肯尼迪立即要求成立一个由重要部门组成的特别委员会，对“国家情报评估报告”进行研究，并在一个月内提交一份新的报告。[③]

8 月 23 日，一份由国务卿、国防部部长、中央情报局局长和参

---

① 司各特·萨冈（Scott Sagan）在复杂组织与古巴危机方面的深入研究（Sagan, *The Limits of Safety*, Princeton: Princeton University Press, 1993）表明，利用突发事件在客观上无意间引发战争的风险甚至比“执委会”成员想象的还要大。

② 参见“国家情报评估报告”(NIE), 11 - 8 - 62, 6 July 1962, NSA (*SE*): doc. 372。

③ *FRUS*, 1961 - 1963, vol. 8: 342 - 343.

谋长联席会议主席共同签署的详细分析报告放到了肯尼迪的办公桌上。莫斯科正在全力以赴，试图尽快在力量上与美国形成势均力敌的局面。尽管只要实施 1961 年批准的计划，美国就能维持自己的优势，但最大的危险却完全取决于苏联人的感觉。一旦苏联领导人认为自己取得了暂时的军事优势而时机却稍纵即逝，战争便随时可能发生。为了避免苏联人由于感觉到衰退的迹象而采取冒险行动，华盛顿必须抢先下手，"以确保不会出现这种被动局面"。[①] 因此，报告强调指出，一旦苏联人发现势力均衡发生的显著变化对他们有利，美国因此而采取的"追赶"行动势必增加战争的可能性。[②]

如果回过头来看一看危机前的酝酿阶段，其实美国对古巴导弹的担心早在 1962 年 8 月就开始了。[③] 8 月 21 日，肯尼迪的工作班子讨论了苏联正在加速对古巴进行援助的问题。请看中央情报局局长约翰·麦考恩（John McCone）的会议记录：

> 大家一致认为，当前的形势十分严峻……针对苏联在古巴领土上部署中程弹道导弹（MRBM）这一情况，会议讨论了各种不同的行动方案……大家认为，对苏联在古巴的导弹发射场或其他军事设施采取激烈行动必然导致苏联人对我方尤其是土耳其和意大利南部的军事基地和大量的导弹发射场采取同样的行动。[④] [188]

---

① *FRUS*, 1961 - 1963, vol. 8: 355 - 378, esp. 358, 366.

② 在 20 世纪 50 年代，华盛顿仍然对力量波动和苏联的防范意图非常担心。参见 Copeland, "The Security Dilemma and the Missile Gap Controversy, 1955 - 1961"。

③ 早在 1962 年 2 月，在以麦克纳马拉和腊斯克的名义拟就的一份关于推翻卡斯特罗所需兵力的工作报告［26 February 1962, "Project Cuba," in NSA (CMCR, 1992), no file number］中就曾提出过莫斯科在古巴部署核导弹的可能性。关于起草人所说的"'执委会'成员在 10 月间完全被古巴导弹的突然出现惊呆了"这一谜团，可参见 Sorensen, *Kennedy*, chap. 24; Bundy, *Danger and Survival*, chap. 9; and Schlesinger, *Thousand Days*, chap. 30。

④ *CIA* (*CC*): doc. 6.

8月23日，总统又召集他的工作班子开会，询问针对苏联在古巴布置导弹的对策："我们是仅仅从空中采取行动，还是在必要的情况下发动地面进攻?"[①] 这次会议之后，总统发表了一个"国家安全行动备忘录"。这个备忘录反映了一种防范意识，并指示国防部仔细研究"可以选择的各种军事手段……以便彻底清除所有能够在古巴对美国发动核攻击的设施。例如，到底是应该实施定点攻击、全面反攻还是直接入侵?"由于"随着时间的推移"，古巴很可能变得强大起来，所以美国必须做好准备。[②]

9月19日，中央情报局向肯尼迪提交的一份评估报告指出，苏联在古巴的中程弹道导弹和中远程弹道导弹（IRBM，射程为中程导弹的两倍）的作用就相当于洲际弹道导弹，标志着"一种强大的打击能力"，"将使未来发生的战争中针对美国的攻击能力得到全面提高"。对此，军界必须要有所准备。[③] 在9月间，军界制定了两项重要的应急计划：OPLAN 312号计划，即对古巴实施空中打击；OPLAN 316号计划，即在空中打击开始七天之后实施全面入侵。[④] 10月1日，国防部长罗伯特·麦克纳马拉（Robert McNamara）与参谋长联席会议成员一起讨论了如上计划的可行性。他们决定对古巴进行封锁，以便根据需要采取行动。次日，麦克纳马拉通知参谋长联席会议："［如上计划的］政治目标已经确定，即彻底消除苏联进攻性武器系统的威胁，如有必要，则连同卡斯特罗政权一起清除掉，以便一劳永逸地解决古巴导弹问题。"10月6日，OPLAN 312和OPLAN 316号计划全面启动，全国进入最高戒备状态。[⑤]

---

① 参见麦考恩的记录，*CIA*（*CC*）：doc. 8。

② NSA（*CC*）：doc. 295；*CIA*（*CC*）：doc. 9.

③ NSA（*CC*）：doc. 425.

④ NSA（*CC*）：doc. 3087，pp. 17－23.

⑤ NSA（*CC*）：doc. 2925，pp. 1，7－9；doc. 3087，p. 40.

简而言之，从在古巴“突然”发现中程弹道导弹到古巴导弹危机正式开始（10 月 16 日星期二）的整整一个星期内，美国一直在为针对古巴导弹采取预防性军事行动进行准备。这并不是因为美国人天生具有侵略性或愿意冒险，因为在 9 月间，号召运用公开手段推翻卡斯特罗即实施“猫鼬 B 计划”仍然是主要目标。之所以转而采用 OPLAN 312 和 OPLAN 316 号计划，实际上是古巴变为苏联导弹基地这一事实日渐明显所致。

危机的第一个星期

10 月 16 日星期二上午，一早就有人告诉肯尼迪，关于古巴存在中程弹道导弹基地的消息已经得到证实。午间 11 点 50 分，“执委会”举行了第一次会议。尽管“执委会”像往常一样也分为鹰派和鸽派，但这次所有成员的意见却惊人一致：必须立即采取军事行动。同样令人惊奇的是他们所表现出的那种迫不及待的情绪，即一致认为必须在导弹部署就绪之前采取行动。在 10 月 28 日即赫鲁晓夫同意撤 [189]
走导弹之前，这种情绪一直挥之不去。这些事实进一步证明了如下论点，即在势力均衡随时会发生转化的情况下，那些认为没有多少选择余地的官员无论在政府中处于何种地位，都会不顾增加大战的风险而全力支持采取预防性措施。

在第一次会议上，肯尼迪提出的第一个重要问题就是：“在那堆家伙能够发射之前……我们还有多少时间？”① 麦克纳马拉指出，在制定计划时，弄清“导弹能够具备发射能力的准确时间”是非常重要的。关于这一点，最恰当的估计是两个星期。正因为做出了这样的估计，此

---

① 肯尼迪对多次“执委会”会议进行了秘密录音。这里引用的 10 月 16 日和 27 日的录音文字大多出自邦迪根据录音整理的材料［NSA（*CC*）：docs. 622，623，and 1544］，并按照恩斯特·梅（Ernest May）和菲利普·采里科夫（Philip Zelikow）最近提供的录音材料（*KT*）做了必要的补充。前者较好地保留了实际讨论过程中的停顿和起点。至于其他会议录音，除非我自己占有的材料能对照出 *KT* 中的缺漏，基本上都是原文引用 *KT*。

后两天的讨论才比较平静，而当中央情报局在星期五透露，不仅出现了更多导弹甚至包括洲际弹道导弹，而且某些导弹已经具备发射能力时，他们才感到极度震惊。会议讨论的其他问题主要集中在采取何种军事行动最为恰当，而不是应不应该采取军事行动。麦克纳马拉认为，空中打击的范围必须“相当广泛”，并且必须在导弹具备发射能力之前实施，“［这一点］是极其重要的”。他在提到既定计划时又说，打击可能在几天内实施，军界必须随时准备“在空中和海上同时”展开入侵行动。

会议开到一半时，肯尼迪突然转入苏联人部署导弹的动机这个话题。他一开始说的一番话以及后面的讨论都是非常耐人寻味的：

> 肯尼迪：到底是，嗯，什么……苏联人把这些家伙竖起来，啊，是为了……肯定有某个重要原因，肯定是他们对自己的洲际弹道导弹感到不满意。到底是什么原因让他们，嗯？……
>
> 泰勒（参谋长联席会议主席）：……其已经完成针对美国的短程导弹发射基地，啊……能够装配他们那些有缺陷的洲际弹道导弹系统。

国务卿迪恩·腊斯克（Dean Rusk）则附和道：

> 赫鲁晓夫……当然知道我们拥有巨大的核优势，但他同时也知道，我们对他的核武器的担心并没有达到……他曾经害怕我们的那种程度。更何况，我们在附近，在土耳其和其他一些地方，也有不少核武器。

这是第一次会议的讨论中唯一涉及苏联动机的内容。[①] 如上的发

① 第二次会议对苏联动机也做了简短的讨论，得出的结论与这次讨论完全一致。

言表明，“执委会”的所有成员包括肯尼迪本人在内，都始终认为苏联正在利用古巴导弹作为一种实现战略平衡的应急手段。[①]

在会议的后半段，总统列举了所有可能的政策选择，但都属于军事行动：精确的空中轰炸、全面的空中打击以及入侵行动。针对与会者对衰退趋势的担忧情绪，他指出：“我认为，我们在导弹问题上已 [190]
经没有多少时间了……我们不能空等两个星期，再按部就班地去解决这个问题。如果我们决定这样做，或许我们应该先想办法把这些家伙弄走，然后再去准备其他事情（指入侵）。”他补充说：“我们肯定要实施［精确打击］，我们必须要把这些导弹弄走。”因此，第一次会议结束时，肯尼迪实际上做出一个试探性的决定：立即实施空中打击，然后进行全面空中打击或采取入侵行动。

在当天晚间6点30分开始举行第二次会议之前，并没有人提到过后来选择的封锁方案。有意思的是，当麦克纳马拉提出这一方案时，并没有人响应，讨论的问题仍然集中在军事手段的选择上。[②] 同样也是在这次会议上，麦克纳马拉首次提出古巴导弹对美国可能并不是一种真正威胁的想法。国家安全顾问麦克乔治·邦迪（McGeorge Bundy）认为，会议正在讨论的是如何采取军事行动，然后他又质问，古巴导弹是不是已经严重改变了战略平衡态势。麦克纳马拉回答说：“根本没有改变。”这样看来，麦克纳马拉的意见并没有得到认可。到第二天，支持这种想法的人就更少了。人们在危机过后普遍认为，古巴导弹并不能说明势力均衡真正发生了变化，只不过感觉上如此而已。如果要否定这种观点，你不应忘记在麦克纳马拉说出这番话

---

① 关于苏联的动机，可参见309页注释②。另外，还应注意土耳其和古巴问题的相似之处。正如邦迪所言：“诚如［腊斯克］所言，可以对古巴同［美国在］意大利、土耳其和日本［的导弹］进行多方面比较。”

② 麦克纳马拉在会议即将结束时再次提到这一想法，但当时任何人都没有转过来对此表示支持。

之后的两天之中，只有 12 个中程导弹发射装置部署就位。由于根据当时的估计，苏联的武器库中共有 75 个洲际导弹发射装置，这个数字只相当于战略导弹增加了 16%。但是到星期六，已经证实的发射装置却达到 36 ~ 40 个，其中包括能够覆盖美国大部分领土的中远程弹道导弹。所谓 50% 的增长是后来得到肯尼迪认可的数字①，而这仅仅是苏联在古巴部署的第一批导弹。

甚至在星期二晚间的会议上，参谋长联席会议主席马克斯韦尔·泰勒（Maxwell Taylor）就一直抓住导弹总数可能会增加这个问题，并告诉麦克纳马拉：

> 你所说的没错，的确还有……另外一些导弹，嗯……正在对着美国。啊，但是，对于，对于苏联的打击能力来说，这些导弹可能成为一种，一种非常，一种相当重要的补充和增援。我们实在吃不准他们会走多远。

对于这个问题，总统本人突然插话表示认同：

> 可以这么说，嗯，他们能把，把导弹放在那里，但你却不能，啊，他们有足够的核弹头，而我们却没有。但是，你又不想把这些家伙弄走，［因为］，啊，这更像是一场赌博。然后，他们就会
> [191] 在那里开始建立空军基地，再然后，他们就会更加肆无忌惮。

泰勒接过话头说道，美国目前在与苏联对抗这个问题上将再次面

① 只有赫鲁晓夫以及为数不多的人清楚，苏联洲际弹道导弹发射装置的真实数量只有 20 个。因此，在更短的时间内并且在不发出警告的情况下覆盖相同目标的 40 个发射装置使苏联的战略导弹几乎在一夜之间变成了原来的三倍。参见 Allyn, Blight, and Welch, *Back to the Brink*, 53。

临“一种刀架在脖子上的凶险局面”。肯尼迪总统回答说，这“表明［为什么］的确应该这样来解决猪湾问题”，也就是说，他坚持在局势恶化之前尽早消灭卡斯特罗是非常正确的。[①] 然后，肯尼迪认为这些导弹对美国的决心也是一种挑战。于是，美国在这些导弹的问题上确定了两个目标，即保护美国本土和维持更为有效、更为广泛的威慑以确保美国对势力范围内潜在力量的控制权。

鉴于当时的官僚政治模式，这些部门官员在第二次会议上的行为表现的确有点令人困惑不解。大法官罗伯特·肯尼迪（Robert F. Kennedy）“在一开始就不是什么鸽派”[②]，而是“执委会”成员中最强硬的主战派，他一直试图让与会者做出最为极端的选择——入侵。国防部部长和参谋长联席会议主席则更谨慎一些。麦克纳马拉提醒大家注意军事行动的危险性。尽管泰勒赞成实施全面打击，但他却反对采取入侵行动，甚至声称，参谋长联席会议认为不采取任何行动要强于有限打击，因为只要是打击就可能引起苏联人的报复。总统回答说，他不会让参谋长联席会议的反对意见成为入侵行动的障碍。[③]

强调国内层面因素的论点是很难讲得通的。除了麦克纳马拉在第二次会议上曾有这是“一个国内政治问题”之说，就再没有人在10月16日提到过这个问题的重要性。引用麦克纳马拉观点的人大都认为，美国官员的动机是国内因素，而不是国家安全。[④] 然而，当时的会议记录表明，麦克纳马拉只是认为，虽然肯尼迪在所发表的公告中声称，一旦在古巴发现进攻性导弹，他就会“采取行动”，但并不意

① 正如下文所见，肯尼迪对导弹总数会出现实质性增加的担心是有充分根据的。卡斯特罗在5月间曾告诉苏联人，如有必要，他甚至可以接受1000枚导弹。参见 Carlos Lechuga, *In the Eye of the Storm*（Melbourne：Ocean，1995），35。

② 参见 Schlesinger, *Robert Kennedy and His Times*, 546。

③ *KT*, 97 - 98.

④ 参见 Lebow, "Domestic Politics and the Cuban Missile Crisis," *Diplomatic History* 14（fall 1990）：471 - 492；and Thompson, *The Missiles of October*, 353。

味着必然选择军事手段。所以，封锁策略仍然是可行的。简而言之，麦克纳马拉并不像国内因素决定论那样，认为民主党会利用这次危机增加在大选中获胜的砝码。其实，他不过是在思索保证国家安全的最佳方法，并强调国内政治并不会左右美国的抉择。[①]

就第一天的情况而言，显而易见，除了麦克纳马拉在第二次会议上提出了一点异议之外，所有与会者在三个核心问题上均达成了共识：第一，古巴导弹标志着势力均衡出现了难以接受的变化，而这种变化直接威胁着美国本土的安全，同时也严重削弱了美国的威慑力量；第二，苏联人之所以采取行动，是为了稳固其脆弱的战略地位；第三，必须立即采取预防性军事行动，因为古巴导弹随时会具备发射能力。这样一种思维方式完全符合动态差异理论所做的假设。面对日益临近的衰退，同时又没有恰当的内部或外交手段可以阻止这种衰退，美国官员只能准备展开一场暴力冲突，即使去冒造成事态升级为
[192] 大战的风险也在所不惜。

随后三天里（从星期三到星期五），在“执委会”举行的所有会议中，总统本人只有一次因为不在华盛顿或出席预先安排的其他会议而没有参加。在“执委会”会议上，大家围绕着两种主要方案，即实施全面空中打击和采取封锁行动展开争论。星期三，“执委会”在国务院举行了三次小型会议。会议上又提出另一个重要问题——并不是莫斯科或美国人民作何反应，而是同盟国作何反应——从而使这个工作班子最终选择了封锁方案。很显然，美国的突然袭击必将损害自己的两大目标之一，即同盟国的忠诚。正如罗伯特·肯尼迪在星期三所说，如果美国在没有首先尝试某种非军事行动的情况下对古巴发动攻击，同盟国就会认为美国是一个“喜怒

① *KT*, 112 – 116.

无常的”大国。[①]

星期三，与会者在最佳选择方案这个问题上并没有达成一致意见。[②] 令人惊奇的是（但对于官僚政治模式的确如此），国务卿迪恩·腊斯克倒成了一个强硬的鹰派人物，主张立即对古巴导弹实施打击，然后准备入侵行动。总统本人也仍然倾向于尽快采取军事行动。[③]

10 月 18 日星期四早晨，肯尼迪又召集“执委会”成员开会。[④] 会议一开始，腊斯克就力主实施军事打击。他重申了采取行动的两大理由：防止军事势力均衡发生危险的变化和避免外围力量的损失。他强调指出，古巴并不仅仅是“我们做这些事情的一个偶尔利用的基地”，而是一个“重大的军事问题”，无论与苏联直接冲突还是出于全球战略斗争的考虑均是如此。

在主张采取军事行动时，腊斯克也承认“的确面临着极大的风险”。莫斯科很可能会在柏林或朝鲜问题上进行报复，甚至会针对美国本身采取行动。1914 年发生的那一幕很可能重现，“当时的某些事件使得整个局势如箭在弦上，每一个卷入其中的政府都无法脱身”。这些言论表明，即使是平时谨慎有加的人，一旦面临剧烈衰退的局面，也只能采取故意增加大战风险的手段。然而，并不是所有的官员都愿意站在这种危险的边缘，至少在当时是如此。驻莫斯科前大使查里斯·鲍林在一份报告中就认为，鉴于针对古巴采取的行动“将大大增加全面战争的可能性”，所以他主张应首先进行外交努力。另一位

---

① *CIA*（*CC*）：doc. 57. 当天关于苏联动机的讨论更加坚定了如下观点：莫斯科试图改进其对北美地区的打击能力，并削弱美国在欧洲和拉丁美洲的地位。参见 *CIA*（*CC*）：docs. 52, 53, and 57。

② 备忘录中并没有对各种选择的利弊提出建议，参见“Possible Courses of Action,” NSA（CMCR, 1992 - 1993）, CMC I, no file number; and “Some Possible Subsequent Courses of Action and Counter-Action,” NSA（CMCR, 1992）, CMC - 8702125。

③ 参见麦考恩的记录，*CIA*（*CC*）：doc. 55。

④ 参见本人整理的材料，JFKL Presidential Recordings, 18 October 1962, Tapes 30. 2 and 30A. 1; and *KT*。另参见麦考恩的记录，*CIA*（*CC*）：doc. 60。

驻莫斯科前大使勒韦林·汤普森（Llewellyn Thompson）也极力主张，实施封锁才是上策。参谋长联席会议主席泰勒则是腊斯克的支持者，他强调莫斯科正在把古巴变成一个“把主要地盘向前推进的基地”。

肯尼迪希望知道他的选择（即全面空中打击）是否会导致针对美国使用核武器的严重后果。麦克纳马拉认为，苏联人应该不会动这个念头，但他们却无法阻止古巴人这么干。会议也讨论了造成事态升级的方案。麦克纳马拉认为，赫鲁晓夫必然会对攻击古巴的行动做出
[193] 强烈反应。肯尼迪认为美国可能不得不允许苏联占领柏林，但其他人则表示反对，认为美国必须保护这座城市。“执委会”的许多成员都认为，这很可能意味着美国和苏联军队之间会发生直接冲突，从而导致“全面战争”。

肯尼迪最后把讨论的情况归结为这样一个难题：打击古巴就会伤害同盟国，因为各同盟国会认为，是华盛顿把它们拖入全面战争的危险之中。然而，如果华盛顿不采取行动，那么同盟关系很可能会恶化。他的结论是，后一种情况更为不利。所以，根本的问题就是，对古巴导弹采取什么样的行动才能维护同盟的团结，而同时又能“减少显然只能以失败告终的核交易的可能性”。①

总之，危险是显而易见的。然而，在会议的后半段，与会者仍然认为军事行动是第一选择，并集中讨论了如何以政治方式予以实施的问题。这仍然取决于力量的动态变化情况：导弹发射场正在迅速建设之中，并且正如罗伯特·肯尼迪所说，封锁行动又见效太慢。总统指出，如果采取全面空中打击作为行动方案，他可以在星期五宣布已经发现了导弹，让国会开会做出决定。那么，“我们在星期六就可以把这些家伙（导弹）弄走了”。归根结底，“一切都是为了对付这些导弹”。②

---

① 引文出自本人整理的材料（*KT* 原文是：肯尼迪认为核交易将是一次“重大失败”）。

② 有趣的是，甚至在早期阶段就讨论过用土耳其导弹换取和平解决方案的想法。

会议结束时，并没有形成正式决定。但是，至少有两个问题已经得到解决，即否定了有限打击和纯粹外交努力方案。所以，现在只剩下封锁和全面打击（很可能随后采取入侵行动）这两种方案可供选择。会议同意成立两个工作组，对这两个备选方案进行研究，并在肯尼迪完成竞选活动返回首都后向他报告情况。重要的是，封锁只是作为整个行动的第一步，因为“根据形势的发展，随后将进一步采取必要的行动”。①

星期五一大早，刚刚传来的消息称，又发现了一些新的发射装置，有些已经安装了中远程导弹。上午 9 点 45 分，参谋长联席会议主席向肯尼迪简单陈述了自己的观点，并建议立即实施全面打击行动。肯尼迪在权衡利弊得失之后，说出了自己面临的难题：打击无疑会减少针对美国使用导弹的可能性，也有利于巩固美国在拉丁美洲的统治地位，但这必然会迫使莫斯科采取报复行动，这样就使他除了进行一场核交易之外很难有别的选择。当然，肯尼迪也指出了封锁带来的问题。所谓优势，即减少升级为核战争的风险，其实并没有实际意义，因为莫斯科必然会仿效在柏林的做法，并且古巴导弹也不会撤走。因此，肯尼迪给人的印象是：尽管他显然对事态升级的风险非常担心，但他还是愿意在两种激烈行动方案中选择军事打击。②

到上午 11 点，“执委会”在肯尼迪缺席的情况下再次碰头，邦

---

① 参见麦考恩的会议记录，*CIA*（*CC*）：doc. 60。

② 参见 *KT*，173－188。围绕导弹重要性进行的这次讨论是很有意思的。陆军总参谋长厄尔·韦勒（Earle Wheeler）强调认为，这些导弹大大提高了苏联对美国的攻击能力。海军陆战部队司令大卫·绍普（David Shoup）则反驳说，全世界的公众舆论不可能理会你这种担心，因为人们希望莫斯科在几年内拥有同样数目的洲际弹道导弹。肯尼迪也认为，苏联很快会拥有大量的洲际弹道导弹。同时他又指出，尽管部署在古巴的导弹不会提高苏联未来的整体实力，却“在眼下造成了巨大的危险”（*KT*，173－188）。因此，肯尼迪认为苏联人最终会寻求一种对等局面。然而，通过如此显著和如此迅速地提高自己的实力，他们必然会损害美国根据 1961 年的军事集结计划继续保持领先的能力。这就不仅会破坏美国扩大威慑力量的政策，并且可能使苏联产生一种具有暂时优势但很快会衰退的感觉，从而迫使莫斯科发动预防性战争。

迪又对前一天晚间已经一致同意的封锁方案提出异议。[①] 他讲到当天
[194] 早晨与总统会见的情况，认为封锁只能耗费时日，而军事打击却是迅速而有效的。[②] 后面的讨论表明，主张立即采取军事行动的一方［包括邦迪、泰勒、前国务卿艾奇逊和财政部部长道格拉斯·迪隆（Douglas Dillon）］和赞成采取封锁方案的一方（罗伯特·肯尼迪和麦克纳马拉）之间出现了巨大分歧。

在这次会议上，中央情报局又透露了一些新的军事动态：部署在古巴的导弹发射装置已经达到40个，而不是原先所说的12个，并且其中有16个属于中远程导弹，几乎可以覆盖整个美国大陆。更令人感到震惊的是，至少有两个中程导弹发射场已经“具备发射能力”（中央情报局在星期二曾声称至少需要两个星期才能安装就绪）。国家影像判读中心主任阿瑟·伦道尔（Arthur Lundahl）回忆说，在获悉这些信息之后，“执委会”成员变得非常紧张。[③] 毫无疑问，他们的这种紧张情绪由于中央情报局当天散发的一份特别评估报告而进一步蔓延开来。这份报告指出，部署在古巴的中程和中远程导弹可以大大提高苏联洲际弹道导弹的打击能力，因为古巴导弹可以用相应的核弹头打击同样的目标。不仅如此，这样的导弹更为精确，因为“为了先发制人或第一次打击，部署在古巴基地的导弹比苏联本土的导弹更具优势，它们可以用更少的飞行时间就打到美国本土，并且可以从

① 关于星期四晚间的讨论情况，可参见 *KT*, 171 - 172。

② 参见会议记录，NSA（*DR*）：doc. 21。从他说话的方式来看，他是在暗示总统对他的意见是赞成的。肯尼迪仍然倾向于采取军事行动，他在第二天的行为以及他在星期四要求自己身边的助手西奥多·索伦森（Theodore Sorensen）起草给赫鲁晓夫和卡斯特罗的最后通牒（确认将实施军事打击）就充分表明了这一点。参见 NSA（*CC*）：doc. 676，and “To：F. C. [Fidel Castro]，” JFKL，Sorensen Papers，Box 49，“Cuba-Subjects Standing Committee，9/62 - 10/62 and undated”。当时并没有有关封锁方案的相应文字，所以索伦森直到星期六才开始准备关于实施封锁的演讲。参见 Sorensen，*Kennedy*，686 - 693。

③ 参见 Brugioni，*Eyeball to Eyeball：The Inside Story of the Cuban Missile Crisis*，303；NSA（*CC*）：doc. 3302。

美国弹道导弹预警系统（BMEWS）尚未覆盖的方向进行发射”。不仅如此，还存在一个未来继续在古巴安放导弹的问题。如果华盛顿对古巴现有的导弹听之任之，那么莫斯科只要从自己“庞大的武器库”中取出更多的中程导弹就可以了。该报告最后指出：“所以，在不久的将来，苏联对美国军事和民事目标先发制人的整体攻击能力就会通过古巴基地的导弹得到大幅度提高。”①

从罗伯特·肯尼迪当天所说的一番话中可以看出，预期中的衰退已经在美国高层产生了重大影响。星期二晚间，他仔细思考了眼下与苏联打一场核大战是否比未来开战更为有利这个问题。② 在星期五的会议上，面对越来越严峻的局势，罗伯特·肯尼迪以非常坚定的语气表达了自己的观点。请看当时的会议记录：

> 在这次会议上，曾不止一次地提到过爆发核冲突的可能性。有一点已经明确，即一旦古巴导弹安装完毕并具备了发射能力，就会形成一种新的战略格局，美国就会比以往任何时候都更直接、更完全地暴露在敌人的弹头之下……在讨论期间，大法官认为，考虑到美国的未来，如果我们决定面对苏联的威胁，立即奋起反抗并一举消灭之，这对我们的子孙是一件幸事。如果等到未来某个时间再采取这一行动，形势必然更为不利，风险会更大，而成功的概率只会更小。③

对于这种反向的动态变化，与会者们的感觉至少是非常真实的——必须立即采取行动，防止在未来出现这种恐怖的局面。 [195]

10 月 20 日星期六，罗伯特·肯尼迪和麦克纳马拉亲自访问了国

① NSA（*CC*）：doc. 696.

② NSA（*CC*）：doc. 623.

③ NSA（*DR*）：doc. 21.

家影像判读中心，以便核实古巴中远程导弹发射场的运行状况。他们看到的照片表明，发射场的建设工作进展神速。但是，他们一致认为，如果立即发动攻击，完全可以轻而易举地把这些发射场摧毁。① 午后 2 点 30 分，国家安全委员会全体会议开始举行。总统对这些导弹在军事上的重要性已经没有丝毫的疑问："按照他的观点，古巴的 50 架［轰炸机］并不会影响到势力均衡，但在古巴部署导弹就完全不同了。"② 他仍然倾向于采取军事行动。他认为，封锁只会让更多的导弹具备发射能力，从而造成更严重的威胁。罗伯特·肯尼迪则采取了一种中间立场：先进行封锁，但只给莫斯科很短的时间做出反应。如果苏联不立即停止导弹基地的建设，那么就实施空中打击。总统被说服了，他决定立即实施封锁，但仍然准备在下星期一或星期二实施空中打击。同时，他还批准就全面入侵古巴进行最后的准备。③

次日上午，总统再次会见了泰勒、麦克纳马拉、罗伯特·肯尼迪和空军作战司令部司令员瓦尔特·斯韦尼（Walter Sweeney）将军，讨论军事行动的细节问题。麦克纳马拉证实，在古巴已经部署了 40 个发射装置，这意味着苏联的战略导弹力量提高了大约 50%。④ 这一数字源于中央情报局的分析⑤，后来成为这次危机中的一个重要话题。这些导弹的重要性是显而易见的。次日，肯尼迪私下向英国首相透露："古巴的军事集结一旦完成，就会使苏联针对美国的导弹数目增加一倍。同时，这些导弹还能避开我们的预警系统，因为这个预警

① 参见 Brugioni, *Eyeball to Eyeball: The Inside Story of the Cuban Missile Crisis*, 311 - 313。

② 参见 10 月 20 日国家安全委员会会议记录（RFK Papers），引自 Schlesinger, *Robert Kennedy and His Times*, 550。中央情报局当天的"特别评估报告"证实，这些导弹将对"提高［苏联的］整体战略能力发挥重要作用"。参见 NSA（*CR*）：doc. 24。

③ *FRUS*, 1961 - 1963, vol. 11: 126 - 136. 当天夜间，肯尼迪对麦卡考恩保证，莫斯科拆除导弹的期限只有 72 个小时，否则将立即采取军事行动。参见 *FRUS*, 1961 - 1963, vol. 11: 137 - 138 and 132。

④ NSA（*CR*）：doc. 25.

⑤ NSA（*CC*）：doc. 736.

系统本来并不是针对南方的。此外，如此之近的距离意味着导弹的飞行时间很短，这很可能会使他们冒险实施第一次打击。”[①] 这些决策者当然清楚面临的难题。星期天，一位军事顾问在向副总统林登·约翰逊（Lyndon Johnson）通报情况时说，对于如果美国攻击古巴，莫斯科是否会对美国在土耳其的军事基地进行报复这个问题，各方的意见并不一致。“平息［目前］事态所带来的风险是非常巨大的，并且随着时间的推移，不仅会造成风险，而且这类风险的程度和数量都必然会大大增加。即使进行再多的讨论……也无法缓和目前这种令人不快的现实。”[②]

10 月 22 日星期一，肯尼迪仍然并不十分乐观。午后 3 点，也就是他向全国发表演讲前几个小时，他通知国家安全委员会，无论是否进行封锁，他最终仍然要入侵古巴。即使仅仅实行封锁，也必然会使赫鲁晓夫做出反应，或许会针对柏林甚至美国本身采取行动。[③]

在午间 11 点与顾问班子核心成员举行的一次会议上，又提出了其他一些令人担心的问题。[④] 会议的主要议题是，如果对古巴实施打击，如何尽量降低升级为核大战的风险。星期六，肯尼迪曾询问，是否已经通知美国在土耳其的导弹操作人员，一旦受到攻击先不要还击。麦克纳马拉当时解释说，参谋长联席会议可以向他保证，这些指 ［196］
示已经发出。肯尼迪回答说，必须确保让他们收到这一信息，“因为我已经说过，我们可能攻击古巴，因此随时会遭到报复，但我们不能让他们直接向我们的核武器开火”。[⑤]

---

① *FRUS*, 1961 - 1963, vol. 11: 164.

② “Cuba,” 21 October 1962, NSA (CMCR, 1992), CMC I, no file number.

③ JFKL Presidential Recordings, 22 October 1962, 3: 00 p.m. NSC meeting.

④ 参见本人整理的材料，JFKL Presidential Recordings, 22 October 1962, 11: 00 a.m., Tapes 30.1 and 32.2（*KT* 把这次会议的开始时间标定为 11 点 30 分）。

⑤ 肯尼迪的声音在结尾处有点模糊，他最后一句可能说的是“我们不能让他们用那里的核武器向我们开火”。

然后，国防部副部长尼茨指出："北约战略构想的要求是，一旦发生［土耳其导弹遭到攻击］这类事件，就立即实施 EDP。"肯尼迪问道："什么是 EDP?"尼茨回答说："欧洲防务计划，也就是核大战。所以这就意味着……"肯尼迪愤怒地打断了尼茨的话，声音也高了八度："这就是我们命令［他们］这么干的原因"，意思是说，他的要求是，未经他的授权，任何有关做出反应的命令均不得实施。所以，肯尼迪听到这种话是不可能高兴的。一方面，顾问们的意思是说，发给美国在土耳其的导弹操作人员的常规指示是，他们不能进行反击；另一方面，他当时领会的意思却是，如果美国在土耳其的导弹受到攻击，进行核大战是一种标准的运作程序！此时，对他而言，鉴于驱逐古巴导弹所造成后果的不确定性，做出决定已是迫在眉睫。然而，一个星期慢慢过去了，古巴导弹的部署进程只能迫使肯尼迪去冒这次风险。

危机的最后一个星期

星期一晚间，肯尼迪向全世界宣布了苏联在古巴部署导弹这一事实以及他计划阻止这一军事集结行动的步骤。但是，他并未提到美国战略空军司令部在星期二将进入二级战备状态（DEFCON 2），这是冷战时期运用的最高警戒级别。但是，他的确发出警告称，他将把从古巴发射的针对任何西方国家的任何核导弹视为对美国本土的攻击行为，必然"引起对苏联的全面报复行动"。①

但是，苏联人并不想拆穿这一谎言。早在 9 月间，赫鲁晓夫就决定动用战术核武器和配备核弹头的巡航导弹支援苏联驻古巴的军队。10 月 4 日后，为这些武器以及中程弹道导弹和 IL－2 轰炸机配备的核

① 参见 Theodore C. Sorensen, ed., "*Let the Word Go Forth*" (New York: Bantam Doubleday, 1988), 272－275。

弹头陆续运抵古巴。[①] 到10月22日，赫鲁晓夫发现美国和苏联的军事力量有可能在古巴发生冲突。面对肯尼迪讲话中咄咄逼人的气势，赫鲁晓夫召集了一次最高苏维埃主席团特别会议。他说，苏联必须要做最坏的打算，“他们能够攻击我们，我们就要反击……到头来只能是一场大战”。[②]

他描述了各种不同的结局，其中包括美国对古巴实施军事打击或封锁。由于苏联驻该岛的军队只有41000人，显然难以与美国能够投入古巴的力量相抗衡，所以最高苏维埃主席团批准可以使用战术核武器对付美国的入侵行动。苏联驻古巴军事力量总指挥伊沙·普利耶夫（Issa Pliyev）将军可以不必请示莫斯科核准而直接动用这些武器，但在未接到克里姆林宫直接命令的情况下，他不得发射任何中程和中远程导弹。[③] 因为肯尼迪已经决定，一旦外交努力失败就立即实施入侵 [197]
行动，一场核冲突似乎一触即发。[④]

星期二，克里姆林宫收到了阿纳托利·多布雷宁（Anatoly Dobrynin）大使关于美国人意图的分析报告。秘密情报表明，肯尼迪的顾问班子对美国日益恶化的地位忧心忡忡，并且决心阻止出现进一步的衰退。美国军界尤其担心，美国的战略优势从此将不复存在。[⑤] 这份报告真正抓住了“执委会”的防范心理，然而，由于其中的内容进一步强化了1960～1962年一系列报告中关于美国军界可能希望

---

① 参见 Fursenko and Naftali, “*One Hell of a Gamble*”: *Khrushchev, Castro, and Kennedy, 1958 - 1964*, 206 - 217。

② 参见 Fursenko and Naftali, “*One Hell of a Gamble*”: *Khrushchev, Castro, and Kennedy, 1958 - 1964*, 240 - 241。

③ 引自 Fursenko and Naftali, “*One Hell of a Gamble*”: *Khrushchev, Castro, and Kennedy, 1958 - 1964*, 241 - 242。

④ 大家都清楚其中的风险，即这将会导致全面的核战争。次日，苏联国防部按照部长会议的命令，采取“进一步措施使武装力量［包括战略火箭部队］进入最高的军事戒备状态”。参见国防部长罗丁·马林诺夫斯基（Rodion Malinovski）1962年10月24日给中央委员会的报告，in *CWIHPB*, Issue 5: 73。

⑤ 多布雷宁（Dobrynin）1962年10月23日给莫斯科的电报，*CWIHPB*, Issue 5: 70 - 71。

开战的论点①，所以有可能使赫鲁晓夫更加坚定地认为，必须实现核平衡，并且越快越好。然而，由于当时双方采取的行动在很大程度上是为了维护自己的名誉，为达到战略平衡而采取的行动无疑具有高度的危险性。

星期二，华盛顿迫使美洲国家组织（OAS）批准了封锁方案。虽然苏联人与美国海军遭遇，但并没有越过封锁线。到星期五，苏联人对海岛沿岸的封锁线视若无睹，在古巴的发射场建设显然加快了步伐，所有的迹象都表明，赫鲁晓夫是在抢时间。当天，肯尼迪警告赫鲁晓夫，如果莫斯科不主动把导弹运走，他将立即采取行动予以清除。当晚，赫鲁晓夫的一封私人信件被送到华盛顿，其中声称，如果美国公开承诺不入侵古巴，他就会把导弹撤走。次日凌晨，随着莫斯科广播电台公开宣布，除了如上承诺，华盛顿还必须把美国部署在土耳其的导弹撤走，乐观的气氛顿时化为泡影。

这种层层加码的行为，再加上在古巴发生了击落 U2 飞机事件，使得 1962 年 10 月 27 日弥漫着一种沉重的悲观气氛，成为名副其实的“黑色星期六”。经过激烈争论之后，“执委会”决定只对第一封信做出正式答复，即接受赫鲁晓夫的条件。但是，通过罗伯特·肯尼迪和多布雷宁之间的秘密联系渠道，在星期六晚间形成了一项秘密建议，即以美国撤走土耳其导弹作为撤走古巴导弹的交换条件。尽管明知许多“执委会”成员都反对做任何形式的交易，但一个核心小组还是在晚上 8 点开始研究这一计划。如果华盛顿迫于压力而以盟国利益做交易的秘密泄露出去，美国的第二个目标——扩大威慑力量的信誉——势必难以实现。

罗伯特·肯尼迪把交易底线通知了多布雷宁，而这个小组的其他

---

① 参见 Fursenko and Naftali，“*One Hell of a Gamble*：*Khrushchev*，*Castro*，*and Kennedy*，*1958 - 1964*，” 51 - 52，155，185。

成员只能屏息以待。显而易见，希望并不大。在对土耳其导弹提出了公开要求之后，赫鲁晓夫不愿意再接受一个有损于苏联名誉的私下交易。不仅如此，许多人尤其是麦克纳马拉认为，莫斯科只不过是在故意为安装导弹赢得时间。麦克纳马拉当天下午的行为——反复强调立即实施军事打击，而对进一步谈判毫无兴趣——表明，他当时已经成为“执委会”中最悲观的人。[①] 罗伯特·肯尼迪后来写道，在他向多布雷宁发出那个 24 小时的最后通牒并返回白宫之后，“总统本人并不乐观，我也一样……他仍然没有放弃希望，但到底有多少希望，现 [198]
在就取决于赫鲁晓夫是否会在剩下的几个小时内改变方针。这只是一种希望，而不是一种期待。现在所能期待的是星期二，或许明天，会发生一场军事冲突”。[②] 美国的决策者们正处于一种对军事冲突的期待之中，这一点完全符合理论上的假定：驱逐古巴导弹的需要正在迫使他们采取非常的冒险行动。如果赫鲁晓夫拒绝这次私下交易，那么肯尼迪就很难在不损害美国信誉及其全球地位的情况下接受一种公开交易。[③]

幸运的是，华盛顿在第二天早晨就收到答复，赫鲁晓夫接受了关于土耳其导弹的私下交易。于是，这次危机的主要难题得以解决，随后便开始拆除导弹。反向的力量变化趋势得到扭转，而紧张局势也就

---

① 星期四，为了表明自己对和谈方案的疑虑，他曾对“执委会”全体成员明确指出：“我从来也没有指望不采取实质性手段就能把这些家伙从古巴弄走。”参见 *KT*, 417。

② 参见 Kennedy, *Thirteen Days*, 109; *KT*, 609。总统在前一天曾指出，在剩下的两种选择（和谈与军事行动）中，“我怀疑［前一种］是否会成功”（*KT*, 476）。

③ 腊斯克最近“透露”，星期六夜间，肯尼迪曾同意考虑腊斯克制定的一项计划（其他人对此一无所知），即后来所谓的“科迪尔方案”。哥伦比亚总统安德鲁·科迪尔（Andrew Cordier）曾试图请求联合国秘书长吴丹（U Thant）就撤除土耳其和古巴导弹提出一项公开建议。一旦莫斯科拒绝进行私下交易，还有另一种解决方案。参见 Rusk, *As I Saw It*, 240 - 242。这一新透露的信息表明，肯尼迪很可能在入侵古巴的关键时刻退缩。不过，更新的证据表明，腊斯克的回忆是不正确的。腊斯克的确与科迪尔有过接触，但那是在 10 月 24 ~ 25 日，并且当时只是谈到了土耳其、古巴导弹交易之后的联合国监管问题，而不是一种交易前的承诺。参见 *KT*, 606, n. 3; and White, *The Cuban Missile Crisis*, 202 - 203。

逐渐平息下来。

关于这次危机的最后一个星期所发生的事情，大部分已广为人知，但一些关键细节却并非如此，这主要是因为“执委会”成员拒绝透露这些秘密。古巴导弹是一个极其严重并且越来越严重的威胁，人们往往低估了这一信息对全体成员的影响程度。同时，人们也低估了国务院与白宫之间的合作效率，因为早在赫鲁晓夫于10月27日提出要求之前，两家就已经在土耳其导弹问题上形成了一个私下交易的蓝本，尽管明知北约不可能接受这样的交易（无论是公开还是私下交易）。

“执委会”成员一直声称，他们的工作重点是维持美国同盟体系，而事实上，他们对美国本土的直接威胁因素同样非常关注。然而，这正是他们的难题所在。在危机的最后一个星期，以土耳其导弹做交易显然是美国摆脱古巴导弹困扰从而实现两大既定目标的关键。然而，这种私下交易一旦公开，即使仍然能够维持美国的战略优势，但必然会破坏美国扩大威慑力量的目标。所以，对于这次交易的秘密，必须尽可能地不向外界透露。当这个秘密最终公开时①，全体参与者也必须使之看起来就像肯尼迪早就已经决定撤走部署在土耳其的导弹，所以也就不存在所谓的直接“交易”。

在下文中，我会仔细分析美国在日益逼近的衰退阴影笼罩下在土耳其、古巴导弹交易问题上的决策过程。10月22日星期一收到的两份报告，进一步说明战略平衡的极端重要性。在第一份报告中，邦迪告诉肯尼迪，在同英国首相哈罗德·麦克米伦（Harold Macmillan）打交道时，不要忘了提一下未来部署这个问题，也就是说，如果听任在古巴的军事力量继续集结下去，“就会对整个战略势力均衡造成威胁，因为这个发射基地上堆放着大量的导弹，有可能用第一次打击的

① 参见 Kennedy，*Thirteen Days*。

方式发射出去……现在堆放在那里的导弹尚不能制造这样的灾难，但任其继续集结可就说不准了”。[①]

第二份报告是“执委会”下属的计划委员会主任沃特·罗斯托夫（Walt Rostow）收到的关于苏联意图的分析报告。[②] 这份报告的结论是，苏联人追求军事上的优势，是为了帮助他们解决包括柏林在内的各种地区性问题，使莫斯科能够“以最大的成功机会最后与美国一决雌雄”。[③] [199]

在星期一上午 11 点举行的会议上，“执委会”讨论了土耳其、古巴导弹交易问题。[④] 在邦迪当天收到的一份报告中曾提到过一个障碍：美国只拥有“核弹头”的“监管权”，意思是说导弹本身是土耳其的财产（在星期六再次提出过这个问题）。[⑤] 至于包括土耳其在内的各同盟国的态度，各方面的情况报告也相当令人沮丧。星期二，美国驻北约大使托马斯·芬莱特（Thomas Finletter）发回的报告称，各同盟国对缺乏磋商一事甚为不悦。于是，在星期一夜间，便开始巧妙地试探土耳其方面的态度。星期三，腊斯克向芬莱特和安卡拉的美国大使雷蒙德·黑尔（Raymond Hare）发出了一封电报，通知他们和谈方案可能涉及拆除和撤走“朱庇特”导弹的内容。腊斯克指出，这样会给北约内部美国与土耳其之间的关系带来严重的政治－军事问题。他要求黑尔对撤走导弹的后果做出评估，同时要求芬莱特就其他

---

① NSA（*CC*）：doc. 842.

② 设立这个由各个部门专家参与的分委员会是为了研究未来局势并为“执委会”提供建议。10 月 21 日以后，“执委会”成员认为该分委员会已经没有多大用处。

③ NSA（*CC*）：doc. 819. 另参见哈里曼给助理国务卿乔治·巴尔（George Ball）的报告［NSA（*CC*）：doc. 816］和国务院苏联集团政治、军事事务特别助理雷蒙德·加索夫（Raymond Garthoff）给罗斯托夫的报告［NSA（*CC*）：doc. 940］。关于柏林方面，可参见 *KT*, 678－680; and Allison and Zelikow, *Essence of Decision*, 99－107。

④ *KT*, 216－217.

⑤ 参见 1962 年 10 月 22 日“给麦克乔治·邦迪的备忘录”，JFKL NSF, Box 226, Folder “NATO Weapons, Cables－Turkey”。

同盟国的立场提出意见。[①]

在发出这封电报时，腊斯克知道不可能很快就得到回音。星期二，他收到一份报告，建议他向土耳其施压，一旦多边海上核力量（MLF）准备就绪，就立即宣布分阶段撤走中远程导弹。[②] 多边核力量的进展情况是解决土耳其导弹问题的前提，因为华盛顿不可能采取任何会使安卡拉感到“美国是受到某种压力违心地放弃这些武器”的行动。[③]

但是，最根本的是时间问题。星期二，中央情报局的报告称，有三个已经证实的中远程导弹发射场正在迅速建立起来。[④] 星期三，罗斯托夫向邦迪提交了两份分委员会的分析报告，而邦迪随后就把这些文件交给了肯尼迪。第一份报告认为，驱逐古巴导弹的问题越来越急迫，因为莫斯科正在对已经运抵和即将运抵古巴的导弹加紧进行部署。[⑤]

第二份报告提供了该分委员会在苏联意图和美国政策问题上的观点。美国最近的军事集结行动打破了苏联的如意算盘，因此，莫斯科“必然会尽快地修复平衡关系，同时让美国相信它已经在这样做，或者做得更多”。否则，它将在冷战竞争中处于“一种严重的并且越来越严重的不利地位”。但是，古巴导弹却改变了这种变化趋势。因此，如果华盛顿“对苏联拒绝合作的态度不能采取进一步行动，用武力胁迫的方式清除古巴的导弹基地”，那么美国的利益将“面临严峻的挑战”。立即采取行动的理由主要有三点：封锁持续的时间越

① NSA（*CC*）：docs. 953 and 1080. 另参见 1962 年 10 月 24 日给黑尔和芬莱特的电报，JFKL NSF, Box 226, Folder “NATO Weapons, Cables – Turkey”。

② “多边核力量”这一理念主要是指由三个以上不同国家组建以潜艇为主的舰队，目的是通过给予欧洲人某种控制核决定权的感觉而进一步扩大威慑力量。

③ “SUBJECT: Cuba,” 23 October 1962, NSA（CMCR, 1992 – 1993）, CMC I, no file number.

④ 参见“实时情报备忘录”，NSA（*CC*）：doc. 905. 另参见 *KT*, 348。

⑤ NSA（*CC*）：doc. 1192.

长，造成事态升级的风险就越大；时间越长，对苏联越有利；古巴导弹对美国的战略力量是一种直接威胁。[1] 因此，紧迫感日趋强烈。当天夜间，肯尼迪告诉麦克米伦，苏联的军事集结行动一直没有停止，他必须立即做出决定，或者冒险直接入侵古巴，或者等到赫鲁晓夫在柏林采取行动之后再入侵古巴。等待虽然能减少事态升级的风险，但如果听任古巴导弹基地的建设工作继续下去，“［战争的］危险在两个星期内必然大大增加”。[2] [200]

此时，国务院正在幕后试探达成一种可能的导弹交易。星期三，罗斯托夫在向腊斯克提交的备忘录中重申，一旦多边核力量部署就绪，土耳其和意大利就必须接受分阶段撤走中远程导弹的计划。[3] 不过，这样一来就出现一个问题：各同盟国从来也没有对多边核力量的理念表现出足够的热情。在未来几天内就此达成一项协议是不可能的，除非美国使用强制手段，但这样就会破坏同盟的团结。

所以，在随后的几天里，美国一直在进行紧张但相对温和的努力，以说服各同盟国接受多边核力量计划，试图使这一计划看起来更像是一个欧洲行为。但是，欧洲人并没有上钩。至于土耳其方面，相对温和的外交努力同样也没有获得令人满意的成果。星期四，芬莱特报告称，土耳其人坚持认为“朱庇特”导弹是北约决心的象征。他警告说，这样的导弹交易会破坏同盟的团结，因为会给人们造成这样的印象，每当莫斯科制造危机时，华盛顿总是出卖欧洲人的利益。[4]

此时，美国正处于进退维谷的境地。除非像举起入侵古巴这根“大棒”一样，也给他送上土耳其导弹这根“萝卜”，否则，赫鲁晓

① NSA（*CC*）：doc. 1164.

② *KT*, 385 – 388.

③ “SUBJECT：Cuba，” 25 October 1962，JFKL NSF，Box 226，Folder “NATO Weapons，Cables – Turkey.”

④ *FRUS*，1961 – 1963，vol. 11：213 – 215；NSA（*CC*）：doc. 1328.

夫是不可能退缩的。然而，由于导弹交易对美国人并不重要，但对欧洲人却非常重要，所以有姑息养奸之嫌。这就形成了一个超越现实的悖论：肯尼迪必须把导弹驱逐出古巴，以维持扩大威慑力量和保证美国安全所需要的物质优势；做到这一点而又不必冒核大战风险的唯一途径，就是以土耳其导弹作为交易。然而，这种交易一旦被曝光，就会破坏美国全球地位的思想基础——美国决心面对苏联压力的声誉。

到 10 月 26 日星期五，美国构想出了一种摆脱进退维谷境地的策略，但并没有多大的成功把握。华盛顿要尽快消除有关土耳其、古巴导弹交易的谣传，与此同时，提出“北极星”潜艇导弹和多边核力量计划，说明事态升级的可能后果，并希望欧洲人能够得到这样的信息：为避免全面战争，他们必须建议分阶段撤走部署在土耳其甚至意大利的导弹。这项策略是在两个备忘录中提出的，一个是腊斯克向总统提交的备忘录，另一个则是罗斯托夫向腊斯克提交的备忘录。[①] 第一个备忘录提醒肯尼迪，他必须给莫斯科留一点面子。对于欧洲各同盟国，华盛顿必须避免造成这样的印象：“我们正在出卖危机前形成的同盟或美国本身的利益，以换取撤走［古巴导弹］这一结果。”如果在这个问题上有所疏忽，就会破坏同盟的团结。[②]

肯尼迪当然清楚采取何种措施才会给苏联留住面子。在这个星期
[201] 之前，他就与其弟（罗伯特·肯尼迪）私自做出了一个重要决定。星期二，新闻记者弗兰克·霍尔曼（Frank Holeman）转告肯尼迪兄弟的秘密联系人吉奥尔基·波利沙科夫（Georgi Bolshakov），罗伯特·肯尼迪正在考虑以土耳其导弹换取古巴导弹的交易方案。[③] 但这

① NSA（*CC*）：docs. 1446 and 1448.

② NSA（*CC*）：docs. 1446.

③ 参见 Fursenko and Naftali，“*One Hell of a Gamble*”：*Khrushchev*，*Castro*，*and Kennedy*，*1958 - 1964*，249 - 250。另可参较多布雷宁 1962 年 10 月 24 日给莫斯科的电报，*CWIHPB*，Issue 5：71 - 73。

一消息被苏联在华盛顿的情报机构截了下来，直到星期四才到达莫斯科，并且显然一直到星期五才送到苏联领导人的手上。[①] 这些事实就解释了为什么赫鲁晓夫在星期六一早又匆匆发出第二封信，坚持在土耳其导弹问题上的要求，因为他当时已经有理由相信，肯尼迪会把这个问题作为交易的筹码。

到星期五，这次危机已经接近了高潮。在当天上午举行的国家安全委员会会议上，肯尼迪认为，剩下的时间已经不多了，必须尽快结束针对导弹发射基地方面的工作。撤走导弹只剩下两种方式："达成交易…… ［或］强行驱逐。"[②] 他批准成立一个"猫鼬行动"（秘密推翻卡斯特罗的行动）工作组，专门讨论组织一个后卡斯特罗政府的问题。[③] 当天下午 2 点 30 分，"猫鼬行动"特别工作组（由麦克纳马拉、泰勒和邦迪之流加以扩大）召开扩大会议对入侵行动进行协调。[④]"执委会"正在筹划对古巴采取大规模的行动，美国在这次行动中将动用 15～25 万兵力。

第二天无疑是这次危机中最危险的一天。这一天中，"执委会"举行了三次冗长的会议，分别是从上午 10 点到中午时分、从下午 4 点到晚上近 8 点和从晚上 9 点到大约 10 点。[⑤] 在上午的会议中，"执委会"主要讨论了赫鲁晓夫的第一封信（即提出用撤走导弹换取美

---

① 参见 Fursenko and Naftali, "*One Hell of a Gamble*": *Khrushchev*, *Castro*, *and Kennedy*, *1958 - 1964*, 250, 273 - 275。

② *KT*, 461 - 464. 另参见 *FRUS*, 1961 - 1963, vol. 11: 225。国防部在当天的一份报告中指出，这些导弹"在军事上的重要性就在于，如果苏联不发出警告就对美国的战略力量发动攻击，部署在古巴的导弹可以使我们现存的运输装备数量减少大约 30%，同时使我们针对苏联目标的武器装备数量减少大约 40%"。参见 NSA（*CC*）: docs. 1398。

③ 参见会议记录，in *FRUS*, 1961 - 1963, vol. 11: 221 and 229 - 231。另参见 *KT*, 443 - 444 以及中央情报局副局长马歇尔·卡特（Marshall Carter）1962 年 10 月 25 日给麦考恩的备忘录，*CIA*（*CC*）: doc. 93。

④ *FRUS*, 1961 - 1963, vol. 11: 229 - 231.

⑤ 除非特别说明，有关这些会议的所有引文均出自邦迪整理的材料 [NSA（*CC*）: docs. 1544]，并根据 *KT*（492 - 628）做了必要的补充。

国不入侵古巴的承诺），而这时恰恰收到了赫鲁晓夫公开要求以土耳其导弹作为交易内容的消息。于是，这次危机中的一个奇怪插曲出现了：“执委会”分裂为两派。一方几乎是清一色的重要成员，他们联合起来对付总统，试图说服他不要暗示有什么土耳其、古巴导弹交易；另一方则只有两个人，即肯尼迪兄弟，他们认为赫鲁晓夫刚刚提出的要求有一定的合理性。如果读者还记得肯尼迪兄弟在本周之前曾通过秘密渠道提出过一项私下交易，那么这个一开始感到迷惑不解的问题便迎刃而解了。因此，赫鲁晓夫突然提出新的要求对肯尼迪而言其实并不突然，因为正是他自己的原因才造成赫鲁晓夫层层加码的后果。

然而，肯尼迪现在已经没有退路。赫鲁晓夫已经把原来认为一直是秘密进行的磋商变成一种公开的要求。这样一种交易势必会损害美国的声誉。肯尼迪询问“执委会”与土耳其谈判的有关情况，他得到的答复是，这一策略并不是要直接提出问题，而是试探土耳其的反应。副国务卿乔治·巴尔（George Ball）说，总而言之，如果由华盛顿提出这个问题，“事情就会变得非常麻烦”。肯尼迪反诘道：“我说乔治，现在已经非常麻烦了。”或许，美国可以不顾“合理化”建议
[202] 而对古巴采取军事行动。在随后的讨论中，邦迪认为，即使接受这种交易的想法也会对同盟国造成伤害。他的意见得到巴尔、汤普森、腊斯克和迪隆的支持，但肯尼迪仍然没有让步。

此时，美国仍感到进退维谷：若遵照肯尼迪的意志行事，会使同盟国有一种被出卖的感觉；但若拒绝进行交易，则赫鲁晓夫就会坚持强硬立场，美国就会对古巴发动攻击，并且很有可能升级为核大战。只有欧洲人认为土耳其导弹具有巨大的价值，并且正如罗伯特·肯尼迪一再强调的那样，时间已经不多了。在收到一份关于古巴导弹军事重要性的分析报告之后，这种在劫难逃的压抑气氛变得更加浓重。即使是古巴现有的导弹，也足以“严重削弱美国的战略威慑能力”。然而

> 如果不采取有效的封锁手段予以制止，苏联人就没有理由不肆无忌惮地继续增加导弹发射场的数量，直到足以对战略力量的整体平衡构成威胁。苏联人已经在自己的本土部署了500多枚中远程弹道导弹，而在古巴大量部署洲际弹道导弹的成本很低，这本身就是一种极大的诱惑。[①]

后来证实，这种谨慎的提醒绝非危言耸听。5月间，卡斯特罗曾私下对苏联人说过，由于这些导弹巩固了社会主义阵营，古巴有必要接受更多的导弹，“只要你们愿意给，就是1000枚也不算多”。[②]

星期六，又有一份报告随着中央情报局的分析报告而出炉，其中强调导弹基地建设和古巴的军事动员都在紧锣密鼓地进行。[③] 在上午举行的会议上，肯尼迪兄弟强调了力量反向变化趋势的严重性，认为采取强硬立场进行谈判的时间已经所剩无多——或者以土耳其导弹做交易，或者立即入侵古巴。总统做出了某些让步，同意对［赫鲁晓夫的］第一封信公开进行答复。另外，他希望继续向土耳其人施加压力，以便让安卡拉对日益逼近的危险有所感受，也就是说，如果美国对古巴采取行动，赫鲁晓夫就会对土耳其采取行动。此时，腊斯克和邦迪已经有点开始站到总统一边，这或许是因为大家在第一封信的问题上取得了比较一致的意见。

但是，现在还有一个麻烦，即导弹的所有权问题。肯尼迪认为，安卡拉应该同意主动放弃这些导弹，因为它们本来就属于美国。其他

---

① 引自 Raymond L. Garthoff, *Reflections on the Cuban Missile Crisis*, rev. ed.（Washington, D. C.: Brookings, 1989）, 202 - 203。

② 引自 Lechuga, *In the Eye of the Storm*, 35。由于部署在古巴的中远程导弹可以覆盖美国所有的洲际弹道导弹基地，即使是这个数量的一半也足以迅速瓦解美国的威慑力量。不仅如此，正如8月间的一份报告所强调的那样，美国所面临的最大恐惧就在于苏联领导人很可能认为他们已经取得了暂时的核优势但正在进入衰退期。

③ NSA（*CC*）: doc. 1492.

人则对他的说法进行纠正：这些导弹属于土耳其，只是核弹头由美国监管而已。肯尼迪问道，那么美国是否只能把核弹头撤走？麦克纳马拉回答说，就连这一点也是不可能做到的，因为美国仅仅是“［为土耳其人］监管这些核弹头”。简而言之，在北约中远程导弹协定的框架内，美国的决策者们根本没有合法的权利单方面撤走这些导弹。因此，这就不仅有“出卖”盟友之嫌，甚至连他们要卖给莫斯科的“货物”也不是自己的！

［203］ 肯尼迪拒绝在这些细节问题上继续让步，他认为：“我们决不会让自己陷入长期谈判的泥潭，而听任事态按照这样的方式发展下去。”[①] 然后，他便打算提前离会，去向各州的州长就民事防御问题发表讲话。[②] 在离开之前，他对自己的观点做了一番总结：

> 如果在古巴部署导弹能使苏联的核能力增加50%的话，那么用土耳其导弹做交易就具有巨大的军事价值……从政治上看，……如果我们仅仅为了保留放在土耳其的那些无用的导弹而攻击古巴，我们将处于一种非常糟糕的地位。我们不提出从土耳其撤走导弹这个问题，但土耳其人却会主动这样做。所以，必须让土耳其人明白，他们在下个星期将生活在巨大的危险之中，而我们则必须考虑在导弹问题上达成某种交易的可能性。[③]

考虑到事态升级的风险，肯尼迪并不希望土耳其导弹成为和谈解决方案的障碍。另外，他坚持由土耳其人首先提出导弹问题，实

---

① 肯尼迪在引文中所标黑体处加重语气。

② 在这个星期，由于政府方面一直在积极进行民事防御准备工作，肯尼迪很可能离开这样一次重要会议去向各州州长通报情况。如上事实表明，他在很大程度上已经认为核大战最终将不可避免。

③ 由于录音带到此结束，这段内容引自当时的会议记录（*ISR*，318）。

际上已经考虑到不能让美国看起来好像是在压力之下出卖自己的盟友。

星期六下午的讨论是基于这样一种共识：考虑到形势的发展，“执委会”很快将面临一种“数害相权取其轻”的选择。会议期间，肯尼迪一再催促，鉴于古巴导弹基地建设的进展情况，必须尽快采取行动，或者莫斯科停止建设以赢得时间把同盟国推到前台，或者立即开始实施军事打击。邦迪则强调指出，大家的意见是完全一致的，如果华盛顿给人以出卖盟国利益的印象，“［我们］将不得不……面临一次剧烈的衰退……”肯尼迪打断了他的话并指出：

> 随着局势的发展……这次交易还是有一定价值的。既然我们已经拒绝交易，那么就不得不对古巴采取军事行动，这样我们也会面临一次衰退……让我们尽力［与盟国］进行磋商，以免伤害到北约——但是我认为，有一件事是每一个人都会赞成的，［即］……应该中止这项工作……如果［苏联人］不同意这一点……那么我们将保留主动权。[①]

他们为如此之多的选择而大伤脑筋，并且在讨论过程中提出，有三种因素可能引起“衰退”。对邦迪和肯尼迪而言，最关注的事莫过于由于自身的无所作为而造成苏联在核能力方面的显著增长。对于同盟国一旦获悉交易内幕后美国所面临的衰退（即同盟解体后美国在全球的地位出现衰退），邦迪也非常担心。对于这一点，肯尼迪表示同意，但他更关注针对古巴采取军事行动之后出现的衰退，即超级大国之间的冲突升级为核大战的风险，也就是他在 10 月 18 日所称的“以失败告终”。［204］

① 肯尼迪在引文中所标黑体处加重语气。

所以，直到星期六晚间，目标仍然是尽可能地避免这三种因素造成的全面衰退。在谈判桌上仍然有三种选择，可以在不发生战争的情况下迫使撤走古巴导弹。按照强硬到温和的顺序，这三种选择分别是：(1) 不以土耳其导弹做交易，只接受“不入侵”承诺；(2) 达成撤走土耳其导弹的私下交易，外加“不入侵”承诺；(3) 同意赫鲁晓夫关于以土耳其导弹进行公开交易的要求，外加“不入侵”承诺。根据“执委会”的讨论结果和周末收到的有关北约/土耳其反应的报告，华盛顿显然只能走到这样一步，即在不引起同盟解体的情况下进行私下交易。当然，这就是当天夜间通过秘密渠道进行的那次交易。

如果赫鲁晓夫拒绝这次交易而故意拖延时间——预计他很可能这样做——那么下个星期一就开始对古巴实施军事打击。这样一来，苏联就会对欧洲采取报复行动，从而迫使美国进行报复。因此，全世界就会濒临升级为核大战的恐怖边缘。麦克纳马拉当天夜间曾怀疑自己是否能看到下一次日落，这一点毫不令人感到惊奇。①

当时的文件为这一论点提供了强有力的证据。正如美国在土耳其部署导弹一样，在古巴部署导弹完全是一个超级大国在其势力范围内的合法行为。然而，美国在短期内很难从内部找到与之抗衡的办法。也就是说，如果不采取更强硬的政策，战略平衡就会显著地向不利于自己的方向转化，尤其当苏联可以动用其庞大的中远程导弹储备向古巴供应更多导弹的情况下更是如此。莫斯科不仅抢得了实施第一次打击的先机，并且美国在未来重新建立核地位的努力会迫使苏联人由于认为自己拥有暂时的但日渐衰退的核力量而发动预防性战争。不仅如此，力量上的损失将破坏扩大威慑范围的计划，因而对美国在其势力

---

① 参见有关麦克纳马拉会见纽施达特的记录，NSA（*CC*）：doc. 3307。

范围内的巨大经济和潜在力量上的控制权造成威胁。为了避免整体势力均衡上出现这样的反向波动，肯尼迪及其“执委会”走上了一条明知会导致大战后果的危险之路。

这些证据也进一步证明了第二章所示模型的某些细微差异。占主导地位的国家不会在刚刚出现衰退迹象时就直接发动预防性战争，而是权衡采取战争之外的措施来挽救日益恶化的局势。该模型预言，对于理性的行为体而言，只有当他们认为没有其他选择可以避免衰退时才会采取更为极端的行动。在这次危机的第一天，由于没有其他可行的选择，所以一致同意立即对古巴采取军事行动。当封锁方案作为第一个可行步骤提出之后，很快就得到认可。然而，由于这一方案并未能阻止现有导弹基地的建设进程，所以到 10 月 [205]
26～27 日，“执委会”又开始准备军事打击和入侵行动。每一次事态升级，每一次无意间引发大战可能性的增加，无不是对接受在古巴建立永久性导弹基地对美国安全的伤害程度进行权衡的结果。正如人们所料，随着局势的不断恶化，正面冲突的危险越来越大。

历史事实与其他各种理论并没有多少吻合之处。已经解密的文件表明，国内政治并没有起到理论预言的重要作用。作为这方面的一个主要例证，即麦克纳马拉 10 月 16 日所称“这是一个‘国内政治’问题”，他当时关注的也是实现安全目标的国内障碍，而不是指国内目标本身。① 在这个问题上，官僚政治模型也同样难以自圆其说。当

① 在其他为数不多的提到国内公众舆论的例证中（只有一次例外），讨论也都是围绕着公众舆论作为对必须采取的行动的一种潜在制约因素展开的（*KT*，127，133，200，557）。这次例外就是肯尼迪同意其弟 10 月 23 日的说法，如果不采取行动，他将会受到弹劾（*KT*，342－343）。过分强调这次交易的重要性是不恰当的，主要有两个理由：第一，在前一次讨论中，肯尼迪强调的是听任赫鲁晓夫部署导弹在全球造成的影响。所以，他同意其弟的说法这件事本身已经偏离了会议的主要议题。不仅如此，由于这次交易是在危机后期即在已经采取了关键措施之后提出的，所以肯尼迪的这种“同意”更多地反映出一种支持原有决定的意图，并不能说明他为国内因素所左右。所以，即使维持自己的权力宝座是总统的目的之一（这是必然的），但大量的证据表明，国家安全才是他最大的心病。

时的文件表明，“执委会”成员担心的是国家的安全，而不是部门的利益，他们的分歧几乎无一例外地表现在为达到一致目标应采取何种手段上。[1] 不仅行为体的立场往往与其部门主张的利益相悖（例如，大法官力主10月16日入侵古巴，而国防部长则提醒注意采取军事行动带来的风险），而且他们的立场随着不断收到关于风险与机遇的信息而有所变化。

个性对个体行为当然会有一定的影响作用。然而，正是来自体系的压力才迫使“执委会”采取这种非常的冒险行动。个性分析方法在一些细节问题上很有说服力［例如，为什么阿德莱伊·斯蒂文森（Adlai Stevenson）提出外交方案，而保罗·尼茨则主张采取更为强硬的行动］，却无法解释“执委会”在采取强烈行动问题上的高度一致性。在现有的现实主义理论中，霸权稳定理论尤其缺少说服力。它无法解释为什么对安全的担忧左右着美国人的行为，为什么对衰退的预期使得肯尼迪发动了一场危机。不仅如此，尽管美国对苏联拥有明显的战略优势，却仍然采取了有可能增加大战风险的行动。对于古典现实主义和新现实主义理论而言，如果考虑到防范性的心理作用，当然可以解释美国避免在力量方面出现预期衰退的愿望。然而，这些理论的描述也并不明确。要预测一个国家何时转向更具冒险性的选择，我们必须有一个模型，以便说明领导人如何在听任继续衰退的风险和无意间引发大战的风险（与强硬政策联系在一起）间进行权衡。

本章就是通过三次冷战危机检验了这样一个模型。在每一种情况下，都是由于竞争对手军备建设的相对成功和对同盟国政策所引起的力量衰退导致了危机爆发。力量的变化趋势和差异并不是决定超级大

---

① 政府部门和社会组织的重要性更多地体现在收集信息和贯彻“执委会”的命令方面，而不是参与实际决策过程。参见 Allison and Zelikow, *Essence of Decision*, chaps. 4 and 6。

国行为的唯一因素，然而，相对于其他变量而言，这类因素的作用显然是非常突出的。 [206]

尾　声

在本章结束之前，有必要分析一下危机参与者在世界历史上或许是最危险的 24 小时内——1962 年 10 月 27 ~ 28 日即星期六晚间到星期天上午——的思想活动。当时，“执委会”的所有成员都非常悲观，而麦克纳马拉（更具理性的成员之一）或许是最为悲观的。下午 6 点 30 分左右，华盛顿收到了 U_2 飞机在古巴被击落的消息。麦克纳马拉的反应非常强烈，他同意肯尼迪关于这是一次事态显著升级的说法。这同时也进一步加深了他的疑虑：赫鲁晓夫的第一封信（“执委会”已经把这封信作为谈判的基础）不过是“12 页颠三倒四的台词”而已，其中“并没有提任何过分要求，甚至可以说是一种让步”。赫鲁晓夫是在愚弄美国人，其实不可能签署任何东西，所以，“［我们］应该准备发动攻击，［对古巴］发动全面攻击”。

他还非常详细地描述了事态升级的后果，即很可能把全世界拖向核大战的边缘。美国必须准备尽快发动攻击，对古巴实施全面的空中打击（几乎可以肯定会导致一次入侵）。① 然后，“苏联人就有可能（我认为完全可能）对土耳其导弹发动攻击”。如果他们这样做，“我们必须做出反应”，至少北约要对苏联在黑海的舰队和海军基地发动攻击。“对我而言，这绝对是最低限度的反应，并且我敢说这是极其危险的。”麦克纳马拉之所以这样说，并不是为了劝说“执委会”成员不要对古巴发动攻击，而只是提醒他们对产生的后果要

① 迪隆（Dillon）：“除非你能实现停火”；邦迪：“否则就是一场全面战争”。

有所准备。[1] 联想到他在早些时候曾劝说“执委会”不要立即实施军事打击的事实，就说明麦克纳马拉并不是一个纯粹的战争贩子。因此，正是来自体系的压力改变了他本人更倾向于温和解决方案的想法。

到星期六夜间，美国已经准备去冒入侵古巴带来的事态升级的所有风险，而麦克纳马拉所描述的局面也远不是最糟糕的情况。赫鲁晓夫在回忆录中承认：“如果美国［在古巴］发动一场战争，我们并没有做好充分准备对美国发动攻击。在这样的情况下，我们只能被迫在欧洲发动一场战争。这样一来，一场世界大战就会爆发。”[2] 星期六晚间，肯尼迪总统顺着他弟弟的话说，华盛顿必须提醒北约，如果达不成协议，“我们将在星期二下手”，并进一步指出，北约必须准备“应付一场灾难”，因为“局势正在不断恶化，而我们一旦采取行动，我们认为将会遭到报复”。[3]

最后，世界终于避免了肯尼迪总统所称的“以核灭绝告终”
［207］的命运。然而，“执委会”在采取行动时仍然抱有幻想，一直希望苏联人在事态失控之前会心慈手软。在这种冒险心态的背后，有一个不争的事实：美国不会听任势力均衡发生根本性的变化。因此，为了避免因力量波动而对美国的长期安全造成威胁，美国的
［208］决策者宁愿去冒一次无意间引发核灾难的短暂风险。

---

① 事实上，他当时立即争辩道，华盛顿可以通过“在我们攻击古巴之前拆除土耳其的导弹”使事态升级的风险降到最低。引文出自邦迪的录音材料（麦克纳马拉在引文中所标黑体处加重语气），参见 NSA（*CC*）：doc. 1544。

② *KR*：*GT*，182. 关于赫鲁晓夫 10 月 27～28 日越来越感到担心一节，可参见 Fursenko and Naftali，“*One Hell of a Gamble*”：*Khrushchev*，*Castro*，*and Kennedy*，*1958－1964*，271－287。另参见卡斯特罗在星期六发出的呼吁率先对美国实施核打击的恐吓言论，in Blight，Allyn，and Welch，*Cuba on the Brink*，appendix。

③ 引文出自邦迪的录音材料（肯尼迪在引文中所标黑体处加重语气），参见 NSA（*CC*）：doc. 1544。

第八章 大战：从伯里克利到拿破仑

本章将简要介绍一下历史上发生的其他七个重要战例。鉴于篇幅所限，下面的论述并不纠缠于已有的历史纷争，也不会为某些特定的论点提供正面或反面的确切证据。与此相反，我试图通过某种探索性的方式，以检验本书提出的理论在时空逻辑上的突出特点。

可以认为，这些案例代表了 20 世纪之前欧洲发生的七次最著名的大战。① 其中有三次属于两极性质：古希腊体系、迦太基与罗马之间的第二次布匿战争以及 16 世纪初发生的法国与哈布斯堡王朝之间的冲突；而另外四次则具有多极性质：三十年战争、路易十四战争、七年战争和拿破仑战争。这些案例与本书的理论相当一致，只有一个除外，即七年战争（其原因有待进一步探究）。在两极情况下，每一

① 由于时间仓促，本书并没有讨论中国和印度这两个体系历史上发生的经典大战案例。乍一看，本书的理论似乎并不完全符合如下这一最著名的案例：成吉思汗及其继位者在 13 世纪多极体系中努力寻求霸权的野心。蒙古人当然拥有军事优势，但贪婪之心和对荣誉的追求（而不是安全）似乎一直是他们的主要动机。这一理论也许更符合中国战国时期（公元前 403 至前 221 年）的多极体系。群雄割据、互相争霸的局面持续了一个半世纪，直到秦国利用其强大的骑兵力量和严密的内部组织赢得了为争夺霸主地位进行全面战争所需要的明显军事优势。蒙古人和秦国的胜利表明，在多极体系中谋求霸权的努力是可以得逞的，当然其前提是各对立国处于一种分裂、无序的状态。

次战争都是由一个正在衰退的超级大国发起的，尽管这个国家与正在崛起的国家在军事力量上只是大体相当。正如20世纪的德国一样，这种衰退主要是由潜在力量方面的劣势造成的。其他各种现实主义理论则难以在这些案例中得到证明：古典现实主义无法解释为什么两个实力大体相当的国家会陷入战争，而瓦尔茨的新现实主义则不能解释为什么两极体系会发生大战。

在多极体系的各个案例中（七年战争除外），冲突都是由一个拥有明显军事优势但正在面对长期、严重衰退的国家引起的。这种衰退表明，相对于某个或多个正在崛起国家已经出现了一种“非逆转性停滞”，同时在经济和潜在力量的某些领域开始处于劣势。在这里，现有的各种实现主义论点同样缺乏说服力。古典现实主义虽然精确地预见到拥有绝对优势的国家会成为始作俑者，却无法解释其根本的战争动
[209] 机，即对衰退的担忧而不是“单元层面”的侵略意图。霸权稳定理论无法解释为什么一个拥有优势的国家会发动攻击，也无法解释为什么它正在衰退而不是崛起时会采取这样的行动。瓦尔茨的新现实主义可以预见到多极体系中由于误算会导致战争，然而在上述各个案例中，始作俑者往往深知其中的风险，却在其力量继续衰退之前故意发动战争。

要想用如此小的篇幅涵盖如此多的战例，就只能对战例本身以及根据独立变量所做的选择进行简要的论述。作为一种补偿，我将尽可能地描绘出历次战争之前各列强之间态势的大体轮廓。据此，我们就可以了解战争动机随着各种因果变量的变化情况。[①]

伯罗奔尼撒战争

在伯罗奔尼撒战争于公元前431年爆发之前，古希腊体系的主宰

① 我还未曾发现有这样的时期，其中的国家符合上述条件但未发动大战。当然，这样的时期或许存在，因此需要进行更深入的研究。

者一直是斯巴达和雅典这两大列强。作为主要的资料来源，修昔底德提供了一个证明本书理论的论点。他认为，战争的真正原因并不是战争发生之前斯巴达人及其盟友对雅典抱有不满情绪。可以说，“使战争成为必然的原因乃是雅典力量的不断增长以及这种增长在斯巴达人心中引起的恐惧”。[①] 为了证实他的论点，修昔底德把这种增长的原因归结为雅典帝国在反波斯同盟即“得洛斯联盟”（Delian League）[②]中对其前盟友控制权的不断蚕食。[③] 他还认为，双方在整体军事力量上基本相当[④]，如下的事实，即这次战争是一场漫长而相持不下的最高强度的冲突可以充分说明这一点。[⑤]

伯罗奔尼撒战争的重要性不言而喻，因为它是否定如下论点的一个最“关键的案例”，即国内层面的因素会把国家推向战争。[⑥] 如前所述，显而易见，是斯巴达人发动了战争，而雅典人则在尽量避免这场战争。这一点与人们对当时雅典国内意向的认识截然相反。斯巴达人需要把军队留在国内，以防止农奴阶层和家中的奴隶造反，因此直到公元前432年，他们根本不愿意参与国外的战事。[⑦] 与之相反，雅典却是一个朝气蓬勃的国家，它大规模地进行帝国建设的事实充分

① 参见 Thucydides, *The Peloponnesian War*, trans. Rex Warner (Harmondsworth: Penguin, 1954), 1.23, 1.88, and 1.118。

② 亦称提洛联盟，指古希腊各城邦在雅典领导下击败薛西斯一世率领的波斯远征军之后不久于公元前478年建立的防御性同盟，因总部设在得洛斯岛（Delos）而得名。该联盟后来逐渐为雅典人所控制，并于公元前404年斯巴达人占领雅典后解体。为抗击斯巴达人入侵，该联盟于公元前378年重组，即第二次得洛斯联盟。——译者注

③ 参见 Thucydides, *The Peloponnesian War*, 1.89 - 117。

④ 参见 Thucydides, *The Peloponnesian War*, 1.1; 2.8 - 11。斯巴达人深知，战争将是漫长的，并且代价高昂。参见 Thucydides, *The Peloponnesian War*, 1.80 - 88; 2.11。

⑤ 参见 Peter J. Fliess. *Thucydides and the Politics of Bipolarity* (Baton Rouge: Louisiana University Press, 1966)。

⑥ 参见 Harry Eckstein, "Case Study and Theory in Political Science," in Fred I. Greenstein and Nelson W. Polsby, eds., *Handbook of Political Science* (Reading, Mass.: Addison-Wesley, 1975)。

⑦ 参见 Thucydides, *The Peloponnesian War*, 1.101 - 102; 1.118; 4.41。

说明了这一点。[①] 所以，从国内层面来看，雅典本应该是战争的始作俑者，而斯巴达则应该希望和平。然而，后来的结果却恰恰相反。

有人提出两个问题，试图用修昔底德自己的证据驳倒他的论点：第一，是雅典而不是斯巴达挑起了这场战争[②]；第二，雅典早在 20 多年前就在相对力量方面达到了顶峰，所以到公元前 431 年实际上已经不处于上升期。[③] 这两个论调都没有说服力。在实际进入敌对状态的前一年，即斯巴达刚刚与其盟友于公元前 432 年夏举行了第一次公开会议之后，就已经决定发动大战（它随后召集了第二次会议以便
[210] 得到盟国的认可）。此后，斯巴达利用这一年的时间疯狂进行军事准备。[④] 所以，整个希腊世界几乎提前一年就已经知道，斯巴达人正在准备发动一场大战。不仅如此，正是斯巴达及其盟国在公元前 431 年春对雅典发起了全面进攻。

从第一次会议直到最后时刻，雅典一直试图说服斯巴达人放弃战争。修昔底德叙述道，出席这次会议的雅典代表“希望与会者摆脱战争的念头，从而让他们更倾向于使事态平息下来”。[⑤] 雅典人甚至援引了公元前 445 年的“三十年和约”，其中曾规定要以仲裁方

---

① 修昔底德在《伯罗奔尼撒战争》第 1 卷中对双方的性格差异做了大量的描述。例如，斯巴达的友邦之一科林斯（Corinth）就曾责怪斯巴达人，当雅典人冒险构筑其帝国版图时，斯巴达人应该待在家里避免冲突。参见 Thucydides, *The Peloponnesian War*, 1.69 – 70。关于这方面的差异，可参见 Peter R. Pouncey, *The Necessities of War: A Study of Thucydides' Pessimism* (New York: Columbia University Press, 1980), 57 – 68。

② 关于这次争论的历史以及最有利于修昔底德的仔细论证，可参见 G. E. M. de Ste. Croix, *The Origins of the Peloponnesian War* (Worcester, U. K.: Duckworth, 1972)。

③ 关于这一点，可参见 Donald Kagan, *The Outbreak of the Peloponnesian War* (Ithaca: Cornell University Press, 1969); and Richard Ned Lebow, "Thucydides, Power Transition Theory, and the Causes of War," in Lebow and Barry S. Strauss, eds., *Hegemonic Rivalry: From Thucydides to the Nuclear Age* (Boulder, Colo.: Westview, 1991), 125 – 168。

④ 参见 Thucydides, *The Peloponnesian War*, 1.83 – 88; 1.118 – 125。

⑤ 参见 Thucydides, *The Peloponnesian War*, 1.72。

式而不是武力解决争端，并且他们在战争开始之前一直坚持这一观点。[①] 然而，斯巴达人拒绝了所有的非暴力手段，并派出使节以战争相威胁，要求对方做出让步。正如修昔底德所言，这样做的主要目的就是，如果雅典拒绝了自己的要求，就可以“为发动战争制造一个冠冕堂皇的借口”。[②] 所以很显然，斯巴达必须承担发动战争的责任。

第二种论调的依据是，由于后来组成雅典帝国的绝大多数城邦在公元前460～457年处于雅典宗主国的统治之下，所以雅典的力量在这一时期达到了顶峰。[③] 显然，这种论点把雅典接纳一个城邦这样的具体事件和雅典本身的巩固与增长这一概念混为一谈。[④] 这就相当于说，美国的力量在1867年达到顶峰，因为它自此之后再也没有兼并几块领地。在公元前454年之前，“得洛斯联盟”的财富并没有流向雅典，并且直到公元前448年与波斯和解之后，雅典才由仅仅领导着一个反波斯同盟的城邦变成一个控制着庞大帝国版图的体系霸主。更为重要的是，只是到了公元前447年前后，各附属城邦缴纳的贡金才开始用于构筑雅典的辉煌（包括建立帕台农神庙）。不仅如此，所有的证据均表明，随着来自波斯的威胁日渐消除，雅典帝国领地内的贸易从公元前450年到431年出现了急剧增长。因此，雅典才得以迅速壮大起来。[⑤] 的

① 不应把雅典明显的帝国野心（Thucydides, *The Peloponnesian War*, book 1, passim）与发动大战的愿望混为一谈。雅典人当然希望将尽可能多的弱小城邦作为贡金来源纳入其帝国版图，但是，如果雅典不通过全面战争就能够扩张其势力范围的话，就没有理由与斯巴达打这样一场全面战争。作为一个正在崛起的国家，雅典并不愿意在公元前431年卷入一场大战，伯里克利在战争期间使雅典维持防御态势和坚持不再扩大帝国版图的策略进一步证实了这一观点。参见 Thucydides, *The Peloponnesian War*, 2.65。

② 参见 Thucydides, *The Peloponnesian War*, 1.126。

③ 参见 Lebow, “Thucydides, Power Transition Theory, and the Causes of War,” 128。

④ 参见 Jacqueline de Romilly, *Thucydides and Athenian Imperialism* (Oxford: Basil Blackwell, 1963), 19 – 20。

⑤ 参见 Russell Meiggs, *The Athenian Empire* (Oxford: Oxford University Press, 1972), chaps. 6 – 14; and John V. A. Fine, *The Ancient Greeks* (Cambridge: Harvard University Press, 1983), Chaps. 9 – 11。

确，公元前 446 年到 431 年被认为是雅典的鼎盛时期，即所谓的“伯里克利时代”。

因此，只要排除了雅典的侵略者角色，并且认为斯巴达发动全面战争并不是出于“单元层面”的原因，那么修昔底德关于伯罗奔尼撒战争起源的论点就仍然是最合理的。这就充分证明了理论的预言，即两极体系中正在衰退的大国会发动战争，即使它在力量上与正在崛起的对手大体相当，但仅仅出于对自身长期安全的担心也会冒险为之。

第二次布匿战争

迦太基与罗马之间于公元前 218 年开始的大战同希腊案例中的防范逻辑非常相似。[①] 在罗马崛起之前的数个世纪里，迦太基一直是西
[211] 地中海地区的一个势力强大的国家。的确，在公元前 272 年之前，罗马只不过在意大利半岛上偏居一隅，与各色入侵者争夺地盘。是年，罗马终于完成了控制意大利中部和南部的霸业。公元前 264 年，在西西里岛北端的墨西拿问题上发生的一次小小的争端把罗马和迦太基拖入了一场关于这个横亘在两者本土之间重要岛屿控制权的争斗之中。这就是第一次布匿战争（公元前 264 ~ 前 241 年），也是迦太基第一次试图阻止正在崛起的罗马帝国在其势力范围之外进行扩张。[②]

---

① 关于下文所做的简要分析，可参见 Polybius, *The Rise of the Roman Empire* (Harmondsworth: Penguin, 1979); R. M. Errington, *The Dawn of Empire* (Ithaca: Cornell University Press, 1972); Donald Kagan, *On the Origins of War* (New York: Doubleday, 1995); Tenny Frank, *Roman Imperialism* (New York: Cooper Square, 1972); Cyril E. Robinson, *History of the Roman Republic* (New York: Crowell, 1965); and T. A. Dorey and D. R. Dudley, *Roman against Carthage* (Garden City, N. Y.: Doubleday, 1972)。

② 这次战争一开始只是一种为争夺第三国控制权展开的争斗，直到后来才演变为一场威胁到双方本土的战争。因此，关于在周边冲突中过分看重名誉和情绪激化会导致大战这一点，第一次布匿战争可以说提供了一个有力的证据。但是，由于卷入冲突的双方都希望事态升级为全面战争，因而所有的大战理论都很难对这一案例做出充分的解释。

迦太基的遏制政策失败之后，被迫于公元前 241 年签署一个和平协定，从而放弃了西西里岛。三年后，当迦太基帝国正在遭受种族反抗之苦时，罗马又迫使其对手让出了撒丁岛。只要看一下地图，就可以发现这些损失是何等巨大：迦太基开始从一个西地中海地区的霸主——罗马在公元前 264 年发生冲突时还没有海军——沦落到如此悲惨的境地，罗马竟然统治了半个地中海，并且正在从离迦太基本土近在咫尺的岛屿上对外扩张。就是一个傻瓜也不会不明白，一旦罗马巩固了自己的新地盘，就可以轻而易举地征服迦太基。[①]

在失去海上优势之后，迦太基要想用发动预防性战争的方式确保自己的安全就只剩下一条路：通过陆路越过意大利境内的阿尔卑斯山。早在公元前 237 年，为了补救撒丁岛的损失，迦太基就已经在西班牙南部建立了一个立足点。到公元前 227 年，“新迦太基”城作为针对北方展开行动的基地在西班牙南部海岸建立起来。但是，面对迦太基向北方的扩张行动，罗马方面也针锋相对，以保护自己在法国沿海一带的贸易殖民地。公元前 226 年签署《埃布罗协定》[②] 之后，西班牙按照罗马和迦太基的势力范围被瓜分。

但是，只要罗马还在继续壮大，迦太基就不会满足于这样的现状。到公元前 3 世纪 20 年代初期，罗马开始以不可阻挡之势迅速崛起。公元前 222 年，在与占据罗马控制区之外的意大利半岛内地（即意大利北部直至阿尔卑斯山）的高卢各部落的战争中，罗马人取得了一场至关重要的胜利。如果迦太基人对罗马不向意大利本土之外扩张还抱有任何幻想的话，那么这种幻想在罗马人与伊利里亚人（他

---

① 关于罗马潜在力量的不断增长，可参见 Dorey and Dudley, *Roman against Carthage*, 26 – 28。

② 《埃布罗协定》由迦太基军事统帅、素有“雷电”之称的哈米尔卡（Hamilcar Barca，汉尼拔的父亲）的女婿哈斯德鲁巴（Hasdrubal）与罗马在公元前 226 年签署。根据该协定，哈斯德鲁巴不得出于非友好目的越过埃布罗河，而罗马一方则承认迦太基对埃布罗河以南地区的控制权。——译者注

们占据着今天的克罗地亚、阿尔巴尼亚沿海一带）开战之后也就不复存在了。公元前228年，罗马就在与伊利里亚城邦的战事中取得了局部胜利。到公元前219年，罗马人加强了对伊利里亚沿岸的攻势，压倒性胜利已是指日可待。[①]

对于迦太基人来说，这似乎是一种不祥之兆。因此，像斯巴达人一样，他们也要在失去机会之前为发动全面战争寻找一个借口。这个借口很快就出现了，那就是受罗马人保护的一个极具价值却易于攻击的西班牙小城——萨贡托（Saguntum）。公元前223年之后，随着迦太基人对萨贡托周边乡村的不断蚕食，这座城市只能向罗马人求援。罗马人一开始好像无动于衷，直到公元前220年，他们才向萨贡托做
[212] 出了采取行动以保证这座城市安全的承诺。当然，迦太基人很快就得到这一消息。对于罗马人来说，保护自己版图内的小城无疑是事关名誉的大事，而迦太基人正是最大限度地利用了这一点。到公元前219年春，在获得迦太基元老院全力支持之后，血气方刚的迦太基统帅汉尼拔（Hannibal）无视罗马人的一再警告，开始围困萨贡托。

对于罗马实施威慑扩张行动的信心而言，这无疑是一次全面的挑战，而迦太基人显然希望或者说渴望罗马方面做出强烈的反应。在萨贡托被汉尼拔占领之后，他们在公元前218年初得遂所愿。罗马向迦太基派出使节，要求惩罚汉尼拔，显然还以为这是他私自采取的行动，并不知道他得到了迦太基元老院的支持。面临战争与和平的选择，他们的元老院群情激昂地决定进行战争，罗马的使节只能怏怏而归。此后不久，汉尼拔开始发动进攻，越过阿尔卑斯山直指罗马本土的核心地带。

公元前218年给迦太基的最后通牒似乎把引起战争升级的责任推

---

① 许多学者认为，罗马当时采取的是防御态势，目的是消除对其保护国造成的威胁。参见Kagan, *On the Origins of War*, 262－274。

到了罗马人身上，但以下两项事实表明，正是迦太基在利用萨贡托这一借口发动全面战争。第一，罗马人显然想不到迦太基人会如此愚蠢，在罗马于公元前219年清楚表明了其安全承诺的情况下依然对萨贡托实施围困。以下的事实也可以充分说明这一点，即罗马人在公元前219年夏收到汉尼拔攻击萨贡托的消息之前，他们正准备在相反的方向（即伊里利亚）策动一次大规模攻势。不言而喻，如果罗马人一直在寻找机会与迦太基在萨贡托方面开战，他们就不会把自己的军队从西地中海战场撤向东线。① 第二，在公元前219年初，即大战爆发的前一年，也就是大约在汉尼拔开始攻击萨贡托的时候，他曾秘密地派信使到意大利北部，鼓动那里的高卢人组织反对罗马的起义，并承诺提供援助。公元前218年春，他得到了满意的答复。② 这就说明，甚至在罗马人知道萨贡托被围之前，也就是说，在罗马人为了维护自己的名誉被迫采取行动之前，汉尼拔就已经准备对罗马内地发动突然袭击。考虑到如上事实，迦太基人显然是在利用萨贡托作为借口，针对正在崛起的罗马发动一场预防性战争；而罗马人则希望赢得充分的时间，完成其对巴尔干沿岸的扩张，以巩固其刚刚在意大利北部获得的利益。③

---

① 不仅如此，罗马在这一时期根本没有做好与迦太基开战的准备，甚至忽略了在西线部署一支随时可调用的军队。参见 Kagan, *On the Origins of War*, 267。有人可能会认为，罗马人要首先消除背后的威胁才能与迦太基开战，但这样的观点只能进一步说明：迦太基需要在罗马变得更加强大之前采取行动，而罗马人进攻伊利里亚（Illyria）的事实表明，他们在一段时间内还不想与迦太基开战。迦太基的敌对行动并不是面对罗马随时会发起的攻击采取先发制人的策略，而是一种针对罗马实力长期增长的防范手段。

② 参见 Errington, *The Dawn of Empire*, 62。

③ 把战争责任推到迦太基人身上这一点与我们最可靠的资料来源完全一致。参见 Polybius, *The Rise of the Roman Empire*, 3. 30。尽管波利比乌斯（Polybius）认为私人报复是汉尼拔的动机之一，但是包括失去撒丁岛和西西里岛在内的这种“局势造成的压力”也是非常重要的。参见 Polybius, *The Rise of the Roman Empire*, 3. 28; 2. 30; 9. 22 – 25。现代历史学家也在谴责迦太基，但许多人过于轻率地接受了报复心理作怪的观点，而忘记了汉尼拔是在执行元老院的命令。参见 Frank, *Roman Imperialism*, 122 – 125; Robinson, *History of the Roman Republic*, 105 – 110。

总而言之，这一案例充分证明了理论上关于两极情形的预言：战争是由正在衰退的国家发起的，尽管其力量只不过与正在崛起的国家大体相当。[①] 由于这个正在衰退的国家经过第一次布匿战争后在潜在力量方面处于劣势，并且面对着一个正在进行内部整合与地区扩张的强劲对手，所以不得不采取攻势，以避免在未来为其所灭。尽管迦太基在一开始取得了成功，但仍以失败而告终，这一事实并不能说明其领导人缺乏理性，因为冒险发动一场预防性战争总比以后必然为其所
[213] 灭要好一些。

法国 - 哈布斯堡王朝战争：1521 ~1556年

第三个两极战争的案例发生于 1496 ~ 1556 年法国和哈布斯堡帝国主宰下的欧洲体系。[②] 这两个列强之间的大战始于 1521 年，直至 1556 年结束，其间共发生了五次相对独立的战争。证据表明，有三点是确定无疑的：第一，每一次战争都是由法国发动的；第二，法国是一个正在衰退的强国；第三，尽管哈布斯堡王朝在整体经济能力尤其是潜在力量方面拥有优势，但法国和哈布斯堡王朝的相对军事力量

---

① 战争的漫长与惨烈以及迦太基差一点取得胜利的事实再一次证明了力量大体相当的观点。李维（Livy）也得出了同样的结论，参见 Livy, *The War with Hannibal*, trans. Aubrey de Celincourt (Harmondsworth: Penguin, 1965), 21. 1。

② 这种特征刻画与传统的外交史记述完全一致（参见 356 页注释①）。当时，奥斯曼帝国所扮演的角色与波斯帝国在希腊 - 斯巴达战例、马其顿王国在罗马 - 迦太基战例中的角色非常相似：它只是一个体系之外的行为体，由于地理原因而难以深入到体系的核心，却偶尔对核心体系的事态发展造成影响。关于哈布斯堡王朝与奥斯曼帝国构成了该体系的两极这一论点，可参见 Ted Hopf, "Polarity, the Offense-Defense Balance, and War," *American Political Science* 85 (June 1991): 475 - 493。关于对霍弗（Hopf）的数据支持传统观点的批评，可参见 Dale Copeland, "Neorealism and the Myth of Bipolar Security," *Security Studies* 5 (spring 1996): 67, n. 117。

是基本相当的。[①]

在15世纪后半叶，法国已经奠定了现代统一国家的基础。“百年战争”于1453年结束之后，法国在基本上属于多极体系的欧洲变得日益强大起来。但是，英格兰在经历了长期内战即“玫瑰战争”（1455～1485年）的浩劫之后，却出现了严重的衰退，以至于到16世纪初，它至多算是一个中等的强国。当时，1519后才变得扩张成性的哈布斯堡王朝尚未形成，直到西班牙和奥地利两个王室之间实现战略性联姻之后才逐渐壮大起来。正是这一王朝的出现（西班牙与奥地利的联合使得体系的格局由多极变为两极），才直接威胁到法国的安全，并迫使法国于1521年发动了预防性战争。

1469年，卡斯提尔女王伊莎贝拉（Isabella）与阿拉贡国王斐迪南（Ferdinand）于1492年统一了西班牙，随后又赶走了摩尔人。1496年，他们的女儿与奥地利国王马克西米连（Maximilian）的儿子腓力（Philip）结婚。对于法国人而言，这无疑是一个不祥的信号，因为随着斐迪南和马克西米连的去世，腓力就会拥有一个统一的帝国，不仅包括西班牙和奥地利，而且包括西班牙在荷兰的领地和位于法国东部边境的勃艮第地区。也就是说，法国将完全被包围起来。因此，尽管直到1519年才真正形成了两极对峙，但1496年无疑是

---

① 关于如上结论和历史记述，可参见 R. J. Knecht, *Renaissance Warrior and Patron*: *The Reign of Francis I* (Cambridge: Cambridge University Press, 1994); Knecht, *Francis I* (Cambridge: Cambridge University Press, 1982); David Jayne Hill, *A History of Diplomacy in the International Development of Europe*, vol. 2 (New York: Howard Fertig, 1967); Manuel Fernández Alvarez, *Charles V* (London: Thames and Hudson, 1975); D. B. Wyndham Lewis, *Charles of Europe* (New York: Coward-McCann, 1931); H. Koenigsberger, “The Empire of Charles V in Europe,” in G. R. Elton, ed., *The New Cambridge Modern History*, vol. 2 (Cambridge: Cambridge University Press, 1958), 310－333; F. C. Spooner, “The Hapsburg-Valois Struggle,” in Elton, *The New Cambridge Modern History*, vol. 2, 334－358; and Francis Hackett, *Francis the First* (London: William Heinemann, 1934)。

整个欧洲体系从多极（法国、西班牙和奥地利）进入两极（法国和哈布斯堡王朝）状态的转折点。在马克西米连于1519年去世之后，腓力19岁的儿子查理（Charles）成为这个统一帝国的皇帝（斐迪南已于三年前去世，而腓力则死于更早的1506年）。更为重要的是，正是在这一年，25岁的法国国王弗兰西斯一世（Francis I）在争夺神圣罗马皇帝权位的角逐中败于查理之手。因此，法国所面对的哈布斯堡王朝开始迅速崛起，其领土范围甚至扩张至今天法国东面的德国各州。

显然，法国的辉煌已是明日黄花。在1519年受挫之后，弗兰西斯立即准备在三条战线同时对查理发动突然袭击。[①] 1521年春，当法国同时对西班牙北部的纳瓦拉、勃艮第地区和荷兰实施入侵之后，战争终于全面爆发。随后，法国又对哈布斯堡王朝在意大利的领地发动了攻击。这次行动与此前1453～1521年之间发生的历次战事在
[214] 本质上是完全不同的，弄清楚这一点具有重要意义。在此之前，法国就曾经攻击过意大利，并且从1494年开始一直在为控制意大利北部而大动干戈。但是，1521年开始的战争却不是针对第三国的，而是对哈布斯堡王朝核心地带的一种全面进攻。事实上，一旦法国人成功地占领了纳瓦拉，他们离查理帝国的首都马德里就不到200英里了。

要弄清这次攻击行动背后的防范心理，就必须首先认识到法国的短期军事优势是无法与哈布斯堡王朝的长期经济能力和潜在力量相抗衡的。查理刚刚接手了一个庞大的帝国，其领土和人口规模几乎是法国的两倍。显而易见，一旦这个帝国从内部壮大起来，它很快就会超过法国。不仅如此，在科尔特斯（Cortés）于1520年击败

---

① 参见 Hackett, *Francis the First*, 222－254。

蒙提祖马（Montezuma）[①] 之后，西班牙人已经开始掠夺拉丁美洲的财富。然而，就军事实力而言，哈布斯堡帝国暂时却难以与法国抗衡。这是因为，法国是一个统一的国家，拥有一个维持战争机器运转所必需的有效的中央政权，并且像20世纪的德国一样，法国在内部通信与供应方面拥有强大的优势；而1521年的哈布斯堡王朝却是由不同的民族组合而成的，难以自上而下地实施强有力的行政控制。不仅如此，由于贵族阶层对新的税制不满，他们在帝国的核心地带（即西班牙）发动了一场大规模的国内动乱，使得哈布斯堡王朝在1520年中期出现了暂时的衰退。

因此，1521年无疑是法国对一个未来必然出现长期增长的帝国发动预防性战争的最佳时机。[②] 欧洲的其他国家之所以把法国视为斯布纳（F. C. Spooner）所称的"第一军事强国"，可以说主要出于如下三方面的原因。[③] 第一，在1519年竞争神圣罗马皇帝权位的角逐过程中，弗兰西斯与查理都试图对那些德国选帝侯实施贿赂，尽管查理许下的诺言并没有多少实际意义，却最终胜出。这样一来，德国诸侯反而认为两个候选人中查理的威胁性更小一些。[④] 第二，1515年，弗兰西斯在意大利的马里戈诺（Marignano）赢得了一场重要的胜利，不仅展示了法国的军事威力，同时也显示出弗兰西斯的指挥才能。第三，在1520年，英格兰国王亨利八世（Henry VIII）与查理秘密签订了一项盟约，并于1522年6月法国在战场上高歌猛进时增加了新的条款，但1525年弗兰西斯在帕维亚（Pavia）战败之后，他却反过来

---

① 这是科尔特斯远征中美洲期间进行的一次著名战役。他率领的西班牙海上远征军负有征服和探险双重使命，从1504年开始的远征计划取得了巨大成功，从而奠定了西班牙人在中美洲长达300年的统治地位。——译者注

② 这一论点与尼希特（Knecht）所称的标准教科书中关于这次长达35年战事的起源的解释相吻合，即法国要尽快突破哈布斯堡王朝越来越紧的包围圈。参见 Knecht, *Renaissance Warrior and Patron: The Reign of Francis I*, 176。

③ 参见 Spooner, "The Hapsburg-Valois Struggle," 343。

④ 参见 Hill, *A History of Diplomacy in the International Development of Europe*, vol. 2, 323－349。

变成了法国人的盟友。这一举动（后来被认为是英格兰传统的势力均衡观念使然）表明，在 1521 年，欧洲各国仍然在担心，法国有可能会战胜当时组织相对松散的哈布斯堡王朝。

另外，1521 ~1556 年间的战争本身也表明，法国与哈布斯堡王朝之间在军事力量上是大体相当的。弗兰西斯在意大利北部帕维亚的战败——这是任何人甚至连查理也意想不到的一次失败[1]——结束了第一轮战事，但法国人并没有就此罢手。在随后的四次战争中，法国
[215] 与哈布斯堡王朝关系陷入了僵局。因此，法国 - 哈布斯堡王朝的案例完全符合理论上的预言：当陷入衰退的法国意识到自身的衰退是严重的和不可避免的，随即便发动了战争，尽管在军事力量上与正在崛起的对手基本相当，它仍然做出了这样的选择。

三十年战争

三十年战争始于 1618 年，直到 1648 年签订《威斯特伐利亚和约》[2] 方告结束。这里提出的问题是，为什么 1618 年在波希米亚发生的一次针对神圣罗马帝国的小范围起义会导致一场体系规模的全面战争，而且是 20 世纪之前破坏力最大的欧洲战争。人们通常认为，三十年战争是一场典型的意识形态冲突：欧洲列强被划分为新教与天主教两大阵营，通过战争来决定对德国诸侯的教派控制权。因此，这场战争对任何一种现实主义理论都是“严峻的挑战”。如果霸权稳定理论适用于这一案例，那么其逻辑特性就会得到强有力的支持。

从根本上讲，这次战争是由于整个体系的军事霸主——西班牙经

---

① 参见 Alvarez, *Charles V*, 60。

② 严格说来，《威斯特伐利亚和约》并不是指一个具体的和约，而是一系列与结束这次战争相关的双边或多边协定的总称，因此历史上称之为“熬成的和约”似乎更为恰当。详见下文。——译者注

济陷入“非逆转性停滞”因而担心出现持续衰退所造成的。[①] 正是由于西班牙插手波希米亚危机，才导致事态升级为大战。当时，其他列强都不希望战争，并且曾努力使这次冲突局部化。[②] 只有西班牙企图利用这次危机实现其更远大的目标，即挽救其在欧洲日益恶化的地位。在过去20年里，西班牙的高层人物越来越意识到，经济和人口力量优势正在从西班牙及其在意大利的领地向欧洲北部尤其是英格兰、荷兰和法国转移。由于西班牙的金币制促进了国家间贸易的繁荣，欧洲正在经历一场商业革命。然而，欧洲北部的生产效率却削弱了西班牙的传统经济优势，而这种经济上的衰退继而对其人口分布造成了致命影响。对于马德里而言，只有一个国家能够从西班牙的衰退中获益，那就是西班牙的老对手法国。因此，西班牙只能向德国下手，以支撑哈布斯堡王朝的整体地位，明明知道此举有可能引发全面战争也在所不惜。

宗教在升级为体系战争的过程中仅仅起到了一种辅助作用，即利用宗教动员军队，并为德国诸侯要求更大的自治权提供借口。然而，体系中最重要的阵营划分，即决定战争性质和规模的划分，仍然是法国和西班牙这两个天主教国家。最终，强权政治因素还是压倒了宗教上的一致性。

---

① 西班牙是当时的主要军事强国，并且人们认为确实如此。关于这方面的讨论，可参见 M. S. Anderson, *The Origins of Modern European State System, 1494 – 1618* (London: Longman, 1998), 211; Peter Brightwell, “The Spanish System and the Twelve Years' Truce,” *English Historical Review* 89 (April 1974): 273; Brightwell, “The Spanish Origins of the Thirty Years' War,” *European Studies Review* 9 (October 1979): 410; C. V. Wedgwood, *The Thirty Years War* (New York: Anchor, 1961), 26 – 27; and S. H. Steinberg, *The Thirty Years' War* (New York: Norton, 1966), 8。

② 参见 N. M. Sutherland, “The Origins of the Thirty Years War and the Structure of European Politics,” *English Historical Review* 106 (July 1992): 615 – 616; J. V. Polišenský *War and Society in Europe*, 1618 – 1648 (Cambridge: Cambridge University Press, 1978), 58 – 60; and Kenneth M. Selton, *Venice, Austria, and the Turks in the Seventeenth Century* (Philadelphia: American Philosophical Society, 1991), 35。

这次战争可以分为两个阶段。1618～1627年，西班牙的目标是维持自己的“远亲”奥地利在德国东部的强大地位，而西班牙则继续保持对法国的包围态势，从而改善其在欧洲西部的地位，并削弱荷兰人的力量。事实上，西班牙在1609年的停战协定中已经允许荷兰独立。然而，荷兰人却仍在破坏西班牙在东印度和西印度群岛的贸
[216] 易。于是，在停战协定于1621年终止之后，西班牙便利用1618年发生的危机加强了对德国西部的控制，准备对荷兰发动攻击。①

1627年以后，马德里开始实施一种更为直接的策略，以便削弱然后彻底消除来自法国的日益严重的威胁。策划针对法国的全面战争始于1625年，并随着法国和西班牙军队于1628～1631年间为争夺曼托瓦（Mantua）的控制权在意大利北部连续交战而步步升级。到1634年，西班牙准备兵分三路对法国本土发动攻击。1635年，法国针对这次预防性攻势抢先宣战。次年，西班牙的军队深入法国本土，在受阻之前已经推进到距巴黎不到80英里。一场长达24年的军事摩擦由此开始，直到1659年签订《比利牛斯和约》。

因此，三十年战争是法国与哈布斯堡王朝在长达250年争夺欧洲霸权的过程中发生的第二次世界大战，而第三次大战就是所谓的“路易十四战争”。② 在法国国内30年的宗教冲突于1598年结束之后，西班牙对法国崛起的忧虑情绪与日俱增。到1610年，在国王亨利四世（Henry IV）领导下进行的所谓重商主义改革使得法国经济出现了明显的复苏。③ 在潜在力量方面，法国的人口已经达到1600万，

---

① 参见 Brightwell, “The Spanish System and the Twelve Years' Truce”。

② 关于这次战争是法国和哈布斯堡王朝之间长期冲突的一个阶段这一观点，可参见 Sutherland, “The Origins of the Thirty Years War and the Structure of European Politics,” 588－590; Wedgwood, *The Thirty Years War*, 27; Steinberg, *The Thirty Years' War*, 1－2; and Jonathan I. Israel, *Conflicts of Empires* (London: Hambledon, 1997), 64。

③ 参见 David Buisseret, *Henry IV* (London: Routledge: 1989), 178－179; Geoffrey Parker, *Europe in Crisis, 1598－1648* (Glasgow: Fontana, 1979), chap. 4。

是西班牙800万人口的两倍，并且法国的经济更具多样性且自然资源更为丰富（尽管西班牙拥有更强大的殖民地）。[①] 不仅如此，1590年之后，法国的人口迅速增长，而西班牙却因经济动荡和瘟疫肆虐而导致人口锐减。[②]

随着1610年亨利被暗杀，法国进入一个不稳定的时代，年轻的国王路易十三（Louis XIII）开始与王太后争夺控制权，而与新教胡格诺派的内部冲突则死灰复燃。直到1624年红衣主教黎塞留（Richelieu）主政[③]之后，法国才重新走上了亨利开创的团结振兴之路。相对而言，虽然法国经济只是刚刚趋于稳定，但西班牙经济却出现了严重衰退。17世纪初，欧洲经历了一场全面的经济危机。然而，这次危机对欧洲各国的影响却是完全不同的：西班牙以及地中海地区于16世纪最后一个十年末期、德国于17世纪第一个十年先后进入萧条期；而随着北方各国（如荷兰和英格兰）的不断壮大，法国经济在1610年以后却相对平稳。这一事实反映出法国、荷兰和英格兰制造业的相对"成本－效益"是完全不同的。[④]

西班牙的上层人物当然对这些动态了若指掌。从1600年开始出现并随之形成了强大势力的所谓经济分析师阶层（arbitristas），开始

---

① 参见 Parker, *Europe in Crisis, 1598－1648*, 119。

② 参见 J. P. Cooper, "General Introduction," in Cooper, ed., *The New Cambridge Modern History*, vol. 4 (Cambridge: Cambridge University Press, 1970), 14。到1700年，法国人口将达到1900～2000万，而西班牙的人口将减少为600万。参见 Carl J. Friedrich, *The Age of Baroque, 1610－1660* (New York: Harper and Row, 1952), 5。

③ 指他出任路易十三的国务秘书兼御前会议主席，一般历史文献中多称"首相"。——译者注

④ 参见 Carlo M. Cipolla, *Before the Industrial Revolution*, 2nd ed. (London: Methuen, 1981), chap. 10, and pp. 249, 261; Cooper, "General Introduction," 62－65; Niels Steensgaard, "The Seventeenth-Century Crisis," in Geoffrey Parker and Lesley M. Smith, eds., *The General Crisis of the Seventeenth Century* (London: Routledge, 1978), 31－34; and Ivo Schöffer, "Did Holland's Golden Age Coincide with a Period of Crisis?" in Parker and Smith, *The General Crisis of the Seventeenth Century*, 93－100。

研究西班牙衰退（declinación）的原因。他们提出三个关键因素：人口的不断减少，国民财富的日益萎缩，以及来自海外殖民地的贡金数量不断下降。应对这种局面的第一项措施就是要冷静下来，并期望与荷兰实现和解会有助于阻止衰退。但是，到 17 世纪第二个十年末期，随着大量进口货物流入西班牙，并且来自美洲的贡金减少了一半，国内弥漫着一种悲观主义的情绪。[①] 正如约翰·艾略特（John Elliott）
[217] 和彼得·布莱特维尔（Peter Brightwell）所言，这种情绪与西班牙越来越迫切地希望冒险发动大战的导向有很大关系。

按照传统的说法，三十年战争的起点是 1618 年 5 月发生的波希米亚新教贵族阶层反对奥地利的天主教中央政权的起义。德国新教徒与维也纳之间的冲突已经酝酿了至少 10 年之久，因为那里的新教徒一直要求享有更大的自治权。但是，对维也纳政权而言，如果对 1618 年 5 月的挑衅行为听之任之，无疑会很快削弱奥地利对整个神圣罗马帝国的控制权。[②] 奥地利的任何示弱举动，都必然会引起马德里方面的极大关注。虽然西班牙和奥地利这两个哈布斯堡王朝早在 16 世纪中叶就发生了分裂，但家族关系的纽带依然非常牢固，并且在 1610 年后还有所加强。皇帝马提亚（Matthias）与西班牙的腓力三世本来就是嫡表兄弟，而 1617 年的“奥纳特（Oñate）条约”使这层关系得到进一步加强：腓力同意斐迪南在马提亚死后成为神圣罗马帝国的皇帝（即斐迪南二世），以换取意大利的领土和阿尔萨斯地区。斐迪南不仅是腓力妻子的兄弟，而且还娶了腓力的女儿。

---

① 参见 J. H. Elliott, *Spain and Its World* (New Haven: Yale University Press, 1989), esp. chaps. 6, 10, and 11。

② 由于在 1593～1606 年奥土战争中累积的债务，当时的奥地利已经陷入财政危机。事实上，德国发生的大多数宗教冲突都有着直接的资金方面的原因：德国诸侯都不愿意承担这类战争以及其他帝国预算所带来的沉重税赋。参见 Geoffrey Parker, ed., *The Thirty Years' War*, 2nd ed. (London: Routledge, 1997), 15; Parker, *Europe in Crisis, 1598 - 1648*, 83; and Sheilagh Ogilvie, "Germany and the Seventeenth Century," in Parker and Smith, eds., *The General Crisis of the Seventeenth Century* 2nd ed. (London: Routledge, 1997), 67 - 69。

奥地利王室一旦解体，势必对哈布斯堡王朝在整个欧洲的领土造成危险。但是，在1618年夏初，西班牙政府在波希米亚危机问题上分成了两派。以勒马（Lerma）公爵为首的一派认为，西班牙财政资源短缺，盲目干涉会引发一场全面战争。不过，他们却未能说服从驻维也纳前大使祖尼加（Don Balthasar de Zúñiga）为首的另一派。祖尼加深知事态升级的危险，但他认为，西班牙不能眼看着奥地利政权垮台。他还认为，应该像他当年保护西班牙在法国东部的领地那样，力主西班牙与荷兰开战。①

布莱特维尔提供的证据表明，在整个第二年，由于西班牙人认为全面战争已经不可避免，于是便颇不情愿地做出了一系列“两害相权取其轻”的决定。1618年7~8月间，第一批资金被迅速送往维也纳。1619年4月，马提亚的去世引发了继位问题。5月间，新教武装力量开始向维也纳挺进。马德里从佛兰德斯地区调集了一支7000人的部队增援奥地利作战，这也是列强第一次直接对这次危机进行干预。当年秋，西班牙驻维也纳大使奥纳特（Iñigo Oñate）在获得了西班牙支持的承诺之后，帮助重新组建了“天主教联盟”②，这是一个由巴伐利亚的马克西米连领导的德国诸侯联合体。11月间，西班牙又从意大利紧急调集了7000人的军队。1620年8月，西班牙又采取了一个重要的升级步骤：派遣2万人的兵力进攻德国西部的巴拉丁领地（Palatinate）③，这一方面是为了把新教的军事力量引到西面，另一方面也是为了控制西班牙取道意大利进入内地的供应线。④ 这一行

① 参见 Brightwell, “The Spanish Origins of the Thirty Years' War”; Brightwell, “The Spanish System and the Twelve Years' Truce”; Brightwell, “Spain, Bohemia, and Europe, 1619 - 1621,” *European Studies Review* 12 (October 1982): 371 - 399; and Brightwell, “Spain and Bohemia: The Decision to Intervene,” *European Studies Review* 12 (April 1982): 117 - 141。

② 该联盟始建于1609年，最后于1635年解散。——译者注

③ 即法耳茨（Pfalz）——译者注

④ 在这个月里，西班牙占领了穿越瑞士的瓦特林（Valtelline）战略通道。

动直接威胁到法国在莱茵兰地区的地位。

到1620年年末，西班牙军队已经占到整个帝国军事力量的一半，而马德里的军费开支也达到了全部支出的一半。[①] 1620年11月，帝国第一次重创叛军并取得了一系列胜利，这与来自西班牙的大力支持是分不开的。然而，西班牙并没有就此罢手。1621年，西班牙与荷
[218] 兰开战，虽然未能在军事上直接击败荷兰，但持续八年的战争却严重破坏了荷兰与德国的贸易。[②] 从1620年开始，叛军请求法国人出面阻止西班牙的行动，但法国实在太弱，一时根本无力为之。不过在1622年末，法国最终还是联合萨伏伊王室把西班牙人赶出了瑞士。1624年6月，法国与荷兰重新结盟，并开始资助荷兰人抵抗西班牙。1625年，在法国、荷兰和英格兰的援助下，丹麦也针对哈布斯堡王朝在德国东部的威胁采取了行动。

西班牙在1618～1622年间采取的最终造成战争升级的一系列行动显然是源于这样一种悲观论调：西班牙别无选择。早在1618年7月，祖尼加就已经明白，西班牙的干预很可能意味着全面战争。[③] 然而，如果不进行战争，荷兰就会继续破坏西班牙的商业活动。他在1619年春曾指出，尽管直接征服荷兰并不容易，但西班牙必须采取行动："事态已经发展到这样的阶段，任何决定都要做最坏的打算，这并不是说缺少好的想法，但形势已经如此紧迫，不可能找到令人信服的挽救方法。"[④] 针对西班牙没有能力帮助奥地利这种论调，祖尼加反驳道："目前的形势要求我们必须尽最大努力，就像一个人面对重大灾难时通常所做的那样。"经过腓力顾问班子的慎重考虑之后，他关于尽最大努力克服一切障碍的请求

① 参见 Polišensky, *War and Society in Europe, 1618 - 1648*, 79 - 82。

② 参见 Israel, *Conflicts of Empires*, chaps. 2 - 3。

③ 参见 Brightwell, "The Spanish Origins of the Thirty Years' War," 426。

④ 引自 Brightwell, "The Spanish System and the Twelve Years' Truce," 289。

获得了批准。[①]

1624～1627 年间，哈布斯堡王朝的军队赢得了一系列重大胜利。然而，西班牙的衰退状况依然没有改观。从 1610 年开始，每年来自"新世界"的收入只有 16 世纪末叶黄金年代的 1/3～1/2；1625 年之后，这方面的收入持续萎缩；而到 1628 年，当整个运银船队被荷兰人截获之后，这项收入就完全中断了。在这样的情况下，悲观情绪日益加剧。[②] 1629 年，有一位大臣甚至这样说，在他长达 39 年的任职期内，王室的财政似乎"一直在恶化"。同一年，奥利瓦雷斯（Gaspar de Guzmán Olivares）伯爵（从 1622 年开始主持西班牙政府）也写道，对一个"仍然在持续衰退的国家"而言，西班牙在意大利与法国作战所带来的问题无异于雪上加霜。[③]

由于考虑到西班牙的工业发展缓慢，奥利瓦雷斯便试图按照北欧重商主义的模式进行经济改革。然而，这就带来一个难题：他需要和平的环境实施其改革构想，但西班牙又不能听任法国以及其他国家借西班牙整顿经济秩序之机发展壮大起来。[④] 1625 年后，奥利瓦雷斯在国内面临着对法国发动预防性战争的巨大压力。[⑤] 他一开始有点犹豫，因为全面战争无疑会把他的改革计划扼杀于摇篮中。不过，1628～1631 年在意大利发生的冲突加剧了西班牙经济的下滑趋势，同时也加深了对法国意图的疑虑。1630 年，瑞典的干预行动进一步

---

① 引自 Brightwell, "Spain, Bohemia, and Europe, 1619－1621," 386, 395。

② 参见 Fernand Braudel, *The Wheels of Commerce* (New York: Harper and Row, 1982), 174; John Lynch, *Spain under the Habsburgs*, 2 vols. (New York: Oxford University Press, 1969), 2: 74。

③ 引自 Elliott, *Spain and Its World*, 253－254。

④ 引自 Elliott, *Spain and Its World*, chap. 11。

⑤ 参见 Elliott, *Spain and Its World*, 126; R. A. Stradling, *Spain's Struggle for Europe, 1598－1668* (London: Hambledon, 1994), 113。

消耗了哈布斯堡王朝的资源。[①] 到1631～1632年，奥利瓦雷斯只好服从对法国全面开战的需要，并花费三年时间进行备战。[②]

与此同时，黎塞留也开始采取行动，试图保卫从德国进入法国的
[219] “门户”。[③] 从1632年开始，边境沿线一带就变成了一个大军营。1634年，奥利瓦雷斯调集了西班牙的军事力量，准备从三个方向对法国发动攻击，即德国、西班牙治下的荷兰和西班牙北部。这就是奥利瓦雷斯的“核心计划”，其中包括协调两支舰队和四支陆军同时行动，总兵力多达10万人。正如斯特拉德林（R. A. Stradling）所言，这是“现代欧洲早期最为贪婪的一个军事计划”。[④] 所谓机不可失，时不再来。1634年10月，一位西班牙使节就曾向匈牙利国王进言，“［攻击法国］计划的任何延迟都会”对哈布斯堡王朝的事业“造成巨大伤害”。[⑤]

但是，后勤供应方面的问题使得这次入侵不得不推迟。奥利瓦雷斯焦虑万分，因为他非常清楚，黎塞留正在努力为法国的不断壮大争取时间。1635年1月，他对自己的僚属宣称，鉴于西班牙军事力量的规模，这次攻击可以说胜券在握。但是，“这件事必须立即开始，因为除非法国人受到强有力的打击，否则任何手段都无法阻止他们成为世界的霸主，并且他们不用冒任何风险”。[⑥] 尽管巴黎方面并不愿

---

① 瑞典的行动是对奥利瓦雷斯（Olivares）计划做出的一种防御性反应，因为该计划在1628年得到奥地利认可之后，已经组建了一支哈布斯堡王朝的舰队，从而对荷兰与瑞典共同控制波罗的海贸易的局面造成了威胁。参见 Parker, *The Thirty Years' War*, 94－95, 109。

② 参见 Stradling, *Spain's Struggle for Europe, 1598－1668*, 97－115; David Parrott, "The Causes of the Franco-Spanish War of 1635－1659," in Jeremy Black, ed., *The Origins of War in Early Modern Europe* (Edinburgh: Donald, 1987), 92－103。

③ 参见 Parrott, "The Causes of the Franco-Spanish War of 1635－1659," 96。

④ 参见 Stradling, *Spain's Struggle for Europe, 1598－1668*, 117。斯特拉德林（Stradling）借用了艾略特（Elliott）“核心计划”一词。

⑤ 引自 Stradling, *Spain's Struggle for Europe, 1598－1668*, 109。

⑥ 引自 Stradling, *Spain's Struggle for Europe, 1598－1668*, 116。

意立即开战，但仍然做出决定，必须抢在西班牙攻击之前采取行动。[①] 1月间，法国与荷兰重新结盟；到4月，法国又得到瑞典的支持；5月，法国宣战，并随即入侵西班牙治下的荷兰。直到6月，奥利瓦雷斯才向腓力国王递交了“核心计划”的细节。然而，西班牙此时已经走到了一个十字路口——这个计划“或者不可挽回地输掉一切，或者使我们能够挽狂澜于既倒”。如果西班牙没有足够的力量击败法国，那么“就让我们体面地死去，因为我们宁愿去死，也不会拜倒在…… [法国异教徒的] 脚下。因此，一切都会结束，否则卡斯提尔人将成为世界的主宰”。[②]

防范意识无疑是奥利瓦雷斯战争计划中的主导因素。正如艾略特所言，他“与所有的人一样，深知自己正在孤注一掷地与时间赛跑。如果能够迅速击败法国，未来就仍然属于他”。只有到那时，他才能实施自己的改革计划，重振西班牙经济。[③] 西班牙人于1618年卷入战争，而后来全面升级为一场灭绝性战争的事实再一次证明了国际政治的悲剧含义。无论祖尼加还是奥利瓦雷斯，这两个对西班牙采取强硬政策负有最大责任的人并不是天生的侵略者。然而，他们还是为地缘政治环境所迫不得不采取行动，尽管他们明知这样做很可能把西班牙这个强大的国家推向灾难的深渊。

路易十四战争

法国与西班牙之间发生的“三十年战争”直到1659年签署和平

---

① 参见 Parrott, “The Causes of the Franco-Spanish War of 1635 - 1659,” 103 - 105; Ronald G. Asch, *The Thirty Years War* (New York: St. Martin's, 1997), 119 - 121。

② 参见 Stradling, *Spain's Struggle for Europe, 1598 - 1668*, 118。奥利瓦雷斯在1633年认为，法国正密谋推翻哈布斯堡王朝。参见 J. H. Elliott, *Richelieu and Olivares* (Cambridge: Cambridge University Press, 1984), 119。

③ J. H. Elliott, “The Decline of Spain,” in Trevor Aston, ed., *Crisis in Europe, 1560 - 1660* (New York: Basic Books, 1965), 192.

协定时方才尘埃落定，但是，法国与哈布斯堡王朝之间的争斗却仍然没有结束。1660～1685 年，法国在路易十四的领导下迅速壮大，已经拥有明显的军事优势，但法国人仍然在担心自己的安全。东部边界
[220] 随时会受到体系中刚刚崛起的“新贵”国家奥地利的攻击，因为这个哈布斯堡王朝的附庸在 17 世纪下半叶一直在悄悄积蓄力量，从 1683 年开始就对邻国虎视眈眈。1683 年 9 月，奥地利成功阻止了土耳其对维也纳的进攻，并随之在此后的五年里把土耳其人从匈牙利、塞尔维亚和罗马尼亚北部赶了出去。这不仅使奥地利的领土扩大了一倍，而且意味着维也纳一旦与土耳其和解，很可能会把自己久经战阵的军队调往西线。

法国之所以于 1688 年秋发动预防性战争［除了一段短暂的休战期（1697～1700 年），这场战争持续了四分之一个世纪］，另外有两个因素起了非常重要的作用。第一个是西班牙的王位继承问题，自体弱多病的卡洛斯二世（Carlos II）于 1661 年出生之后，这个阴影就几乎一直笼罩着奥地利与法国之间关系的每一个方面。卡洛斯死后，法国和奥地利都宣称对西班牙领地拥有权利。尽管如此，1685 年后，巴黎方面认为，有越来越多的迹象表明，维也纳要夺取西班牙的王位。一旦这一计谋得逞，法国势必将面对一个统一的哈布斯堡王国，这也正是迫使弗兰西斯在 1521 年发动战争的原因。第二，从 1680 年开始，法国经济陷入了“非逆转性相对停滞”，这在很大程度上应该归因于英格兰和荷兰重商主义的成功。虽然法国本身于 17 世纪 60 年代在柯尔贝尔（Colbert）的领导下也实行过重商政策，但到 80 年代就告夭折。

因此，路易及其顾问班子不仅把针对奥地利的外围势力圈和西班牙治下的荷兰发动预防性战争视为保护法国东部脆弱边界的一种方式，而且将其看成法国以后争夺广大西班牙领地的一个前奏。如果能够吞并上述某些领土，必将有助于法国同英格兰和荷兰进行商业竞

争，尤其可以一举奠定在黎凡特－地中海广大地区的贸易地位。更为重要的是，可以防止这些领土落入正在崛起的奥地利之手。①

自路易于1661年上台之后，西班牙王位的继承问题就一直是他的一块心病。他与西班牙腓力四世的大女儿玛丽亚·特蕾莎（Maria Teresa）的婚姻使法国与西班牙王室联系起来，但是作为婚约的一部分，玛丽亚已经宣布放弃自己的直接继位权。也就是说，在腓力和他的儿子卡洛斯去世之后，王位将由腓力的二女儿玛格丽特·特蕾莎（Margaret Teresa）继承（她已经嫁给奥地利的统治者利奥波德一世）。然而，卡洛斯出生之后，因体弱多病随时都会死掉。一直熬到1700年，他的去世终于成为法国与奥地利长达40年冲突的导火索。法国人不会听任哈布斯堡王朝再次统一起来。1663年，路易重新调整了法国的政策，柯尔贝尔私下写道：

> 至于对外事务方面，因为只有［哈布斯堡王朝］一直是一块心病，或者是想利用其暂时处于弱势这一良机，或者是由于担心其不断壮大，他［路易］因此决定尽最大努力对其进行控制，既包括其核心地区，也包括其边远的两翼。② [221]

对于哈布斯堡王朝在德国西部和西班牙治下的荷兰的部署的军事力量，路易尤其耿耿于怀，因为这些地区离巴黎最近的地方甚至不到200英里。1664年，他决定"比以往更加努力地……阻止这位皇帝

---

① 虽然不能把路易传说中强烈的荣誉欲望完全排除在引发战争的原因之外，但以下两个事实表明，这种欲望至少并未起决定性作用。第一，法国当时是集体决策，虽然路易是国王，但他非常倚重内阁大臣们的意见。参见 John B. Wolf, *Louis XIV* (New York: Norton, 1968), passim。第二，路易在1688～1689年入侵东莱茵兰地区之后，就立即开始实施残酷的焦土政策。这种做法表明，他很难通过发动战争恢复其原有声望。所以，地缘政治方面的担心仍然是主导因素。

② 引自 Andrew Lossky, *Louis XIV and the French Monarch* (New Brunswick: Rutgers University Press, 1994), 123。

［利奥波德］在自己的鼻子底下［德国］维持如此强大的军事力量”。[①] 1667 年，路易的军队入侵了西班牙治下的荷兰，并声称，由于西班牙从来没有为玛丽亚出嫁妆，他应该得到补偿。当路易的这一要求反而促使英格兰、荷兰和瑞典结成同盟之后，他又撤了回去。这次示弱在一定程度上暴露了他与利奥波德于 1668 年 1 月达成的秘密交易，即在卡洛斯死后瓜分西班牙的领土。这次交易表明，路易对法国边境及其在地中海地区的贸易非常担心。按照达成的交易，法国将获得西班牙治下的荷兰、法兰克伯爵领地（Franche-Comté）（位于东部边境）、那不勒斯、西西里岛以及非洲和亚洲的殖民地，而奥地利则得到西班牙以及美洲的殖民地。

17 世纪 60 年代，在柯尔贝尔的领导下，法国试图通过实行重商政策削弱英格兰和荷兰的贸易优势。这一政策的主要内容包括：在 1664 年和 1667 年大幅度提高关税，政府对全球性贸易公司提供支持。1672 年，法国首先在外交上对荷兰实行孤立政策，然后对其进行攻击，目的是利用这次攻势加速对西班牙治下最脆弱的荷兰的占领步伐。同时，路易也希望借此削弱荷兰的商业力量。[②] 但是，这次攻势的结果却出人意料：荷兰人扒开水坝阻止法国军队的进攻，在不到一年的时间里，西班牙和奥地利双双被拖入战争，并一直持续到 1679 年。[③] 这次战争的代价就是造成法国经济在 17 世纪 80 年代全面衰退。

荷兰战争之后，路易又试图吞并德国边境上的大量要塞和城镇，

---

① 引自 Lossky, *Louis XIV and the French Monarch*, 129。

② 参见 Lossky, *Louis XIV and the French Monarch*, 142 – 148; Paul Sonnino, “Louis XIV and the Dutch War,” in Ragnhild Hatton, ed., *Louis XIV and Europe* (Columbus: Ohio State University Press, 1976); Wolf, *Louis XIV*, 214 – 219; and Peter Robert Campbell, *Louis XIV* (London: Longman, 1993), 63。

③ 按照本书的定义，这次战争并不属于大战。像两个世纪后的克里米亚战争一样，这次战争只是一次旨在维持地区领土现状的有限冲突，而不是一场实施全面动员的列强全都卷入其中的灭绝性战争。

即所谓“重新合并政策”。像黎塞留一样，路易也把这些据点视为阻止哈布斯堡王朝入侵法国的“门户”。如果把这些据点纳入法国的版图，他就可以实现法国多年来的梦想：建立一条防御战线。[①] 到1684年，包括斯特拉斯堡和卢森堡在内的许多战略要地都已经被占领。8月间，在签订“拉蒂斯本（即雷根斯堡）协定”之后，奥地利承认了法国自1681年以来占领的领土，其中包括斯特拉斯堡。但是，仍然有两个问题：一是协定签署国只同意休战20年，而不同意永久性转让领土；二是腓力斯堡这个最重要的“门户”仍然掌握在哈布斯堡王朝手中。

同时，路易对经济和人口的变化趋势也感到忧心忡忡。直到17世纪70年代末，法国经济一直持续增长。不过，到80年代中期，法国经济却出现了停滞，而欧洲其他国家则在继续增长。[②] 这在很大程度上是英格兰和荷兰重商政策取得相对成功造成的。[③] 同时，法国还遭受着人口危机的困扰：到17世纪80年代初，死亡率已经大于出生率。[④] 对于这些问题，法国领导人当然心知肚明。从1683年开始，

---

① 参见 Wolf, *Louis XIV*, 194, 403 - 404; Campbell, *Louis XIV*, 58 - 59; and Lossky, *Louis XIV and the French Monarch*, 160。

② 参见 J. S. Bromley, “Introduction,” in Bromley, ed., *The New Cambridge Modern History*, vol. 6 (Cambridge: Cambridge University Press, 1971), 26; Jean Meuvret, “The Condition of France, 1688 - 1715,” in Bromley, ed., *The New Cambridge Modern History*, vol. 6, 320; James B. Collins, *The State in Early Modern France* (Cambridge: Cambridge University Press, 1995), 122 - 123; Campbell, *Louis XIV*, 5 - 6, 64; Pierre Goubert, *Louis XIV and Twenty Million Frenchmen* (New York: Vintage, 1966), 125, 148, 179 - 180; Lossky, *Louis XIV and the French Monarch*, 246; Geoffrey Symcox, “Louis XIV and the Outbreak of the Nine Years Wars,” in Hatton, ed., *Louis XIV*, 179, 184; and Wolf, *Louis XIV*, 427。

③ 参见 Charles Woolsey Cole, *Colbert and a Century of French Mercantilism*, 2 vols. (New York: Columbia University Press, 1939); Inès Murat, *Colbert* (Charlottesville: University Press of Virginia, 1984), 236 - 241, 271 - 275; Glenn Ames, *Colbert, Mercantilism, and the French Quest for Asian Trade* (DeKalb: Northern Illinois University Press, 1996), 189; and Goubert, *Louis XIV and Twenty Million Frenchmen*, 31。

④ 参见 Goubert, *Louis XIV and Twenty Million Frenchmen* (New York: Vintage, 1966), 180; Steensgaard, “The Seventeenth-Century Crisis,” 29。

抨击法国经济体制的声浪空前高涨。1687年，随着土地危机愈演愈
[222] 烈，法国政府开始调查农村发生饥荒的原因。[①]

地缘政治也在向不利的方向发展。17世纪80年代，法国无疑是欧洲最大的军事强国。[②] 然而，正如杰弗里·西姆考克斯（Geoffrey Symcox）所言，正是在这个年代，“势力均衡开始偏向有利于路易的敌人一边”。[③] 在与土耳其人交战的过程中，奥地利军队的规模不断扩大，并积累了丰富的实战经验。同时，维也纳也开始实行改革，以加强整个帝国的凝聚力。不仅如此，法国在17世纪70年代赖以维持质量优势的法宝——军事发明，其成果也逐渐扩散到各敌对国家。这些事实使得法国国防大臣卢瓦（Louvois）大为惶恐，以至于他在1687年对那些曾在奥地利东部战区服役的军官进行审问，以寻求提高其军队战斗力的新方法。[④]

当时，奥地利在对土耳其的战斗中取得了节节胜利，这一点让法国人感到十分担忧。除了奥地利领土的空前扩张，巴黎方面还担心一旦土耳其求和，奥地利就会转向西线，再次对其丧失的边界地区提出领土要求。于是，路易试图把20年休战期变成一个永久性的和约，但维也纳方面拒绝了他的要求。面对奥地利的节节胜利，路易只能在

---

① 参见 Symcox, “Louis XIV and the Outbreak of the Nine Years Wars,” 185。

② 尽管这方面并没有准确的数据，但保罗·肯尼迪（Paul Kennedy）指出，在1689～1690年间，法国陆军的人数远远多于其他任何一个国家，并且还拥有最强大的海军。参见 Kennedy, *The Rise and Fall of the Great Powers* (New York: Random House, 1987), 99。这就解释了法国为什么有能力在长达25年的时间内几乎是单打独斗地与整个体系作战。关于法国的军事优势问题，可参见 Campbell, *Louis XIV*, 57; George Clark, “The Nine Years War, 1688－1697,” in Bromley, ed., *The New Cambridge Modern History*, vol. 6, 224－231; and Collins, *The State in Early Modern France*, 123。

③ 参见 Symcox, “Louis XIV and the Outbreak of the Nine Years Wars,” 179; Wolf, *Louis XIV*, 427。

④ 参见 Symcox, “Louis XIV and the Outbreak of the Nine Years Wars,” 183－188; John B. Wolf, *The Emergence of the Great Powers, 1685－1715* (New York: Harper and Row, 1951), 127－132。

匆忙之中加强前线的防御。[①]

路易最担心的是法国遭到入侵，同时也担心利奥波德会动用其新组建的军队，以增加争夺西班牙王位的底气。1685 年，一份关于向马德里派出使节的备忘录曾指出，一旦利奥波德知悉卡洛斯的健康状况出现恶化迹象，他“就会与土耳其和解……以便将其所有的军队转向莱茵河地区”。在此后的几年里，这一直是路易的一块心病。[②]从 1685 年直到 1688 年战争爆发，路易费尽心机地对卡洛斯选择继位者一事施加影响。卡洛斯去世之后，他发表了一项声明，要求整个西班牙王室的继承权归其家族所有。尽管有路易的妹妹即西班牙王后出面活动，但法国的努力并没有成功。在 1687 年底听到谣传，即维也纳已经选定奥地利王室的继承人约瑟夫（Joseph）作为卡洛斯在马德里的继位者之后，路易也就只能徒叹奈何了。[③]

从 1686 年开始，法国地位的恶化程度比路易的预期还要严重。1687 年 8 月，传来了土耳其在莫哈奇（Mohács）战役中失利的消息。卢瓦在给负责法国军事技术装备的工程师沃邦（Vauban）[④] 的信中说，这一消息使得路易“认为，有必要将其防线转向德国方面，以保留最后一点希望”。[⑤] 在 1688 年的前八个月里，路易得到了教皇的恩准，成为莱茵河地区战略要地科隆这个天主教公国国王的候选人。巴黎方面在 6 月间收到的报告称，荷兰和勃兰登堡的普鲁士王室正在进行军事动员，试图破坏这一行动。7 月间，为了进一步施加压力，路易的使节通知教皇，即使由于教皇的决定而爆发战争，法国也不愿

---

① 参见 Wolf, *Louis XIV*, chap. 26; Lossky, *Louis XIV and the French Monarch*, 230。

② 引自 Lossky, *Louis XIV and the French Monarch*, 179。

③ 参见 Lossky, *Louis XIV and the French Monarch*, 176 – 181, 220 – 238; Wolf, *The Emergence of the Great Powers, 1685 – 1715*, 35。

④ 沃邦当时是法国元帅、军事工程师，因多项实战技术和战术发明而在军事和战争史上享有重要地位。他首创“平行壕逐次攻击法”，指挥过许多要塞的围攻战，制定“炮火攻击原则”，并发明刺刀插座，著有《论要塞的攻击和防御》等。——译者注

⑤ 引自 Symcox, “Louis XIV and the Outbreak of the Nine Years Wars,” 187。

意利用“有利的局面趁火打劫”。[①] 然而到了8月，教皇仍然做出了对奥地利候选人有利的决定。

8月15日，路易派驻伊斯坦布尔的大使发回一个非常重要的消息。土耳其人在被逼退到贝尔格莱德之后，正准备与奥地利和解。8月20日，路易与其顾问班子进行商讨，并做出了如下决定：对奥地利在腓力斯堡和巴拉丁地区的阵地发动进攻。[②] 9月底，法国军队开始行动；到秋季，开始对西班牙治下的荷兰发动攻击。一年之内，法国将与所有重要列强组成的同盟开战。

[223]

1688年9月，路易在对维也纳的宣战书中公开表明自己的目标。“一旦皇帝与土耳其人和解”，他就会采取行动，阻止整个帝国“进攻法国的长期计划”。法国必须对“那些使皇帝能够轻松地……为针对法国的战争提供支持”的要塞发动攻击。[③] 这不过是一种宣传手段，但也反映了路易的真实想法。维拉尔（Villars）元帅写道，8月间的御前会议不得不在阻止荷兰的奥伦治亲王威廉（William）争夺英格兰王位和防止土耳其与奥地利和解之间做出抉择，因为“奥地利随时会调集帝国的全部力量向我们压过来”。[④] 约翰·沃尔夫(John Wolf)、西姆考克斯以及其他学者的深入研究表明，路易决定采取防御行动，完全是为了防止法国在势力均衡方面随时会陷入不利境地。[⑤]

---

① 引自 Symcox, “Louis XIV and the Outbreak of the Nine Years Wars,” 194。

② 参见 Symcox, “Louis XIV and the Outbreak of the Nine Years Wars,” 196 – 198; Lossky, *Louis XIV and the French Monarch*, 230 – 231。

③ 引自 Wolf, *Louis XIV*, 650。

④ 引自 Wolf, *Louis XIV*, 649。

⑤ 参见 Wolf, *Louis XIV*, 427 – 444; Symcox, “Louis XIV and the Outbreak of the Nine Years Wars”; Lossky, *Louis XIV and the French Monarch*, 230 – 231; Paul Sonnino, “The Origins of Louis XIV's Wars,” in Black, ed., *The Origins of War in Early Modern Europe*, 123 – 125; Selton, *Venice, Austria, and the Turks in the Seventeenth Century*, 389 – 391; and Collins, *The State in Early Modern France*, 122 – 127。

路易希望速战速决，以迫使奥地利在领土方面做出让步，从而确保法国边界的安全。但是，他也意识到很可能会因此引发全面的体系战争。路易在8月末写给其驻伊斯坦布尔大使的一封信中指出，他采取的行动很可能意味着一场“全面的欧洲战争”，而土耳其人将从中获益。[①] 一时间，战争的阴云笼罩着欧洲的天空。1686年10月，西班牙、奥地利、瑞典、巴伐利亚和萨克森结成了“奥格斯堡联盟”，以保护德国不再继续受到法国的侵害。通过攻击这一地区，法国激起了所有成员国的结盟承诺。

从第三年开始，战争陷入了僵局。在1697年，虽然签订了一项和约，但根本问题并没有解决。法国的东部边界仍然非常脆弱，路易也仍然在担心西班牙的王位继承权会落入奥地利人之手。1698年10月，法国与英格兰和荷兰签署了一项协定，同意一旦卡洛斯去世，由巴伐利亚的约瑟夫·斐迪南（Joseph Ferdinand）亲王继承王位。虽然法国在这次交易中并没有获益，但防止了奥地利的力量出现明显增长。不幸的是，约瑟夫·斐迪南很快就于1699年2月去世。3月间，法国与英格兰和荷兰又达成了一笔新的交易。避免形成另一个同盟，路易变得非常理智：西班牙及其殖民地和西班牙治下的荷兰划归奥地利的查理大公，而法国则得到那不勒斯、西西里岛和洛林地区。利奥波德拒绝了这一“慷慨”方案，在对土耳其刚刚取得的一系列胜利的鼓舞下，他此时坚持要求得到全部继承权。[②]

1700年11月，卡洛斯终于去世。出乎所有人的意料之外，他在遗嘱中把全部继承权留给了路易的孙子腓力。如果法国拒绝接受，继承权将属于奥地利。11月末，路易及其顾问班子面临着两种都不算满意的选择：如果接受，就很可能与奥地利甚至又一个庞大同盟陷入

---

① 参见 Wolf, *The Emergence of the Great Powers, 1685－1715*, 34。

② 参见 George Clark, “From the Nine Years War to the War of the Spanish Succession,” in Bromley, ed., *The New Cambridge Modern History*, vol. 6, 396。

[224] 战争；但如果拒绝，则只能听任奥地利重建查理五世的帝国。在反复讨论之后，路易最终还是决定接受。战争在两种情况下都是不可避免的，因为法国不会允许奥地利得到如此多的领土。但是，法国选择接受至少可以为吞并西班牙及其殖民地制造一个合法的借口，同时也可以提高法国对外贸易的竞争能力。①

因此，在长达25年的漫长战争中，路易策动后半程战事（西班牙继位之争）的逻辑是与其前半程的推理完全一致的。奥地利在1698～1700年间取得对土耳其的胜利之后，不仅重新成为一支重要的威慑力量，而且维也纳一旦得到西班牙的全部继承权，就意味着如果法国不采取行动，就会迅速被一个势力强大的国家所包围。路易的动机并不仅仅是权力欲，而更多的是出于对自身安全的担心。正如沃尔夫所说，凡是读过路易信件的人，都不会不注意到，他一生都在担心法国遭到入侵。②

七年战争

七年战争（1756～1763年）是本书所研究的大战案例中唯一一个不完全符合动态差异理论的例证。尽管衰退趋势对于战争的起源起着关键的作用，但战争本身在主要参与国的军事力量大体相当的情况下也有可能发生。因此，这一案例与本人关于多极体系中的全面战争必须有一个拥有明显优势的军事强国这一论断是矛盾的。不仅如此，

① 参见 George Clark, "From the Nine Years War to the War of the Spanish Succession," 384－403；Sonnino, "The Origins of Louis XIV's Wars," 127－129；and Wolf, *Louis XIV*, chap. 29。关于法国一直在觊觎西班牙和地中海地区的贸易一节，可参见 Goubert, *Louis XIV and Twenty Million Frenchmen*, 100, 185, 224－229；Charles Woolsey Cole, *French Mercantilism, 1683－1700* (New York：Columbia University Press, 1943), 22－32 and passim；Cole, *Colbert and a Century of French Mercantilism*, 1：383－415；Ames, *Colbert, Mercantilism, and the French Quest for Asian Trade*, 187－189；and Lossky, *Louis XIV and the French Monarch*, 104, 246－252。

② 参见 Wolf, *Louis XIV*, 231。

这次战争还表明，处于暂时衰退期且力量大体相当的列强能够克服集体行动的障碍，针对某个正在崛起的国家以结盟的形式进行预防性战争。因此，与典型模式发生如上偏离的原因具有重要意义，有助于我们探究并弄清理论与实际为何不符的条件。

七年战争的起源并不复杂。历史学家一致认为，战争的始作俑者是奥地利，胁从者则是俄国。这两个国家都在担心体系中的“新贵”国家普鲁士的崛起，因为这个国家的领导人腓特烈大帝（Frederick the Great）已经充分显示出一种醉心于领土扩张的癖好。两国的计划萌发于1748~1749年，并在1755~1756年间趋于成熟，目的就是要在普鲁士制造更多的麻烦之前彻底消除其所带来的日益严重的威胁，然后由这两个国家以及其他心怀不满的国家瓜分战利品。1756年夏，腓特烈察觉到奥地利和俄国正在准备发动进攻，于是决定（尽管不太情愿）采取先发制人的方针。8月末，他把军队开进了萨克森地区，从而造成了长达七年的僵持局面。其间，在英国的帮助下，小小的普鲁士与奥地利、俄国以及刚刚加盟的法国这个松散的同盟形成了漫长的对峙。

在直接导致普鲁士兼并西里西亚地区的“奥地利继位之争”期间，腓特烈在1740~1744年对奥地利的战争中突然获胜引起了奥地利和俄国的严重不安。[①] 普鲁士是体系中的一个“新贵”国家，刚刚 [225]
在路易十四战争中脱颖而出，所以在1740年之前，大多数国家都认为它甚至算不上一个真正的强国。它的领土面积甚为狭小，并且只有400万人口，还不到奥地利的1/3或法国的1/5。[②] 不过，普鲁士却拥

① 按照定义，“波兰继位之争”（1733－1735年）和“奥地利继位之争”（1740－1748年）并不属于大战。这两次冲突在很大程度上都是由法国试图对奥地利根据1713年“乌得勒支和约”获得的领土采取补偿手段而引起的权力争斗。

② 参见 Walter L. Dorn, *Competition for Empire, 1740－1763*（New York：Harper and Row，1963），300。

有欧洲最精干和训练有素的军队，因而补偿了上述弱点。[①] 这种质量优势只能在战场上才能显示出来，因此直到 1740 ~ 1744 年在军事上取得巨大成功之后，普鲁士才被认为是一种不可小视的威胁。

历史学家丹尼斯·肖瓦尔特（Dennis Showalter）写道，随着“奥地利继位之争”逐渐平息，“一股对相对衰退的悲观情绪……在哈布斯堡王朝的决策圈内弥漫开来”。[②] 1746 年，奥地利和俄国针对普鲁士结成了防御同盟，从而为以后的谈判奠定了基础。1749 年 3 月，奥地利秘密举行了一次御前高级会议，商讨对外政策问题。后来出任首相的冯·考尼茨（von Kaunitz）伯爵提出过一项建议，并且后来成为他在 1755 ~ 1756 年这一重要时期的政策纲领。奥地利肯定不会在西里西亚问题上做任何让步，“并且［必须］把普鲁士国王作为［奥地利］王朝最大的、最危险的……敌人”。因此，奥地利必须始终坚持保护自己免遭腓特烈侵略的方针，并在恢复已丧失领土的同时“限制其力量”。[③]

在此后七年里，无论是作为驻法国大使还是作为首相，考尼茨的策略都是为了解决法国与哈布斯堡王朝之间长达数个世纪的争端，并在同法国和俄国结盟之后消灭普鲁士。[④] 出于两方面的原因，奥地利必须得到法国的帮助：第一，奥地利不能不担心法国会做出反应（特别是因为从 18 世纪 30 年代开始法国与普鲁士就一直是盟友），所以不能直接攻击普鲁士；第二，法国可以提供所需要的资助，从而

---

① 参见 Gordon A. Craig, *The Politics of the Prussian Army*, *1640 - 1945* (London: Oxford University Press, 1955), chaps. 1 - 3。

② 参见 Dennis Showalter, *The Wars of Frederick the Great* (London: Longman, 1996), 91。

③ 引自 William J. McGill, “The Roots of Policy: Kaunitz in Vienna and Versailles, 1749 - 1753,” *Journal of Modern History* 43 (June 1971): 232。另参见 Showalter, *The Wars of Frederick the Great*, 91。

④ 关于考尼茨的“宏大计划”，可参见 Dorn, *Competition for Empire*, *1740 - 1763*, 296 - 299; McGill, “The Roots of Policy: Kaunitz in Vienna and Versailles, 1749 - 1753”; and Showalter, *The Wars of Frederick the Great*, 90 - 93, 116 - 134。

确保财政状况不佳的俄国军队有能力攻击普鲁士的东线。但是，直到1756年5月，巴黎方面始终不愿意继续帮助自己的宿敌。不过，英国与普鲁士在1755~1756年冬季的外交动作最终使法国人改变了主意。为了争夺北美洲和印度的控制权，英国与法国早就展开了一场漫长的冲突。伦敦方面担心的是，普鲁士会利用英国与法国之间的冲突攫取英国国王的老家——汉诺威。

为了阻止腓特烈的行动，伦敦与彼得堡于1755年9月同意联合对付普鲁士，并由英国每年提供10万英镑资助俄国军队。腓特烈有所察觉之后，便决定修复与伦敦的关系，以消除俄国发动进攻的可能性。1756年1月，普鲁士和英国签订了《威斯敏斯特条约》，双方一致同意保护德国领土免遭入侵。这一条约使得巴黎和彼得堡十分恼火。法国人如芒刺在背，因为他们本来指望利用普鲁士进攻汉诺威迫使英国军队从殖民地撤走。2月间，法国决定不再与普鲁士重新结盟。三四月间，俄国同意针对普鲁士进行战前动员，并答应与奥地利 [226]
结成进攻同盟，其中还包括瑞典和萨克森。

对于考尼茨而言，局势开始变得明朗起来，但他必须小心行事。为了确保俄国人得到资助，他要求法国充当一个积极的而不仅仅是中立的参与者。1756年5月，所谓“外交革命”终于完成了第一步：法国同意结成一个防御同盟。如果奥地利遭到普鲁士的攻击，法国将派出24000人的兵力。但是，维也纳仍然面临两个问题：第一，为了确保法国参与行动，奥地利必须让普鲁士以侵略者的面目出现[①]；第二，考尼茨并不认为奥地利军队已经完全准备就绪。因此，他力主奥地利和俄国的攻击行动应该推迟到1757年春季。

在1756年，俄国人对战争有点心痒难耐，并已经为此动员了8~

---

① 参见 Showalter, *The Wars of Frederick the Great*, 131; Dorn, *Competition for Empire, 1740 - 1763*, 308。

12 万兵力。奥地利可用于作战的部队仅有 6.5 ~ 8 万人，但到次年春，考尼茨有望再投入 4 万 ~ 5 万兵力。由于普鲁士的兵力超过 15 万人，稍稍推迟入侵时间是比较合理的。[①] 1756 年 6 月，考尼茨说服俄国人把发动进攻的时间推迟到 1757 年初。然而，为了确保普鲁士以侵略者的面目出现，维也纳必须利用外交手段挑动腓特烈率先动手。六七月间，腓特烈的谍报人员透露了俄国的动员情况，并且奥地利和俄国正在准备进攻，同时还告诉他进攻时间已经推迟到次年春天。[②] 腓特烈根本不愿意打仗，因为他必须首先巩固前一次冲突中获得的成果。[③] 然而，他也非常清楚，由于维也纳和彼得堡已经下定决心消灭他的国家，他不能坐等这两个国家顺利完成动员。

7 月间，腓特烈在进行外交努力的同时，也开始对普鲁士军队进行动员。从 7 月到 8 月末，他曾四次指示派往维也纳的使节，请求奥地利领导人声明自己在眼下或未来都无意单独或与俄国一起对普鲁士发动攻击。在最后一次发出请求时，他甚至出示了奥地利和俄国作战计划的证据，并承诺只要维也纳公开宣布其和平意向，他就会召回自己的军队。对于这一次次的请求，奥地利人不是直接予以拒绝，就是给出一种“模糊而傲慢”的答复，从而进一步加深了腓特烈的疑虑。[④] 8 月 25 日，在失去了最后的耐心之后，腓特烈在给他姐姐的信

---

① 关于上述数字，可参见 Herbert H. Kaplan, *Russia and the Outbreak of the Seven Years' War* (Berkeley: University of California Press, 1968), 85 - 92。关于俄国对普鲁士非常担心一节，可参见 Kaplan, *Russia and the Outbreak of the Seven Years' War*, 32, 39; Dorn, *Competition for Empire, 1740 - 1763*, 310; and Showalter, *The Wars of Frederick the Great*, 130。

② 参见 Karl Schweizer, "The Seven Years' War," in Black, ed., *The Origins of War in Early Modern Europe*, 252 - 253; G. P. Gooch, *Frederick the Great, the Ruler, the Writer, the Man* (Hamden, Conn.: Archon, 1947), 34 - 35; Showalter, *The Wars of Frederick the Great*, 131 - 132; and Herbert Butterfield, *The Reconstruction of a Historical Episode* (Glasgow: Jackson, 1951), 23。

③ 参见 Kaplan, *Russia and the Outbreak of the Seven Years' War*, 80 - 82, 91 - 93; Dorn, *Competition for Empire, 1740 - 1763*, 316。

④ 卡普兰（Kaplan）语，参见 Kaplan, *Russia and the Outbreak of the Seven Years' War*, 92 - 93。

中写道，对于其第四次请求，他并没有收到任何答复，但是面对奥地利的军事动员，他“对战争已经不再抱任何幻想”。由于他“仍然在期望一种无礼或模糊的答复”（当然后一种情况是不太可能的），于是便决定在星期六与其部队一起出发。[①] 8 月 29 日，普鲁士军队入侵了萨克森地区。正是这一行动使奥地利人达到了自己的目的：奥地利是普鲁士侵略行动的受害者。法国随之加入奥地利一方参战，并向俄国军队提供了高达数百万里弗赫（livre）[②] 的资助。[③]

七年战争证明了本书提出的如下理论，即正是对衰退的担心而不是“单元层面”因素促使奥地利组织了一场针对普鲁士的预防性战争。然而，无论是奥地利本身还是其合作者俄国，它们在军事力量上并没有对普鲁士形成优势，这一点与只有拥有明显军事优势的国家才会发动灭绝性大战的预言是相矛盾的。18 世纪中叶的独特地缘政治环境使得维也纳和彼得堡能够克服其集体行动方面的障碍，集中双方的力量对付一般的威胁。首先，所有的国家都认为，普鲁士是一个搅乱了既定格局的“新贵”国家。因此，由奥地利、俄国、瑞典和萨克森将其瓜分（并且法国在西部得到补偿）只能视为一种对原有格局的复辟，而不是对整个体系的挑战。[④] [227]

其次，历史原因和普鲁士领土的狭小使得相互之间瓜分战利品时的相对收益并不具有普遍意义。奥地利、瑞典和萨克森可以得到原先在侵略战争中曾经被普鲁士占领的属于自己的领土。不仅如此，在俄国得到东普鲁士/波兰的部分领土之后，任何一个国家在 1756 年都不会认为随后发生的任何争端还会引起势力均衡的剧烈变化。这一点与其他的多极案

---

① 参见 Frederick Le Grand, *Oeuvres de Frederick Le Grand*, vol. 26 (Berlin: Chez Rodolphe Decker, 1855), doc. 42, p. 115。

② 法国当时流通的货币名称，其价值相当于 1 磅白银。——译者注

③ 参见 Dorn, *Competition for Empire*, *1740 – 1763*, 312 – 313。

④ 参见 Schweizer, “The Seven Years' War,” 245。

例显然是不同的，因为一般而言，正在崛起的国家总是在领土方面足够庞大，以至于它的灭亡必然会引起各国对自身相对损失的极大担忧。

再次，还必须考虑到这样一个问题，即其他列强对于腓特烈作为普鲁士领导人充满了疑虑。在“奥地利继位之争”期间，他曾经两次背叛了自己的盟友——法国，甚至还割走了奥地利的一些领土。他那穷兵黩武、刚愎自用、名欲熏心、热衷征伐的残暴性格可以说人尽皆知。早在1743年，他就公开宣布了自己的地缘政治基本准则：所有国家无论大小，都必须不断扩张，以免落后于他人。在1752年的政治自白中，他甚至还划定了德国应该最终被兼并的一些具体地块。[①] 面对着这样一个极端的好战分子，奥地利和俄国消除威胁的坚定意志终于还是克服了协调进攻方面的障碍。[②]

总而言之，七年战争的事实表明，在多极体系中，实力大体相当的国家可以联合发动预防性战争，但必须满足一系列苛刻条件。正在崛起的国家必须具有极度的扩张性，并且必须是一个领土狭小的“新贵”国家。在这样的情况下，消灭这个小国往往不被视为对既定体系格局的破坏，而是更有利于体系的稳定。除了18世纪中叶，很难想象历史上的其他时期能够真正满足这样的条件。[③]

拿破仑战争

1792～1815年间发生了两次性质截然不同的战争，即法国大革

① 参见 Showalter, *The Wars of Frederick the Great*, 93－94。

② 鉴于这类国家的“单元层面”特点，这里对本书第二章中提出的第三个参数（正在崛起的国家未来发动攻击的可能性）的约束条件有所放宽。

③ 就这一点而言，或许最接近的情况就是在1866年和1870年获胜后建立的德意志帝国。但是，当时这个国家的土地面积数倍于1756年的普鲁士。不仅如此，俾斯麦温和的和平论调至少使得其他列强有点弄不清德国的未来意图，原来的恐惧心理多少有点放松，因而自然未进行联合进攻的战争准备工作。

命（1792～1801年）和拿破仑战争（1803～1815年）。前者并不是严格意义上的大战：尽管诸多强国卷入其中，但它并不是一场威胁到这些国家生存的冲突，而是一场重建体系意识形态一致性的战争。法国试图维持新兴的革命政权，而其他国家则试图用传统的保皇派取而代之。[①] 但是，1802年以后则显然是各大国生存受到严重威胁的一个时期。法国正在追求霸权，特别是要消灭英国并把其他国家的地位降为附庸国。 ［228］

然而，拿破仑战争的根源并不在于意识形态或拿破仑的个性，而是18世纪英国和法国争夺世界霸权的必然结果。在过去的一个世纪里，法国和英国一直在为贸易、工业和殖民地而争斗不休。到1800年，英国人最终占了上风。他们拥有了一个庞大的殖民地王国，其中包括印度这颗历史上几乎每一个帝国都曾觊觎过的皇冠上的“宝石”。不仅如此，英国的工业革命要提前数十年。对法国人而言，这些成就无疑是骇人听闻的。英国巨大的资源基地和大规模的工业增长，再加上其贸易方面的优势，意味着法国经济将长期陷入萧条的困境。在这样的情况下，法国势必脆弱不堪，很容易受到像俄国这种地大物博的强国的攻击，也随时会受到英国本身的威胁。在其戎马生涯中，不失时机地消灭英国一直是拿破仑的主要目标。拿破仑对英国的担忧有着悠久的历史渊源，他只不过是继承了法国领导人在前半个世纪的一贯传统——认为法国的生存完全取决于是否能解决英国问题。

从1700年开始，英国和法国就为争夺殖民地和贸易陷入了一场无休止的争斗之中。这场争斗的转折点正是七年战争，而英国则作为战争的唯一获益者迅速崛起。当时，英国已经控制着北美洲的大部以及印度，并且在非洲西部和西印度群岛获得了重大的利益。英国的贸

① 关于进一步的分析，可参见 Stephen M. Walt, *Revolution and War* (Ithaca: Cornell University Press, 1996), chap. 3。

易开始腾飞，甚至失去在美国的殖民地（由法国人促成）也未能减缓其增长速度，只不过把美国变成了它的一块原材料供应地和一个推销其工业品的市场。通过第一次工业革命，英国在技术方面拥有了明显的优势，它利用这种优势以低于竞争对手的价格出售商品，并在船运方面建立起自己的统治地位。从 1780 年到 1800 年，英国的贸易量增加了两倍；而从 1773 年到 1800 年，其商船数量则翻了一番。①

但是，法国经济却远非这般繁荣。法国官员甚至试图模仿英国的革新措施，却受到旧经济体制下那些顽固习惯的禁锢而难有作为。革命也没有起到什么作用，经济个人主义的颂歌使得人们更加热衷于小规模的农业耕作和工业制造。事实上，尽管拿破仑倡行改革，但法国在 1850 年之前并没有出现真正的工业腾飞。② 如果任其发展下去，结果是可想而知的。法国在整个欧洲制造业所占的比重从 1750 年的 17.2% 下降到 1800 年的 14.9%，而英国却从 8.2% 提高到了 15.3%。到 1800 年，英国的人均工业化指数已经是法国的两倍。③ 更为糟糕的是，
[229] 人口的发展趋势也对法国不利。虽然法国在 1800 年有 2800 万人，几乎是英国（1600 万人，不包括殖民地人口）的两倍，但是随着 18 世纪 80 年代出生率的下降，法国人口已经进入了缓慢的绝对增长期；与此同时，英国人口却正在以每 10 年 10% 的速度增长，并且这一趋势很可能持续 130 年。④

---

① 参见 Paul Kennedy, *The Rise and Fall of British Naval Mastery* (London: Ashfield, 1976), 97–98, 106–107, 118–120; David S. Landes, *The Unbound Prometheus* (Cambridge: Cambridge University Press, 1969), 125; Georges Levebre, *Napoleon* (New York: Columbia University Press, 1969), 45–46; and E. J. Hobsbawm, *Industry and Empire* (Harmondsworth: Penguin, 1968), 49–54。

② 参见 Clive Trebilcock, *The Industrialization of the Continental Powers, 1780–1914* (London: Longman, 1981), chap. 3, esp. 114–133。

③ 参见 Kennedy, *The Rise and Fall of the Great Powers*, 149。

④ 参见 Louis Bergeron, *France under Napoleon* (Princeton: Princeton University Press, 1981), 109–113; Kennedy, *The Rise and Fall of British Naval Mastery*, 117; and Kennedy, *The Rise and Fall of the Great Powers*, 99。到 19 世纪 90 年代，英国的人口已超过法国（参见本书附表 2）。

面对来自英国的威胁，并非只有拿破仑感到忧虑。七年战争结束之后，那些资深的法国官员就一直在酝酿入侵英国的计划，但因自认为力量有限而未能付诸实施。[①] 1798 年初，当时由督政府统治的法国也曾积极考虑过这一入侵计划，却被拿破仑以暂时无法实施为由予以劝止。但为了用另一种方式伤害英国，拿破仑受命征服了埃及，以便为进攻英属印度铺平道路。[②]

可以说，消灭英国是拿破仑一生的心愿。早在 1788 年，当时只有 19 岁的拿破仑就认为，像斯巴达和罗马这种以陆军为主的国家只要到敌方领土上作战，往往能够战胜那些拥有强大海上力量的富有国家。[③] 1797 年 10 月，在意大利国土上击败奥地利之后，拿破仑在给法国外交大臣的信中写道，奥地利人只是一群蠢猪，而英国人却是一个具有强大生产能力的民族。所以，必须要消灭英国，“否则，法兰西必将被这些腐败堕落但却诡计多端、精力旺盛的岛民所消灭”。一旦英国战败，“整个欧洲将匍匐在我们的脚下”。[④] 1800 年 3 月，当时已经成为法国统治者的拿破仑发布了一项公告称：伦敦试图把法兰西降为二级列强，并瓜分欧洲以便独霸其商业贸易。[⑤] 三个月后，他又正告英国国王，是英国而不是法国对势力均衡造成了威胁，因为英国

① 参见 Olwen Hufton, *Europe: Privilege and Protest* (Ithaca: Cornell University Press, 1980), 126 - 129。

② 参见 Steven T. Ross, *European Diplomatic History, 1789 - 1815* (Garden City, N. Y.: Anchor, 1969), chap. 5; R. M. Johnston, ed., *The Corsican: A Diary of Napoleon's Life in His Own Words* (Boston: Houghton, Mifflin, 1910), 75 (下引该书略作 *Diary*)。

③ 参见 J. Christopher Herold, ed., *The Mind of Napoleon* (New York: Columbia University Press, 1955), 51 - 52。

④ 参见 Napoléon Bonaparte, *Correspondence de Napoléon 1er*, 32 vols. (Paris: Imprimerie Impériale, 1858 - 1870), 3: 392; see also 376 (下引该书略作 *CN*)。在 1798 年的一次谈话中，据说拿破仑曾愤怒地叫喊：“如果我的话还起作用，英国就休想得到一点喘息的机会……与英国决一死战！放手干吧……直到它被彻底摧毁！”参见 Herold, *The Mind of Napoleon*, 191。

⑤ *Diary*, 124.

垄断了全球的贸易。[①] 当时，并不仅仅是拿破仑持有这样的观点。正如阿诺德·哈维（Arnold Harvey）所言，1800 年后，整个欧洲普遍认为，英国的力量已经变得过于强大。[②]

短命的《亚眠和约》（1802 年 3 月至 1803 年 5 月）[③] 废除之后，随着法国与英国再次开战，拿破仑于 1803 年把最精深的见解融入其扩张思维之中。8 月 23 日，拿破仑在给外交大臣塔列朗（Talleyrand）的一封信中，针对俄国调停问题详细阐述了自己的地缘政治理念。法国和英国在东印度群岛和美洲各有自己的利益，但是要想在这些地区重新达到平衡，英国必须要“限制自己的力量”。英国人甚至不愿意撤出小小的马耳他（这曾经是一个引发新一轮战争的结点），这一事实“充分表明了他们的意图，即把地中海地区纳入其几乎独占的印度群岛、美洲和波罗的海贸易圈”。在所有可能发生的灾难中，“这应该是最大的一场灾难”。所以，战争“尽管可能是一种不幸”，却是必要的，“也绝不会让法国人民在这个傲慢自大的民族面前屈服，
[230] 因为这个民族嘲弄世界上所有神圣的东西，尤其是在过去的 20 年里，他们利用自己拥有的优势地位和野蛮传统为所欲为地威胁世界各国赖以生存的生命线——工业和贸易”。[④] 英国的灭亡已经不只是法国人的心愿，实在是众望所归。当年秋，拿破仑写道：“困扰人类的所有邪恶和所有瘟疫都来自伦敦。”[⑤] 他还曾对奥吉里奥（Augereau）将军说过：“我有理由相信，用不了多久，我就会实现所有欧洲人渴望

① 参见 J. M. Thompson, ed., *Napoleon's Letters*（London: Prion, 1998）, 65。他曾在八个月后给沙皇写信，怂恿他也向英国的经济霸主地位发起挑战。参见 Thompson, *Napoleon's Letters*, 67。另参见他在 1805 年 11 月间写给奥地利皇帝的信，Thompson, *Napoleon's Letters*, 113。

② 参见 Arnold Harvey, "The Continental Images of Britain," in Frank A. Kafker and James M. Laux, eds., *Napoleon and His Times*（Malabar: Krieger, 1989）。

③ 1802 年 2 月，法国及其盟国曾与英国在亚眠签订和约，从而拆散了第二次反法同盟。——译者注

④ *CN*, 8: 618－620; see also 616.

⑤ 参见他在 1803 年 10 月 28 日的日记，*Diary*, 163。

的目标。我们可以用六个世纪的时间进行报复。”[①]

1800年以后，虽然拿破仑的战争策略并不十分确定，一直在随着形势的变化而改变，但消灭英国这一根本目标却没有改变。1801年2月签订《吕内维尔（Lunéville）条约》之后，奥地利承认了法国对莱茵河西岸和比利时的控制权，以及赫尔维西亚共和国（瑞士）的独立地位。当时，只有英国还再打仗，而拿破仑希望利用这个喘息的机会为发动大战进行准备。1801年10月，随着他在埃及的地位日益恶化，他开始逼迫伦敦进行和谈，并于次年3月在亚眠签定了和约。早已厌战的英国人最终让出了在此前10年中占领的除特立尼达和锡兰（即现在的斯里兰卡）之外的大部分殖民地，并同意撤出埃及和马耳他。

拿破仑最初的想法是利用和谈的机会重新振兴法国经济，以便在军事上取得优势，并在重建法国殖民地贸易的同时削弱英国的商业优势。历史学家一致认为，在1804年之后，拿破仑已经在陆军力量方面对其他所有国家取得了明显的优势，主要原因是大规模征兵、良好的机动训练和拿破仑的指挥才能。[②] 但是，要消灭英国，还必须组建海军以及运送军人的舰队。他非常清楚，这样就需要更多的时间进行准备。[③] 早在1801年底，拿破仑就采取行动，从当地的叛军首领杜桑·卢维杜尔（Touissant Louverture）[④] 手中重新夺取了海地。在1791年奴隶起义之前，海地一直是法国最重要的殖民地。拿破仑试图利用海地和路易斯安那（刚刚从西班牙人手中获得）作为重新振

---

① 参见他在1803年11月12日的信，*CN*，9：89。

② 参见 David Gates, *The Napoleonic Wars, 1803－1815* (London: Arnold, 1997), x; [308] Felix Markham, *Napoleon and the Awakening of Europe* (New York: Collier, 1965), 70, 92－94; and Kennedy, *The Rise and Fall of the Great Powers*, 99。

③ 参见他在1802年2月19日的日记，*CN*，7：395。

④ 杜桑·卢维杜尔出身黑奴，曾作为海地革命领袖于1791年领导黑人起义，并在1801年宣布海地自治。后被法国当局诱捕，1803年死于狱中。——译者注

兴西印度群岛贸易的基地。[①] 他在1802年4月写给海军与殖民大臣迪克雷（Decrès）的信表明，他还有其他的目标。在这封信中，他指示迪克雷准备重新确立法国在印度的地位。由于1798～1799年间经由埃及夺取英属印度的行动未果，这一次拿破仑便试图走一条远路——绕道好望角，以实现自己的野心。[②]

到1803年初，法国与英国的关系再次发生动摇，主要原因只有一个：像20世纪30年代的希特勒一样，拿破仑也想通过占领周边的小国把自己的国家推向战争。英国当然也像20世纪30年代一样，不可能容忍这样的扩张行为，必然竭力阻止其对手成为欧洲大陆的霸主。1802年秋，拿破仑已经吞并了皮埃蒙特地区，并占领了瑞士。但是，最令人头疼的还是法国一直占领着荷兰。根据《吕内维尔条
[231] 约》，法国曾承诺在全面实现和平后撤出荷兰。虽然《亚眠和约》实现了全面和平，但拿破仑却拒绝撤军，因为他深知荷兰舰队对于应付英国的入侵是至关重要的。[③] 对于拿破仑拒绝英国货物进入法国一事，伦敦方面也大为恼火。1803年1月底，拿破仑授意公布了一份法国的内部文件，其中声称，法国可以用几千人的军队重新夺取埃及。随着拿破仑紧锣密鼓地进行备战，他破坏英国经济的企图已经昭然若揭。因此，英国拒绝从马耳他撤军，以限制法国在整个地中海地区的威胁。

拿破仑当然明白，他只有以牺牲其发动大战的能力为代价才有可能满足英国人的核心要求：从荷兰撤军。因此，当他准备入侵英国时，便积极对其实施孤立政策。1803年3月，他当着所有外交使节的面粗暴地斥责英国大使，谴责英国试图发动战争。[④] 拿破仑驻伦敦

---

① 参见 Ross, *European Diplomatic History, 1789 - 1815*, 241 - 242; and *CN*, 7: passim。

② *CN*, 7: 435 - 436.

③ *CN*, 7: 395.

④ 参见 J. Christopher Herold, *The Age of Napoleon* (New York: American Heritage, 1963), 155。

大使的报告表明，其实英国并不希望战争。① 然而，他仍然在3月末命令边防士兵北进，并于4月间命令法国所有军队（其中包括法国海防部队）待命出击。② 由于他的军队未能成功夺取海地，他便把路易斯安那卖给了美国，以便为其军事集结行动筹集资金，同时也把美国归入“海上竞争对手”之列，以分散英国军队的注意力。③

1803年5月，巴黎和伦敦同时宣战。一直到年底，拿破仑把大量的资金投入海军建设，并开始制定侵略计划。到1804年12月，他已经拥有2000只舰船，并在法国北部部署了17.7万人的兵力，时刻准备发动入侵。④ 1805年形成的最后计划虽然有点冒险，却极具创造性。法国在陆地上的优势十分明显，但即使加上荷兰的船只，其海军也只能说与英国相当。所以，拿破仑只好让德·维尔纳夫（de Villeneuve）上将率领的地中海舰队驶进大西洋，以便把纳尔逊（Nelson）勋爵的英国南方舰队引向美洲方向。然后，维尔纳夫再迅速赶回法国，与法国北方舰队在布雷斯特港会合。这种暂时形成的海上优势可以使得法国军队及时跨过英吉利海峡，并迅速击败脆弱的英国陆军。

该计划于1805年5月开始实施，并且在7月底之前进展顺利。当时，维尔纳夫的舰队在从大西洋赶回之后并没有转向北线，而是驶向南方，停泊在西班牙南部的加的斯（Cadiz）港。整个8月，拿破仑一直在焦虑之中等待着维尔纳夫与英国北方舰队遭遇的消息，因为他已经获悉奥地利与俄国的军队正在向西线移动，以援助英国。决定

① 参见 P. Coquelle, Napoleon and England, 18031813 (London: Bell, 1904), 39, 52。

② *CN*, 8: 326, 354 - 356; see also 288. 早在1802年底，他就开始收集有关英国沿海防务状态的情报（*Diary*, 165）。

③ 引自 Desmond Seward, *Napoleon and Hitler* (New York: Touchstone, 1988), 166; Alan Schom, *Napoleon Bonaparte* (New York: Harper, 1997), 321 - 322。

④ 参见 Alistair Horne, *How Far from Austerlitz? Napoleon, 1805 - 1815* (New York: St. Martin's, 1996), 67。

命运的时刻终于到来了。8 月 13 日，他在给维尔纳夫的信中写道："一支舰队从来也没有为一个更重要的目标冒如此风险……为了对一个压制法国长达六个世纪的国家实施入侵行动，我们所有人将宁死不悔。"[①] 直到 8 月 20～23 日，拿破仑仍然认为，只要维尔纳夫的舰队到达，他就能彻底地一举消灭英国。[②] 然而，令拿破仑大为懊丧的是，维尔纳夫的舰队一直没有出现。8 月 23 日，拿破仑只好在北部
[232] 海岸拔营收兵，迅速把 20 万大军调往德国迎击奥地利人。

他的新策略就是要首先击败欧洲大陆各国联军，然后利用欧洲大陆作为削弱英国商业优势的基地，以便为再次入侵英伦三岛进行准备。[③] 到 12 月，法国最后在奥斯特利茨彻底击败了奥地利。1806 年 10 月，普鲁士战败。11 月间，拿破仑发布《柏林敕令》[④]，对所有的英国货物进行封锁。这一法令成为"大陆封锁政策"的基础，拿破仑试图通过在欧洲形成一个由法国独占的经济势力圈彻底摧毁英国的经济。[⑤] 1806 年 6 月，在击败俄国军队之后，他又强迫俄国沙皇亚历山大（Alexander）同意所有俄国港口对英国货物一律关闭，并帮助法国强迫像瑞典和丹麦这样的小国遵守"大陆封锁政策"。

在 1812 年对俄国发动进攻之前，消灭英国仍然是拿破仑的主要目标。1807 年 9 月，他制定了再次入侵英国的计划；1808 年初，他

---

① *CN*, 11：87.

② 参见 *Diary*, 204；Albert Carr, ed., *Napoleon Speaks* (New York：Viking, 1941), 206－207；and Markham, *Napoleon and the Awakening of Europe*, 72。

③ 他在 8 月底曾声称，与奥地利的战事结束之后，他将"回到［消灭英国的］既定计划上来"。引自 André Castelot, *Napoleon* (New York：Harper and Row, 1971), 264。

④ 根据该敕令以及后来于 1807 年发布的《米兰法令》，凡中立国和法国的盟国均不得与英国进行贸易活动。——译者注

⑤ 参见 Paul W. Schroeder, *The Transformation of European Politics, 1763－1848* (Oxford：Clarendon, 1994), 307－310；Markham, *Napoleon and the Awakening of Europe*, 93；Levebre, *Napoleon*, 194－198；Trebilcock, *The Industrialization of the Continental Powers, 1780－1914*, 129；and Seward, *Napoleon and Hitler*, 165, 173。

又为此在法国北部加强了兵力部署。[①] 直到 1810 年，英国人仍然在苦苦支撑，但是英国经济已经一蹶不振。此时，法国与俄国的关系日益恶化，因为“大陆封锁政策”对俄国的经济造成了严重的破坏。[②] 不仅如此，令彼得堡深感忧虑的是，拿破仑正在向他刚刚完成的“得意之作”华沙公国增加兵力。拿破仑早就知道，英国正在努力通过俄国这一渠道向欧洲大陆走私货物来挽救本国的经济。因此，他向彼得堡进一步施加压力，要求其加强贸易限制措施。1810 年 12 月，沙皇不仅表示拒绝，而且还发布了一项法令，对法国货物征收关税，同时对中立国船只开放港口。这实际上就意味着，英国货物将大量流入欧洲大陆，迫使英国人就范的希望即将化为泡影。[③] 早在 7 月间，拿破仑就曾声称，一旦俄国与英国实现和解，他将立即与俄国人开战。[④] 1812 年 6 月，拿破仑入侵俄国，试图迫使早已焦头烂额的俄国重新回到“大陆封锁政策”上来。同时，征服俄国也可以为进攻英属印度打开一条便捷的通道。[⑤]

如上分析表明，对英国不断崛起的担心是拿破仑发动全面大战的主要原因。如果不消灭英国，它就会逐渐扼制法国的经济增长，使其

---

① 参见 Mary Loyd, ed., *New Letters of Napoleon I* (New York: Appleton, 1897), 45 - 47; Schroeder, *The Transformation of European Politics, 1763 - 1848*, 326。

② 参见 Schroeder, *The Transformation of European Politics, 1763 - 1848*, 419 - 421。

③ 参见 Schroeder, *The Transformation of European Politics, 1763 - 1848*, 405, 416 - 421; Eugene Tarle, *Napoleon's Invasion of Russia, 1812* (New York: Oxford University Press, 1942), 5, 38 - 39; Schom, *Napoleon Bonaparte*, 583 - 584; and Seward, *Napoleon and Hitler*, 196 - 198。

④ *Diary*, 333. 另参见他 1811 年 2 月给沙皇的信（*Diary*, 336）以及他在 3 月间给其外交大臣的指示（Loyd, *New Letters of Napoleon I*, 227）。

⑤ 参见 Markham, *Napoleon and the Awakening of Europe*, 109 - 110; Schom, *Napoleon Bonaparte*, chap. 33; Tarle, *Napoleon's Invasion of Russia, 1812*, 55。除此之外，拿破仑的另一个动机就是，如果不利用“大陆封锁政策”和波兰这样的缓冲国进行制约，他担心俄国会迅速壮大起来。据说在流放圣赫勒拿岛之后，拿破仑曾声称，他在 1811 ~ 1812 年间一直担心俄国的庞大军队会全力向东推进。一个强大的波兰可以“对这个迟早会征服欧洲的可怕帝国”起到一种屏障作用。参见 Somerset de Clair, ed., *Napoleon on Napoleon* (London: Cassell, 1992), 219, 227. 另参见 Herold, *The Mind of Napoleon*, 195 - 198, 201 - 202。

随时会遭到英国或像俄国这种领土庞大的列强的入侵。当然，也不能忽视其他个性因素，如拿破仑对荣誉和权力的欲望、对自己的能力过于自信等。然而，一旦我们把拿破仑的如意算盘纳入长达一个世纪的英法竞争之中，我们就可以发现，他对英国不断崛起的担心既不是他的首创，也不是非理性使然。英国的工业革命式其他国家提前了数个世纪，它在制造业和贸易方面长期处于世界霸主地位似乎是一种必然——除非用战争的手段予以改变。

本章所述事实表明，在长达数千年里，历次大战的起因有着显著的连续性和一致性。尽管国家的体制形式和领导人的个性存在着很大的差异，但我们可以发现，正是对严重衰退的担心，在 1900 年之前
[233] 的西方世界（从古代到现代早期直到现代）引发了七次重要的大战。前三个案例充分说明了两极体系的脆弱性：在每一个案例中，即使正在衰退的国家在军事方面与正在崛起的国家大体相当，仍然会发生战争。在四个多极案例中，有三个都是一个正在衰退但拥有明显军事优势的国家发动了体系规模的战争。甚至在唯一的异常案例中（即七年战争），对衰退的担心对于迫使奥地利组织一场针对普鲁士的灭绝性战争也起到了重要作用。这一案例并不能说明，在一系列苛刻条件下（正在崛起的国家是一个领土狭小、热衷侵略的新兴国家），多极体系中军事力量大体相当的国家之间必然会爆发大战。但是从整体上
[234] 说，几乎人类的全部历史都证明了动态差异理论的逻辑。

第九章
论证的意义

本书试图提出一种关于大战的动态现实主义理论，以推动在现实主义范式内实现一种拉卡托（Lakatos）式的积极转向。各经验篇章提出的证据表明，这一理论已经接近了既定目标：解释现有理论提供的经验事实，同时阐明这些理论未能澄清的各种证据。[①] 由于综合了现有的各种现实主义论点在体系研究方面的长处，同时又避免降低到“单元层面”去解释个别具体案例，所以这一理论达到了如上目标。这一研究方法有助于我们重新审视肯尼斯·瓦尔茨在体系研究中的流行做法，即按国际政治后果和对外政策对理论缘起进行区分。对瓦尔茨而言，体系理论可以解释两极或多极体系中后果的连续性；他同时也认为，为了理解国家在空间和时间上的行为差异，必须深入到“单元层面”进行分析。[②] 这一观点使得大多数学者都认为，体系理论只能为国家的行为提供宽泛的约束条件，而要想进行更深入的解

① 参见 Imre Lakatos，“Falsification and the Methodology of Scientific Research Programmes，in Lakatos，and Alan Musgrave，eds.，*Criticism and the Growth of Knowledge*（Cambridge：Cambridge University Press，1970）。

② 参见 Waltz，*Theory of International Politics*（New York：Random House，1979），69－71，121－123。

释，就必须考虑到国内和个体层面的各种变量。

本书认为，这一观点具有很大的局限性。在任何时间点，各国都面临着反映其独特力量变化趋势和差异的特定的体系约束条件。这一事实使我们可以对单个国家如何采取行动做出预测，而不必考虑其“单元层面”特点。[①] 的确，只有通过一种能够预测某个特定国家何时和为何采取有可能导致大战一类后果的行动的理论，才能真正对这样的后果做出科学的预测。所以，一种完善的关于对外政策的体系理论是一种完善的关于国际政治后果的体系理论的前提。因此，瓦尔茨的新现实主义并不是要解释大战何时发生，而仅仅是解释大战为何发
[235] 生，本书则试图提供一种证伪的预测方法，即各国何时会发动大战，或何时会采取大大增加此类大战风险的敌对步骤。不仅如此，证据也表明，重要的大战以及像柏林和古巴导弹危机这样的“大战边缘事件”的确是由相对力量的动态变化引起的。正如下文所述，“单元层面”因素也可能具有重要意义。不过，理论构建的第一个关键步骤就是要建立一种可演绎的、前后一致的系统论证，以确定在何种程度上仅仅靠体系约束条件就可以对国家行为和国际后果做出解释。然后，这一理论就可以为“单元层面”变量的因果关系作用设定纵向联系与横向边界。

本章首先讨论现实主义和自由主义国际关系理论所持论点的意义，然后再仔细阐述本书关于大国力量动态变化的现实意义，因为这种力量变化将在未来30年甚至更长的时间内对美国和中国之间的关系产生极其重要的影响。

---

① 本书重点论述的是强大但正在衰退的国家的行为。在其他文献中，我对体系中等级较低或相对力量不断增长的国家的行为做了更为深入的探讨。参见 Dale C. Copeland, “From Structural Realism to Dynamic Realism,” paper delivered at the International Studies Association annual meeting, Toronto, March 1997; Copeland, “Deterrence, Reassurance, and Machiavellian Appeasement,” paper presented at the conference “Deterrence in Enduring Rivalries,” sponsored by *Security Studies*, Washington, D. C. , March 1996。

现实主义与大战

通过对现行的各种现实主义理论优势进行融合，本书对现实主义理论的贡献主要表现在三个方面。第一，本书阐述了两极和多极体系中力量转化的重要性。古典现实主义和新现实主义强调的是极性，而霸权稳定理论和预防性战争论则更强调动态力量变化的重要性。然而，极性与衰退问题却一直没有被纳入一种理论中予以通盘考虑。动态差异理论认为，无论正在衰退的国家是否采取可能导致大战的行动，极性都会在其中发挥作用。在多极体系中，正在衰退的国家必须拥有明显的军事优势，才能考虑冒险发动大战。在两极体系中，正在衰退的国家无论在军事力量上优于还是仅仅相当于正在崛起的国家，都有可能发动大战或以发动这种大战相威胁，甚至在某些方面处于劣势的情况下也会这样做，上述的两次柏林危机就是如此。

如果同时对极性和力量变化趋势两方面进行分析，就可以消除现有各种理论中出现的反常情况。古典现实主义显然无法解释在像斯巴达－雅典、迦太基－罗马和法国－哈布斯堡王朝这样的两极体系中，为什么在两个国家的力量基本相当的情况下（即维持着所谓的“势力均衡”）还会爆发战争。对于新现实主义而言，在两极体系中发生战争的事实是令人难以理解的。霸权稳定理论认为，某个国家的军事优势有利于维持和平局面，所以它无法解释为什么1600～1945年发生的历次大战（七年战争除外）都是由一个拥有明显军事优势的国家发起的。[①] 本书认为，在多极环境下发生衰退的事实可以给出答案。 [236]

① 同样也不应忘记，霸权稳定理论无法解释为什么总是正在衰退的国家引发了这一次次冲突。

第二，本书的论证可以解释一个国家何时和为何采取强硬路线，从而在无意之间增加大战的可能性。许多现实主义理论家都强调力量衰退问题的重要性，而包括新现实主义防御派在内的危机和安全两难理论家则往往低估强硬路线无意间引起事态升级的风险。尽管如此，没有一种现行的理论能够把这两种观点融合为一个综合性的决策模型。

通过建立这样一个模型，本书就可以预测为什么各国（甚至在核武时代）会自愿卷入具有灭绝性风险的冷战或危机。只有当继续实行现有政策无法阻止衰退而更强硬的行动则有助于稳定其力量地位的情况下，各国才有可能去冒这种风险。然而，在转向更强硬政策的同时，这些国家当然会在继续衰退的风险与无意间造成事态升级而引发大战的风险之间做出权衡。这一论点不仅有助于我们解释大国之间具有高度战争风险的危机为何如此之少，并且也能够解释这种危机为何偶有发生。两次柏林危机和古巴导弹危机之所以会发生，只是因为其中一个超级大国认为，仅仅靠内部手段已经不能扭转衰退趋势，而引发危机却有可能实现这一目标。

第三，本书针对三种不同的衰退形式及其对正在衰退的国家所造成的影响做了深入分析。对于“非逆转性相对停滞”这个问题，许多学者都曾进行过研究，但力量波动问题和经济/潜在力量与军事力量的分离问题却很少有人涉足。当另一个国家的政策至少在短期内更为成功时，本国就会出现反向的力量波动。正在衰退的国家不光担心自己在力量上的损失，而且会预见到自己以后的赶超努力将促使其他国家采取预防性政策，甚至会发动战争。根据力量波动的程度，为缓和衰退而采取强硬行动应该是合理的。正如前文所述，这种动态性在冷战期间的三次危机中曾起过重要作用。大多数现实主义理论家都忽视了力量波动因素，或者并不将其归入无意间引发事态升级的风险之列。因此，他们无法对冷战时期出现的偶然但却极其危险的冒险行为做出充分的解释。

在分析国家采取最为极端的措施维护其安全的案例时，经济/潜在力量与军事能力的分离研究尤为重要。在世界政治中，最不利于稳定的局面或许就是这样的情况：一个国家在军事上拥有优势，却在经济尤其是潜在力量方面处于劣势。这正是德国在两次世界大战之前所面临的问题：拥有明显的军事优势，然而却面对着一个人口 3 倍于己、领土 40 倍于己的俄国。如果不发动战争，德国的文职和军事领导人就会认为俄国最终会征服整个欧洲；而如果发动战争，德国则不仅可以消除威胁，而且还能够攫取自身长期安全所需要的大片领土。[237]
在其他大量案例中，潜在力量上的劣势同样是问题的核心，迦太基－罗马和法国－哈布斯堡王朝的案例尤其如此，而古希腊的案例以及拿破仑战争在一定程度上也是如此。

现行的各种现实主义理论由于忽视了对经济/潜在力量与军事能力进行分离研究的重要性，所以很难对各种不同的案例做出一种全面的、系统的解释。古典现实主义和新现实主义理论家承认德国在欧洲中心处于一种不安全的地理位置，但他们却更多地用希特勒的个性和纳粹的极端民族主义来解释发动第二次世界大战的特定动机。考虑到当时两大同盟集团处于势力均衡状态，古典现实主义就难以解释第一次世界大战爆发的原因。新现实主义试图利用多极环境下的误算来解释 1914 年爆发的战争，然而多极体系毕竟是一种常态，所以仍然无法解释发动大战的动机随时间的变化情况。更讲得通的说法应该是：第一次世界大战并不是一场因误算而引发的战争，因为正是柏林出于防范心理希望发动战争，并且尽其所能地力争在最佳条件下付诸实施。

总而言之，就其所论而言，现有的各种现实主义理论仍然是不连贯的和不完整的。古典现实主义强调的是力量差异，新现实主义强调的是极性和安全两难问题，而霸权稳定理论和预防性战争理论强调的则是力量的动态变化。动态差异理论将如上因素予以综合化和系统化，因而能够为所有的案例提供一种更具说服力的解释。

体制形式、自由主义理论与大战

本书的论证对各种自由主义论点也有一定的启示意义，尤其对强调战争国内层面原因的论点更是如此。本书理论篇章中认为这种“单元层面”因素是不变的，以便把力量差异和变化的作用分离出来。如果放宽这一假定，我们就可以分析国内因素在恰当的体系条件下发挥作用的确定程度。一般而言，经验篇章提供的事实表明，“单元层面”因素在引发大战和危机方面的作用并没有通常认为的那样重要。然而，本书并不想否定这类因素在历史上的重要性。可以认为，这类因素具有两种独立于相对力量变化之外的影响作用。

第一，尽管从理论上讲，力量条件几乎始终是大战的必要条件，却不一定就是充分条件。我们在第二章中指出，正在衰退的国家有时会出于纯侵略性的非安全动机制造激烈的冲突。人们不应忘记历史上
[238] 曾有个成吉思汗，他的征战行为似乎更多的是为荣誉和贪婪所累，而不是出于对邻邦崛起的担心。但需要重申的是，这样的例证并不能推翻理论上的假定，而只能证明其独有的特点。[①] 不仅如此，20 世纪及其之前有如此之多的重要案例都主要或全部是由于担心衰退造成的，这一事实充分显示出动态差异理论的突出特点。

第二，正在崛起的国家的国内力量可以通过改变体制形式对大战的可能性产生影响。在理论篇章中，我曾假定正在衰退的国家一般不能肯定正在崛起国家的未来意图。也就是说，正在衰退的国家或者认为对方在力量达到巅峰状态之后也不会发动攻击，或者认为对方的攻

---

① 参见本书第一章关于方法论问题的讨论。

击倾向取决于其崛起的程度（五五开）。这样的假定使得我们可以把其他更具体系性质的因果因素之间的相互作用分离开来，从而说明即便在所有的国家仅仅都在寻求自身安全的情况下冲突是如何发生的。不过，一个正在衰退的国家对对方体制形式的分析在某种程度上会影响到对对方在未来发动攻击的可能性的估计（即第二章中的第三个参数）。一个正在衰退的独裁国家可能对一个正在崛起的民主国家和一个非民主国家同样充满疑虑，但是，正在衰退的民主国家却可能更关注一个正在崛起的国家的民主特点（当然并不总是与自由主义“民主和平”文献中假设的模式完全一致）。

根据“民主和平”的逻辑，如果一个正在衰退的民主国家有足够的理由相信，正在崛起的国家在时间 t_1 处达到顶峰之后仍然维持民主体制，它就不大可能在时间 t_0 处对这个正在崛起的民主国家发动攻击。在时间 t_1 处，由于（原先）正在崛起的国家尊重对方的民主形式，同时也由于本国的立法机制限制了其发动战争的能力，所以它不会倾向于发动攻击。① 如果预见到这一事实，正在衰退的国家就会在时间 t_0 处降低对正在崛起国家未来发动攻击可能性的估计水平，因而不大可能发动预防性战争。

尽管如此，必须注意到这里还有一个支持这种逻辑的重要条件：正在崛起的国家体制形式的相对稳定性。真正重要的并不是正在崛起的国家当前是否属于民主体制，而是它在未来进入鼎盛期之后是否仍然维持这种民主体制。例如，如果今天的俄罗斯正在崛起，它实行民

---

① 这可以说是对“民主和平”概念那种规范而系统的论述所做的一种简要而直观的表达。参见 Bruce Russett, *Grasping the Democratic Peace* (Princeton: Princeton University Press, 1993); Michael E. Brown, Sean M. Lynn-Jones, and Steven E. Miller, eds., *Debating the Democratic Peace* (Cambridge: MIT Press, 1996); John M. Owen, *Liberal Peace, Liberal War* (Ithaca: Cornell University Press, 1998); Miriam Fendius Elman, ed., *Paths to Peace: Is Democracy the Answer?* (Cambridge: MIT Press, 1997); and Randall L. Schweller, “Domestic Structure and Preventive War,” *World Politics* 44 (January 1992): 235 – 269。

主体制的事实并没有多大的意义；考虑到俄罗斯民主结构的脆弱性质，似乎很难预言其10或15年后的体制形式。这样一来，本书的论证就为自由主义的“民主和平”理论提供了一种重要的启示，至少当这种理论涉及大国和大战的情况下是如此：在力量动态变化的环境下，和平局面在成熟而稳定的民主国家之间基本上是稳固的。

如上讨论表明，要想增强自由主义理论的说服力，就必须把国内政治的动态性与体系力量变化的动态性结合起来。由于对一个正在衰
[239] 退的国家来说，最重要的是对正在崛起的国家未来的“民主程度”做出估计，所以前者会把这种估计主要建立在后者的国内变化趋势之上。如果正在崛起的国家是一个日益显露出不稳定迹象的民主国家，那么正在衰退的国家就不应对其未来的体制形式抱多大希望。不过，如果正在崛起的国家虽然当前属于独裁体制但正在经历民主化进程，那么这个正在衰退的国家就应该有足够的信心认为，到对方进入鼎盛期之后，它将变得相当民主，足以维持和平局面。[①] 这就引出了动态差异理论的第二个同时也是令人惊奇的结论：正在衰退的民主国家或许更有可能针对不稳定的民主国家而不是针对开始出现强烈民主倾向的独裁国家采取预防性行动。[②]

总而言之，系统的现实主义论证没有必要否定自由主义理论的真知灼见。体制形式的确在其中起着一定的作用，然而，如果像经验篇章中所指出的那样，力量衰退是一种重要的因果要素，那么自由主义理论就应该阐明民主不稳定性和未来意图这两个密切相关的问题。正

---

① 这就修正了杰克·斯奈德（Jack Snyder）和爱德华·曼斯菲尔德（Edward Mansfield）的论点，即民主化增加了战争的可能性。参见 Snyder and Mansfield, “Democratization and the Danger of War,” *International Security* 20（summer 1995）：5－38。他们认为，由于民主化进程中引起的动机转移，民主化国家很可能发动战争。由于我的论点强调的是衰退国家的防范心理，所以就意味着正在崛起并正在经历民主化进程的国家相对于不考虑“单元层面”因素的情况更容易减少战争的可能性。

② 关于这一命题，并没有恰当的检验方法，因为至今还没有出现体系中都是清一色民主国家的情况。所以，我的论点纯粹是演绎性的，但遵循了“民主和平”理论的逻辑。

在衰退的国家应该明白，无论正在崛起的国家采取什么体制，都没有理由在崛起过程中发动攻击。不过，这类国家往往担心对方在经过未来若干年变得更加强大之后的意图。所以，在处于相对衰退的情况下，正在崛起的国家现行体制的稳定性无疑是估计其未来意图的一个重要依据。[①]

本书理论的现实意义

对于后冷战世界的和平前景而言，这些论点又有什么样的现实意义呢？由于新现实主义者根据全球和地区多极化的形成预言欧洲和亚洲将出现不稳定局面，所以表现出一种无谓的悲观情绪。[②] 与两极体系相比，多极体系陷入大战的可能性更小一些，因为发生战争的条件相对苛刻。[③] 如前所述，无论国家之间在军事力量上是否相当，两极体系中都可能发生大战，但是在多极体系中，战争的始作俑者必须拥有明显的优势，才能考虑对整个体系发动攻击。所以，在欧洲和亚洲，众多地区性大国的存在有助于节制任何一个特定国家的行为。甚至像德国这种民族主义得以复兴的国家也无法再次对欧洲体系采取行动，因为代价巨大的双边战争无疑会损害其相对于第三国的军事地

---

① 自由派和建构派提出的其他一些变量也是非常重要的。例如，各种国际机构甚至可以增加非民主国家之间的信任度；而在民主国家之间，这类机构可以对其共享的一致性和安全共同体经验进行示范推广，从而缓和上升和衰退带来的影响。然而，就未来意图这个问题而言，一个衰退国家的长期安全感将主要取决于对其他国家体制形式稳定性的估计。所以，如果这类机构和安全共同体能够进一步加强各国内部的民主结构，或许还会发挥出更大的影响作用。参见 Emanual Adler and Michael Barnett, eds., *Security Communities* (Cambridge: Cambridge University Press, 1998)。

② 主要参见 John J. Mearsheimer, "Back to the Future," *International Security* 15 (summer 1990): 5 - 56; Aaron L. Friedberg, "Ripe for Rivalry: Prospects for Peace in a Multipolar Asia," *International Security* 18 (winter 1993 - 1994): 5 - 33。

③ 参见 Copeland, "Neorealism and the Myth of Bipolar Stability," *Security Studies* 5 (spring 1996): 29 - 89。

位。远东地区的中国和日本也面临同样的情况。

在21世纪，多极化本身并不是问题所在，关键问题是势力均衡发生明显变化所带来的风险。一旦居于优势地位的国家预见到会出现严重衰退，大战和破坏稳定的危机就随时都会发生。因此，动态差异理论把我们的视线引向那些最有可能相对于其他国家突
[240] 然崛起的强国身上。人们对中国实力相对增长的担心尤其明显，并且有充分的理由。20世纪80年代初以来，中国经济持续增长，年增长率是其他任何大国的2~3倍。简单的推测表明，中国的国民生产总值在20年的时间里就能赶上美国。当然，这里的所谓担心，主要是害怕中国不断增长的经济实力最终会转化为一种军事力量，从而对美国的安全造成威胁。随着中国在即将形成的明显两极化的世界格局中日渐成为唯一的竞争者，这种担忧情绪将会越来越强烈。①

中国的相对增长会破坏全球体系眼下正在享有的稳定局面吗？这个问题的背后潜藏着另外两个问题：为什么整个体系自从20世纪90年代初一直保持基本稳定（此处的“稳定”是指大战的概率很小）？哪一个国家最有可能发起一轮新的冷战和危机？

对自由派而言，1991年以来稳定局面的形成有着多方面的原因：资本主义和社会主义阵营之间意识形态的斗争已经结束②；民主意识

---

① 1999年，中国正在利用间谍手段改进其现代核武器技术这一消息披露后，美国的这种担忧情绪进一步加深。关于中国快速增长的问题，可参见statistics in International Institute for Strategic Studies, *The Military Balance* (London: Oxford University Press, 1987－1999); Gerald Segal, "East Asia and the 'Containment' of China," *International Security* 20 (spring 1996): 107－135; Richard Bernstein and Ross H. Munro, *The Coming Conflict with China* (New York: Knopf, 1997); Andrew J. Nathan and Robert S. Ross, *The Great Wall and the Empty Fortress* (New York: Norton, 1997); and William Overholt, *The Rise of China* (New York: Norton, 1993)。

② 参见Francis Fukuyama, *The End of History and the Last Man* (New York: Avon, 1992)。

的不断传播[1]；经济上越来越强烈的相互依赖性[2]；不断发展的经济和政治机构网络[3]。本书并不否认这类“单元层面”因素和非力量体系变量的潜在影响作用，然而，正如各种自由主义理论忽视了数千年来发生冲突的一个关键原因（指对长期衰退的担心）一样，他们同样也忽视了最近出现和平局面的必要且充分的条件：与过去时代不同的是，现在已经没有理由相信美国这个超级大国会出现严重的和必然的衰退。如果这种信念得以形成并得到广泛认可，那么历史将表明，自由派列举的所有和平动因都毫无价值可言。

与其潜在对手相比，美国目前已经占据了独有的历史地位。与19世纪的英国完全不同（英国只是在工业生产方面拥有优势），美国在军事、经济和潜在力量三大领域都拥有绝对的优势。[4] 称雄一时的［苏联］“红军”如今早已威风不再，美国俨然已经成为世界上硕果仅存的全球性传统超级大国。尽管俄罗斯仍然维持着一支庞大的战略导弹力量，但其经济已经如此脆弱，以至于世界主要担心的并不是俄罗斯人会发动攻击，而是政府无力对其核武器进行有效控制。中国的核武库只相当于美国的一角，和英国、法国的储备差不多。

在经济方面，中国历史性的巨大增长率的确令人担忧。不过，要解释1991～2000年出现的稳定局面以及这种局面很可能至少再延续10年，我们应该注意到中国近期出现的增长与苏联在1945年后的迅速崛起是完全不同的。第二次世界大战后，美国领导人有充分理由担心苏联的经济增长。俄国以及后来的苏联在19世纪发起了一系列的

---

① 参见400页注释①。

② 参见 Dale C. Copeland, “Economic Interdependence and War,” *International Security* 20 (spring 1996): 5 -41。

③ 参见 Robert O. Keohane and Lisa L. Martin, “The Promise of Institutionalist Theory,” *International Security* 20 (summer 1995): 39 - 51; George W. Downs, ed., *Collective Security beyond the Cold War* (Ann Arbor: University of Michigan Press, 1994)。

④ 参见 Joseph S. Nye, *Bound to Lead* (New York: Basic Books, 1991)。

[241] 改革，到 1945 年已经俨然发展为一个工业超级大国。不仅如此，1945 年以后，其工业生产尤其是钢铁和机器等重工业产品一直是维持经济和军事能力的重要基础。因此，担心苏联会成为美国的经济竞争对手（甚至超过美国）并不是杞人忧天。

在苏联经济迅速增长的背后，国家的潜在力量日渐厚重：巨大的原材料储备，并且人口与美国相当。不过，最重要的还是苏联拥有先进的技术。苏联不仅在四年内赶上了“曼哈顿计划”的水平，并且成为第一个发射洲际弹道导弹和人造卫星的国家。不仅如此，在 1945～1962 年，美国第二次打击的能力并没有必要的保障。因此，苏联的潜在技术成就以巨大的基础研究投入作为后盾，对美国的长期安全造成了真正的威胁。①

与战后初期的形势相比，中国目前日益增长的潜在威胁有许多重要的不同点。首先，中国尽管最近取得了一些成就，但在许多方面仍然属于发展中国家。中国 80% 的人口仍然在从事农业，以高度的劳动密集型技术为主。当前，中国必须完成从轻工业专门技术向第二个发展阶段即先进的工业生产过渡。然而，随着美国进入第三个发展阶段即高技术生产，中国不得不在信息时代全力展开竞争。②

在潜在力量方面，中国的真正实力可以说是最难估计的。由于领土面积与美国大体相当，中国拥有丰富的资源基础。不仅如此，广阔的国土非常有利于核导弹的分散部署。这种部署方式是成为一个核超级大国的重要条件，因为在这样的情况下，一个国家可以缓冲来自敌对国的第一次军事打击而不至于在这个过程中被彻底摧毁。③

---

① 参见 Copeland, “Realism and the Origins of Major War” (Ph. D. diss. University of Chicago, 1993), chaps. 5－6。

② 参见 Paul Krugman, “The Myth of Asia's Miracle,” *Foreign Affairs* 73 (November－December 1994): 62－78。

③ 作为对照，日本的狭小国土则严重限制了其资源基础和反击能力。

不过，在潜在力量的其他方面，中国却面临着巨大的难题。尽管从历史的观点看，庞大的人口会带来经济实力的不断增长，但就中国而言，人口过多显然并不是一件好事。要成为超级大国，必须有超过基本消费的人均剩余作为保障，以便进行持续研究和投资，在世界上展示自己的实力，以及研发高技术武器。虽然中国的经济增长可以使自己的国民生产总值在大约10年内等于甚至超过美国，但是，由于人口是美国的4倍，人均收入在相当长的一段时间内将大大低于美国。这显然就限制了中国的转化能力，难以把更多的资金投入超级大国所必需的军事设施方面。

此外，中国在“技术”这一现代世界最重要的潜在力量方面也并没有多少优势。美国（以及日本）在几乎所有的技术领域都居于世界领先地位，中国根本无法缩短目前的差距，尤其是军事技术方面的差距。所以，在20世纪50年代，美国领导人担心苏联在技术知识方面——这种优势可能转化为军事优势——会超越美国是有道理的，[242]
但目前似乎没有理由认为中国也能做到这一点。不仅如此，美国目前已经拥有一个庞大而安全的第二次打击系统。考虑到美国在战略轰炸机、潜艇和导弹力量等各方面的优势，只有突破其反导弹防御系统才能削弱美国的核威慑力量。然而，美国在这类技术方面仍然是首屈一指的。

如上分析有助于解释20世纪90年代全球出现的稳定局面，以及为什么说在随后的一段时间内也应该是相对稳定的。① 在这里，自由派的论点显然难以对这种稳定性做出解释，至少无法解释美国和中国

---

① 我的论点似乎与霸权稳定理论有某些相似之处。但是请注意，稳定的基础并不是美国拥有的霸权地位本身，而是美国作为头号强国并没有出现严重而必然的衰退这一事实。第一章中的图1和图2表明，凡是力量变化趋于平缓的体系都应该是稳定的。反之，一旦举足轻重的国家面临严重的衰退，显著的优势地位就会使这个国家变得更加危险，因为它有更多的机会赢得任何大战的胜利。

这两个重要的超级大国之间的关系。对于中国，本书提到的“民主和平”的论点并不一定都适用。在世纪之交，中国仍然被排斥在被认为有助于促进和平的机构框架（欧洲安全与合作组织、北约、和平伙伴关系计划、世贸组织[①]等）之外。[②]

所以，目前的问题是美国和中国在未来20年内的关系在什么样的条件有可能出现恶化。[③] 由于正在崛起的国家希望避免发生冲突，所以从理论上讲，中国应该继续坚持和平政策（尤其是国内以经济建设为中心有助于加速其增长）。即使实行破坏稳定的政策，始作俑者也很有可能是正在衰退的美国。[④] 第二章中提出的三个变量和三个参数有助于预测一个正在衰退的国家在什么情况下会从和平建设转向强硬策略，其中的两个变量描述的就是在缺乏强硬手段的情况下衰退的严重性和必然性问题。我们可以看到，华盛顿在过去几年里已经没有理由认为美国会出现严重或必然的衰退。有鉴于此，同时考虑到利用遏制政策发动新一轮冷战所带来的巨大风险，和平稳定无疑是一种合理的选择。

尽管如此，在未来的20年里，鹰派与鸽派在衰退的严重性和必然性——以及美国如何应对这种衰退——问题上的巨大分歧很可能进一步加深，尤其是在中国维持高增长率的情况下更是如此。[⑤] 正如我

---

① 中国于2001年12月11日正式加入世贸组织。——译者注

② 由于中国经济增长在当今世界格局中的相互依赖性符合对未来贸易前景的正面预期，所以有助于增强稳定性。不过，自由派的模型只是强调相互依赖的程度，反而忽视了这种相互依赖性诱发冲突或孕育和平的潜在力量。参见 Copeland, “Economic Interdependence and War”; and “Trade Expectations and the Future of U. S. -Chinese Relations,” paper presented at conference “Emerging International Relations in the Asia-Pacific Region,” Dartmouth College, October 1998。

③ 我在此主要论述的是美国和中国这对关系，但这一逻辑（及其对国内结构的解释）也必然适用于其他大国的。

④ 但是，如果中国经济进入严重衰退期，中国的政策就会变得更加危险。

⑤ 由于力量是相对而言的，所以只要中国的绝对增长率维持强势，那么即使美国的绝对增长率仍然是正的，也必然会发生相对衰退。

在第二章中所述，两派很可能在基本因果逻辑上达成一致，而只是在变量/参数的估计问题上存在分歧。鹰派完全可能拒绝和平稳定政策，因为他们对美国的衰退程度更为悲观。由于对中国的经济增长将会有所减缓这一论点并不认同，这些人会十分关注这样的问题：中国具有成为世界最大经济强国并把这种经济能力转化为军事能力的潜力。由于意识到强硬政策很有可能引发新一轮冷战，鹰派或许比鸽派更低估事态升级可能造成的后果（第二个参数）。所以，听任中国崛起的风险要大于无意间引发战争的风险。

第二章描述的另外两个参数同样会在鹰派与鸽派之间造成分歧。［243］第一个参数就是，如果听任中国增长下去，中国在达到力量顶峰时对美国发动攻击的可能性有多大。鹰派会认为中国是未来的一个巨大威胁（“民主和平”论者会同意这一点）。对温和派与鸽派而言，即使中国成为强国，他们也会认为核武器的存在和安全的第二次打击能力仍然可以作为一种强大的威慑手段。[①] 另一个参数就是，在不发生战争的情况下，一种强硬政策能够实际阻止美国衰退的程度。在这个问题上可能没有什么分歧，因为美国通过实施遏制策略，中国的经济增长就会减缓：中国需要贸易和投资，“巴统”（CoCom）这样的限制措施显然会起到破坏作用。但是，这类限制的强度不应超过发动新一轮冷战的风险，否则将无意间增加战争的可能性。

面对如上利弊得失，一个总统如何选择一项政策以最大限度地保证国家的长期安全呢？总统的使命就是要对上述各种变量和参数做出最佳估计，然后对从温和到强硬政策之间的各种选择所带来的利益、成本和风险进行分析权衡。随着时间的推移，就会得到更多的有关信息，一个理性的总统就可以不断更新其估计，并据此调整国家的政策。当前，如果和平局面得以维持，中国靠长期增长获得超级大国地

① 根据本书的理论，这里放宽了中立攻防平衡这一假定的约束条件。

位似乎并不是必然的。不过，在未来的 10 年里，如果中国出现持续的相对增长，就必须对原先的估计进行修正，并且可以预言，美国的政策谱线势必偏向强硬一端。

简而言之，考虑到新一轮冷战的风险，当前采取观望政策是比较合理的，但是在下一个 10 年，美国领导人很可能会发现自己又回到了 1945 年杜鲁门所面临的难题上。当时，杜鲁门无视强硬政策会引发一轮破坏稳定的竞赛这一警告，坚决采取了限制苏联增长的政策。在此后 10 年里，美国的决策者很可能面临同样的艰难选择。他们是否采取遏制政策并不取决于中国人的友好和善意，而更多取决于对美国衰退的严重性和必然性的最新估计，也就是采取强硬行动最终能阻止衰退趋势的程度，以及这类行动引发战争的可能性。

本书的理论是一种关于衰退后果的理论，而不是关于衰退原因本身的理论。[①] 因此，这种理论可以预测国家在未来不同形势下的行为，却不能预测会出现什么样的形势。不过，通过对影响一个国家"预期生存概率"的各种变量和参数进行分析，这种理论阐明了决定一个国家政策走向的重要因果要素之间的相互作用。不仅如此，这一理论把相对力量的差异和变化趋势的影响作用分离出来，从而有助于领导人在陷入复杂的国内层面问题之前了解赖以形成其整体政策的体
[244] 系框架。

囿于演绎结构上的缺陷，现行的各种现实主义理论是很难自圆其说的。因此，这些理论并不能真正为决策者提供预测的依据，因为即使在现实主义阵营内部，各种观点也是相互矛盾的。[②] 动态差异理论

---

① 也就是说，衰退的严重程度是一个独立变量，而不是一个非独立变量。当然，对于拥有军事优势的国家而言，其潜在力量方面的劣势越明显，发生严重和必然衰退的可能性就越大。

② 最明显不过的是，在势力均衡有利于稳定（古典现实主义和新现实主义理论）还是不利于稳定（霸权稳定理论）这个问题上，现实主义理论家中间也存在分歧。

把各种现实主义理论的优点综合为一种因果逻辑，有助于解决现实主义流派之间的种种纷争。任何一种体系理论都不可能解释和预测一切，而理性的领导人在其决策过程中仍然需要考虑国内和个性因素。然而，事实已经表明，体系变量的作用往往大大超过上述因素的作用，所以对领导人而言，任何忽视体系约束条件的行为只能是自冒风险。

本书运用动态现实主义方法对列强的行为和历次大战进行分析，在理论解释和实际预测两方面都具有重要价值。当然，“单元层面”因素仍然起着极其重要的因果作用。然而，通过强调势力均衡的动态性，这项研究进一步揭示了世界政治的悲剧性质。即使是善意寻求安全的国家，在面对严重而且必然的衰退时也会倾向于采取敌对行动。不仅如此，正在衰退的国家所面临的问题并不是对方当前的体制形式，而是对方一旦壮大起来之后的体制特点与政策走向。由于正在崛起的国家往往更愿意表明自己的和平意图，正在衰退的国家就更难根据对方当前的行为估计其未来意图。

令人棘手的衰退问题为现实主义者和自由派学者都提出了一个新的研究课题。现实主义者必须放弃在列强之间平等与否是稳定与否的决定因素这个问题上进行毫无意义的争论。如前所述，这个问题并不是绝对的，还要取决于体系的极性以及霸权国家发生衰退的严重程度和是否不可逆转。所以，问题的实质在于在什么样的条件下这种平等或不平等会导致战争。本书的目的就是回答这个问题。

现实主义者还必须超越其基本假定，即相对力量是一种行为体只能接受并据以采取行动的外在因素。动态差异理论则提供了一个框架，允许行为体在不发生战争的情况下采取强硬政策，从而赢得扭转衰退趋势的机会。这一框架具有重要的理论价值。通过对冷战竞赛和重大危机在什么时候发生这个问题进行分析，就可以对大战的可能性作为一个连续变量进行预测。因此，对竞争和危机过程中无意间升级为战争的风险所做的各种有效论证就可以纳入一种更为宽泛的现实主义大战理论中。

就衰退这个难题而言，自由派学者和那些热衷于现代博弈理论的学者也必须调整自己的关注点。他们一直过分强调静态比较，一味专注于研究行为体的体制特点以及双方拥有的关于这些特点的“静态画面”。本书认为，问题并不在于确定对方当前的体制形式，而是要
[245] 估计对方在未来力量不断变化环境下的体制形式。通过庞大的数字对民主国家和独裁国家的行为进行数量研究并没有解决这个问题。不仅如此，由于这种信息不完整的博弈过分关注为获得对方当前体制形式的信息所付出的代价，反而忽视了问题的核心：正在衰退的国家对对方在若干年后体制形式的担心。这种未来的体制形式意味着，在人们认识到其真正动机之前，正在崛起的国家声称自己实行的体制形式并没有多少意义。

最后，我建议现实主义和自由主义范式在理论研究中进行合作。在如此长的时间里，两种范式彼此之间一直在无谓地争吵，现实主义者强调力量的重要性，而自由派则坚持国内因素、国际准则、心理变异等方法。然而，正如我在第二章中所说，这里必然有一个双方都认可的基本因果关系逻辑。既然双方的目的都是帮助那些寻求安全的国家（尤其是美国）做出合理的决策，那么就不仅应该认识到衰退带来的问题，而且还要认识到正在崛起的国家未来的体制形式以及敌对政策会在无意间引发战争的问题。为了构建一种强大的现实主义体系理论，动态差异理论把力量变化对那些理性国家决策过程的影响作用分离出来。但是，只要放宽理论上的参数和假定，就可以阐明非力量变量的变化如何对特定动态力量环境下的国家行为产生影响。这样一来，现实主义者和自由派就不必在力量还是非力量变量更“重要”这个问题上争论不休了。他们可以转而讨论那些更有意义的问题，如这些变量在什么条件下起作用、起着什么样的作用。他们还可以研究

力量变量在什么情况下和何种程度上与非力量变量相互作用，产生什么样的后果，以及力量因素在什么情况下比其他因素的作用更大（或更小）。

虽然本书在一开始就构建了这个通用的框架，但其中的经验分析却无意针对其他范式进行恶意诘难。恰恰相反，每一种论证总是会利用经验反证法，目的无非是证明力量因素的作用往往大于（或小于）非力量变量，并且往往只有把各种变量融合起来才能解释所讨论的问题。本书的论述表明，随着时间的推移，力量衰退对国家行为有着重大的影响。然而，要想对中国的崛起这类问题提出指导意见，学者们必须就力量差异和变化趋势如何与其他参数相互作用以形成国家的合理政策这个问题向领导人提供严密的论证。动态差异理论就能够提供这样的论证。 [246]

附　录

附表1摘自雅西克·库格勒和威廉·多姆克《国家实力比较》一文（《比较政治研究》1986年4月第19期第39～70页），其中列出了两次世界大战头几年国家实力的相关数据。两位作者为各参战国的实际力量指数提供了一个概览，这种实际力量不仅考虑到国家经济的基本资源（以国民生产总值衡量），并且也包括动员这些基本资源的政治能力。

库格勒和多姆克关于“国家实力”的数据是一个国家的“内部能力”加上其“外部能力”的函数。内部能力等于国家的“社会基本资源”（国民生产总值）乘以其“相对政治能力”（一个独立的参数，以国家的实际资源开发量与其预期开发量的比值来衡量）；外部能力则等于国家为进行战争获得的国外援助乘以其“相对政治能力”。

库格勒和多姆克并没有提供苏联在1939～1941年和英国在1941～1942年的数据，也没有提供德国在1941年和1942年的整体国家实力数据。我对德国的这两个数据进行了计算，即以两位作者提出的轴心国在1941年和1942年的整体力量数字为依据，从中减去意大利和日本所占的比例。尤其是在东线，德国的实力指数分别达到 153.2（1941 年）和 165.5（1942 年）。

附表 2 ~4 提供了“战争相关数据库”（密歇根大学）中各个国家在五个不同的力量指数上所占的资源比例。由于对这些国家当时的领导人而言，这些反映相对平衡的数据不一定能随时获得，并且往往由于国家统计方法不同和汇率波动而造成数据不尽可靠，所以这些数据只能对领导人在力量随时间分配上的感觉的精确性进行粗略估计。[247] “人口”一栏只是反映了国家潜在能力的一个方面；“钢铁产量”和“能源消费”栏中的数据反映了一个国家在这两个领域的潜在能力；而“国防支出”和“国防人数”一类数据则是军事力量平衡的一个重要方面（尽管这方面的数据既不能衡量军事力量的质量，也不能体现相对的战略敏锐性）。

在计算百分比之前，“战争相关数据库”使用的单位分别为：人口以千人计，钢铁产量以千吨计，能源消费折算为相应的煤，以千吨计，国防支出以当年千英镑（附表 2）或千美元（附表 3 和附表 4）计，而国防人数则以千人计。

各表中的数据并不包括各大帝国下辖及其势力范围内的小国的有关数据。由于仅取整数，各栏的总计可能不等于 1。

附表 1　库格勒和多姆克的实际力量统计数据（1914 ~ 1915 年和 1939 ~ 1941 年）

第一次世界大战	英国	法国	俄国	协约国	德国
1914 年	30.6	33.2	48.9	112.7	107.0
1915 年	78.3	47.0	100.1	225.4	268.0
第二次世界大战	英国	法国	总计	苏联	德国
1939 年	10.5	42.0	52.5	—	121.5
1940 年	27.4	79.6	107.0	—	162.1
1941 年	—	—	—	176.4	209.7
1942 年	—	—	—	148.5	234.1

[248]

附表 2 相对势力均衡统计数据（1820～1914 年）

	人口	钢铁产量	能源消费	国防支出	国防人数
1820 年					
英　国	14.2	48.1	不详	29.0	9.5
法　国	20.8	18.2	不详	23.3	13.8
俄　国	36.3	18.2	不详	23.1	51.0
普鲁士	7.7	6.4	不详	9.2	8.6
奥地利	21.1	9.1	不详	15.4	17.1
1830 年					
英　国	14.8	53.0	不详	23.3	8.6
法　国	20.1	20.8	不详	34.5	15.9
俄　国	35.9	14.6	不详	21.4	50.7
普鲁士	8.0	4.6	不详	8.5	8.0
奥地利	21.0	6.9	不详	12.3	16.8
1840 年					
英　国	15.3	64.0	不详	19.8	10.3
法　国	19.7	15.9	不详	36.4	27.2
俄　国	35.9	8.6	不详	25.9	38.0
普鲁士	8.4	5.0	不详	6.7	8.2
奥地利	20.6	6.4	不详	11.0	16.2
1850 年					
英　国	15.0	69.7	不详	18.8	9.7
法　国	19.5	12.2	不详	27.2	21.1
俄　国	36.6	7.3	不详	30.1	42.0
普鲁士	8.9	4.0	不详	5.6	6.3
奥地利	20.0	6.7	不详	18.2	20.9
1860 年					
英　国	15.5	66.4	69.2	29.6	14.9
法　国	19.4	15.4	12.4	30.3	26.2
俄　国	39.5	6.0	0.9	22.1	37.1
普鲁士	9.3	6.8	14.0	5.4	8.6
奥地利	16.8	5.3	3.5	12.5	13.2
1870 年					
英　国	13.9	65.8	61.7	13.2	12.7
法　国	17.1	12.8	12.7	39.2	22.4
俄　国	37.6	3.9	0.9	13.2	36.6
德　国	15.4	13.0	18.5	28.5	15.8
奥地利	15.9	4.3	6.2	5.9	12.5

续表

	人口	钢铁产量	能源消费	国防支出	国防人数
1880 年					
英　国	13.5	60.6	57.4	18.7	10.3
法　国	14.6	13.3	13.3	28.7	22.6
俄　国	39.0	3.4	2.5	26.6	37.8
德　国	17.6	19.0	21.6	16.9	17.9
奥地利	15.1	3.5	5.2	9.0	11.4
1890 年					
英　国	13.2	50.2	51.2	20.2	10.9
法　国	13.5	12.3	12.9	25.1	23.3
俄　国	41.1	5.8	3.8	20.6	33.0
德　国	17.3	25.6	25.1	25.5	19.8
奥地利	15.0	6.1	6.9	8.7	13.0 [249]
1895 年					
英　国	13.1	45.6	48.5	23.5	11.3
法　国	12.8	11.6	12.4	23.6	21.4
俄　国	41.9	8.4	5.6	23.7	33.9
德　国	17.3	27.8	26.0	20.3	22.0
奥地利	14.8	6.6	7.5	9.0	11.4
1900 年					
英　国	12.9	30.4	43.7	46.1	15.3
法　国	12.2	9.6	12.2	15.7	19.5
俄　国	42.6	13.4	7.8	16.6	35.9
德　国	17.6	39.5	28.8	15.3	19.6
奥地利	14.7	7.1	7.4	6.2	9.7
1905 年					
英　国	12.7	27.4	41.2	16.6	9.1
法　国	11.6	10.4	12.2	12.5	14.4
俄　国	43.5	10.5	8.8	50.9	54.4
德　国	17.8	44.9	30.1	13.8	14.9
奥地利	14.5	6.8	7.6	6.2	7.2
1910 年					
英　国	12.4	22.7	38.5	23.9	11.0
法　国	10.9	12.0	11.4	19.3	19.2
俄　国	44.9	11.6	8.6	24.2	40.7
德　国	17.8	46.0	33.0	23.5	19.8
奥地利	14.0	7.6	8.5	9.0	9.3

续表

	人口	钢铁产量	能源消费	国防支出	国防人数
1914 年					
英　国	12.2	25.5	38.2	25.4	12.2
法　国	10.6	9.0	11.8	18.7	18.2
俄　国	45.4	14.3	9.5	13.0	30.4
德　国	17.7	44.2	36.5	27.1	19.8
奥地利	14.1	6.9	3.9	15.8	19.3

注：国防人数指现役军人，不包括动员状态下可随时参与行动的经过训练的储备兵源（因此德国在 1914 年的相对军人数量是一个保守的估计数字）。

1914 年之前某些年份的国防支出反映了用于特定冲突的成本，尤其是 1870 年（普法战争）、1900 年（布尔战争）和 1905 年（日俄战争）。

[250] 鉴于美国和意大利的军事地位在主要欧洲列强的冲突中并不明显，故并未将其数据列入表中。

附表 3　相对力量平衡统计数据（1920 ~ 1941 年）

	人口	钢铁产量	能源消费	国防支出	国防人数
1920 年					
英　国	16.6	41.6	45.6	43.3	9.8
法　国	13.3	12.2	14.0	10.6	24.1
苏　联	43.2	0.9	3.1	34.7	50.4
德　国	14.6	41.9	34.2	2.3	1.9
意大利	12.9	3.5	3.2	9.0	13.9
1925 年					
英　国	14.3	24.4	38.8	21.8	19.1
法　国	12.8	24.2	16.9	12.2	26.5
苏　联	44.6	6.1	5.3	54.4	31.4
德　国	15.9	39.5	35.0	5.6	6.4
意大利	12.4	5.8	4.1	6.0	16.7
1930 年					
英　国	13.3	20.2	33.6	10.3	18.3
法　国	12.1	25.6	17.8	10.1	23.6
苏　联	45.5	15.6	11.9	70.9	32.3
德　国	17.2	33.9	32.4	3.4	6.6
意大利	11.9	4.7	4.4	5.4	19.2
1933 年					
英　国	12.9	23.8	32.5	8.3	14.8
法　国	11.6	21.9	16.2	13.0	21.1

续表

	人口	钢铁产量	能源消费	国防支出	国防人数
苏　联	45.8	23.0	19.3	58.7	41.5
德　国	18.0	25.4	27.8	11.2	5.5
意大利	11.6	5.9	4.2	8.7	17.0
1934 年					
英　国	12.8	23.3	31.7	9.2	13.2
法　国	11.4	15.9	14.5	12.0	19.1
苏　联	46.1	25.1	21.4	59.0	39.3
德　国	18.0	30.9	28.0	12.0	13.2
意大利	11.6	4.8	4.4	7.7	15.1
1935 年					
英　国	12.7	21.0	30.6	7.1	8.0
法　国	11.3	13.2	13.3	9.5	13.7
苏　联	46.4	26.5	23.1	60.2	32.4
德　国	18.0	34.6	28.3	17.6	11.5
意大利	11.6	4.7	4.7	5.6	34.4
1936 年					
英　国	12.6	21.3	30.1	10.7	10.6
法　国	11.2	11.9	12.6	12.0	18.6
苏　联	46.7	29.1	24.7	35.3	41.1
德　国	18.0	34.1	29.0	28.1	18.8
意大利	11.5	3.6	3.5	13.8	10.8
1937 年					
英　国	12.5	21.7	29.0	12.3	10.1
法　国	11.0	13.0	12.8	8.8	17.7
苏　联	47.0	29.2	23.9	34.1	41.4
德　国	17.9	32.7	30.2	32.6	17.4
意大利	11.5	3.4	4.1	12.2	13.4 [251]
1938 年					
英　国	12.4	17.7	27.5	11.4	9.9
法　国	11.0	10.3	11.8	5.6	15.3
苏　联	47.2	30.2	24.8	33.2	41.3
德　国	17.9	37.9	31.9	45.3	20.6
意大利	11.5	3.9	3.9	4.6	12.8
1939 年					
英　国	12.5	20.4	26.9	28.6	6.5
法　国	10.9	12.1	10.3	3.7	9.5
苏　联	44.5	26.7	24.5	21.7	29.4

续表

	人口	钢铁产量	能源消费	国防支出	国防人数
德　国	20.7	37.3	34.8	43.5	45.1
意大利	11.5	3.5	3.6	2.4	9.5
1940 年					
英　国	12.3	21.8	27.0	22.8	6.7
法　国	10.7	7.3	9.7	13.1	33.0
苏　联	43.8	30.3	24.8	14.1	27.7
德　国	21.8	36.9	35.0	48.6	21.8
意大利	11.3	3.7	3.5	1.4	10.8
1941 年					
英　国	13.8	22.3	29.2	23.7	16.9
苏　联	48.8	27.8	28.4	14.5	30.9
德　国	24.7	46.3	38.7	60.7	52.2
意大利	12.7	3.7	3.7	1.1	不详

注：鉴于美国在军事上与主要欧洲列强之间的冲突相关性较低，故并未将其数据列入表中（甚至在 1939 年，美国的国防支出仅占国民生产总值的 1.6%）。美国拥有巨大的经济和潜在力量，对战争的后果当然会产生重要影响。关于包括美国和日本在内的 1930～1940 年间“战争相关数据”的相对比例，可参见 Randall Schweller, *Deadly Imbalances* (New York: Columbia University Press, 1998), Table1. 1。

附表 4　相对势力均衡统计数据（1945～1962 年）

[252]

	人口	钢铁产量	能源消费	国防支出	国防人数
1945 年					
美　国	45.4	85.5	84.3	91.3	49.2
苏　联	54.6	14.5	15.7	8.7	50.8
1946 年					
美　国	45.6	81.8	83.6	83.7	53.5
苏　联	54.4	18.2	16.4	16.3	46.5
1947 年					
美　国	45.3	84.1	83.1	55.3	35.7
苏　联	54.7	15.9	16.9	44.7	64.4
1948 年					
美　国	45.3	81.2	82.0	45.4	31.9
苏　联	54.7	18.8	18.0	54.6	68.1
1949 年					
美　国	45.4	75.2	79.3	49.2	30.4
苏　联	54.6	24.8	20.7	50.8	69.6

续表

	人口	钢铁产量	能源消费	国防支出	国防人数
1950 年					
美　国	45.5	76.2	80.1	48.4	24.4
苏　联	54.5	23.7	19.9	51.2	75.6
1951 年					
美　国	45.5	75.2	79.9	62.4	38.0
苏　联	54.5	24.8	20.1	37.6	62.0
1952 年					
美　国	45.5	71.0	78.7	68.6	40.0
苏　联	54.5	29.0	21.3	31.4	60.0
1953 年					
美　国	45.5	72.7	78.0	66.0	36.3
苏　联	54.5	27.3	22.0	34.0	63.7
1954 年					
美　国	45.6	65.9	75.7	60.4	34.7
苏　联	54.4	34.1	24.3	39.6	65.3
1955 年					
美　国	45.6	70.1	75.1	57.8	32.0
苏　联	54.4	29.9	24.9	42.2	68.0
1956 年					
美　国	45.6	68.2	75.0	61.0	33.8
苏　联	54.4	31.8	25.0	39.0	66.2
1957 年					
美　国	45.7	66.6	73.1	61.7	36.6
苏　联	54.3	33.4	26.9	38.3	63.4
1958 年					
美　国	45.7	58.5	71.2	60.1	38.2
苏　联	54.3	41.5	28.8	39.9	61.8
1959 年					
美　国	45.7	58.6	71.3	57.3	39.3
苏　联	54.3	41.4	28.7	42.5	60.7
1960 年					
美　国	45.6	58.0	70.9	55.1	39.1
苏　联	54.4	42.0	29.1	44.9	60.9
1961 年					
美　国	45.6	55.7	70.4	52.3	43.5
苏　联	54.4	44.3	29.6	47.7	56.5
1962 年					
美　国	45.9	53.3	70.0	51.2	46.4
苏　联	54.3	46.7	30.0	48.8	53.6

[253]

索　引[*]

---

* 索引页码为原著页码，即本书边码。括弧中的页码为本书页码。

图书在版编目（CIP）数据

大战的起源／（美）戴尔·科普兰（Dale C. Copeland）著；黄福武，张立改译．--北京：社会科学文献出版社，2017.10

（国际安全研究译丛）

书名原文：The Origins of Major War

ISBN 978-7-5201-0933-8

Ⅰ.①大… Ⅱ.①戴… ②黄… ③张… Ⅲ.①战争-研究 Ⅳ.①E8

中国版本图书馆 CIP 数据核字（2017）第 136907 号

·国际安全研究译丛·

大战的起源

著　　者／［美］戴尔·科普兰（Dale C. Copeland）

译　　者／黄福武　张立改

出 版 人／谢寿光

项目统筹／祝得彬

责任编辑／刘学谦

出　　版／社会科学文献出版社·当代世界出版分社（010）59367004

地址：北京市北三环中路甲 29 号院华龙大厦　邮编：100029

网址：www.ssap.com.cn

发　　行／市场营销中心（010）59367081　59367018

印　　装／三河市尚艺印装有限公司

规　　格／开　本：787mm×1092mm　1/16

印　张：28.25　字　数：378 千字

版　　次／2017 年 10 月第 1 版　2017 年 10 月第 1 次印刷

书　　号／ISBN 978-7-5201-0933-8

著作权合同登记号／图字 01-2016-3979 号

定　　价／98.00 元

本书如有印装质量问题，请与读者服务中心（010-59367028）联系